일제의 식민주의 역사학

일제침탈사연구총서
문화
46

일제의 식민주의 역사학

동북아역사재단 일제침탈사 편찬위원회 기획
하지연 지음

동북아역사재단
NORTHEAST ASIAN HISTORY FOUNDATION

| 발간사 |

　일본이 한국을 침탈한 지 100년이 지나고 한국이 일본의 지배로부터 벗어난 지 70년이 넘었건만, 식민 지배에 대한 청산은 이루어지지 못하고 있다. 일본의 독도영유권 주장은 도를 넘어섰다. 일본은 일본군'위안부', 강제동원 등 인적 수탈의 강제성도 인정하지 않고 있다. 일본군'위안부'와 강제동원의 피해를 해결하는 방안을 놓고 한·일 간의 갈등은 최고조에 이르고 있다. 역사문제를 벗어나 무역분쟁, 안보위기 등 현실문제가 위기국면을 맞고 있다.

　한·일 간의 갈등은 식민 지배의 역사를 어떻게 볼 것인가 하는 역사인식에서 기인한다. 역사는 현재와 과거의 대화이며 이를 기반으로 미래로 나아갈 수 있다. 과거 침략의 역사를 미화하면서 평화로운 미래를 말하는 것은 불가능하다. 식민 지배와 전쟁발발의 책임을 인정하지 않고 반성하지 않으면 다시 군국주의가 부활할 수 있고 전쟁이 일어날 위험성도 배제할 수 없다. 미래지향적 한일관계를 형성하고 나아가 동아시아의 평화와 번영의 기틀을 조성하기 위해 일본은 식민 지배의 책임을 인정하고 그 청산을 위해 노력해야 할 것이다.

　식민 지배의 역사를 청산하기 위해서는 식민 지배는 어떻게 이루어졌는지 그 실상을 명확하게 규명하는 일이 긴요하다. 그동안 일본제국주의에 맞서 조국의 독립을 위해 헌신한 독립운동가들의 활동을 찾아내고 역사적으로 평가하는 일에는 상당한 성과를 거두었다. 반면 일제 식민침탈의 구체적인 실상을 규명하는 일에는 충분한 노력을 기울이지 못했다. 제국주의가 식민지를 침탈했다는 것은 너무나 당연한 사실로 여겨졌기 때문에, 굳이 식민 지배에서 비롯된 수탈과 억압, 인권유린을 낱낱이 확인할 필요가 없었는지도 모른다. 그러는 사이 일본은 식민 지배가 오히려 한국에 은혜를 베푼 것이라고 미화하고, 참혹한 인권유린을 부인하는 역사부정의 인식을 보이는 데까지 이르고 있다. 일제의 통치와 침탈, 그리고 그 피해를 종합적으로 조사하고 편찬할 필요성이 여기에 있다.

일제침탈사를 체계적으로 정리하는 일은 개인이 감당하기 어렵다. 이에 우리 재단은 한국학계의 힘을 모아 일제침탈사 편찬위원회를 꾸렸다. 편찬위원회가 중심이 되어 일제의 식민지 침탈사를 정치·경제·사회·문화 모든 방면에 걸쳐 체계적으로 집대성하기로 했다. 일제 식민침탈의 실체를 파악하기 위해 2020년부터 세 가지 방면으로 사업을 추진하고 있다. 하나는 일제침탈의 실상을 구체적이고 생생한 자료를 통해서 제공하는 일로서 〈일제침탈사 자료총서〉로 편찬한다. 다른 하나는 이들 자료들을 바탕으로 연구한 결과물을 〈일제침탈사 연구총서〉로 간행한다. 그리고 연구의 결과를 대중들이 이해하기 쉽게 〈일제침탈사 교양총서〉를 바로알기 시리즈로 간행한다. 자료총서 100권, 연구총서 50권,

교양총서 70권을 기본 목표로 삼아 진행하고 있다.

〈일제침탈사 연구총서〉는 일제침탈의 실태를 정치·경제·사회·문화 분야로 대별한 뒤 50여 개 세부 주제로 구성했다. 국내외 학계 전문가들이 현재까지 축적된 연구 성과를 반영하면서 풍부한 자료를 활용하여 집필했다. 연구자뿐만 아니라 교육 현장에서도 활용되고 일반 독자들도 이해할 수 있도록 집필하기 위해 노력했다. 연구총서 시리즈가 일제침탈의 역사적 실상을 규명하고 은폐된 역사적 사실을 기억하고 왜곡된 과거사에 대한 인식을 바로 잡음으로써 역사인식의 차이로 인한 논란과 갈등을 극복하는데 기여하는 디딤돌이 되기를 바란다.

2023년
동북아역사재단 이사장

| 편찬사 |

    1945년 한국이 일제 지배로부터 해방된 지 78년의 세월이 지났다. 그럼에도 불구하고 일본 사회 일각에서는 여전히 일제의 한국 지배를 합리화하고 미화하는 주장이 나오고 있으며, 최근에는 한국 사회 일각에서도 일제 지배를 왜곡하고 옹호하는 주장이 나오고 있다. 이는 한국과 일본 사회, 한일 관계와 동아시아 국제관계의 미래를 위해서도 결코 바람직하지 않은 일이다.
    이에 동북아역사재단은 일제의 한국 침략과 식민 지배에 대한 학계의 연구 성과를 총정리한 〈일제침탈사 연구총서〉를 발간하기로 하였다. 이에 따라 2019년 9월 학계의 전문가를 중심으로 편찬위원회를 구성하였으며, 편찬위원회는 학계의 연구 성과를 토대로 정치·경제·사회·문화 부문에서 일제의 침탈이 어떻게 이루어졌는지 정리하여 연구총서 50권을 발간하기로 하였다.
    주지하듯이 1905년 일제는 러일전쟁에서 승리한 뒤, 한국에 군대를 주둔시키면서 한국의 외교권을 빼앗고 통감부를 두어 내정에 간섭하였다. 1910년 일제는 군사력으로 한국 정부를 강압하여 마침내 한국을 강제 병합하였다. 이후 35년간 한국은 일제의 식민 통치를 받았다.
    일제는 한국의 영토와 주권을 침탈하였을 뿐만 아니라, 군사력과 경찰력으로 한국을 지배하면서, 정치·경제·사회·문화의 모든 부문에서 한국인의 권리와 자유, 기회와 이익을 박탈하거나 제한하였다. 정치적으로는 군사력과 경찰력, 각종 악법을 동원하여 독립운동을 탄압하고, 한국인의 정치활동을 억압하고 참정권을 박탈하였으며, 집회와 결사의 자유를 억압하였다. 경제적으로는 일본자본이 경제의 주도권을 장악하고, 일본인 위주의 경제정책을 수행했으며, 식량과 공업원료, 지하자원 등을 헐값으로 빼앗아 갔고, 농민과 노동자 등 대다수 한국인의 경제생활을 어렵게 하였다. 사회적으로는 한국인들을 차별적으로 대우하고, 한국인의 교육의 기회를 제한하고, 한국인으로서의 정체성을 박탈하여 결국은 일본의 2등 국민으로 만들고자 하였다. 문화적으로는 표현과 창작의 자유, 종교와 사상의 자유를 억압하고, 한글 대신 일본어를 주로 가르치고, 언론과 대중문화를 통제하였다. 중일전쟁, 아시아태평양전쟁을 도발한 뒤에는 인적·물적 자원을 전쟁에 강제동원하고, 많은 이들을 전장에 징집하여 생명까지 희생시켰다.

〈일제침탈사 연구총서〉는 침탈, 억압, 차별, 동화, 수탈, 통제, 동원 등의 단어로 요약되는 일제의 침략과 식민 지배의 실상과 그 기제를 명확히 밝히고자 하였다. 이를 통해 일제의 강제 병합을 정당화하거나 식민 지배를 미화하는 논리들을 비판 극복하고, 더 나아가 일제 식민 지배의 특성이 무엇이었는지, 식민 통치의 부정적 유산이 해방 이후에 어떤 영향을 미쳤는지를 밝히고자 하였다.

편찬위원회는 연구총서와 함께 침탈사와 관련된 중요한 주제들에 관하여 각종 법령과 신문·잡지 기사 등 자료들을 정리하여 〈일제침탈사 자료총서〉도 발간하기로 하였다. 아울러 일반인과 학생들이 보다 쉽게 읽을 수 있는 〈일제침탈사 교양총서〉를 바로알기 시리즈로 발간하기로 하였다.

일제의 한국 침략과 식민 지배의 역사는 광복 후 서둘러 정리해냈어야 했지만, 학계의 연구가 미흡하여 엄두를 내기 어려웠다. 이제 학계의 연구가 어느 정도 축적되어 광복 80주년을 맞기 전에 이와 같은 작업을 할 수 있게 된 것을 다행으로 생각한다. 한일 양국 국민이 과거사에 대한 올바른 역사인식을 갖고 성찰을 통해 미래를 향해 함께 나아갈 수 있기를 기대하면서 삼가 이 책들을 펴낸다.

2023년
동북아역사재단 일제침탈사 편찬위원회

차례

발간사 4
편찬사 7

머리말
1. 연구의 범위와 목적 · 14
2. 식민주의 역사학 연구의 성과와 과제 · 16
3. 식민주의 역사학의 개념과 왜곡 유형 · 37

제1장 식민주의 역사학의 성립
1. 근대 이전 일본의 한국사 연구 · 52
2. 일본 근대 실증주의 역사학의 시작과 식민주의 역사학 · 65
3. 청일전쟁 전 초기 식민주의 역사서 · 77

제2장 식민주의 역사학의 내용과 논리 구조
1. 일본 근대 역사학과 임나일본부설의 체계화 · 92
2. 일선동조론의 식민정책적 변용과 논쟁 · 116
3. 동양사에서 '만선사' 연구 · 140
4. 사회·경제사학의 정체성론 · 164

제3장　**식민주의 역사학의 제도화와 관제사학의 구축**
　　1. 식민주의 관제사학 시스템의 구축　　　　　　　　　　196
　　2. 경성제국대학과 근대 지식권력　　　　　　　　　　　　246
　　3. 이왕직의 『고종실록』·『순종실록』 편찬사업　　　　　　286

제4장　**식민주의 역사학의 확산과 심화**
　　1. 관제 식민주의 역사학의 보조기관 '학회'　　　　　　　312
　　2. 재야 민간사학과 식민주의 역사학의 대중화　　　　　　336

제5장　**식민주의 역사학의 현재성**
　　1. 1945년 이후 일본의 조선사 연구와 식민주의 역사학　　368
　　2. 일본의 역사 교과서 왜곡 문제와 식민주의　　　　　　　391

맺음말　　　　　　　　　　　　　　　　　　　　　　　　407

부록 413
참고문헌 428
찾아보기 452

머리말

1. 연구의 범위와 목적

현재 '식민주의 역사학'이란 용어로 정리된 식민지 시기의 근대 역사학은 사실 지금까지 '식민사학' 혹은 '식민사관', '식민주의 사학', '식민주의 사관' 등으로 혼재되어 사용되어 왔다. 그리고 식민주의 역사학이란 분야는 학계와 재야, 일반, 심지어 정치적으로도 큰 관심을 끄는 대표적인 주제라고 할 수 있다.

소위 '식민주의적 한국사관'의 극복 문제는 1961년 이기백이 『국사신론』의 서론에서 '반도적 성격론(半島的 性格論)', '사대주의론(事大主義論)', '당파성론(黨派性論)', '문화적 독창성의 결여', '정체성론(停滯性論)'을 '식민주의적 역사관'으로 규정한 것이 시작이었다.[1] 이후 김용섭, 홍이섭, 이만열, 조동걸 등이 '반도적 성격론'이나 '만선사관(滿鮮史觀)', '일선동조론(日鮮同祖論)', '임나일본부설(任那日本府說)', '사대주의론' 등의 논리가 추가하면서 이에 대한 본격적인 비판과 극복의 연구가 한국사 연구의 중요한 당면 과제로 자리 잡았고, 실제로 많은 연구 성과를 내었다. 그리고 식민주의 역사관이란 한국사의 소위 '정체성론'과 '타율성론(他律性論)'을 바탕으로 침략과 지배를 정당화한 식민지 관제사학의 역사 인식이라는 기본적인 개념화가 이루어졌다. 최근에는 조선사편수회 및 관련 단체와 연구자에 대한 연구, 경성제국대학 사학과와 관련 연구자에 대한 연구, 재조선일본인 역사학자에 대한 연구, 각종 학회에 대한 연구, 일본사 혹은 일본 내 동양사 연구자들에 의한 만선사 연구 등에서

---

1   이기백, 1961, 「서론」, 『국사신론』, 태성사, 1~10쪽.

괄목할 만한 연구 성과를 내고 있다.

또한 식민주의 역사학이란 무엇인가라는 기본적인 개념과 그 연구 범주에 대한 재검토가 반드시 필요한 시점이란 문제의식을 갖고, 식민지 시기 제도권 역사학인 경성제국대학 사학과와 조선사편수회, 청구학회 등을 중심으로 한 식민주의 역사학에서 일본인이 아닌 조선인 연구자에 의한 역사 연구와 인식도 면밀하게 검토되고 있다. 조선인에 의한 민족사학이라고 하여 꼭 민족주의 사학의 범주에 포함되는 것이 아니고, 식민주의 역사학에는 일본인에 의한 연구만이 아니라 조선인의 역사학 연구도 포함될 수 있기 때문이다.[2] 그렇다면 반대로 일본인에 의한 연구라고 해서 식민주의 역사학의 범주에 반드시 포함되는 것도 아니다. 또한 일반적으로 친일과 반일, 식민주의 역사학과 민족주의 역사학의 이분법적 구도로 도식화된 대표적 사례인 청구학회와 진단학회의 경우, 조선사편수회의 일본인 학자와 조선인 학자의 논쟁 등에서도 확인되듯이 특정 학회 혹은 단체의 구성원이라고 하여 일률적으로 그 성격을 단정 지을 수 없는 것도 분명한 사실이다.

따라서 이 책에서는 지금까지의 연구 성과를 기반으로 식민주의 역사학에 대한 다각적인 검토를 시도하고자 한다. 구체적으로는 이러한 식민주의 역사학의 개념, 범위, 일선동조론, 임나일본부설, 정체성론, 만선사 등으로 명확하게 구별되거나 혹은 유기적으로 연결된 연구 방향과 논리, 이 연구를 담당하고 수행했던 조선사편수회나 경성제국대학과 같은 제도화된 관제기관, 조선사학회, 청구학회 등의 대표적 학회, 개별 역사학자 및 저술 등을 분석해 보고자 한다.

---

2   신주백, 2016, 『한국 역사학의 기원』, 휴머니스트, 26쪽.

한편, 식민주의 역사학에서 창출된 왜곡된 한국사 상(像)과 인식은 근대 지식으로서의 권위를 부여받은 전문 저술과 학회지, 제도화된 근대 교육기관 및 조선사편수회와 같은 권력기관, 관학 및 민간 사학 분야에서 폭넓게 활약한 역사학자들에 의해 뿌리를 내린 결과 식민지 시기 당대에는 물론 지금까지도 일본의 한국 침략과 식민지화가 합법이었으며, 오히려 식민지 지배는 후진적 한국의 근대화를 가능하게 했다고 하는 주장의 근거로 작용하고 있다. 따라서 식민주의 역사학의 내용과 논리가 장기지속성을 갖고 현재까지도 일본의 역사 교과서 왜곡 및 과거사에 대한 책임 회피와 같은 문제를 불러일으키고 있음을 점검해 보고자 한다. 19세기 말부터 본격적으로 시작된 50년에 걸친 제국주의 침략전쟁에 대한 합리화와 반성의 결여, 책임 회피, 그리고 은폐가 여전히 일본 사회에서 상당한 영향력을 가지고 작용하고 있는 현시점에서 식민주의 역사학에 대한 이 검토작업이 그들의 논리와 인식의 오류 및 문제점을 파악하고 바로잡는 데 미약하나마 도움이 될 수 있기를 기대한다.

2. 식민주의 역사학 연구의 성과와 과제

1) 1960~1990년대 초기 연구의 의의와 한계

1961년 이기백은 『국사신론』[3]의 서론에서 '반도적 성격론', '사대주의론', '당파성론', '문화적 독창성의 결여', '정체성론'을 '식민주의적 역사관'으로 규정하고, 이에 대한 비판과 극복을 제기하였다. 이후 식민(주의) 역사학의 개념은 김용섭, 홍이섭, 이만열 등이 비판, 정리하면서 그 윤곽이 잡혔고,[4] 그 뒤에도 일선동조론, 정체성론, 당파성론, 타율성론 및 개별 일본인 역사학자들에 대한 심층 분석과 비판 연구도 진행되어 왔다.[5]

3　이기백, 1961, 앞의 책.

4　이기백, 1971, 「식민주의적 한국사관 비판」, 『민족과 역사』, 일조각; 김용섭, 1963a, 「일제 관학자들의 한국사관」, 『思想界』 2; 김용섭, 1966, 「일본·한국에 있어서의 한국사 서술」, 『역사학보』 31; 홍이섭, 1969, 「식민지적 사관의 극복」, 『亞細亞』 3; 이만열, 1976, 「일제 관학자들의 식민사관」, 『독서생활』 6(이우성·강만길 외, 1976, 『한국의 역사인식』 下, 창작과비평사에 재수록); 박영재, 1984, 「근대 일본의 한국인식」, 『일본의 침략정책사연구』, 역사학회.

5　강진철, 1986b, 「일제 관학자가 본 한국사의 '정체성'과 그 이론」, 『한국사학』 7; 이태진, 1987, 「당파성론비판」, 『한국사시민강좌』 1; 이기백, 1987, 「반도적 성격론 비판」, 『한국사시민강좌』 1; 박성봉, 1976, 「今西龍의 한국고대사연구와 그 공과」, 『한국학』 12; 이만열, 1985, 「19세기말 일본의 한국사연구」, 『청일전쟁과 한일관계』, 일조각; 旗田巍 저, 이기동 역, 1983, 『일본인의 한국관』, 일조각; 최혜주, 2003, 「메이지시대의 한일관계 인식과 일선동조론」, 『한국민족운동사연구』 37; 조동걸, 1998, 『현대한국사학사』, 나남출판; 조동걸, 1990, 「植民史學의 成立過程과 근대사 서술」, 『역사교육논집』 13·14; 최혜주, 2010, 『근대 재조선일본인의 한국사 왜곡과 식민통치론』, 경인문화사; 최혜주, 2010a, 「근대 일본의 한국사관과 역사왜곡」, 『한국독립운동사연구』 35; 도면회·윤해동 엮음, 2009, 『역사학의 세기 - 20세기 한국과 일본의 역사학』, 휴머니스트; 박걸순, 2004, 『식민지 시기의 역사학과 역사인식』, 경인문화사; 나가시마 히로키(永島廣紀), 2004, 「日本 統治記의 朝鮮における〈史學〉と〈史學〉の位相」, 『歷史學研究』 795; 나가시마 히로키, 2005, 「日本의 근현대 일한관계사 연구」, 『제1기 한일역사공동연구보고서』 4, 제1기 한일역사공동연구위원회; 박걸순, 2002, 「喜田貞吉의 한국관 비판」, 『국사관논총』 100; 이만열, 2005, 「근현대 한일관계연구사」, 『제1기 한일역사공동연구보고서』 4, 제1기 한일역사공동연구위원회; 노용필, 2010, 「森谷克己의 식민주의 사회경제사학 비판」, 『한국사학사학보』 22; 이만열, 1974, 「고대한일관계의 검토」, 『문학과 지성』 5-2, 일조각; 이만열, 1981, 「일제 관학자들의 식민주의 사관」, 『한국근대 역사학의 이해』, 문학과지성사; 이만열, 2007, 『한국근현대 역사학의 흐름』, 푸른역사; 金根洙, 1976, 「金澤박사의 한국학상의 공과 검토」, 『韓國學』 11; 최재석, 2003a, 「1892년 하야시 타이호(林泰輔)의 『조선사』 비판」, 『선사와 고대』 18; 최재석, 2010a, 『고대한일관계사 연구 비판』, 경인문화사.

보다 구체적으로는 이만열의 경우 타율성론과 정체성론 2개 지표에 일선동조론과 임나일본부설을 추가하였고,[6] 조동걸은 일선동조론, 정체성론, 당파성론, 반도적 타율성론(지리적 결정론 포함), 사대주의론 등 다섯 가지로 유형화하였다. 이러한 유형화 작업은 이후 대부분의 연구자들이 민족사학을 확립하고 식민주의 역사학을 비판해 가는 과정에서 매우 편리한 분류였고, 한국의 민족사학은 소위 '식민사학(관)'에 대항하는 반식민사학으로 자리매김하였다. 즉, 해방 이후 한국 역사학계에서는 식민지 시기 일본이 주도하여 산출한 역사학적 성과를 일괄적으로 '식민사학' 또는 '식민주의 (역)사학'으로, 그 역사관을 '식민사관' 또는 '식민주의 (역)사관'으로 지칭해 왔다. 그리고 '식민사학'은 한국사를 반도성론, 사대주의론, 당파성론, 정체성론, 타율성론, 일선동조론 등에 입각하여 왜곡해 왔다고 정리하였다. 이는 매우 분명하고 간결하며, 일본의 침략주의적인 속성을 명쾌하게 규정짓는 분류 방식이었고, 1960년대 이후 한 세대 이상 한국 사학계의 식민주의 역사학에 대한 연구는 이 틀에서 벗어나지 못했다. 학계뿐만 아니라 일반인들 사이에서도 식민주의 역사학이라 하면 지금도 자연스럽게 정체성론, 타율성론, 여기에 당파성론이라고 이미지 메이킹되어 있다. 각급 학교 교과서에도 이렇게 분류, 서술되어 있어 그렇게 가르치고 배우고 있다.

20세기 말 한국 사학계의 '식민사학'에 대한 이와 같은 비판적 정리 방식은 소위 '식민사관' 또는 '식민사학'에 대해 두 가지 선입견을 갖게 했다. 첫째, 식민지 시기 조선총독부의 관변 역사학자는 기본적으로 한국사를 왜곡한 데 반해, 해방 이후 한국인 역사학자는 이에 저항하여 올바른 역

---

6 이만열, 1976, 앞의 글.

사를 서술해 왔다는 것이다. 둘째, 식민지 시기 내내 '식민사학'이 가진 다섯 가지 유형은 고정불변했다는 것이다. 따라서 해방 후 남한 또는 북한의 한국사 연구자들은 민족적 사명감으로 '식민사학'을 비판, 극복하는 것을 최우선적 과제로 설정해 왔다.

그런데 1960년대에 일본인 하타다 다카시(旗田巍)[7]는 '식민사학'이라는 단어를 사용하지 않고 일본 '동양사학' 또는 일본 '근대 역사학'이라는 용어로 한국사 연구의 주체를 설정하였다. 비록 그 연구 성과의 특징을 일선동조론, 정체성론, 타율성론 등 한국 측과 같은 유형으로 정리하기는 했으나, 이를 일본 사회와 역사학계의 변화 양상 속에서 바라보고자 했다.[8]

1960년대 이후 20세기 후반부의 식민주의 역사학을 극복하기 위한 한국 사학계의 연구 역시 이러한 유형화된 소위 '식민사학'을 지표별로 혹은 개개 연구자나 저술별로 분석한 연구가 일반적이었다. 그런데 최근 이러한 민족사학의 '일그러진 거울'로서의 '식민사학'을 탈피할 필요성이 제기되고 있다.[9]

한편, 일본 참모본부 '군사활동'의 일환이었던 광개토왕릉비문 연구와 임나일본부설에 대해서도 상당한 검토가 이루어졌다.[10]

---

7   旗田巍 저, 이기동 역, 1983, 앞의 책.
8   도면회, 2014, 「조선총독부의 문화 정책과 한국사 구성체계 -『조선반도사』와『조선사의 길잡이』를 중심으로」,『역사학보』222, 68~69쪽.
9   윤해동, 2015a,「식민주의 역사학 연구 시론」,『한국민족운동사연구』85, 388~389쪽; 이정빈, 2010,「식민주의 사학의 한국고대사 연구에 대한 최근의 비판적 검토」,『역사와 현실』83.
10 이진희, 1972,『廣開土王陵碑の研究』(이기동 역, 1982,『廣開土王陵碑の研究』, 일조각); 이진희, 1992,「廣開土大王陵碑를 둘러싼 근년의 論爭」,『한국사학논총』상, 수

또 일본의 고대국가 시기 한반도 인식과 에도시대 국학의 한국사 연구에서 이어지는 일선동조론에 대한 비판적 연구도 많은 성과를 내었다. 일선동조론을 식민주의 사관의 한 유형으로서 검토한 연구자는 이만열이 처음이었다.[11] 일반적으로 일선동조론은 '조선인과 일본인의 조상이 같다'는 식민사관으로, 에도시대 이래 일제강점기 전반에 걸쳐 조선총독부의 동화정책의 일환으로 적극 활용되었다고 인식하고 있다.[12]

이른바 '동양사' 연구자들의 '만선사' 연구는 일선동조론적 경향과 대비되어 특히 러일전쟁 전후 일본의 '만한경영'이 전면화되면서 하나의 조류로 자리 잡았다. 만선사관에 관해서는 일본 동양사학에 관한 검토, 사관 자체와 개별 일본인 식민주의 역사학자에 대한 비판적 검토가 하

촌박영석교수화갑기념논총간행위원회; 이진희, 1984,「日本에서의 廣開土大王陵碑 硏究」,『東方學志』43; 李亨求·朴魯姬, 1981,「廣開土大王陵碑文의 所謂辛卯年記事 에 對하여 - 僞作「倭」字考 -」,『東方學志』20; 조명철, 2004,「러일전쟁기 일본 육군의 만주전략」,『軍史』51; 山尾幸久, 1973,「任那日本府と倭について - 井上秀雄氏 の近業によせて -」,『史林』56-6; 井上秀雄, 1973,『任那日本府と倭』, 東出版; 千寬宇, 1984,「『日本書紀』에 의한 加耶史復元試論」,『사상과 정책』1-4; 李根雨, 1988, 「任那日本府說과 繼體天皇의 出自」,『論文集』2; 鬼頭淸明, 1992,「所謂「任那日本府」の再檢討」,『紀要 - 史學 -』45; 김현구, 1992,「'任那日本府' 연구의 현황과 문제점」,『한국사시민강좌』11; 김현구, 1993,『任那日本府硏究; 韓半島南部經營論批判』, 일조각; 이영식, 1994,「'임나일본부'를 재해석한다」,『역사비평』통권 26; 李永植, 1993,『加耶諸國と任那日本府』, 吉川弘文館; 주보돈, 1999,「《日本書紀》의 編纂背景과 任那日本府說의 成立」,『韓國古代史硏究』15; 서영수, 1996,「'辛卯年記事'의 변상과 원상」,『고구려발해연구』2.

11 李萬烈, 1974,「古代韓·日關係論의 檢討 -〈任那問題〉와〈日·鮮同祖論〉을 중심으로」,『文學과 知性』16(여름)(李萬烈, 1981,『韓國近代歷史學의 理解 - 民族主義史學과 植民主義史學』, 文學과知性社에 재수록).

12 김기승, 1996,「식민사학과 반식민사학」,『한국역사입문 ③ - 근대·현대편』, 풀빛, 408쪽; 한영우, 2002,『역사학의 역사』, 지식산업사, 310쪽.

타다 다카시의 연구를 계기로 본격화되었다.[13]

한편, 일본 봉건제론에 입각해서 일본의 발전 과정이 서양과 같고, 한국의 경제가 현저하게 후진 단계라는 후쿠다 도쿠조(福田德三)나 시카타 히로시(四方博) 등 소위 '정체성론'에 대한 검토는 상대적으로 많지 않은 편이다.[14] 1960~1970년대에, 조선 후기의 사회 변동과 봉건적 신분제 사회의 붕괴를 조선 사회의 내부적 계기에서 검토하고자, 호적대장 연구를 진행한 한국 경제사 연구의 성과는 식민주의 역사학의 극복이라는 당면 과제의 수행을 목표로 진행되었다고 할 것이다.[15] 특히 시카타의 호적대장 연구에 대한 한국 학계의 꾸준한 연구는 1980년대 이후 큰 진전을 보였고, 시기별·지역별 호적의 전산화 작업을 통해 조선 후기 사회 변동의 양상을 고찰하는 연구가 진척되었다. 이를 통해 호적대장의 호가 현실의 자연가(自然家)를 그대로 등재한 단순한 것이 아니라는 사실이 밝혀졌고, 아울러 호적대장의 직역 기재가 갖는 의미를 재고해야 한다는 점이 지적되면서 조선 후기 사회 변동 양상을 설명하는 방식에 재점검이 필요하다는 교훈과 과제를 남겼다.[16]

---

13 旗田巍 저, 이기동 역, 1983, 앞의 책.

14 姜尚中, 1987, 「福田德三の「朝鮮停滯史觀」 - 停滯論の原像 - 」, 『季刊三千里』 49; 강진철, 1987, 「정체성론 비판」, 『한국사시민강좌』 1; 강진철, 1989, 「社會經濟史學의 導入과 展開」, 『국사관논총』 2; 강진철, 1986a, 「日帝 官學者가 본 韓國史의 停滯性과 그 理論; 특히 封建制度 缺如論과 關聯시켜」, 『韓國史學』 7; 鄭杜熙, 1998, 「朝鮮後期 戶籍研究의 現況과 課題」, 『韓國史研究』 101, 韓國史研究會.

15 김용섭, 1963b, 「조선 후기에 있어서의 신분제의 동요와 농지소유」, 『史學研究』 15; 정석종, 1972, 「조선 후기 사회신분제의 변화 - 울산부 호적대장을 중심으로 - 19세기의 사회 변동」, 『대동문화연구원』; 이준구, 1993, 『조선 후기 신분직역변동연구』, 일조각.

16 심재우, 2006, 「조선 후기 사회 변동과 호적대장 연구의 과제」, 『역사와 현실』 62.

대개 1960년대 이후 초기 식민주의 역사학에 대한 비판적 연구는 정체성론, 타율성론, 당파성론, 일선동조론, 임나일본부설, 반도적 성격론 등으로 유형화된 특정한 학문 경향의 주장을 분석하거나, 일본인 역사학자 개인의 연구를 집중 분석·비판하는 연구 방법론이 대부분이었다. 그러다 보니 식민주의 역사학자들 사이의 학문적 네트워크, 그들이 위치한 시대상황과 식민지 종주국민으로서의 사회적 지위, 경성제국대학 혹은 조선사편수회라는 관제사학의 특수성과 제도적 측면 등을 통합적으로 바라보지 못한 한계가 지적되었다. 즉, 한국사의 관점에서 '식민사관'을 해명하는 데 초점을 두었을 뿐, 식민주의 역사학이란 입장에서 접근하지 못했다는 것이다. 또한 '식민사관'을 한국 근대에서 예외적이거나 불필요한 역사 인식으로 간주하여 근대 역사학의 영역에 포함시키지 않는 경우가 있었음도 재고되고 있다.[17] 그럼에도 불구하고, 식민주의 역사학에 대한 1960년대 이후 초창기 학계의 비판적 연구 성과는 식민지 시기 일본인 식민사학자들과 식민통치기관이 조직적이고 치밀하게 진행한 한국사 왜곡을 극복한다는 시대적 과제를 충실히 수행해냈다고 할 것이다.

2) 2000년대 이후 탈식민주의 연구 동향

2000년대 이후 연구 동향은 '식민사학' 혹은 '식민사관' 대신 '식민주의 역사학'이라는 용어를 사용하면서 '식민사학'을 보는 기존 관점의 근본적인 전환을 주장하였다. 즉, 식민주의 역사학은 근대 역사학을 토

---

17 신주백, 2016, 앞의 책, 18~19쪽.

대로 구축된 '식민주의적 근대 역사학'이며, 근대주의와 국민주의(민족주의)가 식민주의와 결합한 양상이라는 전제하에 탈식민주의에 입각한 식민주의 역사학 연구가 학계의 새로운 연구 동향으로 자리 잡기 시작했다. 최근의 연구 동향을 보면 1960년대부터 진행된 기존 식민주의 역사학에 대한 초기의 비판적 연구가 '식민사학'의 극복을 내걸고 출발했지만, 과연 '식민사학'을 극복하는 데 기여했는가라는 문제의식을 갖고 연구가 진행되고 있다.[18]

먼저, 2000년 전후부터는 식민지 시기 한국사 연구에 관여한 개별 일본인 역사학자들에 대한 연구가 진행되었다.[19] 또 일본의 관제 한국사 편찬 작업에 참여했다고 하더라도 집필진과 편찬 방침에 따라 역사상이 달라진다는 관점하에 『조선반도사』·『조선사』 편찬 작업의 구체적 상황을 세밀하게 분석한 연구도 제출되었다.[20] 더 나아가서 '식민사학'과 해방 이후 '민족사학'이 대립 관계가 아니라 민족 또는 국가를 주체로 하는 근대 역사학이라는 점에서 본질적으로 다를 바가 없다는 주장도 제기되었다.[21]

먼저 탈식민주의 관점에서 기존 식민주의 역사학 연구에 대한 비판적 검토를 시도한 공동연구로는 한양대학교 비교역사문화연구소의 '식민주

---

18 윤해동, 2015a, 앞의 글, 383쪽.
19 박걸순, 2002, 앞의 글; 박찬홍, 2009, 「白鳥庫吉과 '滿鮮史學'의 성립」, 『동북아역사논총』 26; 박현숙, 2009, 「津田左右吉의 단일민족설과 고대 한일 민족관계 인식」, 『동북아역사논총』 26; 최혜주, 2010, 『근대 재조선 일본인의 한국사 왜곡과 식민통치론』, 경인문화사.
20 다키자와 노리오키, 2003, 「이나바 이와키치와 '만선사'」, 『한일관계사연구』 19; 장신, 2009c, 「조선총독부의 朝鮮半島史 편찬사업 연구」, 『동북아역사논총』 23; 정상우, 2010, 「稻葉岩吉의 '만선사' 체계와 '조선'의 재구성」, 『역사교육』 116; 정상우, 2011, 「조선총독부의 『조선사』 편찬사업」, 서울대학교 박사학위논문.
21 김종준, 2013, 『식민사학과 민족사학의 관학 아카데미즘』, 소명출판.

의 역사학' 연구팀이 진행한 '식민주의 역사학과 제국' 시리즈가 대표적이다.[22]

『식민주의 역사학과 제국 1: 탈식민주의 역사학 연구를 위하여』는 구로이타 가쓰미(黑板勝美), 쓰다 소키치(津田左右吉) 등의 일본사 연구와 식민주의, 시라토리 구라키치(白鳥庫吉), 이나바 이와키치(稻葉岩吉) 등의 동양사 연구와 식민주의, 이마니시 류(今西龍), 잡지『동원』의 일선동조론 분석을 통한 조선사 연구와 식민주의, 경성제국대학 의학부와 재조일본인의 문학 분석을 통한 의학과 문학의 식민주의를 분석함으로써 기존 식민주의 역사학 비판 연구의 도식화된 분석의 틀에서 벗어나 식민주의 이데올로기와 근대 역사학의 결합 양상, 식민주의 역사학자 개개인의 이데올로기적 특징을 살펴보았다.

『식민주의 역사학과 제국 2: 제국 일본의 역사학과 '조선'』또한 비슷한 방식으로 '주요 역사학자를 통해 본 식민주의 역사학'이란 형식으로 연구를 진행한 성과물이다. 이 연구는 주요 연구자 개개인을 분석 대상으로 삼되, 식민주의 역사학의 성격을 트랜스내셔널한 시각에 입각하여 동아시아 차원에서 새로이 규정하겠다는 의도로 기획되었다. 이 기획에서 분석 대상으로 삼은 식민주의 역사학자들은 이른바 '교토학파 동양사학'의 창시자라고 불리는 나이토 고난(內藤湖南), 경성제국대학 교수로서 발해사·동양사 연구자로 알려진 도리야마 기이치(鳥山喜一), 식민주의 역사학의 전형적인 개념을 압축해 놓은 결정판으로 평가받는『조선사

---

22 한양대학교 비교역사문화연구소 기획, 윤해동·이성시 엮음, 2016,『식민주의 역사학과 제국 1 – 탈식민주의 역사학 연구를 위하여』, 책과함께; 한양대학교 비교역사문화연구소 기획, 윤해동·장신 외 지음, 2018,『식민주의 역사학과 제국 2: 제국 일본의 역사학과 '조선'』, 소명출판.

개설』(1940)의 저자 미시나 쇼에(三品彰英), 일본 역사학계 최초의 조선사 전공 아카데미즘 역사학자 이케우치 히로시(池內宏), 『조선반도사』 편찬 작업과 관련된 일본 법제사의 개척자로 일컬어지며, '사료 실증주의에 입각한 사료 수집과 편찬의 전문가'인 미우라 히로유키(三浦周行), 경성제국대학 설립의 실무 주도자로 조선사강좌를 담당했고, 조선사학회를 창설, 운영하며 『조선사강좌』, 『조선사대계』(5권)를 발간한 오다 쇼고(小田省吾), 조선총독부의 고적조사위원으로 활동한 고고학자 야쓰이 세이이치(谷井濟一), 경성제국대학 조선사강좌 담당 교수이자 '조선사학의 개척자'로 알려진 이마니시 류 등이다.

한편, '만선사' 내지 일본 동양사 연구자들, 즉 시라토리 구라키치, 이케우치 히로시, 이나바 이와키치, 쓰다 소키치, 이마니시 류 등의 한국사 연구에 대한 분석은 미쓰이 다카시(三ツ井崇), 다키자와 노리오키(瀧澤規起), 박찬흥, 정상우, 이정빈, 위가야, 심희찬 등에 의해 현재까지도 활발하게 진행되고 있다.[23] 또한 동북아역사재단의 기획연구로 나온 『일제시

---

23 윤해동·정준영 편, 2018, 『경성제국대학과 동양학 연구』, 선인; 스테판 다나카, 박영재·함동주 옮김, 2004, 『일본 동양학의 구조』, 문학과지성사; 박광현, 2009, 「식민지 조선에서 동양사학은 어떻게 형성되었는가?」, 도면회·윤해동 엮음, 『역사학의 세기 – 20세기 한국과 일본의 역사학』, 휴머니스트; 한양대학교비교역사문화연구소 기획, 윤해동·이성시 엮음, 2016, 『식민주의 역사학과 제국 – 탈식민주의 역사학 연구를 위하여』, 책과함께; 미쓰이 다카시(三ツ井崇), 2009, 「일본의 동양사학은 어떻게 형성되었는가 – 시라토리 구라키치(白鳥庫吉)의 역사학」, 도면회·윤해동 엮음, 『역사학의 세기 – 20세기 한국과 일본의 역사학』, 휴머니스트; 조현설, 2000, 「동아시아 신화학의 여명과 근대적 심상지리의 형성 – 시라토리 쿠라키치(白鳥庫吉)·최남선(崔南善)·마오둔(茅盾)을 중심으로」, 『민족문학사연구』 16; 三ツ井崇, 1999, 「「滿鮮史」と朝鮮語學 – 白鳥庫吉の朝鮮語系統論をめぐる言語系統論歷史觀の問題について –」, 『人民の歷史學』 138; 三ツ井崇, 2000, 「白鳥庫吉の歷史認識形成における言語論の位相 – 朝鮮語系統論と朝鮮史認識をめぐる言說から –」, 『史潮 新』 48; 鄭上直樹, 2004, 「近代日本의 고구려사 연구 – 만선사, 만주사와 관련해서 –」, 『고구려 연구』 18; 김

기 만주사·조선사 인식』[24]은 소위 '만선사' 혹은 '만몽사'가 중국의 동북공정을 유발한 단초를 제공한 요인 중의 하나라는 입장에서 식민지 시기 일본인 식민주의 역사학자들의 연구를 분석함으로써 보다 구체적인 '만선사'의 실상을 규명하고자 했다.

종복, 2006, 「발해사 인식의 추이 - 남북국시대론을 중심으로 - 」, 『사림』 26; 박찬흥, 2007a, 「일제 '만선사학'에서의 고구려사 인식」, 『내일을 여는 역사』 27; 박찬흥, 2007b, 「滿鮮史觀에서의 한국고대사 인식 연구」, 『한국사학보』 29; 박찬흥, 2009, 「白鳥庫吉와 '滿鮮史學'의 성립」, 『동북아역사논총』 26; 박찬흥, 2014, 「'만선사'에서의 고대 만주 역사에 대한 인식」, 『韓國古代史研究』 76; 박찬흥, 2015a, 「滿鮮歷史地理調査部와 고대 '滿鮮歷史地理' 연구」, 『역사와 담론』 75; 有田穎右, 2009, 「白鳥庫吉博士と津田左右吉博士」, 『千里山文學論集』 79; 靑柳純一, 2000, 「日本 東洋史學의 한국 인식」, 『釜大史學』 24; 정상우, 2010, 「稻葉岩吉의 '滿鮮史' 체계와 '朝鮮'의 재구성」, 『역사교육』 116; 정상우, 2013, 「滿鮮史와 日本史의 위상 - 稻葉岩吉의 연구를 중심으로 - 」, 『한국사학사학보』 28; 정상우, 2017, 「일제 하 일본인 학자들의 한국사에 대한 通史的 이해 - 1930년대 중반의 저작들을 중심으로」, 『역사와 현실』 104; 다키자와 노리오키, 2003, 앞의 글; 조인성 외, 2009, 『일제시기 만주사·조선사 인식』, 동북아역사재단; 박성봉, 1976, 「今西龍의 한국 古史研究와 그 功過」, 『한국학』 12; 신종원 엮음, 동북아고대사연구소 편, 2005, 『일본인들의 단군연구』(동북아역사총서 6), 한국학중앙연구원; 오경후, 2009, 「1910년대 今西龍의 三角山 名稱解釋에 대한 檢討」, 『한국사상과 문화』 47; 林直樹, 1999, 「今西龍と朝鮮考古學」, 『靑丘學術論集』 14; 최재석, 1987, 「今西龍의 한국고대사론 비판」, 『한국학보』 46; 심희찬, 2013, 「근대 역사학과 식민주의 역사학의 거리 - 이마니시 류(今西龍)가 구축한 조선의 歷史像 - 」, 『한국사학사학보』 28; 정준영, 2017, 「이마니시류(今西龍)의 조선사, 혹은 식민지 고대사에서 종속성 발견하기」, 『사회와 역사』 115; 이종욱, 2009, 「津田左右吉의 망령이 만들어낸 민족」, 『新羅史學報』 17; 津田左右吉, 이부오·장익수 역, 2009, 「新羅 征討 地理考」, 『新羅史學報』 17; 津田左右吉, 이부오·장익수 역, 2009, 「〈三國史記〉 新羅本紀에 대하여」, 『新羅史學報』 15; 가노 마사나오, 이애숙·하종문 역, 2009, 『근대 일본의 사상가들』, 삼천리; 박현숙, 2009, 「津田左右吉의 단일민족설과 고대 한·일 민족관계 인식」, 『동북아역사논총』 26; 이석원, 2014, 「국민사상과 제국 - 1930년대 쓰다 소키치(津田左右吉)의 중국, 아시아론 - 」, 『인문과학』 54; 崔在錫, 1990, 『日本古代史研究批判』, 一志社; 崔在錫, 1990b, 「津田左右吉의 日本古代史論批判」, 『민족문화연구』 23; 津田左右吉·金完基 번역, 1995, 「任那彊域考」, 『가야문화』 8; 井上直樹, 2013, 『帝國日本と〈滿鮮史〉- 大陸政策と朝

'임나일본부'에 관해서는 일본 역사 교과서 왜곡 문제, 임나의 실재 여부, 성격과 규모, 존속 기간, 백제·신라·고구려와 왜의 관계 및 가야사 연구와 연관하여 현재까지도 꾸준하게 한국과 일본 학계에서 연구와 논쟁이 지속되고 있는 분야이고, 스에마쓰 야스카즈(末松保和)의 『임나흥망사(任那興亡史)』(1949) 및 그의 실증을 표방한 식민주의 역사 인식을 분석하는 연구도 나오는 등 식민주의 역사학 분야에서 가장 활발하게 연구 성과가 나오고 있는 주제 중 하나다.[25]

鮮·滿洲認識』, 塙書房; 岩崎信夫, 1996, 「津田左右吉の中國·アジア觀について－公共的國民論の成立事情の視点から－」, 『史潮 新』 39; 위가야, 2014, 「이케우치 히로시(池內宏)의 대방군(帶方郡) 위치 비정과 그 성격」, 『인문과학』 54; 박준형, 2018, 「일본 동양사학의 계보와 '실증'주의의 스펙트럼－이케우치 히로시(池內宏)의 '滿鮮史' 연구를 중심으로」, 『한국문화』 34; 최재석, 2000b, 『고대한국과 일본열도』, 일지사; 武田幸男, 2000, 「廣開土王碑」火難諸說の批判的檢討」, 『慶北史學』 23(槐山文瞎鉉教授停年紀念特輯號); 村山正雄, 池內宏著, 1960, 『滿鮮史硏究』(上世第二冊), 『朝鮮學報』 17, 朝鮮學會; 이정빈, 2012, 「식민주의 사학의 한국 고대사 연구에 대한 최근의 비판적 검토」, 『역사와 현실』 83; 이정빈, 2015, 「광개토왕릉비 탁본 연구 방법의 성과와 과제」, 『동북아역사논총』 49; 위가야·이정빈, 2013, 「서평: 만선사의 비판적 재인식을 통한 동북아시아아 구상－井上直樹, 2013, 『帝國日本と「滿鮮史」－大陸政策と朝鮮·滿洲認識－』, 塙書房」, 『만주연구』 16; 김선민 외, 2013, 『동아시아의 근대, 그 중심과 주변』, 소명; 靑柳純一, 2000, 앞의 글; 이노우에 나오키, 2017, 「고구려사와 만선사(滿鮮史)」, 『동서인문학』 53.

24 조인성 외, 2009, 앞의 책.
25 김기섭, 2018, 「일본 중등 역사 교과서의 임나일본부설」, 『백제문화』 58; 김영하, 2012, 「광개토왕릉비의 정복기사해석」, 『한국고대사연구』 66; 노태돈, 2007, 「광개토왕능비」, 『한국고대사연구의 새동향』, 서경문화사; 다케다 유키오, 2013, 「광개토왕비 연구의 제문제」, 『광개토왕비의 재조명』, 동북아역사재단; 백승옥, 2005, 「廣開土王陵碑文의 倭관계기사에 대한 연구사」, 『광개토왕릉비와 한일관계』, 경인문화사; 윤해동, 2015b, 「일본 육군 참모본부의 '군사조직' 활동과 식민주의 역사학」, 『대구사학』 119; 최재석, 2003b, 「井上秀雄의 古代 韓日관계사 연구비판」, 『민족문화』 26; 中野高行, 2007, 「《日本書紀》에 있어서의 「任那日本府」像」, 『新羅史學報』 10; 이희진, 2008, 『식민사학과 한국고대사』, 소나무; 안춘배, 1990, 「考古學上에서 본 任那

'일선동조론'은 일제의 한국 강제병합 당시에는 '일한일역론(또는 동역론)'으로, 3·1운동 직후에는 '일한동원론'으로 나타났으며 조선총독부는 이 두 논리에 모두 적당한 거리를 두었다. 조선총독부가 일선동조론, 구체적으로 동근동조론(同根同祖論)을 적극적으로 통치정책에 반영한 것은 1937년 이후부터였다. 이에 관해서는 미쓰이 다카시, 정상우, 장신, 심희찬 등의 연구 성과가 있다.[26]

日本府說」, 『가라문화』 8; 김태식, 1990, 「任那日本府 問題의 研究現況과 展望」, 『가라문화』 8; 김태식, 2002, 「임나일본부 논쟁사」, 『한국전근대사의 주요쟁점』, 역사비평사; 김태식, 2005, 「4세기의 한일관계 개관」, 『광개토대왕비와 한일관계』, 경인문화사; 김태식, 2014, 『사국시대의 한일관계사 연구』, 서경문화사; 나행주, 2005, 「6세기 한일관계의 연구사적 검토」, 『임나 문제와 한일관계』, 경인문화사; 나행주, 2018, 「고대한일관계사연구의 회고와 전망」, 『한일관계사연구』 62; 남재우, 2014, 「『廣開土王碑文』과 『宋書』로 본 倭의 伽耶認識과 '任那日本府'」, 『지역과 역사』 35; 유우창, 2014, 「『일본서기』 신공기의 가야 인식과 '임나일본부'」, 『지역과 역사』 35; 임영진, 2014, 「영산강유역권 왜계고분의 피장자와 '임나일본부'」, 『지역과 역사』 35; 박재용, 2014, 「『일본서기』의 '任那'와 '任那日本府', 그리고 '任那의 調'」, 『지역과 역사』 35; 백승충, 2003, 「'임나일본부'와 '왜계백제관료'」, 『강좌 한국고대사』 4, 가락국사적개발연구원; 백승충, 2009, 「'임나일본부'의 용례와 범주」, 『지역과 역사』 24; 백승충, 2010, 「安羅·新羅의 '接境'과 '耕種' 문제 - '임나일본부' 출현 배경의 한 측면 - 」, 『지역과 역사』 27; 백승충, 2014, 「안라국과 '임나일본부', 그리고 백제」, 『지역과 역사』 35; 신가영, 2016, 「'임나일본부' 연구와 식민주의 역사관」, 『역사비평』 통권 115; 연민수, 1990a, 「六世紀前半 加耶諸國을 둘러싼 百濟·新羅의 動向 - 소위 「任那日本府」說의 究明을 위한 序章」, 『新羅文化』 7; 연민수, 1990b, 「任那日本府論: 소위 日本府 官人의 出自를 중심으로」, 『동국사학』 24; 연민수, 1998, 『고대 한일관계사』, 혜안; 延敏洙·金泰植, 1996, 「廣開土王碑 研究와 韓日關係史像」, 『高句麗研究』(현 『高句麗渤海研究』) 2, 高句麗研究會; 연민수, 2005, 「일본 중학교 역사 교과서의 古代史 서술과 歷史認識」, 『韓國史研究』 129; 연민수, 2018, 「任那日本府 사료의 세계와 日本史學」, 『韓國古代史研究』 91; 연민수, 2016, 「임나일본부설의 역사학」, 『東北亞歷史論叢』 53; 中塚明, 1974, 「日本近代史의 展開와『朝鮮史像』 - とくに 参謀本部와 歴史研究의 かかわりについて - 」, 『朝鮮史研究會論文集』 11; 佐伯有清, 1972, 「高句麗廣開土王陵碑文再檢討のための序章 - 参謀本部と朝鮮研究 - 」, 『日本歴史』 287; 鈴木英夫, 1987, 「加耶·百濟と倭 - 「任那日本府」論 - 」, 『朝鮮史研究會論文集』 24; 이근우, 2003, 「일본학계의 한국고대사 연구 동향」, 『지역과 역사』 13; 이노우에 나오키, 2015, 「일본학

소위 '정체성론'으로 분류되는 시카타 히로시(四方博), 모리타니 가쓰미(森谷克己) 등 사회·경제사가들에 대해서는 손병규, 노용필 등에 의한 약간의 연구 정도만 있어서 향후 사회·경제사적 측면에서의 심도 있는 연구가 필요하다.[27]

계에서의 광개토왕비 연구의 성과와 과제」, 『동북아역사논총』 49; 이연심, 2004, 「임나일본부의 성격 재론」, 『지역과 역사』 14; 이연심, 2014, 「'임나일본부'의 활동과 안라국」, 『지역과 역사』 35; 이연심, 2015, 「한일 양국의 '임나일본부'를 바라보는 시각 변화 추이」, 『한국민족문화』 57; 이연심, 2018, 「일본학계의 '임나일본부' 연구 동향」, 『역사와 세계』 53; 이재석, 2004, 「소위 任那問題의 과거와 現在」, 『전남사학』 23; 이재석, 2013, 「日本書紀의 '日本府' 구상과 그 모티브에 관한 試論」, 『백제연구』 58; 이주헌, 2014, 「가야지역 왜계고분의 피장자와 임나일본부」, 『지역과 역사』 35; 이주헌, 2018, 「아라가야에 대한 연구 동향과 향후 전망」, 『지역과 역사』 42; 신주백, 2018, 「末松保和(1904~1992)의 學術史와 식민주의 역사학 – 韓國史 學界의 엇박자의 원인을 찾아서」, 『동방학지』 183; 전진국, 2019, 「『任那興亡史』의 논지와 학술적 영향에 대한 비판적 검토」, 『한일관계사연구』 64; 전진국, 2020, 「스에마츠 야스카즈(末松保和)의 『임나흥망사』 소개와 비판적 검토」, 『韓國古代史探究』 34; 정동준, 2020, 「『任那興亡史』를 통해 본 스에마츠 야스카즈의 역사관」, 『역사비평』 통권 132; 洪性和, 2020, 「'任那日本府'에 대한 고찰 – 『日本書紀』 任那日本府 관련 인물을 중심으로」, 『日本研究』 33; 武田幸男, 2007, 『廣開土王碑との對話』, 白帝社; 武田幸男, 2009, 『廣開土王碑墨本の研究』, 吉川弘文館.

26 나행주, 2019, 「근대일본에 있어서 신화와 전설의 역사화」, 『한일관계사연구』 63; 세키네 히데유키, 2006, 「한일합병 전에 제창된 일본인종의 한반도 도래설」, 『일본문화연구』 19; 심희찬, 2019, 「일선동조론의 계보학적 검토를 위한 시론 – 일본사의 탄생과 타자로서의 조선 –」, 『한일관계사연구』 65; 장신, 2009b, 「일제하 日鮮同祖論의 대중적 확산과 素戔嗚尊 신화」, 『역사문제연구』 21; 장신, 2009a, 「3·1운동 직후 잡지 동원의 발간과 일선동원론(日鮮同源論)」, 『역사와 현실』 73; 장신, 2013, 「1930년대 경성제국대학의 역사 교과서 비판과 조선총독부의 대응」, 『동북아역사논총』 42; 장신, 2014, 「일제말기 동근동조론(同根同祖論)의 대두와 내선일체론의 균열」, 『인문과학』 54; 정상우, 2001, 「1910년대 일제의 지배 논리와 지식인층의 인식 – '日鮮同祖論'과 '文明化論'을 중심으로 –」, 『한국사론』 46; 三ッ井崇, 2004, 「日鮮同祖論의 학문적 기반에 관한 시론 – 한국병합 전후를 중심으로 –」, 『한국문화』 33.

27 田中秀臣, 2001, 「福田德三の朝鮮觀」, 『紀要』 12-2; 심재우, 2006, 앞의 글; 노용필, 2010, 앞의 글; 손병규, 2013, 「시카타 히로시(四方博)의 조선시대 '인구·가족' 연구에 대한 재검토」, 『한국사학보』 52.

한편, 식민주의 역사학은 일본 근대 역사학에서 나온 만큼 일본 실증주의적 근대 역사학에 대한 검토와 연구도 번역·소개되었다.[28] 일본 근대 역사학의 출현 배경과 일본 근대 천황제와의 연관성, 일본 수사(修史) 사업의 전개 과정, 실증주의의 일본적 정착과 식민지 조선에 대한 연구의 전개 등에 대한 규명과 이해는 식민주의 역사학의 구조적 특징과 모순점을 알고 각 식민주의 역사학자들의 연구 경향과 저술을 분석하는 데 연구 방향 및 방법에서 큰 전환을 가져온 성과였다.

최근 식민주의 역사학에 관한 연구는 조선사편수회 및 관련 단체와 구로이타 가쓰미 등 관련된 개별 연구자에 대한 연구,[29] 경성제국대학 사

---

28 나가하라 게이지 지음, 하종문 옮김, 2011, 『20세기 일본의 역사학』, 삼천리. '실증'을 중시하는 역사학의 태도를 무엇이라고 부를 것인가에 대해서는 일찍부터 다방면의 검토가 이루어져 왔다. 1960년대에 이미 "실증은 역사학 일반의 기초조건이며 랑케'사학의 전유물은 아니라"고 하는 문제가 제기되었으나(김용섭, 1966, 「日本·韓國에 있어서의 韓國史 敍述」, 『歷史學報』 31, 147쪽), '랑케사학 = 실증사학'이라는 등식은 현재까지도 일반의 인식 저변에 뿌리 깊게 자리 잡고 있다. 이러한 인식의 성립에는 초기의 역사신학적 태도와 달리 후기로 갈수록 실증적인 역사 연구에만 전념했던 랑케의 연구 경향 자체도 한몫을 했다고 말할 수 있다(김기봉, 2004, 「랑케의 'wie es eigentlichgewesen' 본래 의미와 독일 역사주의」, 『역사와 담론』 39, 146~147쪽). 그러나 '실증'과 '실증주의' 개념의 엄격한 사용 구분을 통해 랑케가 곧 실증주의자라는 인식을 부정해야 하며, 더 나아가 한국 학계에서 말하는 '실증사학'의 '실증' 또한 사료와 문헌에 대한 철저한 고증 수준의 이야기라면 역사 연구의 특정한 태도를 지칭하는 용어로서 사용될 수 없다는 지적은 이후에도 꾸준히 제기되었다(김영한·차하순 편, 1985, 「실증주의 사관 – 꽁트와 버클을 중심으로 –」, 『史觀이란 무엇인가』, 청람, 60~61쪽). 따라서 '실증주의'라는 용어의 사용에 주의할 필요가 있으나, 현재 학계에서 일반적으로 사용하는 '실증사학'이란 용어도 앞서 제기된 문제를 극복했다고 보기는 어렵다. 그 점에서 19세기 근대 역사학을 '사실주의(realism)'의 제 양식들로 파악한 헤이든 화이트(Hayden White)의 논의는 참고할 만하다(박준형, 2018, 앞의 글, 8~9쪽의 각주 1, 11~12쪽 참조).

29 金性旼, 1989, 「朝鮮史編修會의 組織과 運用」, 『한국민족운동사연구』 3; 박찬흥, 2010, 「『朝鮮史』(조선사편수회 편)의 편찬체제와 성격 – 제1편 제1권(조선사료)를 중

학과와 관련 연구자에 대한 연구,[30] 그리고 조선에 거주하던 일본인 재야 민간사학자들에 대한 연구[31]가 매우 활발하게 진행되면서 괄목할 만한 성과를 이루어 냈다. 또한 조선총독부의 사료 조사 및 편찬 작업과 관련한 주변 조선사 관련 학회들, 즉 조선사학회(1923)와 조선사학동고회, 청구학회 등에 대한 연구도 시도되고 있다.[32]

심으로」,『史學研究』99; 박찬흥, 2015b, 「『조선사』(조선사편수회 편) 제2편 (신라통일시대)의 편찬 방식과 성격 - 『삼국사기』「신라본기」와의 비교를 중심으로 - 」,『先史와 古代』45; 송완범, 2009, 「식민지 조선의 黑板勝美와 修史사업의 실상과 허상」,『동북아역사논총』26; 심희찬, 2012, 「朝鮮史編修會の思想史的考察」, 立命館大學 박사학위논문; 여박동, 1992, 「조선총독부 중추원의 조직과 조선사편찬사업에 관한 연구」,『일본학보』4; 이순자, 2009,『일제강점기 조선고적조사사업 연구』, 경인문화사; 장신, 2009c, 「조선총독부의 朝鮮半島史 편찬사업 연구」,『동북아역사논총』23; 앞의 글; 정상우, 2011,『조선총독부의『朝鮮史』편찬사업』, 서울대학교 박사학위논문; 정상우, 2012, 「『朝鮮史』(朝鮮史編修會 간행)의 편찬과 사건 선별 기준에 대하여 - 『조선사』제4·5·6편을 중심으로 - 」,『사학연구』107; 신주백, 2016, 앞의 책; 이성시, 1999, 「黑板勝美를 통해 본 식민지와 역사학」,『한국문화』23; 이성시, 2001, 「日本歷史學の成り立ちと黑板勝美:『朝鮮史』編纂と古蹟調査事業を中心に(報告)(公開シンポジウム: 平成十二年度早稻田大學史學會)」,『史觀』144; 이성시, 2004, 「コロニアリズムと近代歷史學 - 植民地統治下の朝鮮史編修と古跡調査を中心に」,『植民地主義と歷史學 - そのまなざしが殘したもの』, 刀水書房; 箱石大, 2007, 「近代日本史料學と朝鮮總督府の朝鮮史編纂事業」, 佐藤信·藤田覺 編,『前近代の日本列島と朝鮮半島』(史學會シンポジウム叢書), 山川出版社; 최재석, 1990a, 「黑板勝美의 일본고대사연구 비판」,『일본고대사연구비판』, 일지사 등.

30 朴光賢, 2002, 「京城帝國大學と'朝鮮學'」, 名古屋大學 博士學位論文; 박광현, 2005, 「경성제국대학 안의 동양사학: 학문제도, 문화사적 측면에서」,『한국사상과 문화』31; 박광현, 2007, 「다카하시 도오루와 경성제대 조선문학 강좌」,『한국문화』40; 장신, 2011, 「경성제국대학 사학과의 자장(磁場)」,『역사문제연구』26; 정근식 외, 2011,『식민지 권력과 근대 지식: 경성제국대학 연구』, 서울대학교출판문화원; 정선이, 2002,『경성제국대학 연구』, 문음사(1998,『경성제국대학의 성격 연구』, 연세대학교 박사학위논문); 정준영, 2009, 「경성제국대학과 식민지 헤게모니」, 서울대학교 박사학위논문; 정준영, 2011, 「식민지제국대학의 존재방식」,『역사문제연구』26; 김태웅, 2008, 「일제강점기 경성제국대학의 규장각 관리와 소장자료 활용」,『규장각』33;

이렇게 식민주의 역사학에 대한 질적·양적 연구의 폭발적 증가는 2022년 출간된 '일제 식민사학 비판 총서' 시리즈에서도 확인된다. 이 연구총서는 총 8권으로 구성되었는데, 『일본제국의 '동양사' 개발과 천황제 파시즘』, 『조선총독부 박물관과 식민주의』, 『만선사, 그 형성과 지속』, 『제국 일본의 동아시아 공간 재편과 만철 조사부』, 『조선총독부의 조선사 자료수집과 역사편찬』,[31] 『경성제국대학 법문학부와 조선 연구』,

---

정상우, 2019, 「식민지기 일본인 연구자들의 고대 한일관계사 연구 경향 - 이마니시 류(今西龍)와 스에마쓰 야스카즈(末松保和)의 논의를 중심으로」, 『한국문화』 87; 노용필, 2010, 앞의 글; 林直樹, 1999, 앞의 글; 최재석, 1987, 앞의 글; 심희찬, 2013, 앞의 글; 최재석, 1986, 「末松保和의 신라상고사론 비판」, 『한국학보』 43; 나가시마 히로키(永島廣紀), 2010, 「朝鮮總督府 學務局의 역사 교과서 편찬과 '國史/朝鮮史' 교육 - 小田省吾에서 中村榮孝 그리고 申奭鎬로 - 」, 교과서위원회 편, 『제2기 한일역사공동연구보고서』 6, 제2기 한일역사공동연구위원회; 최혜주, 2010b, 「小田省吾의 교과서 편찬활동과 조선사 인식」, 『동북아역사논총』 27; 하지연, 2012, 「오다 쇼고(小田省吾)의 한국근대사 연구와 식민사학」, 『한국근현대사연구』 63; 박찬승, 2013, 「다보하시 기요시(田保橋 潔)의 근대한일관계사 연구에 대한 검토」, 『한국근현대사연구』 67; 하지연, 2013, 「다보하시 기요시(田保橋 潔)의 『근대 일선관계의 연구』와 한국근대사 인식」, 『숭실사학』 31; 하지연, 2015a, 『식민사학과 한국근대사』, 지식산업사; 현명철, 2015, 「田保橋潔의 『近代日鮮關係의 研究』 무엇이 잘못되었을까」, 『韓日關係史研究』 51; 김준배, 2020, 「문화통치기 조선사편수회 소속 일본인 연구자의 이순신 서술 - 나카무라 히데타카(中村榮孝)의 「충무공 이순신의 유보(忠武公李舜臣의 遺寶)」(1928)를 중심으로 - 」, 『韓日關係史研究』 68; 이영, 2015, 「일본의 조선사 연구의 권위 나카무라 히데타카(中村榮孝)의 왜구 서술의 논리적 전개와 문제점 - 『일본과 조선(日本と朝鮮)』을 중심으로 - 」, 『歷史教育論集』 55; 이영, 2014c, 「황국사관과 왜구 왜곡 - 조선사 편수관 나카무라 히데타카(中村榮孝)의 왜구 왜곡의 배경에 관한 한 고찰 - 」, 『한국중세사연구』 40; 이영, 2014b, 「조선사 편수관(朝鮮史編修官) 나카무라 히데타카(中村榮孝)의 왜구 패러다임과 일본의 왜구 연구」, 『일본학』 38.

[31] 하지연, 2008, 「한말·일제강점기 菊池謙讓의 문화적 식민활동과 한국관」, 『동북아역사논총』 21; 윤소영, 2008, 「호소이 하지메의 조선인식과 '제국의 꿈'」, 『한국근현대사연구』 45; 최혜주, 2006, 「일제강점기 아오야기(靑柳綱太郞)의 조선사 연구와 '內鮮一家'論」, 『한국민족운동사연구』 49; 최혜주, 2010, 앞의 책.

『남양과 식민주의』, 『일본제국의 대외 침략과 동방학 변천』[32]등이다.[33] 이 연구는 지금까지 식민주의 역사학 비판의 연구 성과를 비판적으로 계승, 정리하고, 조선과 만주, 더 나아가 일본의 식민지 지배하에 진행된 식민주의 역사학을 총합한 연구라고 평가할 수 있다.

구관제도조사사업[34]과 조선고적조사사업, 관련 인물로서 세키노

---

[32] 박걸순, 2004, 앞의 책; 오영찬, 2011, 「조선고적연구회의 설립과 운영」, 『한국문화』 55; 정준영, 2016, 「식민사관의 차질(蹉跌) - 조선사학회와 1920년대 식민사학의 제도화 -」, 『韓國史學史學報』 34; 조범성, 2015, 「일제강점기 朝鮮史學會의 활동과 근대사 인식」, 『한국민족운동사연구』 84; 조범성, 2018, 「朝鮮史學同攷會와 『朝鮮史學』의 식민사학적 성격」, 『한국독립운동사연구』 63; 신주백, 2016, 앞의 책.

[33] 이태진, 2022a, 『일본제국의 '동양사' 개발과 천황제 파시즘』(일제 식민사학 비판 총서 1), 사회평론아카데미; 오영찬, 2022, 『조선총독부박물관과 식민주의』(일제 식민사학 비판 총서 2), 사회평론아카데미; 정상우, 2022, 『만선사, 그 형성과 지속』(일제 식민사학 비판 총서 3), 사회평론아카데미; 박준형, 2022, 『제국 일본의 동아시아 공간 재편과 만철조사부』(일제 식민사학 비판 총서 4), 사회평론아카데미; 서영희, 2022, 『조선총독부의 조선사 자료수집과 역사편찬』(일제 식민사학 비판 총서 5), 사회평론아카데미; 정준영, 2022, 『경성제국대학 법문학부와 조선 연구』(일제 식민사학 비판 총서 6), 사회평론아카데미; 허영란, 2022, 『남양과 식민주의』(일제 식민사학 비판 총서 7), 사회평론아카데미; 이태진, 2022b, 『일본제국의 대외 침략과 동방학 변천』(일제 식민사학 비판 총서 8), 사회평론아카데미.

[34] 통감부 시기 구관제도조사사업에 관해서는 이영미 著, 김혜정 譯, 2011, 『한국사법제도와 우메 겐지로』, 일조각 참조. 일제강점기 이를 계승한 구관제도조사사업에 대해서는 김태웅, 1993, 「1910년대 前半 朝鮮總督府의 取調局·參事官室과 '舊慣制度調査事業'」, 『규장각』 16; 이대화, 2011, 「〈자료소개〉『朝鮮舊慣制度調査事業槪要』 - 경성: 조선총독부 중추원, 1938.2」, 『한국민족운동사연구』 66; 이영학, 2018, 「일제의 '구관제도조사사업'과 그 주요 인물들」, 『역사문화연구』 68, 한국외국어대학교 역사문화연구소; 왕현종·김경남·이승일·한동민, 2019, 『일제의 조선 구관 제도 조사와 기초자료』, 혜안; 허영란, 2007, 「식민지 구관조사의 목적과 실태: 시장조사를 중심으로」, 『사학연구』 86; 이승일, 2013, 「오다 미키지로(小田幹治郞)의 한국 관습조사와 관습법 정책」, 『한국민족문화』 46.

다다시(關野貞) 등에 대한 연구[35]도 진행되어 조선총독부의 『조선반도사』 및 『조선사』 편찬사업으로의 연계성을 파악하고, 관제 식민주의 사학의 연혁을 이해하는 데 많은 도움이 되었다.

일본의 패망을 전후한 시기에 재조일본인 사학자 하타다 다카시는 식민주의 역사학에 대해 "인간이 없는 역사학"으로 규정하고, 현실과 거리를 둔 실증에만 천착했던 학문으로 비판했다. 이러한 하타다의 식민주의 역사학에 대한 비판을 한국의 재야 사학계에서 유사한 형태로 수용하여 이른바 강단사학에 대한 비판이 진행되고 있다. 이에 대한 반격으로 최근 역사학계에서는 고대사 전공 학자들을 중심으로 재야 역사학계

---

[35] 우동선, 2003, 「세키노 다다시의 한국 고건축 조사와 보존에 대한 연구」, 『한국근대미술사학』 11; 강현, 2005, 「關野貞과 건축문화재 보존」, 『건축역사연구』 41; 최혜정, 2007, 「일제의 평양지역 고적조사사업과 고적보존회의 활동」, 『역사와 세계』 32; 이순자, 2007, 「일제강점기 고적조사사업 연구」, 숙명여자대학교 박사학위논문; 이순자, 2008, 「1930년대 부산고고회의 설립과 활동에 대한 고찰」, 『역사학연구』 33; 이순자, 2009, 「일제강점기 지방고적보존회의 활동에 대한 일고찰 - 개성 보승회를 중심으로」, 『한국민족운동사연구』 58; 이순자, 2009, 『일제강점기 고적조사사업 연구』, 경인문화사; 박선애, 2008, 「1910년대 총독부의 조선 문화재 조사 사업에 관하여」, 『역사와 경계』 69; 친일반민족행위진상규명위원회 편, 2009, 『친일반민족행위진상규명보고서』 III - 4(친일반민족행위연구), 친일반민족행위진상규명위원회; 오영찬, 2011, 앞의 글; 이병호, 2011, 「일제강점기 백제 고지에 대한 고적조사사업」, 『한국고대사연구』 61; 유중현, 2017, 「일제강점기 후지타 료사쿠(藤田亮策)의 조선 고대문화 인식과 그 변화 - 『조선고고학연구』를 중심으로」, 『韓日關係史研究』 56; 김대환, 2017, 「일제강점기 조선고적조사사업과 한국고고학사」, 『한국상고사학보』 97; 신민철, 2018, 「일제강점기 고적조사사업으로 본 익산의 문화유산 - 1900~1920년의 고적조사를 중심으로 -」, 『馬韓·百濟文化』 31; 이주헌, 2019, 「탈식민지고고학의 한계와 문화유산의 재인식」, 『新羅史學報』 47; 류미나, 2020, 「조선총독부 고적조사사업에 대한 평가와 인식 - 패전 후 일본학계의 동향을 중심으로 -」, 『韓日關係史研究』 68; 金桂園, 2021, 「유리건판 사진으로 보는 고미술 - 세키노 타다시(關野貞)의 고적조사사업을 중심으로」, 『대동문화연구』 114.

의 주장을 '사이비 역사학'으로 규정하였다.[36] 이성시는 "실증주의는 역사학 고유의 방법론으로, 이를 단순하게 식민주의의 속성으로 간주할 수 없다"고 지적하면서, '실증주의 = 식민사학'으로 간주하는 연구자들의 태도를 한국의 재야 역사학계 일부가 아니라 해방 이후 한국 사학계의 전반적인 문제로서 제기한 바 있다.[37] 더구나 일본의 역사학계에서는 다름 아닌 '실증'을 바탕으로 하타다의 '만선사' 비판에 대한 검증을 시도하고 있는 상황이다.[38]

이와 관련하여 일찍이 헤이든 화이트(Hayden White)는 1830년부터 1870년에 이르는 시기에 나타난 유럽의 역사 서술 특징을 다음과 같이 설명하였다. 즉 랑케(Leopold von Ranke)를 비롯하여 미슐레(Jules Michelet),

---

[36] 위가야, 2016, 「기획 1. 한국 고대사와 사이비 역사학 비판: '한사군 한반도설'은 식민사학의 산물인가」, 『역사비평』 통권 114, 241쪽; 기경량, 2016, 「사이비 역사학과 역사 파시즘」, 『역사비평』 통권 114; 젊은역사학자모임, 2017, 『한국 고대사와 사이비역사학』, 역사비평사; 조인성, 2017, 「'고대사파동'과 식민주의 사학의 망령」, 『역사비평』 통권 118; 이경섭, 2017, 「기로에 선 한국고대사 연구와 전망」, 『歷史學報』 235; 기경량, 2017, 「최근 한국 상고사 논쟁의 현황과 문제점」, 『靑藍史學』 26; 젊은역사학자모임, 2018, 『욕망 너머의 한국 고대사 – 왜곡과 날조로 뒤엉킨 사이비역사학의 욕망을 파헤치다』, 서해문집; 이문영, 2018, 『유사역사학 비판 – 『환단고기』와 일그러진 고대사』, 역사비평사; 안정준, 2018, 「서평: '사이비역사학'과 '식민사학'에 대하여 – 테이 정, 「'사이비사학' 비판을 비판한다」에 대한 논평」, 『역사비평』 통권 125; 위가야, 2019, 「'임나 대마도설'과 전도(顚倒)된 식민주의」, 『사림』 67; 오항녕, 2019, 「'사이비 역사학'의 평범성에 대하여 – 역사학의 전문성을 위한 단상 – 」, 『歷史學報』 241 등.

[37] 이성시, 2011, 「한국고대사연구와 식민지주의 – 그 극복을 위한 과제 – 」, 『한국고대사연구』 61, 208쪽.

[38] 다키자와 노리오키(瀧澤規起), 2003, 앞의 글; 櫻澤亞伊, 2007, 「'滿鮮史觀'の再檢討 – '滿鮮歷史地理調査部'と稻葉岩吉を中心に – 」, 『現代社會文化研究』 37; 사쿠라자와 아이, 2009, 「이나바 이와키치의 '만선불가분론'」, 『일제시기 만주사·조선사 인식』, 동북아역사재단.

토크빌(Alexis Tocqueville), 부르크하르트(Jacob Burckhardt)와 같은 이 시기 대표적 역사가들은 이전 시기의 계몽주의자나 낭만주의자의 추상적 표현 및 환상에서 벗어나 객관적이고 사실적인 역사상을 만들어 내려 노력했고, 따라서 당시 논쟁의 전제조건은 대체로 '사실적'인 것의 판단기준은 무엇인가였다고 한다. 그러나 역사가는 "역사가의 수만큼이나 다양한 종류의 사실주의를 만들어낼 뿐"이었으며, 결과적으로 같은 사건에 대해 서로 다른 이해가 병존함에 따라, 역사학이 주장하는 객관성이나 사실주의에 대한 신뢰가 무너져 역사주의의 위기를 초래했다고 설명하였다.[39] 실증을 내세운 자의적·선택적 실증인 만큼 역사가마다 다양한 사실주의가 나왔고, 결국 실증적인가 아닌가를 따지기보다는 '어떤' 실증주의인가를 묻고, 그 안에서의 계보를 확인해야 한다는 연구 방법론이 제기되었다.[40]

이렇게 20세기 근대 역사학의 식민주의적 성격을 비판하는 최근 식민주의 역사학 관련 전문 연구 성과들은 20세기 역사학을 재조명하고 탈식민주의 역사학으로 이행해 가는 전환기를 마무리하는 작업으로서 주목할 만한 성과라고 의의를 부여할 수 있다.

---

[39] ヘイドン ホワイト, 岩崎稔 監譯, 2017, 『メタヒストリー: 一九世紀ヨーロッパにおける歷史的想像力』, 作品社, 106~107쪽(한국어본으로는 헤이든 화이트 저, 천형균 역, 2011, 『메타 역사』 I·II, 지식을만드는지식 참고).

[40] 박준형, 2018, 앞의 글, 10~12쪽.

3. 식민주의 역사학의 개념과 왜곡 유형

1) 식민주의 역사학의 용어와 개념

이기백은 『국사신론』의 서론에서 일본인 어용사학자들에 의한 '식민주의 사관'을 비판하면서, 해방된 지 15년이 지나도록 한국 학계에서는 이에 대한 이론적 비판이 제대로 이루어지지 못하거나 심지어 식민주의 사관을 제대로 자각조차 못하고 있다고 지적했다.[41] 이는 한국 사학계에서 최초로, 그리고 본격적으로 제기된 '탈식민주의' 선언이었다. 이기백이 여기서 제시한 '식민주의적 한국사관'의 유형은 반도적 성격론, 사대주의론, 당파성론, 문화적 독창성의 결여, 정체성론이었다. 곧이어 김용섭과 홍이섭, 이만열 등도 식민주의 역사학의 한국사 인식을 극복하기 위한 새로운 연구 자세와 가치관을 주장했고, 점차 학계에서는 식민주의 사관을 인지하고, 이를 극복하며, 나아가 우리 역사에 끼친 영향을 해명하려는 비판의 움직임이 붐을 이루었다.[42]

1960년대부터 거의 50여 년간 한국 사학계에서 사학사의 핵심 주제

41　이기백, 1961, 앞의 책. 이 서론 부분은 「식민주의적 한국사관」으로 『민족과 역사』 (1971, 일조각)에 재수록.

42　李龍範, 1963, 「韓國史의 他律性論 批判 – 所謂 滿鮮史觀의 克服을 위하여 – 」, 『亞細亞』 3; 旗田巍, 1964, 「日本の東洋史家の朝鮮觀 – 滿鮮史の虛想 – 」, 『朝鮮硏究』 34, 日本朝鮮硏究所(李基東 譯, 1983, 「滿鮮史」의 虛想」, 『日本人의 韓國觀』, 一潮閣); 김용섭, 1963a, 앞의 글; 김용섭, 1966, 앞의 글; 홍이섭, 1969, 앞의 글; 홍이섭, 1963, 「한국식민지 시대사의 이해방법」, 『동방학지』 7; 이만열, 1976, 앞의 글; 이만열, 1974, 「고대 한·일관계론의 검토 – '任那問題'와 '日鮮同祖論'을 중심으로」, 『문학과 지성』 16; 이태진, 1987, 「당파성론 비판」, 『한국사시민강좌』 1 등.

가운데 하나는 식민(주의)사학과 반식민(주의)사학, 반민족사학과 민족사학이란 용어가 시사하듯, 식민사관과 그에 대칭되는 역사관의 검토였다. 많은 연구자들이 식민사관을 어떻게 유형화할 것인가를 두고 다양한 의견을 제시했지만, 식민사관이란 한국사의 정체성론과 타율성론을 바탕으로 조선총독부의 '시정(施政)' 목표였던 '동화(同化)'를 정당화해 주었고, 침략과 지배 이데올로기와 정책을 합리화한 관제사학의 역사 인식이라는 결론에 다다랐다.[43] 즉, 1960~1990년대까지 식민주의 역사학에 대한 비판적 연구의 초기 단계에서 '식민사학(관)', '식민주의 사학(관)', '식민주의 역사학(사관)', '식민지적 사관' 등으로 명명된 식민주의 역사학은 다음 세 가지로 그 성격이 규정되었다.[44]

첫째, 일제의 한국 침략과 지배를 정당화, 합리화하는 이데올로기적 기반 확보를 위한 역사학

둘째, 항일 민족의식의 성장을 가로막는 식민정책의 일환으로 기능한 역사학

셋째, 식민지배 전 기간에 걸쳐 더욱 교묘하게 분장되어 한국사 왜곡에 기여한 역사학

그런데, '식민사학'이란 용어 및 개념의 규정에는 몇 가지 짚고 넘어가야 할 문제가 있다.

첫째, 식민주의 역사학에 대한 초기 한국 사학계의 비판적 연구에서는

---

43 신주백, 2016, 앞의 책, 18쪽.
44 한국역사연구회 편, 1989, 『한국사강의』, 한울아카데미, 22~25쪽.

'식민사학(관)', '식민주의 역사학(사관)', '식민지적 사관' 등 제대로 된 용어의 개념 정립이 없이 혼용되고 있었다는 점이다. 특히 '식민사학'이란 용어는 '식민'을 위한 역사학이란 뉘앙스가 강해서 용어와 용법 사이의 괴리가 심각하게 드러난다. 또 '(역)사학'과 '사관'이란 용어도 혼용되어 왔다. 식민주의 역사학은 '사관'이라는 좁은 범주의 문제가 아니라 역사학의 이론, 방법, 내용에 걸친 폭넓은 역사학의 체계를 갖추고 있다는 점에서 (역)사학이라는 용어를 사용해야 한다[45]는 점이 현재 학계의 정리된 입장이다.

둘째, 민족사학과 민족주의 사학, 식민사학과 식민주의 역사학을 명확하게 이분법적으로 가르는 구분법을 적용해 온 연구 시각의 문제이다. 여기서 민족사학과 식민사학을 구별하는 기준은 '민족', '침략과 저항'이었다. 그런데 민족사학이라고 해서 꼭 민족주의 사학의 범주에 포함될 수 있는 것은 아니다. 침략과 저항이란 잣대로 보면 일본인의 역사 서술이 식민주의가 아닐 수 있고, 반대로 한국인의 역사 서술이 식민주의 역사학일 수 있기 때문이다.[46]

따라서 식민주의 역사학이라는 용어는 기존의 식민사학이란 용어에 비하여 식민주의에 입각한 근대 역사학이며, 식민주의를 조장하는 역사학으로 재정의할 수 있다. 또 근대 역사학 일반이 식민주의와 관련되는

---

45 윤해동, 2015a, 앞의 글, 381~382쪽.
46 신주백, 2016, 앞의 책, 26~27쪽; 김종준, 2013, 『식민사학과 민족사학의 관학아카데미즘』, 소명출판, 8쪽. 김종준의 경우도 이 책에서 식민사학과 민족사학의 이항대립적 구분이 적절하지 않음에 동의하나, 그렇다고 하여 기존 분류법을 완전히 해체하고 새로운 분류법을 제시할 단계는 아니기 때문에 기존 분류법의 맹점을 짚어 보는 것에 의미를 두겠다고 밝히고 있다.

양상을 볼 수 있다는 점에서 용어의 전환이 제기되었다.[47]

지금까지 식민사학 연구는 대개 대상을 당연히 한국사로 전제하여 개념을 정의하거나 연구를 진행하는 경우가 많았다. 그러나 식민주의 역사학 연구가 한국사만을 대상으로 진행되었던 것은 아니다. 일본사, 동양사 연구까지 포괄하되, 세 분야를 상호 관련하여 연구할 필요가 있다. 따라서 일본 근대 역사학이 만들어 낸 국사(일본사), 동양사(한국사, 중국사 등), 그리고 서양사 등 역사학의 전 분야를 대상으로 연구를 진행해야 한다는 필요성이 제기되었다.[48]

이상에서 언급한 식민주의 역사학의 연구 대상과 범위에 대한 그간 학계의 광범위하고 괄목할 만한 성과는 앞서 정리한 바와 같다. 그 외 사회학, 국제정치학, 외교학, 인류학, 문학, 예술 등의 분야에서 식민주의 연구가 연계되어 식민주의 역사학의 연구 대상 범주에 포함될 수 있다.

2) 식민주의 역사학의 왜곡 유형과 내용

앞서 살펴본 바와 같이, 우리 역사학계 최초의 탈식민주의 선언이라고 할 수 있는 이기백의 『국사신론』에서 식민주의 사관에 대한 본격적이고 공식적인 비판이 시작되었다.[49] 여기서 제시된 '식민주의적 한국사관'

---

47 윤해동, 2015a, 앞의 글, 382~383쪽.
48 윤해동, 2015a, 위의 글, 381쪽.
49 이기백은 '식민지사관'이란 용어의 부적절성을 지적하고 있다. 즉, 식민지에서는 식민정책을 뒷받침하는 식민주의 사관과 이에 대항하는 민족주의사관과 같은 여러 유형의 사관이 있을 수 있기 때문이다. 이에 이기백은 '식민주의 사관'이 정확한 표현이라고 했다(이기백, 1987, 앞의 글, 1쪽).

의 다섯 가지 이론은 반도적 성격론, 사대주의론, 당파성론, 문화적 독창성의 결여, 정체성론이다. 이러한 식민주의 한국사관에 대한 지표 설정 방식은 그 뒤 한국 사학계의 전형적인 식민주의 사학 비판 연구의 기준으로 자리 잡았다. 그리고 조금씩 다르기는 하나 타율성론, 만선사관, 임나일본부설, 일선동조론 등이 기존 지표에 추가되었다.

이렇게 지표가 설정되면서 1960년대 식민주의 역사학 비판의 주요 연구 성과들은 일본인 식민주의 역사학자들에 의한 한국사의 부정적인 요소 연구를 명쾌하게 식민주의 사학이라고 규정했다. 식민사학을 극복하고 한국사를 정확하게 인식하기 위한 민족사학의 확립이라는 한국 사학계의 당면 과제를 해결하기 위한 매우 손쉬운 연구의 틀이 만들어졌던 것이다.[50] 민족을 주체로 타율성론을, 내재적 발전을 통해 정체성론을 부정하는 연구가 그 성과였다.[51] 그러면 식민주의 역사학 비판을 위한 왜곡의 지표 유형을 하나씩 살펴보자.

이만열의 경우 식민주의 역사학을 타율성론과 정체성론으로 크게 분류하고, 타율성론에는 만선사관, 반도적 성격론, 사대주의론이 포함된다고 정리했다.[52] 그리고 여기에 일선동조론과 임나일본부설을 추가하기도 했다.[53] 조동걸은 일선동조론, 정체성론, 당파성론, 반도적 타율성론(지

---

50 김용섭, 1966, 「일본 - 한국에 있어서의 한국사서술」, 『역사학보』 31.
51 윤해동, 2010, 「숨은 신을 비판할 수 있는가 - 김용섭의 '내재적 발전론'」, 『근대 역사학의 황혼』, 책과함께 참조.
52 이만열, 1981, 「일제관학자들의 식민주의사관」, 『한국근대 역사학의 이해』, 문학과지성사.
53 이만열, 1976, 앞의 글.

리적 결정론 포함), 사대주의론 등 다섯 가지를 제시했다.[54] 사실 이기백의 규정과 크게 다를 바가 없다. 이후 식민사학의 특성을 이렇게 몇 가지 유형으로 설정하는 방식은 거의 한 세대 이상 연구 방법론으로 의심의 여지 없이 하나의 준거가 되었다. 그리고 민족(주의)사학을 그 반대편에 대칭시켜 식민(주의)사학과 극명한 차이점을 부각시키고, 식민주의 사학을 극복하는 입론을 구축해 왔다.[55] 그러나 한국사 연구의 이러한 민족주의적 시각은 식민주의 역사학의 '의도'와 '왜곡'이라는 프레임에 갇혀 그 틀을 벗어나지 못했다는 한계에 봉착했고,[56] 1990년대 중후반부터 반성이 촉구되었다.[57] 한국사가 '국사'를 매개로 서구, 일본 제국주의의 식민주의와 폐쇄적이고 배타적인 근대의 속성을 공유하고 있다는 지적이 나오기 시작했다.[58] 탈식민주의적 관점에서 민족주의의 근대성을 비판한 것이다.[59]

윤해동은 식민주의 역사학의 이데올로기는 식민주의와 다른 근대적 이데올로기가 결합하는 방식에 의해 그 성격이 결정되었다고 하였다. 예컨대 식민주의는 제국주의, 국민주의, 근대주의 등의 이데올로기와 결합하였는데, 첫째 식민주의와 제국주의가 결합할 때에는 일선동조론과 만선사관이, 둘째 식민주의와 국민주의가 결합할 때에는 타율성론이, 셋째

---

54 조동걸, 1998, 앞의 책.
55 윤해동, 2015a, 앞의 글, 388쪽.
56 정준영, 2022, 앞의 책, 97쪽.
57 임지현, 1994, 「한국사학계의 '민족' 이해에 대한 비판적 검토」, 『역사비평』 통권 28: 이성시 지음, 박경희 옮김, 2001, 『만들어진 고대 – 근대국민 국가의 동아시아 이야기 – 』, 삼인.
58 임지현, 2004, 「'국사'의 대연쇄와 오리엔탈리즘」, 『한국사학사학보』 10, 168~170쪽.
59 이정빈, 2012, 앞의 글, 422~423쪽.

식민주의와 근대주의가 결합할 때에는 정체성론이 만들어지게 되었다고 규정하였다.[60] 그러면서 식민지 시기 백남운이 조선에서의 봉건제 성립을 강조하고 정체성론을 극복하려 했던 일단의 연구에 대하여 윤해동은 '독일 역사학파의 경제발전단계론을 적용하여 조선에서 봉건제가 부재하였다고 주장하는 식민주의 역사학과 마르크시즘의 발전단계론을 적용하여 봉건제의 성립이 있었다고 주장하는 백남운의 역사학 사이에는 어떤 차이가 있는 것인가? 그렇다면 식민주의 역사학과 이후 김용섭의 역사학에는 과연 차이가 있는 것인가? 결국 식민주의 역사학과 민족주의 역사학은 같은 꼴이 아니었는가' 하는 의문을 제기하기도 했다.[61]

1960년대 이래 이 왜곡의 지표 자체가 다분히 흑백논리적이고 이분법적이며, 자의적이고 주관적이었다고 할지라도 이를 준거로 하여 그간 학계에서 실증적 연구도 진행되어 실제 식민주의 역사학의 왜곡 실태와 논리가 상당 수준 규명되어 온 것은 큰 성과였다. 그렇다면 '민족사학의 일그러진 거울로서의 식민사학', '식민사학의 반명제로서의 민족사학'[62]이란 대립이자 공존의 구도를 만들어 낸 초기 식민주의 역사학 비판 연구의 대표적 지표를 간단하게 살펴보자.

식민주의 역사학의 주요 유형은 타율성론, 정체성론, 만선사관, 반도적 성격론, 당파성론, 사대주의론, 일선동조론 등이다. 이 중 타율성론과 정체성론 두 가지가 기본적이고 포괄적인 식민주의 역사학의 총론이라고 할 수 있고, 나머지는 결국 이 두 유형의 세부적 분류로 설명된다.[63]

---

60 윤해동, 2015a, 앞의 글, 406~408쪽.
61 윤해동, 2015a, 위의 글, 409~410쪽.
62 이정빈, 2012, 앞의 글, 428쪽.
63 강진원, 2016, 「식민주의 역사학과 '우리' 안의 타율성론」, 『역사비평』 통권 115, 213쪽.

(1) 타율성론

타율성론은 한국사의 전개 과정이 한국인의 자주적 역량에 의해 전개된 것이 아니라 외세의 간섭과 영향에 의해 타율적으로 이루어졌다고 보는 식민주의 역사 인식이다.[64] 즉, 한국의 수천 년 역사가 중국·몽골·만주의 북쪽 세력과 남쪽의 일본 등 외세의 침략과 영향 속에 비주체적으로 전개되었다는 것이다. 특히 한국 고대사는 태고부터 북쪽은 중국의 식민지였고, 남쪽은 일본 진구(神功) 황후의 삼한 정벌 전후로 수 세기간 임나일본부가 설치되어 그 영향력하에 있었다는 논리이다. 이 논리는 확대 적용되어 만선사관과 반도적 성격론으로 이어졌다. 특히 하타다나 김용섭, 이만열 등은 만선사관이 한국사를 대륙사에 부속시키고 역사 연구를 지리적 연구에 초점을 맞추어 한국인 혹은 한국 민족의 존재를 망각시킨 대표적 식민주의 사관이었다고 정의했다.[65]

만선사관과는 다른 입장에서 한국사의 타율성을 내세운 또 하나의 논리는 반도적 성격론이다. 이 이론은 지리적 결정론에 근거를 두고 있는데, 지리적 숙명론을 이론화한 사람이 바로 미시나 쇼였다.[66] 미시나는 『조선사개설(朝鮮史槪說)』(1940, 弘文堂)의 서설에서 '조선사의 타율성'이란 제목으로 한국사의 부수성(附隨性), 주변성(周邊性), 다린성(多隣性)을 나열하면서 한국은 단지 대외적인 관계뿐만 아니라 민족성이나 학문 등에서도 영향을 받았다고 주장했다. 이 반도적 성격이 외교, 정치, 문화

---

64 이도상, 2001, 「일본의 한국 침략 논리와 식민주의 사학」, 단국대학교 박사학위논문, 174쪽.
65 旗田巍 저, 이기동 역, 1983, 「만주사의 허상」, 『일본인의 조선관』, 일조각, 190쪽.
66 이기백, 1987, 앞의 글, 4쪽.

면에 투영된 것이 바로 사대주의[67]이므로, 사대주의적 성격 역시 타율성론의 한 유형이다. 그리고 국내 정치 세력은 외세의 영향력에 부합하거나 휘둘리면서 정쟁(政爭)이 나타나고, 친명파·친청파·친일파·친러파 등이 등장했다고 보았는데, 이는 당파성론과 연결된다.[68] 결국 타율성론에 따르면, 한국은 누군가의 지배를 받아야 하는데, 그렇다면 온정적인 일본의 품에 안기는 것이 최선이라는 침략과 지배의 합리화 논리였다.

(2) 정체성론

'정체성'은 'stationary character'의 번역어로 근대 유럽인들이 아시아 지역에 식민지를 건설하면서 이를 합리화하기 위해 창출한 '아시아적 정체성'이란 이론에서 나왔다.[69] 유럽인들은 식민지 경영을 위해 아시아적 특수성을 파악하고, 아시아가 숙명적으로 정체되고 무기력한 상태의 후진 사회로 유럽인들이 개발하여 경제 개발을 시켜주어야 한다는 논리를 구축했다. 사실 애덤 스미스(Adam Smith, 1723~1790)가 『국부론(國富論)』에서 중국을 'stationary state'라고 지적한 것은 '진보의 속도가 매우 느리고 완만'하다는 개념이었으나, 근대 유럽인들은 식민통치를 학술적으로 정당화할 이론이 필요했고, 이를 '절대적 정체'의 개념으로 탈바꿈시킨 것이다. 또 탈아적(脫亞的) 입장에서 스스로 아시아인이 아님을 자부하던 일본인이 한국 통치의 지배이론으로 삼은 것이다.[70]

---

67 이기백, 1969, 「사대주의론의 문제점」, 『亞細亞』 3 참조.
68 이태진, 1987, 「당파성론 비판」, 『한국사시민강좌』 1, 53~69쪽.
69 이도상, 2001, 앞의 글, 184쪽; 강진철, 1987, 「정체성이론 비판」, 『한국사시민강좌』 1, 20쪽.
70 강진철, 1987, 위의 글, 21~22쪽.

정체성론은 타율성론과 함께 식민주의 역사관의 2대 지주로서 한국이 수천 년간 수많은 왕조 교체 등 사회변혁에도 불구하고 사회·경제적으로 정체되었고, 근대사회로의 이행에 필요한 봉건사회를 거치지 못해 아직도 전근대적 단계에 머물고 있다는 논리이다.[71] 이 정체성론을 최초로 제기한 인물은 기쿠치 겐조(菊池謙讓)인데, 그는 이를 '침체성'으로 표현했다.[72] 그리고 경제사적 측면에서 학문적 조명을 시도한 것은 후쿠다 도쿠조(福田德三)이다. 그는 1902년 2주간 한국을 여행하고 쓴 「조선의 경제 조직과 경제 단위」[73]에서 한국은 '봉건사회가 결여'되었고, '토지 소유 관념이 없는' 사회로 설명했다.[74] 또한 시카타 히로시(四方博)는 후쿠다와 달리 제국주의의 식민지 진출 이론을 적극적으로 찬미하지 않았으나, 개항 당시 한국 사회는 자본의 축적이 없고 기업가 계층도 없었으며 대규모 생산을 감당할 기술과 사회적 시스템이 결여되어 있었음을 들어 정체성을 논하였다.

이 정체성론은 단순히 한국사의 사회경제적 낙후성을 지적하는 데 그치지 않고, 정체된 한국 사회를 근대화시키기 위해 일본의 역할이 불가피하다는 침략적 속성의 이론이었다.[75]

---

71 강진철, 1987, 위의 글, 27쪽.
72 菊池謙讓, 1896, 『朝鮮王國』, 民友社, 106쪽.
73 福田德三, 「조선의 경제 조직과 경제 단위」(『內外論叢』 이후 1907년과 1915년 수정되어 『經濟學研究』에 실림).
74 강진철, 1987, 앞의 글, 30쪽.
75 이만열, 1976, 「일제관학자들의 식민사관」, 『한국의 역사인식』 下, 창작과비평사, 284쪽.

(3) 일선동조론

식민주의 역사학의 연원은 황국사관에 기초한 소위 '일선동조론'이다. 타율성론이나 정체성론의 출발점이라고 할 수 있다. 1960년대부터 시작된 식민주의 역사관에 대한 비판적 연구에서 막상 일선동조론은 하나의 지표로서 제기되지 않았다. 그런데 1979년 이만열에 의해서 하나의 식민사관으로서 범주화된[76] 이후에야 식민주의 역사학에 대한 하나의 비판적 지표로 자리 잡게 되었다.[77]

일선동조론은 '일한일역론(日韓一域論)', '일선동원론(日鮮同源論)', '일선동종론(日鮮同種論)', '동근동조론(同根同祖論)' 등으로 불리는데, 약간의 의미 차이는 있으나, 한국과 일본이 같은 선조로부터 피를 나눈 근친관계에 있다는 주장이다.[78] 일선동조론은 혈연뿐만 아니라 신화와 문화의 근친성까지 포함시켜 일본의 한국 강제병합에 대한 정당성을 주장하고, 한국인의 저항과 독립운동의 기운을 무마시키려는 침략 이데올로기였다. 특히 3·1운동 이후 분출된 독립의 움직임을 무마시키기 위해 기타 사다키치(喜田貞吉) 등이 강력하게 주창하였는데, 시라토리 구라키치(白鳥庫吉), 쓰다 소키치(津田左右吉), 이케우치 히로시(池內宏), 이나바 이와키치(稻葉岩吉) 등의 일본 동양사 연구자에 의해 비판되었으며, 학문적으로 검증된 이론이 아니었기 때문에 경성제국대학 교수들 사이에서도

76　李萬烈, 1979, 「日帝 官學者들의 韓國史 敍述」, 『韓國史論』 6(韓國史의 意識과 敍述), 국사편찬위원회.

77　송찬섭, 「일제의 식민사학」, 조동걸·한영우·박찬승 엮음, 1994, 『한국의 역사가와 역사학』 하, 창작과비평사, 317쪽; 이철성, 1994, 「식민지기 역사인식과 역사서술」, 『한국사의 이론과 방법(1) - 한국사 23』, 한길사, 126쪽.

78　旗田巍 저, 李基東 역, 1983, 『日本人의 韓國觀』, 一潮閣, 37~38쪽.

거부되었다. 그러나 중일전쟁 이후 황국신민화라는 이름으로 추진된 창씨개명 등 민족말살정책의 정책적 이론으로 기능했다.[79]

이 책에서는 지금까지 우리 학계의 연구 성과를 기반으로 식민주의 역사학의 성립 과정과 내용, 논리 구조, 그 제도화와 관제사학 체계, 확산과 심화, 그리고 현재성을 짚어 나가고자 한다.

제1장에서는 근대 실증사학과 식민주의 역사학의 성립을 살펴보고자 한다. 먼저 전근대 일본에서의 한국사 연구와 근대 실증주의 역사학을 식민주의 역사학 성립의 전사로서 살펴볼 것이다. 일본인들의 한국사 연구는 19세기 말 이후 활발해졌는데, 에도(江戶)시대 국학(國學)의 일선동조론이나 정한론적 인식에 그 뿌리를 두고 있음을 먼저 고찰하겠다. 또한 1879년 일본 참모본부의 광대토왕릉비문 연구, 도쿄제국대학 사학과 개설(1877년)과 국사과 개설(1889년) 이후 일본 근대 역사학의 실증적 아카데미즘의 성격을 알아봄으로써 식민주의 역사학이 성립될 수밖에 없었던 토양을 살펴보겠다. 한편, 청일전쟁을 전후하여 일본에서는 한국사 연구가 활발하게 진행되기 시작했는데, 임나일본부설, 일선동조론 등의 논리에 근거한 요시다 도고(吉田東伍)의 『일한고사단(日韓古史斷)』(1893), 시게노 야스쓰구(重野安繹), 구메 구니타케(久米邦武), 호시노 히사시(星野恒) 공저의 『국사안(國史眼)』(1890), 하야시 다이스케(林泰輔)의 『조선사(朝鮮史)』(1892), 기쿠치 겐조의 『조선왕국(朝鮮王國)』(1896), 쓰네야 세이후쿠(恒屋盛服)의 『조선개화사(朝鮮開化史)』(1901) 등을 분석하고자 한다.

제2장에서는 일본의 한국 강제병합 이후 급속하게 확산, 제도화된

---

79 이도상, 2001, 앞의 글, 173쪽.

식민주의 역사학의 내용과 논리 구조를 살펴보고자 한다. 먼저 일본 국학의 전통을 이은 일선동조론과 『국사안(國史眼)』, 식민지 시기 동화정책과 일선동조론의 선택적 적용을 살펴보기로 한다. 그리고 일선동조론을 비판하면서 소위 '만선사' 연구를 주창한 일본 동양사 계열의 연구를 만선역사지리조사부 및 시라토리 구라키치와 이나바 이와키치에 대한 분석을 통해 알아보겠다. 이어서 후쿠다 도쿠조와 시카타 히로시 등 사회·경제사학의 아시아 정체성론 연구도 보고자 한다.

제3장에서는 식민지 조선에서의 관제사학에 의한 식민주의 역사학, 즉, 조선총독부의 『조선반도사』 편찬사업, 조선사편수회의 『조선사』 편찬사업, 경성제국대학 사학과의 교수진 및 강좌 내용, 그리고 관학 아카데미즘과 근대 지식권력의 성격 등에 대해 살펴보고자 한다. 또한 이왕직(李王職) 주관하에 편찬된 『고종실록』·『순종실록』 편찬사업의 인적 구성과 편찬 과정, 활용된 자료에 대해서도 살펴보겠다.

제4장에서는 제도권 역사학과의 밀접한 상호 연계 속에 식민주의 역사학의 확산에 기여한 관제사학 보조기관으로서의 학회, 대표적으로 조선사학회와 청구학회를 살펴보고자 한다. 또한 역사적 사실에 대한 자의적 해석과 왜곡이 있음에도 불구하고 강단사학자 못지않은 많은 저술을 출간함으로써 일반에 대한 파급력이 더 컸던 재조일본인 재야 사학자들의 저술과 그 내용을 살펴보겠다.

마지막으로 제5장에서는 식민주의 역사학의 현재적 의미를 짚어 보고자 한다. 전후 일본 학계의 한국사 연구 동향에 대해 경성제국대학 사학과 교수를 역임한 후 일본으로 귀환하여 전후 일본의 한국사 연구 분야에서 중추적 역할을 한 스에마쓰 야스카즈와 나카무라 히데타카(中村榮孝)를 중심으로 살펴보고자 한다. 또한 1945년 이후 현재까지 계속되고 있는 일본 역사 교과서의 왜곡 문제를 분석함으로써 식민주의 역사학이 근대 실증주의 역사학으로서 기능했을 뿐만 아니라, 현재에도 여전히 영향력을 미치는 문제임을 짚어 보고자 한다.

제1장
식민주의 역사학의 성립

1. 근대 이전 일본의 한국사 연구

1) 에도시대의 한국사 연구

일본의 한국관에 대한 계보와 전통을 정확히 알기 위해서는 일본 고대국가 형성 시기의 한국관까지 거슬러 올라가야 한다. 일본의 고대국가는 한국과 매우 깊은 관계 속에서 형성되었고, 『고사기(古事記)』, 『일본서기(日本書紀)』 등의 고전에는 고대 일본인의 한국관을 보여주는 자료가 풍부하다. 고대국가 형성기에 만들어진 한국관은 줄곧 일본인의 사고를 지배해 왔고 지금까지도 견고하게 남아 있다. 그 대표적인 것이 '일선동조론(日鮮同祖論)'이다.[1]

한편, 에도시대에는 막부가 쇄국정책을 고수했음에도 불구하고, 조선만큼은 정식으로 외교관계를 맺고, 우호관계 회복에 힘을 기울였다. 임진왜란 후 조선도 도쿠가와(에도) 막부의 요청을 받아들이고, 막부의 사정을 살핌과 동시에 왜란 때 끌려간 포로를 쇄환하기 위해 1607년(선조 40년) 일본과 국교를 재개하였고, 이후 1811년 약 200년에 걸쳐 총 12회의 조선통신사를 파견하였다. 조선 통신사를 통하여 문화교류가 이루어지면서 당시 일본의 지식층, 특히 유학자는 조선의 학문과 학자를 존경했고,[2] 에도시대 유학(특히 주자학)의 기초를 쌓은 후지와라 세이카(藤原惺窩, 1561~1619), 하야시 라잔(林羅山, 1583~1657)은 모두 조선 성

1 　旗田巍 저, 李基東 역, 1983, 『日本人의 韓國觀』, 一潮閣, 11쪽.
2 　阿部吉雄, 1965, 『日本 朱子學と 朝鮮』, 東京大學出版會.

리학, 특히 퇴계 이황의 학문을 배웠다. 일본의 봉건적 질서 확립을 목표로 했던 당시 일본인 학자들은 퇴계 사상을 적극적으로 받아들이고 존경했던 것이다.

일본 시코쿠(四國) 남쪽 고치현(高知縣)의 카이난 학파(海南學派)에서 배운 야마자키 안사이(山崎闇齋, 1618~1682)는 퇴계를 존경하여, 그의 『자성록(自省錄)』을 읽고서 자신의 학문 자세를 깨달았다고 말하기도 했다. 이후 사토 나오가타(佐藤直方, 1650~1719), 아사미 게이사이(淺見絅齋, 1652~1711), 다니 시게도오(谷重遠, 1663~1718) 등도 퇴계의 책을 탐독하고 감동을 받았다고 한다. 이렇게 퇴계 학문은 일본 지식인들을 통해 일본 전역으로 퍼져 나갔다.[3]

예를 들어 구마모토(熊本)의 오쓰카 다이야(大塚退野, 1677~1750)는 퇴계의 학문을 가르쳤고, 그 학통이 구마모토에 남아서 요코이 쇼난(橫井小楠, 1809~1869), 모토다 나가자네(元田永孚, 1818~1891), 도쿠토미 소호(德富蘇峰, 1863~1957)까지 영향을 미쳤다. 또 가고시마(鹿兒島)에도 퇴계 학문이 전해져서 조시칸[造士館: 1773년 설립된 사쓰마번(薩摩藩)의 학교로 메이지 유신 뒤 중학교, 제7고등학교로 개편. 현 가고시마 대학의 전신]의 중요한 정신적 측면을 형성하였다.[4]

그러면서도 이들은 동시에 조선에 대한 우월감을 갖는 이중적이고 양가적인 한국관을 갖고 있었는데, 그것은 일본의 건국 신화나 전설에 근거한 오래되고 잠재된 의식이었다.

에도시대 초기 미토 미쓰쿠니[水戶光圀: 미토번(水戶藩)의 영주 도쿠가와 미

---

3   旗田巍 저, 李基東 역, 1983, 앞의 책, 11~13쪽.
4   旗田巍 저, 李基東 역, 1983, 위의 책, 13쪽.

쓰쿠니(德川光圀), 『대일본사(大日本史)』 편찬]는 조선 역사서 『동국통감(東國通鑑)』을 출판했는데, 그 서문을 쓴 하야시 슌사이(林春齋, 1618~1680)는 서문에서 조선은 "스사노오노미코토(素盞鳴尊)가 경력(經歷)한 곳이며, 그는 삼한의 시조"라고 쓰고 있다. 이것이 바로 '일선동조론'과 같은 주장으로, 태고부터 일본의 조선 지배를 기정사실화하고, 조선에 대한 일본의 우월한 지위를 주장했던 것이다. 이런 의식은 『고사기』, 『일본서기』가 저작된 시대부터 고대, 중세를 지나 에도시대까지 1천 년 이상 이어졌다. 특히 조선에 대한 일본의 우월한 지위를 가장 강력하게 주장한 것은 국학자들이었다. 국학자들은 잊혔던 일본 고전의 우수성을 발견하여 그것을 연구, 자랑스러운 신국(神國)의 모습을 그려내고자 했다. 또 태고에 일본의 신(神)이나 천황이 조선을 지배했고, 때로 일본의 신이 조선의 신 혹은 왕이 되었으며, 옛 조선의 왕이나 귀족이 일본에 복속했다는 것이다.[5] 하야시 라잔의 아들인 하야시 슌사이도 당시 조선의 퇴계학의 높은 수준을 잘 알고 있었다. 그러나 일본 건국 설화에서의 일본의 우월적 지위를 주장하였던 것이다. 아라이 하쿠세키(新井白石, 1657~1725) 같은 유학자로 일본 고전을 연구하면서 태고적 일본의 한국 지배를 주장했다.

국학자들은 『고사기』나 『일본서기』 등의 연구를 통해 신국 일본의 위대함을 주장하고자 일본 건국의 기원을 소급하면서까지 일본의 조선 지배를 주장했다. 국학이 일본인의 정신 성장상 큰 역할을 한 것은 분명하나, 일본인의 한국관 형성에는 커다란 문제를 낳았다. 이 사고방식은 막부 말기 '정한론'의 논거가 되었고, 메이지시대 이후 조선 식민지화의 근거로 이용되었다. '일선동조론'이나 '일한일역론'의 의식 형태는 이 국

---

5   旗田巍 저, 李基東 역, 1983, 위의 책, 14~15쪽.

학의 전통에서 유래했다고 할 수 있다.[6]

한편, 막부 말기, 구미 열강의 함선이 내항하고, 일본에서 존왕양이 운동이 일어나고, 위기의식이 고취되자 한국관에도 큰 변화가 일어났다. 하야시 시헤이(林子平, 1738~1793)는 1785년에 『삼국통람도설(三國通覽圖說)』을 저술하여 조선이 오키나와, 아이누족(홋카이도)과 더불어 일본 국방상 중요한 지역임을 주장하면서 열강의 침략에 대한 방어선 차원에서 조선을 설정하였다. 이는 일본의 안전을 위해 아시아 여러 나라를 일본이 차지해야 한다는 의식을 만들어 냈다.[7]

요시다 쇼인(吉田松陰, 1830~1859)은 『유수록(幽囚錄)』에서 "조선을 책망하여 인질을 보내고 조공을 바치게 하여 옛날의 성시(盛時)와 같이 해야 한다"라고 주장했고, 히라노 쿠니오미(平野國臣, 1828~1864)는 『회천관견책(回天管見策)』에서 "우선 삼한을 치고, 다시 부(府)를 임나에 세워 이로써 다시금 예전의 규칙을 회복하여"라고 하였다. 이러한 생각은 메이지 유신 이후의 조선 인식으로 그대로 계승되었다.

2) 메이지 유신 후 수사사업과 제국대학 창설

(1) 메이지 정부의 수사사업

메이지 유신으로 이전 막번 체제가 추구해 온 가치 체계인 유교적 명분론과 그에 입각한 역사관은 기본적으로 부정되었다. 그렇다고 하여 메

---

6   旗田巍 저, 李基東 역, 1983, 위의 책, 119~120쪽; 하타다 다카시 지음, 주미애 옮김, 2020, 『심포지엄 일본과 조선』, 소명출판, 12~13쪽.
7   하타다 다카시 지음, 주미애 옮김, 2020, 위의 책, 14쪽.

이지 신정부가 이를 대신할 수 있는 새로운 가치 체계를 제시하지는 못한 상황이었다. 따라서 혼란스러운 유신 초기 사회사상이나 역사관을 담당할 기관이나 학자도 옛것과 새로운 것 중 어느 쪽이 주도권을 쥘 것인가는 향후 갈등과 파장을 안고 있었다. 당시 상황에서 역사학자들을 대강 네 가지 그룹으로 분류할 수 있는데, 첫 번째는 도쿠가와 막부 이래 유교적 명분론을 존왕론(尊王論)으로 변형시켜 '천황-신민'적 명분론으로 재생을 도모하고, 뒷날 교육칙어로 귀결되는 유교적 그룹으로 천황의 측근이었던 모토다 나가자네가 있다.

두 번째는 유교를 기반으로 하면서 청의 고증학을 배워 봉건적 명분론을 넘어서려 했던 사족 출신의 한학자 그룹이다. 사쓰마번(가고시마현) 출신의 시게노 야스쓰구(重野安繹, 1827~1910), 사가(佐賀)번 출신의 구메 구니타케(久米邦武), 에치고(越後, 니가타현) 출신의 호시노 히사시(星野恒, 1839~1917) 등이 있다. 이들은 메이지 정부의 국사편찬사업의 중심이 되고, 유럽 근대 역사학을 배워 제국대학(교토대학이 설립되는 1897년까지는 도쿄대학만 가리킨다)의 문과대학 교수가 되었다.

세 번째는 국학-신토(神道)계 학자들로 이들은 대부분 막번 체제 아래서 이른바 비주류였다. 이들은 신화에 국가의 아이덴티티를 요구하는 복고적 역사관을 주장하여 메이지 전기 가장 우익적인 학파를 형성하였다.

네 번째는 문명사·개화사파 그룹이다. 후쿠자와 유키치(福澤諭吉, 1835~1901)는 일찍이 난학(蘭學)을 배웠고, 양학(英學)으로 옮겼으며, 세 차례 미국과 유럽을 다녀와 서구문명에 대한 이해가 높았던 인물이다. 그는 1866년 『서양사정(西洋事情)』, 1875년 『문명론지개략(文明論之槪略)』을 간행하였다. 다구치 우키치(田口卯吉, 1855~1905)도 1877년 『일본개화소사(日本開化小史)』를 간행하여 후쿠자와와 함께 문명사파의 선구자였다.

엄밀히 말하면 이 네 학파를 역사학 조류라고 할 수는 없다. 아직 역사학이 전문화되기 이전의 사조로, 초창기 메이지 정부의 역사학 정립 과정에서 주도권을 다투었다.

그런데 국가가 정사(正史)를 기록하여 정통성의 근거로 삼고, 역사를 편찬한다는 사고방식은 중국 역대 왕조가 채용해 오던 것이었고, 따라서 메이지 정부 내에서도 '사국(史局)'을 두고 사관을 등용하고자 했다. 이에 1869년 2월(구력) 신정부의 카이세이학교[開成學校: 막부의 양학 연구 교육 기관인 가이세이쇼(開成所)의 후신]와 쇼헤이학교[昌平學校: 막부의 쇼헤이자카 학문소(昌平坂學問所)의 후신]는 "육국사(六國史) 편수 이후 황공하옵게도 조정이 쇠미함에 따라 저술의 부분도 없이" 경과하였다고 하면서 다음과 같은 건의를 메이지 정부에 올렸다.

> 이번에 왕정복고의 대업이 이루어진 이상 옛날과 같이 국사 편수의 대사를 일으켜… 개국의 성지(聖旨)를 내셔서 총재 이하 편수 · 기록 관리를 두시고 학교 관원인 소장으로 하여금 겸무를 명하신다면 중대한 일이지만, 간편하게 처리하실 수 있다고 사료됩니다.

즉, 메이지 신정부는 '왕정복고'의 이념에 따라 '육국사(六國史)'[8] · 『대

---

8 일본의 나라(奈良)시대(710~794)부터 헤이안(平安)시대(794~1185)에 정사로 편찬된 관찬 역사서로 『일본서기(日本書紀)』, 『속일본기(續日本紀)』, 『일본후기(日本後記)』, 『속일본후기(續日本後記)』, 『일본문덕천황실록(日本文德天皇實錄)』, 『일본삼대실록(日本三代實錄)』 등 편년체를 기본으로 한 여섯 종류의 사서(史書)를 가리킨다.

일본사(大日本史)』'⁹를 계승하는 형태로 『대일본편년사(大日本編年史)』의 편찬사업을 진행하기로 한 것이다. 위 건의를 새로운 메이지 정부가 수용하여 같은 해 3월 구단사카우에(九段坂上)의 구 화학강담소(和學講談所)에 사료편집국사교정국을 설치했다. 이어서 메이지 천황은 4월, 다음과 같은 명령을 내렸다.

> 수사는 만세불후의 대사이자 조종(祖宗)의 정거이니 삼대실록(901년 편찬된 육국사의 마지막 사서 - 필자) 이후 단절된 것은 어찌 큰 잘못이 아니겠는가. … 그런 고로 사국을 열어 조종의 위업을 이어 크게 문교를 천하에 펴고자 하여 총재의 직에 명하노라. 모름지기 속히 군신 명분의 뜻을 바로잡고 화이(華夷) 내외의 구별을 밝힘으로써 천하의 도리를 교육하라.

메이지 천황의 위 언급을 보면, 『대일본편년사(大日本編年史)』의 편찬은 여전히 유교적 명분에 매여 있음을 알 수 있다. '왕정복고'를 표방하

---

9 『대일본사』는 에도시대 미토 도쿠가와(水戶德川)가의 당주 미토 고몬 미쓰쿠니(水戶黃門이라고 불림)에 의해 편집이 개시되었고, 이후 미토번의 사업으로 계속되어 1906년(메이지 39년) 후작 도쿠가와 구니유키(德川圀順) 대에 완성된 일본 역사서 중 하나이다. 진무(神武) 천황부터 고코마쓰(後小松) 천황(1377~1433, 일본 100대 천황이자 북조의 제6대 천황)까지(엄밀히는 남북조가 통일된 1392년까지의 내용으로 구성되어 있다)의 100대 천황의 치세를 다루었다. 기전체의 사서로서, 본기(제왕) 73권, 열전(후비·황자·황녀를 가장 처음에 두고, 군신은 대략 연대순으로 배열하였으며, 역신(逆臣)전·효자전이라는 분류도 볼 수 있다) 170권, 지(志)·표(表) 154권으로 전 397권 226책(목록 5권)이다. 『대일본사』라는 이름은 미쓰쿠니가 죽은 뒤 쇼토쿠(正德) 5년(1715년)에 번주 도쿠가와 쓰나에다(德川綱條)가 지었고, 그 이전에는 「본조사기(本朝史記)」나 「국사(國史)」라 불리었다. 질 높은 한문체로 쓰여졌고, 기사에는 출전을 명시하였으며 고증에도 주의를 기울였다고 평가된다.

는 신정부는 '군신 명분의 뜻'과 '화이 내외의 구별'을 기본으로 삼는 태도를 취한 것이다.[10]

1869년 7월 제정된 태정관제(太政官制) 아래 대학교 별당(別堂)이 '국사'를 감수하도록 하여 10월 대학교에 국사편집국이 개설되었다. 그런데 국사편집국은 12월에 바로 폐쇄되고 1870년 2월 태정관 정원(正院)에 기록편집계가 설치되어 사료 수집에 나섰다. 1872년 10월에는 역사과와 지지과(地誌課)가 설치되었다.

이어 1875년 4월 역사과는 수사국(修史局)으로 개편되었고, 시게노 야스쓰구 외 80여 명의 학자를 포함하는 거대 조직으로 확대되었다. 그러나 1877년 재정 문제로 수사국을 수사관으로 강등시키고, 관원도 42명으로 줄였다. 이 수사국, 사관의 설치는 일본에서의 근대 사학의 출발에 큰 의미가 있는 것이지만, 아직까지는 본격적으로 근대 역사학을 전공한 학자는 많지 않았던 상황이었다. 또한 막말·유신의 격동기에 막번체제하에서는 이른바 야당이었던 신토-국학계와 고증학계 한학파는 유신 초기 신토 국교화정책에 힘입어 유학을 대체하는 새로운 '관허학문'으로서의 지위를 지향했고, 따라서 수사관 내에서 주도권 다툼이 일어날 가능성은 컸다.[11]

수사국이 발족할 당시 편집관은 한학계의 가와다 쓰요시(川田剛, 1830~1896), 시게노 야스쓰구, 나가마쓰 쓰카사(長松幹), 국학계의 다니모리 요시오미(谷森善臣), 오고 가즈토시(小河一敏) 같은 전문가들이 맡고 있었다. 그런데 '국사 편집' 방침에 대해 많은 문제가 있었는데, 먼저 사료 수집 편찬을 위주로 할 것인가, 아니면 정사 서술을 위주로 할 것인

---

10   나가하라 게이지 지음, 하종문 옮김, 2011, 『20세기 일본의 역사학』, 삼천리, 24~25쪽.
11   나가하라 게이지 지음, 하종문 옮김, 2011, 위의 책, 24~26쪽.

가의 문제였다. 둘째로, 육국사(六國史)를 잇는다고 해도 어느 시대부터 착수해야 하는가의 문제, 셋째, 중국식 편년체와 기사본말체 가운데 어느 쪽을 따를 것인가. 또 유럽 역사학의 장점을 편찬에 어떻게 수용할 것인가. 넷째, 한문으로 할 것인가, 일문으로 할 것인가 등 많은 논란이 있었다.

이런 문제를 두고 시게노와 가와다 사이에 심한 갈등이 있었는데, 시게노는 정사 서술을 주장했고, 가와다는 '사료 채집'만을 주장했다. 또 시게노의 엄격한 사료 비판과 전승된 역사적 사실(史實)의 말살에 대해 가와다는 "사실의 탐색이 지나쳐 충신 효자가 지하에서 통곡한다"고 비난했는데, 이 글에서 두 사람 간 갈등의 성격을 짐작할 수 있다.[12]

그런데 수사국이 1877년 재정상 문제로 수사관으로 축소되면서 1월 국학계의 다니모리 요시오미와 오고 가즈토시가 사직했다. 반면 한학계로 이와쿠라 사절단에 참여하여 『구미회람실기(歐美回覽實記)』 편찬에 참여했던 구메 구니타케가 수사관에 가세했다. 이러한 변화는 메이지 신정부의 정사 편찬을 고증학계의 한학자가 주도권을 쥐게 되었음을 의미한다. 시게노와 대립하던 가와다 쓰요시도 궁내성으로 자리를 옮기면서 1882년에는 시게노의 주장에 따라 '정사' 편찬사업이 본격적으로 시작되었다. 뒤에 제국대학 사학과(1887)에 이어 국사과(1889)가 설치되면서 시게노, 구메, 호시노 히사시가 차례로 교수에 임용되는데 모두가 한학계 고증학자들이고 이때부터 본격적으로 그 영향력을 드러내었다고 할 것이다.[13]

---

12 나가하라 게이지 지음, 하종문 옮김, 2011, 위의 책, 27~28쪽.
13 나가하라 게이지 지음, 하종문 옮김, 2011, 위의 책, 28쪽.

'정사'의 형식은 편년체, 한문 서술이 채택되었다. 1869년 메이지 천황은 조칙에서 '육국사'를 잇는다고 했는데 고다이고(後醍醐) 천황[14]의 분포(文保) 2년(1318)부터로 정해졌다. 남북조시대의 중요성을 강조한 구메 구니타케의 뜻이 반영된 것이라고 한다.

이는 고코마쓰(後小松) 천황(1377~1433)까지의 기전체로 서술한『대일본사』를 정사로 규정하고 이를 계승한다는 당초 수사국의 입장이 바뀐 것으로 남북조 시기의 서술은『대일본사』와 중복되는 부분이 생기게 된 것이다. 어쨌든『대일본편년사』의 작업은 출발부터 문제가 되는 점이 많았다. 본래 근대국가가 직접 정사 곧 관찬 역사를 편찬한다는 것 자체가 적절하지 않았기 때문이다. 결국 1893년『대일본편년사』사업은 중단된다.

한편, 일본의 국가 기원에 관해『일본서기』와『고사기』신화를 사실로 보는 국학-신토계(神道系)의 주장과 한학계 고증학파나 문명사파의 입장은 달라 날카롭게 대립하고 갈라서는 문제였다. 이와 관련하여 게이오의숙 출신의 중국사가 나카 미치요(那珂通世, 1851~1908)는 1878년『양양사담(洋洋社談)』38호에서「상고연대고(上古年代考)」라는 한문체 논문을 통해 일본 기년에 관하여『일본서기』의 기년은 사실과 맞지 않

---

14 고다이고 천황(생몰 1288~1339, 재위 1318~1339)은 가마쿠라(鎌倉)시대 제96대 천황으로 가마쿠라 막부 타도 계획을 진행하다 실패하여 유배되었다. 그러나 무사들의 봉기로 가마쿠라 막부가 타도되고, 다시 천황으로 복귀하였다. 그는 교토로 귀환하여 율령정치 재흥을 내세우고, 신정(新政)에 착수하여 천황의 친정 정치를 부활시키는 등 여러 개혁정치를 실시하였다. 그러나 귀족과 무사들의 반발로 결국 아시카가 다카우지(足利尊氏)가 반기를 들고 고묘(光明) 천황을 세워 자신이 쇼군의 자리에 올랐다. 고다이고 천황은 요시노(吉野)로 탈출하여 그곳에서 조정을 열었다. 이후 약 60년간 교토의 북쪽조정과 요시노의 남쪽조정이 병존하는 남북국시대가 열리게 되었다.

고 오류가 많은데, 중국과 조선의 사실·기록과 대비하여 연구할 필요가 있다고 주장하였다. 미야케 요네키치(三宅米吉, 1860~1929)도 『일본서기』와 『고사기』 신화에 의존하는 국가 기원론에 반대하여 고고학에 따라 규명해야 함을 주장하였다.

이렇듯 일본 기년 문제는 일본 국가 기원을 나카처럼 동아시아사 전체라는 국제적 시야에서 볼 것인지, 아니면 오로지 '일국의 역사'로서 자국 중심으로 보아야 할지에 대한 대결이었다. 문명사파가 보편적, 국제적 시각에 의한 합리적 역사해석을 시도했다고 한다면 국학-신토파는 그 자국사 중심의 특수성을 강조한 것으로 일본의 근대 역사학은 정치적 문제와 얽힐 수밖에 없는 시작을 하게 된 것이다.[15]

(2) 수사사업의 제국대학 이관과 도쿄제국대학

수사국은 1877년 수사관으로 개편되고 그 규모도 반으로 준 상황이었는데, 1885년에 메이지 정부가 태정관제에서 내각제로 전환을 앞두고는 그 존폐 문제가 불거졌다. 1885년 11월 수사관은 편년 서술과 사료 수집작업의 완료를 1887년으로 정했던 기존의 계획을 1889년까지 연장해 달라고 요청했다. 그러나 1885년 12월 내각제도의 이행에 따른 정치기구 개편 과정에서 결국 폐지되었고, 1886년 1월 내각 임시수사국으로 바뀌면서 위상이 더 강등되었다. 결국 임시수사국의 업무는 도쿄제국대학 설립 후 제국대학 사학과로 이관되었다.[16]

일본에서 근대 역사학이 시작된 것은 도쿄제국대학에 사학과가 설

---

15 나가하라 게이지 지음, 하종문 옮김, 2011, 앞의 책, 40~41쪽.
16 나가하라 게이지 지음, 하종문 옮김, 2011, 위의 책, 46~47쪽.

치되면서부터라고 할 수 있다.[17] 1886년 3월 「제국대학령」이 발포되어 1887년 도쿄제국대학이 출범했다. 같은 해 2월 독일에서 레오폴트 폰 랑케(Leopold von Ranke, 1795~1886)의 제자 루드비히 리스(Ludwig Riess, 1861~1928)가 초빙되어 외국어 교사로서 유럽 근대 역사학의 방법을 전하면서부터 일본에서의 근대 실증주의 역사학이 시작된 것이다.[18] 그리고 바로 9월 제국대학에 '사학과'가 창설되었고, 1888년 10월에는 제국대학 총장 와타나베 고키(渡邊洪基)가 '임시수사국'의 사업을 내각에서 제국대학으로 이관하여 '임시편년사편찬괘'를 만들고, 시게노 야스쓰구가 편수 책임자가 되었다.

시게노는 한학자로 유학을 배웠으나, 청조 고증학의 탈명분론, 수사사업을 통한 방대한 사료 수집과 검토 등을 통해 "사학에 종사하는 자는 마음이 지공지평(至公至平)해야 한다"는 입장이었다. 이는 '본디 그러했던 대로의 사실' 인식이라는 랑케의 역사주의적 사고와 일맥상통하는 부분이다.

시게노 야스쓰구에 이어 구메 구니타케, 호시노 히사시도 1888년 제국대학 교수가 되었고 1889년 6월에는 문과대학에 '국사과'가 개설되

---

17 旗田巍 저, 李基東 역, 1983, 앞의 책, 120~121쪽.
18 일본 근대 역사학의 성립사에서 랑케는 그의 제자 리스가 일본 제국대학 사학과에 부임하여 근대 역사학을 도입하면서 항상 중요하게 언급되어 왔다. 리스가 베를린대학 사학과에서 배운 것은 1880년부터 1884년 사이인데 이 무렵에 랑케는 이미 교단에서 은퇴했으므로, 리스와 랑케와의 관계에 대해서는 불명확한 점이 남아 있다. 그러나 역사가 리스가 19세기 말 독일에서 신랑케학파에 의한 '랑케 르네상스'의 강한 영향 아래 있었던 것은 확실하다. 적어도 일본에서 리스에게 배운 사람들은 그를 랑케의 제자이고, 그 학풍의 정당한 계승자로 간주했다(고야마 사토시, 2009, 「'세계사'의 일본적 전유 - 랑케를 중심으로 - 」, 도면회·윤해동 엮음, 『역사학의 세기 - 20세기 한국과 일본의 역사학』, 휴머니스트, 58~59쪽).

었다. 국사과 초대 교수진은 한학계 수사관 계열이 우위를 점하게 된 것이었다.

국사과 개설 직후인 1889년 11월에 리스의 지도로 '사학회'가 창설되고, 시게노가 회장을 맡았다. 곧이어 12월 15일에는 『사학회잡지』(1892년 『사학잡지』로 고침) 제1호가 발간되었다.[19]

이렇듯 1869년 만들어진 사료편집국사교정국 이래 국사편집국, 수사국, 수사관, 편년사편찬괘(도쿄대학교 사료편찬소의 전신)는 도쿄제국대학 사학과로 그 조직과 업무가 이관되었고, 따라서 국사(일본사) 편수 입장에서 일본사에 관계가 있는 조선사 연구도 자연스럽게 도쿄제국대학으로 넘어가게 되었다. 그리고 일본사 편수 과정에서 출간된 조선사 연구는 대개 정한론과 일선동조론 등을 바탕으로 하고 있었고 일선동조론은 일본 '국학' 연구에서 이루어진 내용을 계승했다. 그 대표적인 저작이 1877년 태정관 수사국에서 초간된 『일본사략(日本史略)』이다. 이 책을 개정한 『국사안(國史眼)』은 도쿄제국대학 교수로 재직하고 있던 시게노 야스쓰구, 구메 구니타케, 호시노 히사시 등 3명의 저작으로 1888년 완성되었고, 1890년 도쿄제국대학에서 출판되었는데, 1901년 도쿄제국대학 사학회에서 다시 출간하여 이후 소학교나 중학교의 일본사 교과서의 기본 텍스트로 오랜 기간 일본 국민교육에 큰 영향을 끼쳤다.

---

19 하타다 다카시 지음, 주미애 옮김, 2020, 앞의 책, 20쪽.

2. 일본 근대 실증주의 역사학의 시작과 식민주의 역사학

1) 구메 구니타케 필화 사건과 실증주의 역사학의 후퇴

1887년 도쿄제국대학 사학과가 창설된 이래 오로지 서양사학만 있다가 1889년에 국사과가 증설되었고, 시게노 야스쓰구, 구메 구니타케(久米邦武), 호시노 히사시가 교수가 되었다. 그러나 얼마 지나지 않아 구메 구니타케가 1891년 10월부터 12월에 걸쳐 『사학회잡지(史學會雜誌)』(23~25호)에 「신토는 제천의 옛 풍속(神道は祭天の古俗)」이란 논문을 발표하였다.

> 일본은 신을 받들고 불교를 숭상하는 나라이며 국사는 그 과정에서 발달했는데도, 지금까지 역사가는 연혁을 더듬는 일을 허술히 한 탓에 사실의 심층을 파헤치는 데 이르지 못했다.

이러한 인식에서 '신토'를 역사가로서는 처음으로 객관적인 연구의 대상으로 삼았던 것이다.

구메가 이 논문을 통해 일본 사회에 뿌리 깊이 심겨진 '가미(神)' 신앙이나 그와 불가분의 관계에 있는 황실의 존재에 대해 공격하려는 정치적 의도를 표현한 것은 아니었다. 그러나 『일본서기』나 『고사기』의 신화를 성스러운 사실로 보고 '국체'와 결부시켜 독자적인 역사성을 주장하는 신토-국학계에서는 분명 구메의 글은 신성모독이었다.

생각건대 신토는 종교가 아니기 때문에 유선이생(誘善利生)이라는 취지가 없다. 다만 하늘에 제사를 지내고 양재초복(攘災招福)을 기원하는 정도라면 불교와 나란히 행해져도 전혀 문제가 없다.

구메는 가미 신앙을 어떤 민족에게서도 공통적으로 나타나는 '제천의 풍속'이라고 보았다. 그런 신토를 일본만의 종교이고, 국체의 기초라고 보는 설의 오류를 비판했다. 구메는 '가미(神)는 사람이다'는 관점에서 신화를 역사적 사실에 견줘서 파악하고, 조선과 중국을 포함한 동아시아 세계와 연동하여 역사의 일환으로 해석하고자 했다.[20] 구메의 이 논문은 다구치 우키치(田口卯吉)가 역사잡지『사해』제8권(1892년 1월)에 다시 실었다.

이에 대해 신토-국학계는 맹렬하게 비판을 하기 시작했다. 1892년 2월 25일 자『국광(國光)』제3권 9호에 필자 불명의「국가의 대사를 폭로하는 자의 불충 불의를 논한다(國光の大事を暴露する者の不忠不義を論す)」가 실렸다. "비록 사실이라고 하더라도 혹여 나라와 임금에게 해가 되고 이득이 없는 것은 연구하지 않는 것이 학자의 본분이다. 하물며 허구를 발설하는 자는 두말할 나위가 없다"고 정면으로 구메를 탄핵했다. 즉, 신토를 원시 부족의 신앙 수준인 가미 신앙으로 파악한 것은 "나라와 임금에게 해가 되며", "이를 폭로하는 것은 학자의 본분에 어긋난다"라는 비판이었다. 국가에 폐가 되는 것은 언급하지도 말고, 연구하지도 말라는 것으로, 현재까지도 문제가 되는 일본인들의 의식 저변에 흐르는 인식의 뿌리가 확인되는 부분이다.

---

20 나가하라 게이지 지음, 하종문 옮김, 2011, 앞의 책, 50~52쪽.

또한 같은 호에서 신토학자 사에키 아리요시(佐伯有義, 1867~1945)도 「구메 구니타케 씨에게 묻는다(久米邦武氏二質ス)」라는 글에서 다음과 같이 비판했다.

> 하늘이라 지칭되는 곳에는 실물이 있지 않으며, 다만 고대 인민의 상상에서 만들어 낸 것이라고 한다. 구메 씨의 설은 국체를 훼손하고 교육칙어에 위배되는 바이다.

일본 국학계는 구메가 국체를 훼손하고 교육칙어에 위배되는 설을 주장한 것으로 이는 천황을 모독한 죄라고 맹렬하게 비판했다. 당시 일본의 사회분위기는 '대일본제국헌법', 국회 개설, 교육칙어 등 천황제 국가체제 확립에 온 힘을 기울이던 시기로, 이른바 국체파가 기세를 떨치던 상황이었다.[21]

1892년 2월, 신토-국학계열의 학자들이 구메를 방문하여 논문의 철회를 요구했고 정부 각 부처에 구메의 파면을 촉구했다. 이러한 상황은 그 파장이 매우 커서 결국 구메는 휴직 처분을 받고 제국대학에서 쫓겨났으며, 구메의 해당 논문을 게재한 『사학회잡지』와 『사해』는 국가의 안녕과 질서를 어지럽혔다는 죄목으로 발매금지 처분을 받았다.

구메는 도쿄대학에서 파면된 후 도쿄전문학교(현 와세다대학)로 옮겼고, 시게노 야스쓰구는 1893년 고령의 나이로 대학을 떠났다. 다구치는 구메를 적극적으로 변호했으나, 당시 대세는 메이지 정부와 결탁한 신토-국학계의 편이었다.

---

21 나가하라 게이지 지음, 하종문 옮김, 2011, 위의 책, 53쪽.

사태는 여기서 멈추지 않았다. 이듬해 1893년 4월에는 제국대학 국사 편찬사업이 정지되었고, 사지편찬괘(史誌編纂掛)도 폐지되었다. '사료편술'은 개인적으로 해야 할 일이고, 국사 서술은 한문이 아닌 국어(일본어)로 해야 한다는 명분에서 사지편찬괘를 폐지한 것이었다.

이 사건은 아카데미즘 실증주의 역사학이 천황제 정부로부터 받은 타격이고, 일본의 근대 역사학은 출발과 동시에 정치권에 의하여 통제·간섭을 받게 된 상황이었다.[22] 메이지 정부는 학술과 언론계의 반동적 부분과 결탁하여 학문과 사상의 자유를 국가가 개입하여 억압했다. 청일전쟁 전후에 해당되는 이 시기를 당시 역사가들은 '암흑시대'라고 불렀다고 한다.[23] 일본 근대 역사학은 이러한 천황제적 국가주의 분위기 속에서 그 성격이 형성되었다고 할 것이다.

1895년 4월, 폐지되었던 사지편찬괘를 대신하여 사료편찬괘가 설치되었다. 호시노 히사시, 미카미 산지(三上參次), 다나카 요시나리(田中義成)가 사료편찬위원에 임명되었다. 문부대신 이노우에 고와시(井上毅, 1844~1895)[24]가 실시했던 국가에 의한 정사 서술이 정지되고, 향후 사료

---

22 나가하라 게이지 지음, 하종문 옮김, 2011, 위의 책, 50~54쪽.
23 하타다 다카시 지음, 주미애 옮김 2020, 앞의 책, 21쪽.
24 이노우에 고와시는 구마모토 하급 무사 가문 출신으로 메이지 유신 이후 관료 양성 기관인 대학남교(大學南校)에서 공부하고, 메이지 정부의 사법성 관료에 등용되었다. 오쿠보 도시미치(大久保利通)에게 등용되었고, 이후 이와쿠라 도모미(岩倉具視)에게 발탁되었으며, 뒤에는 이토 히로부미(伊藤博文)파에 속했다. 당시 일본은 안정적 정권 구축이 급선무라고 하면서 의원내각제 도입을 반대했고, 독일식의 국가체제 수립을 역설했다. 이토 히로부미와 함께 대일본제국 헌법, 황실전범, 교육칙어, 군인칙유의 초안 작성에 참여했다. 내각법제국장관, 추밀원 고문관, 제2차 이토 내각의 문부대신을 역임하였다(이명실, 2015, 「1890년대 일본의 학제개혁 연구: 이노우에 고와시의 교육구상을 중심으로」, 『한국일본교육학연구』 19-2 참조).

수집과 편찬만을 담당하도록 한 것이다. 이에 따라 1901년 2월 『대일본사료』 6편, 1월과 4월에 12편, 1월과 7월에는 『대일본고문서』 1권이 간행되었다. 『대일본사료』는 정치사 중심으로 편년과 강문(綱文: 매일 일어난 사건에 대한 제목 - 필자)을 만들고 사료를 배치하는 형태로 현재도 그 형식이 그대로 계속되고 있다. 편년체식의 정치사와 외교사에 중심을 두는 랑케식의 실증주의 역사관이 반영된 것이다. 즉, 사회·경제·문화 등 정치분야와 관련이 없는 분야에 대한 연구는 연구 환경이 불리했고, 곤란해지거나 중지되는 경우가 많았다. 그리고 사료의 기초적 연구와 고증, 구로이타 가쓰미(黑板勝美)로 대표되는 고증과 고문서 연구가 역사학의 기본으로 자리 잡음으로써 역사가가 자신의 사관과 사상에 근거하여 독자적인 역사 인식을 형성해 가는 것을 바람직하지 않게 보는 풍조도 낳았다. 결국 일본 근대 역사학은 현실 세계에서 물러난 고증사학에 충실한 실증주의에 머무르게 되었다고 할 것이다.

여기서 일본 근대 역사학의 형성 및 발전과 동시에 전개된 식민주의 역사학의 특징을 살펴보자. 사실 후발 제국주의 국가로 일본의 근대화는 국가 주도의 속도전으로 전개되었고, 근대화와 제국주의화가 거의 동시에 이루어졌다. 이러한 경향은 학문에서도 나타날 수밖에 없었는데, 식민주의 역사학은 이러한 일본의 대륙 침략과 동시에 형성, 전개된 것이었다.[25] 근대 역사학이라는 것은 '민족'을 주인공으로 하여 그 '발전'의

---

25 정상우는 일본 근대 역사학이 일본의 대륙 침략과 동시에 전개된 것이므로, 한국과 같은 침략지역의 사람들에게는 그것이 곧 식민주의 역사학이며, 따라서 일본 근대 역사학의 창립자로 높이 평가되는 학자들이 한국에서는 대표적인 식민주의 사학자로 거론되고 있다고 설명했다. 일례로 일본에서 동양사학의 창립자로 평가되는 시라토리 구라키치, 일본 고문서학의 창시자인 구로이타 가쓰미, 일본 국민사상을 역사적으로 추구한 양심적 학자로 추앙받는 쓰다 소키치 같은 인물이 한국에서는 대표

과정을 '실증'을 통해 증명하는 것이다. 즉, '자민족·자국가'를 주어로 하여 주변의 다른 민족·다른 국가를 타자화하여 '발전과 정체'의 도식 속에 계서화하는 역사 서술이었다. 이 같은 식의 근대 역사학의 성립을 일본의 경우 '동양'의 창출 과정이라고 한다. 즉, '객관성'과 '실증성'을 강조하면서도 아시아를 타자화하고, '동양'을 창출하고, 그 중심에 일본을 위치시키는 연구 방식이 일본 근대 역사학의 기본적인 방법이자 원칙으로 자리 잡았다.[26]

2) 메이지 초기의 한국사 연구와 『국사안』의 일선동조론

이 글에서는 먼저 근대 일본 사학이 국학적 전통으로 일본사를 정립하는 과정에 탄생한 『국사안(國史眼)』의 일선동조론 논리부터 살펴보기로 하겠다. 국학의 전통을 이어받은 일선동조론의 입장에서 일본과 조선의 관계를 서술한 이 책은 예를 들어 "스사노오노미코토(素戔嗚尊)가 조선의 지배자가 되고, 이나히노미코토(稻飯命)가 신라 왕이 되어 그 아들인 아메노히보코(天日槍)가 일본에 귀복(歸服)하고, 진구(神功) 황후가 신라를 정벌하여 신라왕을 항복시켰다"[27]는 등 조선은 신대(神代)부터 일본 지배하에 있었다는 역사상을 제시했고, 이것은 일본 역사 교과서를 통해 일본 국민의 우월감과 조선 침략의 합리화 논리로 자리 잡았던 것이다.

적 식민주의 역사학자로 평가되고 있음을 사례로 들었다(정상우, 2016, 「'근대 역사학'으로서의 '만선사' - 이나바 이와키치(稻葉岩吉)의 연구 과정을 중심으로」, 『식민주의 역사학과 제국 - 탈식민주의 역사학 연구를 위하여』, 책과함께, 191쪽).
26 스테판 다나카 지음, 박영재·함동주 옮김, 2004, 『일본 동양학의 구조』, 문학과지성사.
27 하타다 다카시 지음, 주미애 옮김, 2020, 앞의 책, 18쪽의 각주 23, 24, 25 참조.

일본 역사학이 근대 역사학으로 제대로 자리 잡기도 전인 국사 편수 과정에서의 논리가 검증없이 그대로 근대 역사학으로 이어졌다.[28]

일선동조론은 『일본서기』나 『고사기』의 기록을 근거로 "신대(神代)부터 일본이 우위를 차지한 채 한일 양국이 서로 왕래하였으며, 일본의 시조인 아마테라스오미카미(天照大神)의 동생인 스사노오노미코토가 조선의 지배자였다는 것,[29] 두 나라는 동조·동종(同祖·同種)의 관계에 있었다는 것, 이나히노미코토는 신라의 왕이 되었고, 그의 아들 아메노히보코는 일본에 귀화하였다는 것"이 대략의 내용이다.[30] 이러한 내용을 바탕으로 하여 진구 황후의 삼한 정벌과 '임나일본부'의 설치, 일본의 고대 한반도 삼한 정벌과 삼국의 일본 조공설 등이 나오게 된 것이다.[31]

일선동조론의 원류는 앞서 살펴본 바와 같이 에도시대 국학이었다. 에도시대 초기인 1666년 일본에서 발간된 조선의 역사서 『동국통감(東國通鑑)』의 서문을 쓴 하야시 슌사이(林春齋)는 이 서문에서 한국은 스사노오노미코토가 경력(經歷)한 곳이며, 미코토는 삼한의 시조라고 쓰고 있다. 이러한 의식은 『일본서기』나 『고사기』가 시작된 시대부터 고대·중세를 통해 에도시대에도 면면히 일본인의 의식 저변에 하나의 역사로 이어졌던 것이다. 또 1781년에 후지와라 사다모토(藤原貞幹)는 『위구발

---

28 旗田巍 저, 李基東 역, 1983, 앞의 책, 121~122쪽; 하타다 다카시 지음, 주미애 옮김, 2020, 위의 책, 16~19쪽.

29 스사노오노미코토(素戔嗚尊)가 단군이었다는 설과 스사노오노미코토의 아들 이다케루노미코토(五十猛尊)를 단군으로 보는 설이 있고, 소시모리(曾尸茂梨)도 경주설, 김해설, 춘천설이 있다.

30 田溶新 譯, 1989, 『完譯 日本書紀』, 一志社, 30~31쪽.

31 이만열, 2007, 『한국 근현대 역사학의 흐름』, 푸른역사, 517쪽; 장신, 2009b, 「일제하 日鮮同祖論의 대중적 확산과 素戔嗚尊 신화」, 『역사문제연구』 21, 368~369쪽.

(衞口發)』에서 "진한(辰韓)은 진(秦)의 망인(亡人)으로서 스사노오노미코토는 진한(辰韓)의 주(主)이다"라면서, 스사노오노미코토가 내려간 곳이 진한 곧 신라이며,[32] 스사노오노미코토가 신라국을 다스렸다고 주장하였다.[33]

메이지 시기 일본 근대 사학이 성장할 때, 일본사 연구자들은 일본의 국가적 기원을 밝히기 위해 국가적 전통을 이은 입장에서의 연구와 다른 하나는 동양사 입장에서의 연구를 진행했는데, 전자가 바로 '일선동조론'의 입장이었고 그 대표적 저술이 『국사안』이었다. 저자 시게노, 구메, 호시노는 1877년 수사관(修史官)이 되어 1882년부터 『대일본편년사』의 편찬을 시작했고, 1888년 도쿄제국대학에 임시편년사편찬괘(臨時編年史編纂掛, 지금의 사료편찬소)가 설치되어 시게노가 편집장을 맡고 구메와 호시노가 함께 문과대학 교수로 발령받아 본격적으로 대학에서의 역사학 연구 체제가 정비되던 시기였다.[34]

『국사안』은 이렇게 수사국 관찬 사서로 시작되다가 시게노, 구메, 호시노 3인이 도쿄대학으로 옮겨 『일본사략(日本史略)』을 개정, 증보하여 1890년 간행했고, 1901년 재간된 저술로 저자 3인은 청조 고증학의 영향을 받았으면서도 에도시대 이래 한학자와 국학자의 연구를 계승하고, 서구 학풍의 역사 서술을 배운 근대 일본 실증사학의 제1세대이기도 했다. 이들은 실증사학의 입장에서 『일본서기』와 『고사기』를 신성시하지 않고, 고대 사료로서 연구하여 국학자들과는 대항 관계에 있었다. 이

---

32 今西龍, 1929, 『檀君考』, 77~78쪽.
33 旗田巍 저, 李基東 역, 1983, 앞의 책, 14~15쪽; 장신, 2009b, 앞의 글, 369쪽.
34 나가하라 게이지 지음, 하종문 옮김, 2011, 앞의 책, 24~26, 46~47쪽.

고증학풍의 실증주의는 국사학의 특색이기도 했다.

시게노는 고증학적 방법으로 역사를 연구하여 종래의 상식이 잘못된 것을 발견하고 유명한 충신의사(忠臣義士)의 행동도 말살해야 한다고 주장하여 '말살박사(抹殺博士)'로 불렸다.[35] 시게노는 '세상에 유포되는 역사는 대부분 사실이 틀린 설', '학문은 결국 고증으로 귀결된다' 등과 같은 기본 인식을 평생 실천한 역사가로서 일본 근대 실증주의 역사학의 시조로까지 평가되기도 한다.[36] 그러나 국학자나 신토가들은 이러한 고증적 태도를 공격하여 수사작업이 사실상 한학자들의 독점으로 진행된 데 대한 불만을 나타냈다. 결국 시게노는 1893년 도쿄대학 교수를 그만두었다.

구메는 1891년 10월부터 12월에 걸쳐「신토는 제천의 옛 풍습」[37]을 발표하였다. 구메는 이 논문에서 일선동조론을 전개하였고, 당시 대부분의 일본인이 이른바 국체(國體)의 기초로 생각하고 있던 신토가 사실은 일본만의 고유한 습속이 아니라 만국이 공통으로 하늘에 지내는 제사에 지나지 않는다고 논증했다. 그러나 국학자와 신토가들은 이 주장을 '불경(不敬)과 국체 훼손'이라는 이유로 맹렬하게 공격하였다. 이들의 구메에 대한 공격은 당시 제도권 역사학으로 최고의 지위를 차지한 근대 사학에 대한 비판과 고증사학의 '말살'주의에 대한 반발이었고, 결국『국사안』배척으로 나타났다. 구메는 1892년 휴직 처분을 받고, 도쿄제국

---

35 시게노는 역사적 사실이 아닌 것을 부정하여 근왕지사[勤王志士:『태평기(太平記)』에 전해지고 있는 14세기경 남조(南朝)의 근왕지사]의 존재를 부인하여 국수주의자들로부터 맹렬한 비판을 받았다.
36 나가하라 게이지 지음, 하종문 옮김, 2011, 앞의 책, 49~50쪽.
37 久米邦武, 1891.10~12,『史學會雜誌』23~35.

대학을 사직하였다.[38]

호시노는 시게노와 구메가 필화 사건에 연루되어 대학을 떠난 뒤에도 대학에 남아 「남북조사(南北朝史)」와 「고문서류찬(古文書類纂)」을 편집하여 고문서학을 창설하였다. 그는 1890년 「본방의 인종언어에 대한 비고(鄙考)를 말하여 세상의 진정한 애국자에게 묻는다(本邦ノ人種言語ニ付鄙考ヲ述テ世ノ眞心愛國者ニ質ス)」[39]에서 상세(上世)에는 한일관계가 밀접하고 한토(韓土)가 일본의 지배 아래 있었으며, 종족과 언어가 동일했다고 일선동조론을 주장하였다. 즉, 진구 황후 삼한 정벌과 도요토미 히데요시(豊臣秀吉)의 조선 정벌 이래, 사람들이 모두 조선을 속국으로 여겼고 그 토대로 정한론과 강화도 사건이 발생했다고 보았다. 이 글에서 구메의 필화 사건을 거론하여 "일부에서 덴지(天智) 천황 이래 두 나라가 분리된 것에 익숙해져, 한토를 다른 지역으로 간주하였다. 그리하여 인종·언어가 같다고 주장하는 자들을 국체를 더럽힌다거나 애국심이 없다고 비판했다"고 지적하였다. 호시노는 일선동조론이 국체를 손상시키지 않는다고 주장했지만, 이것이 메이지 정부의 천황 절대화를 방해하는 것으로 받아들여졌다. 천황 절대화의 근거는 『일본서기』와 『고사기』였기 때문에 이것을 학문의 연구 대상으로 하는 이들의 실증적인 태도는 당시로서는 용납되기 어려운 상황이었다. 그럼에도 호시노 자신은 구메와 같은 견해를 갖고 있음을 밝혔다.

시게노와 구메, 호시노 3인이 수사국에서 도쿄제국대학 교수로 옮겨

---

38 나가하라 게이지 지음, 하종문 옮김, 2011, 앞의 책, 50~54쪽.
39 星野恒, 1890, 「本邦ノ人種言語ニ付鄙考ヲ述テ世ノ眞心愛國者ニ質ス」, 『史學會雜誌』 11, 18쪽.

『국사안』을 저술한 목적은 역사편찬을 위한 것이 아니라 '독사(讀史)'를 위해서였다. 「21기(紀)」로 나눈 시대구분은 서양사학의 시대구분을 따르지 않고 유학자 아라이 하쿠세키(新井白石, 1657~1725)의 독사여론(讀史余論)을 따른 것이다.[40] 『국사안』에서 신대를 제1기(紀)로 서술한 것도 아라이가 『고사통(古史通)』(1716)에서 일본의 신화를 사료로 서술한 것에 근거한다. 아라이는 『고사통』에서 진무(神武)의 형 이나히노미코토(稲飯命)가 우나바라(海原, 넓은 바다)에 들어간 것을 신라국에 원병을 요청하러 간 것으로 이해하여 태고시대부터 일본이 조선을 지배해 왔다고 주장하였다. 이처럼 『국사안』은 아라이의 일선동조론적인 인식을 받아들여 신대사(神代史)를 장황하게 기술하고 천손 후예들의 무궁한 유래, 즉 '만세일계(萬世一系)'를 설명하였다.[41]

그러면 『국사안』에 나타난 고대 한일관계 인식을 살펴보자.

일본 개국의 신은 세 자식 아마테라스오미카미, 쓰구요시노미코토(月讀命), 스사노오노미코토를 낳았다. 그 중 스사노오는 행동을 함부로 하여 이즈모(出雲)로 쫓겨나고 그곳을 다스리면서, 신라 및 상세국(常世國)과 교통을 하였고, 나중에 가라쿠니(韓國)로 갔다. 일본에서 천손(天孫)이 강림한 곳은 휴가[日向, 현 미야자키(宮崎)의 다카치호(高千穗)] 봉우리이다. 휴가에 도읍한 신대(神代)의 3세대 가운데 우가야후키아에즈(草葺不合尊)는 아들 히코이쓰세노미코토(彦五瀨命), 이나히

---

40 新見吉治, 1969, 『新國史眼』 2, 「國史眼について」, 錦正社, 166쪽; 최혜주, 2003, 「메이지 시대의 한일관계 인식과 일선동조론」, 『한국민족운동사연구』 37, 10쪽.
41 최혜주, 2003, 위의 글, 10쪽.

노미코토, 미케누노미코토(御毛沼命), 가무야마토이와레히코노미코토(神日本磐余彦尊, 일본 초대 천황 진무 천황)를 낳았다. 이 중에서 이나히노미코토는 비(妣)의 나라 우나바라(海原)에 있으며 시라기(新良國)의 조(祖)가 되었다. 이나히노미코토가 신라의 왕이 되고 나서 왕자 아메노히보코가 나라를 지고(知古, 연오랑의 동생)에게 넘겨주고, 보배로운 그릇(寶器)을 가지고 돌아와서 다지마[但馬, 현 효고(兵庫)]에 거주했다.[42]

이에 의하면 스사노오노미코토는 이즈모에서 가라쿠니로 가서 개국 시조가 되었고, 이나히노미코토는 신라(시라기)의 왕이 되었다는 것이다. 전형적인 '일선동조론'이라고 할 수 있다. 그 외에도 스이닌(垂仁) 천황 때에 대가라를 임나로 바꾸고, 이것이 임나일본부의 시작이며, 스이닌 천황은 아메노히보코의 현손(玄孫) 다지마모리(田道間守)를 상세국(常世國)에 보냈는데, 그는 진구 황후의 외조숙이라고 하였다.[43] 또 진구 황후는 구마소(熊襲, 지금의 구마모토)가 반란을 일으키자 신라 정벌을 결정하였고, 신라왕 파사금(波沙錦)이 항복하면서 조공을 약속하자 신라를 마사부(馬飼部), 백제를 도관가(渡官家)로 정하고, 관사(官司)를 설치하였다고 쓰고 있다.[44] 특히 『국사안』의 제3기 「한토복속의 세(韓土服屬ノ世)」에서 한토를 복속시키는 과정을 자세하게 서술하고 있다. 그리고 진구 황후가 섭정한 후 신라를 공격하여 가라의 7국을 평정하고 신라와 백제에 '관

---

42 『國史眼』1, 「神人無別ノ世」 1~4, 1~8쪽.
43 『國史眼』2, 「神人有別ノ世」 6, 12쪽.
44 『國史眼』3, 「韓土服屬ノ世」 9, 16~17쪽.

사'를 두어 임나일본부가 이를 총괄하였으며, 고구려도 조공을 바쳐 한반도 전부를 복속시켰다고 하였다.[45]

『국사안』은 메이지 유신 이후 근대 일본이 국가로서의 정통성을 확립하기 위해 국사를 편찬하는 과정에서 만들어졌다. 『국사안』은 조선에 관한 기술이 많고 특히 고대 한일관계사가 자세할 뿐만 아니라, 소학교 중학교 일본사 교과서의 저본이 되었기 때문에 일본의 조선 인식에 지대한 영향을 미쳤다. 스사노오노미코토가 조선에 건너가 지배자가 되고, 이나히노미코토가 신라의 왕이 되며, 그의 아들 아메노히보코가 일본에 귀화했다는 신화의 세계가 역사적 실재로서 서술되어 있다. 또한 진구황후의 삼한 정벌과 임나일본부의 설치 등을 서술하여 일본이 고대 한반도 남부를 지배한 식민의 역사로 왜곡하였다. 관학을 대표하는 『국사안』의 이러한 조선 인식은 재야 역사가인 요시다 도고의 『일한고사단』에 영향을 미쳤고, 일본인에게 조선을 정벌이나 통치의 대상 혹은 속국으로 인식시키는 데 커다란 영향을 미쳤다고 할 수 있다.

3. 청일전쟁 전 초기 식민주의 역사서

청일전쟁 전후 시기에 발간된 한국 관련 전문서는 많지 않다. 메이지 초기의 연구로 다구치 우키치(田口卯吉)의 『일본개화소사(日本開化小史)』(1877~1882, 6책), 시게노 야스쓰구, 구메 구니타케, 호시노 히사시

45　최혜주, 2003, 앞의 글, 12쪽.

의 공저 『일본사략(日本史略)』(1877년 초간, 『국사안』으로 개명하여 1888년 완성, 1890년과 1901년 출판), 하야시 다이스케(林泰輔)의 『조선사(朝鮮史)』 (1892)와 『조선근세사(朝鮮近世史)』(1901), 요시다 도고(吉田東伍)의 『일한고사단(日韓古史斷)』(1893), 기쿠치 겐조(菊池謙讓)의 『조선왕국(朝鮮王國)』(1896), 니시무라 유타카(西村豊)의 『조선사강(朝鮮史綱)』(1985, 2책), 쓰네야 세이후쿠(恒屋盛服)의 『조선개화사(朝鮮開化史)』(1901) 등이 있다.

1) 하야시 다이스케의 『조선사』

하야시 다이스케(林泰輔)의 『조선사(朝鮮史)』(1892)는 일본에서 근대적 서술 방법으로 서술된 최초의 조선 역사 전문서이다. 하야시는 도쿄제국대학의 전신인 고전강습과 출신의 한학자로, 중국의 경사(經史)에 능했다. 그는 1887년 5월과 12월 「조선문예일반(朝鮮文藝一斑)」, 1890년 1월 「임나고(任那考)」, 1891년 『조선사』를 저술하는 등 조선사 분야에서는 매우 일찍감치 전문적인 역사 논고를 썼다. 그는 1891년 당시 야마구치(山口) 고등중학 조교로 근무하면서 『조선사』를 썼는데, 서문에서 하야시는 "진구 황후의 '조선 정벌'과 일본서기 기록의 사실성, 임진왜란 때의 한반도 유린 및 일위대수(一葦帶水)의 한일이 순치 관계에 있음을 지적한 후 근대 사학이 발전하고 있음에도 조선사는 찾아볼 수 없어 조선사 5권을 썼다"[46]고 저술 동기를 밝혔다. 즉, 청일전쟁 직전 일본의 조선 침략 및 대륙 진출이라는 국가적 필요성에 부응한 저술이었다.[47]

---

46 林泰輔, 1891, 「序」, 『조선사』.
47 이만열, 2007, 『한국 근현대 역사학의 흐름』, 푸른역사, 450~453쪽; 최혜주, 2003,

『조선사』는 당초 개국에서 근세까지를 4기로 나누어 서술할 계획이었다. 한 군현 이전까지를 태고, 삼국 성립부터 신라 경순왕까지를 상고, 고려 태조부터 공양왕까지를 중고, 조선 태조부터 약 500년간을 근세로 나누었다. 그러나 제3기의 중고사까지만 서술하고, 근세편은 1901년 『조선근세사(朝鮮近世史)』로 따로 간행하였다. 그리고 뒤에 두 책을 합쳐서 1912년 『조선통사(朝鮮通史)』를 간행하였다.

하야시는 『조선사』에서 제도, 사회, 산업, 풍속, 문장과 기예 등을 장·절 구성에 항목으로 설정하여 이전의 정치사 중심의 역사서 서술과는 차별성을 갖는다. 또한 서양의 근대적 서술 체제를 적용하였고, 이전의 역사서에서는 볼 수 없었던 각종의 표와 희귀한 그림 자료까지 넣어 독자의 이해를 도왔다. 이러한 획기적 서술 방식은 일본인에 의한 저술이지만, 이후 한국사 저술에 새로운 이정표를 제시했다고 할 수 있고, 뒷날 현채(玄采) 등 한국인 역사가가 『조선사』를 번역하는 등 하야시로부터 상당히 많은 영향을 받았다고 할 수 있다.[48]

그러나 하야시는 『조선사』의 서술 주체를 일본인으로 하여 일본 기원을 적용하여 서술하였다. 또한 한국 사료보다는 중국과 일본 사료를 더 우선시하고, 신빙성 있는 자료로 선택했다. 예를 들어 일본 사료에 의거하여 탈해(脫解)가 왔다는 다파나국(多婆那國)은 왜의 다지마국(但馬國)이라고 하였다.[49] 또한 조선의 개국 기원을 설명하면서 단군이 아사달산(阿斯達山)에 들어가 신이 된 것은 황당하여 믿을 수 없다고 하면서, 세주

앞의 글, 3쪽.
48 이만열, 2007, 위의 책, 457~458쪽.
49 林泰輔, 1891, 『조선사』 2, 1쪽.

(細註)에서 다음과 같이 설명하고 있다.

> 어떤 사람이 말하기를 "환(桓)은 신(神)이다. 환인(桓因)은 신 이자나기노미코토(伊奘諾, 伊弉諾尊: 일본 신화에서 나라를 만든 신 - 필자)의 약신이다. 환웅은 신 스사노오(須佐之男: 일본 신화에서 이자나기 아들의 약칭 - 필자)의 약칭이다. 단군은 태사(太祀)로 스사노오노미코토(素戔嗚尊)의 아들 이다케루노미코토(五十猛神)이다"라고 한다. 대개 스사노오는 그의 아들 이다케루를 데리고 신라국에 이르러 소시모리(曾尸茂梨)에 있었다는 일은 우리(일본) 국사에 보인다. 또한 이다케루를 일명 한신(韓神)이라고 하면 대략 사실과 부합한다. 이 설은 역시 억지로 만들어 낸 것에 가까우나 그대로 두고 참고로 한다.[50]

하야시에 의하면 환인은 일본을 건국한 신 이자나기노미코토가 되고, 환웅은 그의 아들 스사노오노미코토이다. 그리고 단군은 스나노오의 아들 이다케루가 된다. 즉, 스사노오가 아들 이다케루를 데리고 신라의 소시모리에 왔다는 것이다. 하야시는 이것을 『일본서기』의 기술과 부합하는 것으로 인정했다. 그리고 신라 왕자 아메노히보코는 귀화했으며, 스사노오와 이나히노미코토가 '신라의 국주(國主)'가 된 것은 확실한 사실이 아니지만 태고부터 양국이 왕래하여 밀접한 관계를 가진 것은 의심할 수 없다고 주장하였다.[51]

그는 조선이 나라가 세워진 초부터 거의 중국의 속국으로 중국을 비

---

50 林泰輔, 1891, 위의 책, 19쪽.
51 林泰輔, 1891, 위의 책, 31~32쪽.

롯한 외세의 지배를 받았고, 기자동래설(箕子東來說), 위만망명위왕설(衛滿亡命爲王說), 한사군설(漢四郡說) 등은 역사적 사실이라고 주장했다.[52] 또 신대(神代)부터 일본이 우세하여 진구 황후가 임나 7국을 복속시켜 남방 일대에 일본부를 설치하고 지배하였으며, 임나가 신라의 침략을 받은 후 일본이 여러 차례 회복하려 했다는 '임나일본부'론을 주장하였다.[53]

> 대가야는 또한 임나(任那)라고 하는데 그 사적(史蹟)이 그들의 역사에 실려있는 바는 심히 자세하지 않다. 시조 이진아고왕[伊珍阿敲王, 내진주지(內珍朱智)라고도 함]으로부터 도설지왕(道設智王)에 이르기까지 무릇 16세(世) 520년으로서, 우리 기원(紀元) 1222년이다. 신라의 진흥왕이 이를 멸하고, 그 땅으로써 대가야군(大伽倻郡)을 만들다[성씨록에는 임나국왕(任那國王)에 하실왕(賀室王) 이리구모왕(爾利久牟王), 용주왕(龍主王) 좌리왕(佐利王) 모류지왕(牟留知王) 풍귀왕(豊貴王) 등의 이름이 보이지만 그 세차(世次)와 연대는 자세하지 않다]. 대가야는 우리 스진 천황(崇神帝) 때 소나카시치(蘇那曷叱知)[54]를 시켜 진장(鎭將)을 걸(乞)하다. 제(帝)가 염승진언(鹽乘津彦)을 파견해서 진수(鎭守)로 삼다. 또 왕자 아라사(阿羅斯) 등도 우리에 조공하다가 길에서 방황(迷)하여 스이닌 천황(垂仁帝) 때에 이르러 비로소 알현(謁見)하다. … 국명을 고쳐 임나라고 하다. … 진구 황후 때에는 국왕의

---

52 林泰輔, 1891, 『조선사』 1, 5~6·20~23쪽.
53 林泰輔, 1891, 『조선사』 3, 21~22쪽.
54 소나카시치는 도노아아라사등(都怒我阿羅斯等)이고, 다른 이름은 우사기아리질지간기(于斯岐阿利叱智干岐)라고 한다.

외(外)에 다시 일본부(日本府)가 있었는데, 비자발(比自㶱, 경상도 창녕현), 남가라(南加羅, 대개 소가야이어야 한다) 훼국(喙國, 미상), 안라(安羅), 다라(多羅, 경상도 합천군), 탁순[卓淳, 경상도 김산(金山郡)에 직지천(直旨川) 근방]이다. 가라의 7국이 여기에 속하다. 후에 더욱 부근의 소국을 아울러 모두 임나라 하다. 중신이 항상 주답(駐劄)하여 제한(諸韓)의 일을 통제하다. 그렇더라도 자주 신라(때문)에 침략당했는데, 토지가 점차 줄어들었다. 우리 게이타이(繼體) 천황이 오후미노케나노오미(近江毛野臣)를 파견해서 신라에 논(論)해서 그 침범지역을 돌려주었는데, 케나노오미(毛野臣)의 재(才)가 아니면 그 일이 이루어지지 않았을 것이다. 또 백제에 명하여 부흥을 기도하였으나 부사(府帥) 하내직(河內直) 등이 반(反)해서 신라에 교통(交通)하고 더불어 힘을 합하지 못하여 국세(國勢)가 쇠(衰)하게 되다. 그 후 신라 때문에 멸하게 됨에 미쳐서는 신라를 토벌하고, 임나를 멸한 죄를 묻고, 이를 부흥시키려 했지만, 마침내 그 공(功)을 주효(奏效)하는 것은 불가능하였다.[55]

임나 안라(安羅)는 신라에 침략을 받아 항상 일본의 뜻을 받들어 이를 부흥시키고자 하여 백방으로 힘을 다했다. 또 고구려, 신라와 교전함에 미쳐서 누차 구원을 청하다. 우리 긴메이(欽明) 천황은 키노오마로노스쿠네(紀男麻呂宿禰)로 신라를 벌(伐)하고, 오오토모노 사테히코(大伴狹手彦)으로써 고구려를 벌(伐)하니, 이로부터 사빙왕래(使聘往來)가 끊이지 않았다.[56]

---

55 林泰輔, 1891, 앞의 책, 21~22쪽.
56 林泰輔, 1891, 위의 책, 30쪽.

또 하야시는 신라는 건국 이래 일본과 교류하였고, 호공(瓠公)·석탈해(昔脫解)·연오(燕烏)·세오(細烏) 등의 이야기에서 알 수 있듯이 서로 이주하였고, 박혁거세 이후 일본이 신라의 변방을 침략하는 등 왕래가 빈번하였으나, 진구 황후가 신라를 공격하자 신라가 이를 막지 못하고 부속하였다고 말했다. 또 그 뒤 미사흔(未斯欣)이 볼모가 되어 매년 일본에 조부(租賦)를 바치게 되었다고 주장했다.[57]

가야에 대해서는 그 어원을 인도에서 온 것으로 설명했다. 인도의 옛 말에 상(象)을 가야(伽耶)라고 하고, 가야나 다라(多羅) 등은 인도 말이며, 탐라나 백제와 같은 것도 그 어원이 인도라고 주장했다. 또 김수로가 인도에서 왔고,「가락국기(駕洛國記)」에 그 부인 허황후가 인도의 북부에 있는 아유타국(阿踰陀國)에서 왔으므로 그들이 인도인이라고 설명했다.[58]

하야시는 근대적인 학문 방법으로『조선사』를 서술했음에도 불구하고,『일본서기』등의 오류를 시정하지 않고, 일본 사료에 근거해 일본의 조선 침략을 정당화하는 역사적 근거를 제시했다.[59] 또 그의 역사서는 한말의 교과서에 많은 영향을 미쳤다는 점에서 주목된다. 현채(玄采)는 이『조선사(朝鮮史)』를 번역하여 1906년『중등교과 동국사략(中等敎科東國史略)』을 간행하였다.[60] 물론 현채는 하야시의『조선사』를 그대로 편역하지는 않았다. 한국사의 기본 체계를 단군조선 - 기자조선 - 삼한 - 삼국 - 통일신라 - 태봉·후백제·발해 - 고려 - 조선으로 구성했고, 하야시가 매

---

57 林泰輔, 1891, 위의 책, 31~32쪽.
58 林泰輔, 1891, 위의 책, 24쪽.
59 이만열, 2007, 앞의 책, 466쪽.
60 최혜주, 2003, 앞의 글, 4쪽.

우 중요시한 한사군과 임나일본부에 대해서는 거론하지 않았다.[61] 현채의 『동국사략』은 중국과 일본을 조선 민족의 타자로 의식하는 '국사'의 확립을 지향했으며, 정통론적인 통사 체계의 확립에 노력하여 한국 근대 역사학이 태동하는 과정에 있음을 보여주었다는 평가도 있다.[62]

2) 요시다 도고의 『일한고사단』

『일한고사단(日韓古史斷)』(1893)은 1893년 요시다 도고(吉田東伍)가 청일전쟁 직전 일본과 한국의 고대사를 하나의 체계로 묶어 저술하였다. 요시다는 1887년부터 소학교 교원 생활을 하면서 역사·지리·고고학 및 인류학에 관심을 갖기 시작하였고, 1889년에는 홋카이도청 서기로 근무하면서 고대사 공부를 시작하였다. 1891년 『사학회잡지』(21·22)에 「고대반도제국흥폐개고(古代半島諸國興廢槪考)」를 발표하기도 했다. 1892년 요미우리 신문사에 입사하였고, 이후 도쿄전문학교 도서관에 근무하면서 『일한고사단』을 간행했다. 1895년에는 청일전쟁 종군기자로 참가하고, 귀국 후 『대일본지명사전(大日本地名辭典)』을 집필하기 시작하여 1900~1907년까지 전 10권을 출판했다. 이후 1899년에는 일본역사지리연구회를 창설하고, 1911년에는 와세다(早稻田)대학 교수가 되어 일본 역사와 지리를 강의했다. 그리고 현대부터 고대로 거슬러 올라가는 서술 체계로 저술한 『도서일본사(倒敍日本史)』(전 12권, 1913~1914)를 출

---

61 김용섭, 1966, 「일본, 한국에 있어서의 한국사서술」, 『역사학보』 31, 131~132쪽.
62 윤선태, 2007, 「'통일신라'의 발명과 근대 역사학의 성립」, 『신라문화』 29, 동국대학교 신라문화연구소, 141쪽; 도면회, 2008, 「한국 근대 역사학의 창출과 통사 체계의 확립」, 『역사와 현실』 70, 193쪽.

간하기도 했다.[63]

『일한고사단』은 기본적으로 호시노 히사시와 구메 구니타케의 일선동조론을 계승하고 있다. 요시다는 한일 양국이 언어·가자(假字)·체상(體相)·풍의(風儀)에서 서로 비슷하여 동종(同種)이라고 전제하고, '일한(日韓)이 동질(同質)의 종국(種國)'임을 밝히기 위해 이 책을 저술하였다고 한다. 이 책은 일본 황실 기년(紀年)을 중심으로 하여 신대(神代)부터 시작하여 태고기(선대~198), 상고기상(上古紀上: 기원전 109~106), 상고기하(上古紀下: 107~302), 근상고상기(近上古上紀: 303~517), 근상고하기(近上古下紀: 518~668)로 구분하였다. 총 5편 23장으로 구분하여 각 편의 처음에는 연표를 넣었고, 끝에는 지도와 참고 자료를 제시하는 식으로 한일 고대사를 강목체 방식으로 서술했다.[64] 각 편 '축자'(筑紫: 고대 일본의 축자국 - 필자)에서는 당시 일본의 상황을 서술하고, 그 다음에 만주, 조선, 고구려, 부여, 신라, 백제, 임나 심지어 선비(鮮卑)까지 포함하여 서술했는데, 모두 일본과의 관계를 중심으로 다루고 있다. 요시다는 일본의 고대, 중세, 근세의 여러 사서들뿐만 아니라 중국과 한국의 사서들을 섭렵했고, 본문을 쓴 후 본문에 대한 설명인 안설(按說), 추가 설명이 필요한 부분에는 재안설(再按說)을 첨부하였다.

요시다는 태고기에서 단군의 태백산 강림이 곧 부여의 남쪽 점유를 지칭하는 것이며, 기자는 요동과 한반도, 삼한으로 세 번 옮겼다고 했다. 그리고 일본이 문자를 사용하기 시작한 것은 진구 황후 섭정 시기[오진

63　臼井勝美·鳥海靖·高村直助·由井正臣 編, 2001,『日本近現代人名辞典』, 吉川弘文館; 岡田俊裕, 2011,『日本地理學人物事典』近代編1, 原書房.

64　이만열, 2007, 앞의 책, 469쪽.

(應神)연간]에 백제로부터 전래된 것이 아니라, 스진 천황 때부터 시작되었다는 등 새로운 고증을 통해 기존 역사의 재해석을 시도하기도 했다. 그리고 일본의 고대 '신이나 사람'들의 한국과 일본에서의 활동 고증에 초점을 맞추었는데, 스사노오노미코토와 아메노히보코가 이미 한반도 서북 해상까지 왕래했으며, 탈해가 축자(筑紫) 다파나인(多婆那人)이라고 주장하였다.[65] 또 연오랑(延烏郞)과 세오녀(細烏女)가 일본으로 건너왔다고 주장했고, 임나 문제를 다루면서 일본의 한반도 거점으로 임나관가(任那官家)의 설립을 주장하였다.[66]

한편, 요시다는 진구 황후의 신라 침입과 이후 일본의 남선 경영을 본격적으로 다루고 있다. 즉, 진구 황후가 신라를 정벌하는데, 대마도의 와니노쓰(和珥津)를 거쳐 "순풍이 크게 일어나 갑자기 그 나라(신라)에 이르러 고취(鼓吹)하며 군대를 진격시키니, 그 나라의 국주(國主) 파사매금(波沙寐錦)이 창황(蒼皇)히 나와 항복하고 두려워하며 말하기를 지금 후로는 천황의 명을 따르겠다"[67]고 맹세했다는 것이다.

또 진구 황후가 곧 장(杖)에 붙은 모(矛)를 신라의 왕문(王門)에 심고 오오야타노스쿠네(大矢田宿禰)를 머물게 하여 신라재(新羅宰)를 삼으니, 신라는 이로부터 임나가라부(任那加羅府)에 부용(附庸)하고, 자녀를 일본에 바쳐 볼모로 삼게 했다는 것이다. 그리고 그 뒤로 신라가 죄를 범하니 일본이 다시 군대를 일으켜 신라의 수도 금성을 포위하고, 이에 신라가 항복하므로 군대를 돌렸다고 했다.[68] 요시다는 『일본서기』에 나타난 내

---

65 吉田東伍, 1893, 『日韓古史斷』, 26~32・40・126쪽.
66 吉田東伍, 1893, 위의 책, 127쪽.
67 吉田東伍, 1893, 위의 책, 353쪽.
68 吉田東伍, 1893, 위의 책, 353~355쪽.

〈그림 1-1〉 진구 황후의 삼한정벌설을 묘사한 그림

일본 판화가 쓰키오카 요시토시(月岡芳年)가 1880년에 그린 그림을 모사한 것이다.
출전: 위키미디어(commons.wikimedia.org/).

용을 여과 없이 거의 그대로 썼다. 또한 그는 광개토왕릉비문에 대해서 고구려와 왜의 관계를 두고, 신라와 백제를 임나와 같은 '일본의 속방'으로 단정하고, 고구려에 대해서는 일본의 속방은 아니나, 신라와 백제와 동종(同種)이며 속방에 접양(接壤)되어 있다고 했다. 또 요시다는 임나가 신라의 위협을 받게 되자 529년 오후미노케나노오미를 안라(安羅)에 파견, 임나관가를 재건하려고도 하였고[69] 550년에는 일본과 신라, 임나의 수반 병력을 합하여 고구려를 벌하고, 도살성(道薩城)을 빼앗고 나아가 평양을 공격하여 6군(郡)의 고지를 회복하려 하였다는 것이다.[70] 요시다

---

69 吉田東伍, 1893, 위의 책, 523쪽.
70 吉田東伍, 1893, 위의 책, 524쪽.

는 『일한고사단』에서 왜가 한반도에서 전개한 화려한 군사활동을 부각시키려 했다.[71]

이외에도 청일전쟁 후 일본인에 의한 조선사 관련 식민주의 역사서로는 이후 1896년 기쿠치 겐조(菊池謙讓)의 『조선왕국』, 시노부 준페이(信夫淳平)의 『한반도』(1901), 쓰네야 세이후쿠(恒屋盛服)의 『조선개화사』(1901) 등이 있다. 조동걸은 이 3개의 책을 '침략3서'라고 명명하기도 했다.[72]

을미사변에 가담했던 국민신문사(國民新聞社) 특파원 출신의 기쿠치 겐조가 쓴 『조선왕국』은 한국의 지리와 사회, 최근세사를 실지 답사를 하고 저술한 초기의 통사에 해당된다.[73] 기쿠치는 조선 3천 년의 역사는 타락이 아닌 것이 없고, 부패와 무능의 역사로 설명했다.[74]

시노부 준페이의 『한반도』는 역사서라기보다 인문·경제지리와 국제관계서라고 할 수 있다. 특히 '지리편'이 상세하여 조선에 온 일본인에게 안내서의 역할을 했다고 할 수 있다. 지리편은 역사지리, 경제지리, 인문지리의 측면에서 상술되어 있고, 통상관계의 법리론을 상세하게 소개한 것이 이 책의 특징이다. 시노부가 국제법을 전공한 법학자이자 공사관 참사관으로, 인천이사청(仁川理事廳) 이사관(理事官), 총영사 등을 역임하면서 일본의 조선 침략 현장을 직접 지휘한 경험을 바탕으로 안내서 성

---

71 이만열, 2007, 앞의 책, 474~476쪽.
72 조동걸, 1990, 「식민사학의 성립과정과 근대사 서술」, 『역사교육논집』 13·14, 754쪽.
73 하지연, 2008, 「韓末·日帝강점기 菊池謙讓의 문화적 식민활동과 한국관」, 『동북아역사논총』 21, 동북아역사재단 및 2015b, 『기쿠치 겐조, 한국사를 유린하다』, 지식산업사 참조.
74 菊池謙讓, 1896, 『朝鮮王國』, 276~277쪽.

격으로 썼다.[75] 시노부는 조선을 미개, 혹은 반개국으로 전제하고, 일본의 산업적 침략을 촉구하였으며, 일본의 이익선을 확장하는 당연한 권리이자 책임이라고 주장하였다.

쓰네야 세이후쿠의 『조선개화사』는 『조선왕국』이나 『한반도』에 비하여 비교적 상세한 역사서이다. 쓰네야는 영어와 중국어에 능통했고, 1884년 조선신문사(朝野新聞社)의 조청관계 담당 기자로 활동했다. 1894년 조선의 갑오개혁에도 참여하여 1895년 일본인으로서 최초의 조선 관리가 된 인물이다.[76] 쓰네야는 『조선개화사』의 '지리편'에서는 임나일본부의 위치를 김해(金海)로 설정했고,[77] 기자조선의 위치가 요하 일대인데, 대동강 유역으로 전해오는 것이나 그 결과 평양에 사당이 있는 것은 "당송(唐宋)의 회유(懷柔)정책이 아니면, 조선의 유학자들이 중화숭배 사상이 있었기 때문에 조작된 것"[78]이라고 했다. '인종편(人種編)'에서는 조선과 일본이 같은 천강인종(天降人種)인데, 천손족(天孫族)·출운족(出雲族)·부여족(扶餘族)으로 나뉘었고, 천강인종은 아시아 대륙의 동남방에서 왔다고 하며 남방문화설과 같은 주장을 하였다. 또 동조(同祖)의 근거로 첫째, 얼굴과 골격이 같고, 둘째, 어법이 같고, 셋째 고대 풍속이 비슷하다는 것이다. 이는 『국사안』의 논리를 계승한 것이고, 뒤에 가나자와 쇼자부로(金澤庄三郞), 구메 구니타케, 기타 사다키치 등의 동조동원론(同祖同源論)으로 발전해 갔다. '문화편'에서는 도시와 촌락이 쇠퇴하였

---

75 조동걸, 1990, 「식민사학의 성립과정과 근대사 서술」, 『역사교육논집』 13·14, 760쪽.
76 東亞同文會, 1936, 『對支回顧錄』 下, 519~521쪽; 黑龍會, 1935, 『東亞先覺志士記傳』 下, 324~325쪽.
77 恒屋盛服, 1901, 『朝鮮開化史』, 博文館, 120쪽.
78 恒屋盛服, 1901, 위의 책, 110쪽.

고, 기강이 타락하고, 풍속이 쇠퇴하였으며, 반도의 풍물 중 하나도 쇠하지 않은 것이 없다고 하였다. 또 사람들은 모두 남한테 의지하려고 하고, 침체되어 있다고 하여 부정 일변도로 서술하고 있다. 근대사에 이르러서는 청일전쟁은 조선의 독립을 위한 전쟁으로 일본이 의병을 일으켰다고 주장하였다.[79]

---

79 恒屋盛服, 1901, 위의 책, 503·535~540쪽.

제2장
식민주의 역사학의 내용과 논리 구조

1. 일본 근대 역사학과 임나일본부설의 체계화

근대 역사학 도입 후 일본 역사학자들이 주장한 고대 한일관계사는 '일선동조론'과 '임나일본부 남한경영설(南韓經營說)'[1]로 크게 집약된다. 임나일본부설은 고대부터 외세의 간섭과 압제 속에서 이루어졌다는 소위 '타율성이론'의 대표적인 산물의 하나이다.

임나일본부설은 바로 『일본서기』에 기초한 것으로 일본인들은 『일본서기』의 심각한 위조와 윤색에 대하여 비판을 하고, 실증적 연구를 통해 신화와 역사적 사실의 분리를 입증하면서도 임나 문제에 있어서만큼은 그 역사성을 오히려 입증하고 있다. 임나일본부설 역시 일선동조론과 함께 일본 '국학' 연구의 전통을 계승한 것이다. 그리고 임나일본부 관념은 19세기 말 이후 일본이 조선을 침략하는 역사적 근거로 작용하였고, 20세기에 들어와 근대적인 학설인 '임나일본부설'로 변모되어, 일본의 일부 중등학교 역사 교과서의 고대 한일관계사 서술의 근간이 되었다.[2]

임나일본부설의 대강의 내용은 다음과 같다.

주아이(仲哀) 천황의 황후인 진구(神功) 황후[3]가 369년에 임나를 치

---

[1] 일본에서는 '임나일본부' 보다는 '남선경영(南鮮經營)'이라는 용어를 많이 쓴다. 石田英一郞, 1968, 「日本 古代の南鮮經營は史實か」, 『朝鮮研究』; 李進熙, 1964, 「古代におけるいわゆる南鮮經營について」, 『朝鮮史硏究會論文集』 1; 井上秀雄, 1973, 『任那日本府と倭』, 寧樂社; 金鉉求, 1993, 『任那日本府硏究』, 일조각.

[2] 김태식, 2010, 「임나일본부설의 흐름과 쟁점」, 조광·손승철 편, 『한일역사의 쟁점 2010』, 경인문화사, 121쪽.

[3] 진구 황후는 가공의 인물로 추정되며, 오키나가타라시히메노미코토(氣長足姬尊, 息

고, 이어서 신라를 공격하였으며, 382년에 또 신라를 격파하였다. 이후 463년에 일본은 임나 지역에 일본부를 두어 식민지 형태의 지배가 가능하였다. 이때 신라와 백제는 야마토(大和)조정에 조공을 바치는 관계였다. 369년에 충청남도에서부터 전라남도에 이르는 4개 읍이 일본에 항복하였고, 397년과 405년에 같은 지역의 6개 읍을 백제로부터 빼앗아 돌려주기도 하였다. 512년에 충청남도 동남부에서 전라북도 동북 지대, 그 후 전라남도 섬진강 중·하류 지역에서 경상남도 해안지대를 포함한 남조선지역까지 그들의 경략 대상이 되었거나 지배를 받았다. 562년 신라가 가야를 멸망시키자 일본의 파견 기관인 임나일본부도 함께 소멸했다. 그 뒤 임나를 병합한 신라가 임나를 대신하여 임나조(任那朝)를 바쳤다.[4]

임나일본부설의 근거로 일본은 『일본서기』의 '임나' 관련 기록 외에도 광개토왕릉비의 신묘년 기사와 영락 10년(400)조, 『송서』 왜국전의 왜왕의 작호, 칠지도 명문 등을 임나일본부를 실증하는 사료로 자의적 해석·활용했다. 문헌 고증이라는 이름으로 사료를 왜곡해 임나일본부설

長足姬尊), 오타라시히메노미코토(大帶比賣命)로 전한다. 아버지는 가이카(開化) 천황(제9대)의 현손 오키나가노스쿠네노미코(息長宿禰王), 어머니는 신라 왕자 아메노히보코(天日槍)의 후손 가즈라키노다카누카히메(葛城高顙媛)이며, 오진(應神) 천황의 어머니로 기록되어 있고, 201년부터 269년까지 섭정을 하였다고 전한다. 14대 주아이(仲哀) 천황의 왕비이다. 그의 아들 오진이 15대 천황이 되어 친정할 때까지 섭정을 한 것으로 『일본서기』에 기록되어 있다.

4   田溶新, 1989, 「神功皇后 - 氣長足姬尊」, 『完譯 日本書紀』 9, 일지사, 152~156쪽 참조.

을 기정사실화했던 것이다.[5]

1) 전근대 시기 일본의 임나일본부 인식

에도시대(江戶時代, 1603~1867)에도 국학자들은 『고사기』·『일본서기』에 근거하여 건국신화나 전설을 소급하여 태고부터 일본의 조선 지배를 주장하였다. 국학이 일본인의 국가의식 성장에 큰 역할을 하였다고는 하나, 일본인의 한국관 형성에는 왜곡이라는 문제를 낳았다. 더구나 그 한국관은 후대에 중대한 영향을 끼쳤다. 한국 강제병합 후의 일본의 식민통치의 관념적 지주가 되었던 '일선동조론'이 이 국학의 전통을 이은 것이었다.[6] 그리고 막부 말기 서양 세력들의 접근에 존왕양이 운동이 일어나면서 이러한 한국관은 일본의 국익과 안전을 도모해야 한다는 강렬한 위기의식과 함께 더욱더 강화되어 갔다.

하야시 시헤이(林子平, 1738~1793)는 1785년에 『삼국통람도설(三國通覽圖說)』을 저술하여 조선이 류큐(琉球), 아이누족(북해도·사할린 등지 거주)과 더불어 일본의 국방과 깊은 관계가 있음을 서술하고, 조선 연구의 긴급성을 주장하였다. 즉, 열강의 침략에 대하여 일본의 국토 보존이라는 국방상의 견지에서 조선을 보려는 의식이 명백히 드러나 있다. 이러한 생각은 일본의 방어를 위해 조선은 물론 기타 아시아 여러 나라를 열강보다 일본이 먼저 차지해야 한다는 침략주의로 이어졌다. 사토 노부히

---

5   신가영, 2016, 「'임나일본부' 연구와 식민주의 역사관」, 『역사비평』 통권 115, 235~236쪽.
6   旗田巍 저, 李基東 역, 1983, 『日本人의 韓國觀』, 一潮閣, 119~120쪽.

로(佐藤信淵, 1769~1850)의 『우내혼동비책(宇內混同秘策)』과 요시다 쇼인(吉田松陰, 1830~1859)의 저술도 이러한 분위기 속에서 나왔다. 이들 주장에서 주목할 점은 조선은 본래 일본의 속국이었다는 생각이다. 요시다 쇼인은 『유수록(幽囚錄)』 속에서 "조선을 책망하여 인질을 보내고, 조공을 바치게 하여 옛날의 성시(盛時)와 같이 해야 한다"라고 했으며, 히라노 구니오미(平野國臣)는 『회천관견책(回天管見策)』에서 "우선 삼한을 치고, 다시 부(府)를 임나(任那)에 세워 이로써 다시금 선규(先規)를 회복하여"라고 하고 있다. 외압의 위기 속에 고대 전승이 재차 강조되고 있었던 것이다. 이러한 사고 체계는 메이지 이후 한국관에도 계승되고 있다.[7]

한편, 에도시대의 정치 사상가 아라이 하쿠세키(新井白石, 1657~1725)는 다음과 같이 임나일본부를 설명하였다.

일본부의 건치 연혁은 사서에 명확한 기록이 없어 지금은 알 수 없다. 「사기(私記)」가 『본초일본기(本草日本紀)』를 인용하기를, 일본부는 옛적에는 왜재(倭宰)라고 했다. 『일본기주(日本紀註)』에는 무릇 왕인(王人) 명을 받들어 삼한의 사신이 된 자가 자칭 재(宰)라 하고, 한(韓)에서 재라고 하는 것은 지금의 사(使)와 같다. 성씨록을 보건대, 처음에 가라 동북방의 신라와의 사이에 상중하 기문의 땅이 있는데 사방 3백 리이고 토지가 비옥하고 풍요롭다. 2국은 상쟁하여 서로 공격하였다. 가라의 사신이 와서 그 땅을 바치고 장군을 보내 국경에 진주시켜 난국을 벗어나기를 청했다. 천조(天朝)가 그 땅을 얻어 미마나국을 설치하여 그 국재(國宰)로 칭하고 길(吉)이라고 하였다. 스

---

7   旗田巍 저, 李基東 역, 1983, 위의 책, 15~16쪽.

진(崇神)천황 말년이다. 미마나는 후에 임나라고 하였다. 그 통치를 부(府)라고 하고 그 관리를 재(宰)라고 하였다. 후에 축자대재부수(筑紫大宰府帥)와 같다. 『위지』에 일대솔을 두고 여러 나라를 검찰했다고 하는데 이것이다. 진구 황후가 서정하여 신라를 항복시키고 백제를 복속하였다. 드디어 비자발·남가라·탁국·안라·다라·탁순·가라를 평정하고, 남만 침미다례 등을 취하고 비리·벽중·포미지·반고가 스스로 항복하였다. 모두 옛 진한, 변한 2한의 땅이다. 이어 남만 침미다례를 백제에 주고 지역마다 재(宰)를 두고 감독시켰다. 가라국에 태재(太宰)를 두고 다스리게 하니 이것이 임나부(任那府)이다. 무릇 10국이 속하는데 총칭하여 임나라고 한다. 그 관에는 각각 위호가 있다. 송서에 나오는 평서·정로·관군·보국장군은 모두 이를 일컫는다.[8]

이 글에서 「사기(私記)」란 헤이안시대에 행해진 『일본서기』 강독을 정리한 『일본기사기(日本紀私記)』를 가리키는 것으로 보이고, 『일본기주(日本紀註)』란 가마쿠라시대의 『일본서기』 주석서인 『석일본기(釋日本紀)』로 추정된다. 『석일본기』에는 임나일본부를 주석하여 '임나지왜재(任那之倭宰)'라고 하였고, 재(宰)란 천황의 의지를 전달하는 사람, 즉 사신으로 해석하였다. 아라이도 일본부의 원래 의미는 왜재(倭宰)이고, 삼한에 파견된 사신을 의미하는데, 이는 축자대재부의 장관인 수(帥)에 해당된다고 보았다. 축자대재부란 일본이 구주 지역을 관할할 때 외교, 국

---

8 新井白石, 1907, 「白石先生遺文」 上, 日本府建置沿革條, 『新井白石全集』 5, 國書刊行會 (1977 복간본), 16~17쪽.

방 등의 대외업무를 총괄하는 지방관청이다. 즉, 아라이는 일본부를 일본 국내 통치의 연장으로 가야 통치를 위해 일본이 설치한 관청이고, 그 기원은 제10대 스진 천황 대로 보았다. 특히『송서』왜국전에 나오는 왜왕이 송 황제에게 요청하여 자신의 신료들에게 준 평서·정로·관군·복국장군을 가야 제국을 통치하기 위해 파견한 관인들이라고 했다. 이는 임나일본부를 가야에 파견된 사신으로 보는 1980년대 이후 연구의 기원이 된다고 할 수 있다.[9]

또 1720년에 편찬된『대일본사(大日本史)』는 진구 황후의 삼한 정벌 이후 '임나'에 '일본부'를 설치하였다고 기술하기도 했다. 19세기에 이르러 일본의 근대화를 위해 한반도를 정벌해야 한다는 정한론(征韓論)이 대두되면서 진구 황후의 신라 정벌 전설이 본격 거론되기 시작하였다.[10]

2) 일본 근대 역사학의 임나일본부 논리와 논쟁

1882년 참모본부에서 편찬된「임나고(任那考)」도『일본서기』의 기록을 근거로 가야 지역에 일본부를 설치하여 한반도 남부를 통제했다고 주장했다. 이후 메이지 연간(1868~1911)에 문헌 고증의 근대 역사학이 성립되면서, 국학 연구의 전통을 이어받은 간 마사토모(菅政友), 쓰다 소키치(津田左右吉), 이마니시 류(今西龍), 아유카이 후사노신(鮎貝房之進) 등은 일본이 임나를 지배했다는 것을 역사적 사실로 전제하여 주로 임나 관계 지명에 대한 고증작업을 하였다. 또한 하야시 다이스케(林泰輔),

---

9   연민수, 2016, 「임나일본부설의 역사학」, 『동북아역사논총』 53, 175~177쪽.
10 신가영, 2016, 앞의 글, 235쪽.

요시다 도고(吉田東伍), 나카 미치요(那珂通世) 등도 에도시대의 아라이의 영향을 받아 임나의 가야 지배설을 연구하였다. 시라토리 구라키치(白鳥庫吉)나 이나바 이와키치(稻葉岩吉) 등 일본 동양사학자들 역시 마찬가지였다. 이상의 일본 근대사학이 구축한 임나일본부상은 스에마쓰 야스카즈(末松保和)에 의해 총정리된다. 스에마쓰는 『대일본사』(1933)의 한 편으로 「일한관계(日韓關係)」를 정리했다가, 제2차 세계대전 후에 남선경영론을 완성시켰으니, 그것이 『임나흥망사(任那興亡史)』(1949)였다.[11] 그리고 미시나 쇼에(三品彰英)가 이를 한층 더 확고한 이론으로 발전시켰다.[12]

먼저 하야시 다이스케는 "대가야는 우리 스진(崇神) 천황 때에 소나카시치(蘇那曷叱智)를 보내 장군을 청했는데, 천황은 염승진(塩乘津)을 보내 지키게 했다.… 진구 황후 때에는 국왕 이외에 일본부가 있었다. 비자발(比自㶱)·남가라(南加羅)·탁국(喙國)·안라(安羅)·다라(多羅)·탁순(卓淳)·

---

[11] 末松保和, 1949, 『任那興亡史』, 大八州出版株式會社(吉川弘文館, 1956판). 통치·지배기관으로서 '임나일본부'를 강조할 때는 '출선기관설(出先機關說)', 왜의 한반도 남부 지배에 강조를 둘 때에는 '남선경영설(南鮮經營說)'이라고도 불렀다. 전진국, 2019, 「『任那興亡史』의 논지와 학술적 영향에 대한 비판적 검토」, 『한일관계사연구』 64; 신주백, 2018, 「末松保和(1904~1992)의 學術史와 식민주의 역사학 – 韓國史 學界의 엇박자의 원인을 찾아서」, 『동방학지』 183.

[12] 김영남, 2003, 「자기동일성 형성 장소로서의 신화연구 – 미시나 아키히데(三品彰英)의 탈해신화연구 검토 – 」, 『인문과학』 33(이 논문은 『동일성 상상의 계보』(2006, 제이앤씨)에 재수록); 김화경, 2005, 『한국신화의 원류』, 지식산업사; 박미경, 2008, 「미시나 쇼에(三品彰英)의 한국신화 연구고찰」, 『일본학연구』 25; 최재석, 2010b, 「미시나 아키히데의 『日本書紀朝鮮關係記事考證』비판」, 『고대한일관계사 연구 비판』, 경인문화사; 심희찬, 2016, 「미시나 쇼에(三品彰英)의 신화 연구와 근대 역사학 – 식민주의 역사학의 사상사적 재구성」, 『역사문제연구』 36; 이연심, 2015, 「한일 양국의 '임나일본부'를 바라보는 시각 변화 추이」, 『한국민족문화』 57.

가라(加羅) 등 7국이 모두 여기에 복속했다. 후에 주변 소국을 병합하여 모두 임나라고 했다. 중신이 항상 주둔하여 여러 한(韓)의 정무를 통제했다. 그러나 신라가 자주 침략하여 토지는 점차 축소되었쪽"[13]고 하여 전형적인 임나일본부설을 제기하였다.

요시다 도고는 스이닌(垂仁) 천황 원년(29)에 대가야는 본조에 귀속해서 임나의 국호를 받고 관가가 되었고, 진구 황후의 정한에 의해 옛 관가를 회복하여 재(宰)를 두었다고 하였다.[14]

나카 미치요는 "진구 황후 때에 장군 아라타와케(荒田別), 가가와케(鹿我別)을 보내 신라를 정벌하고 비자발·남가라·탁국·안라·다라·탁순·가라 등 7국을 평정했다.… 재(宰)를 두어 제한국을 통제했다. 이 재는 대가라국, 임나에 두었기 때문에 그 통제하에 있는 남한의 제국을 모두 임나라고 칭했다. 유랴쿠(雄略)천황기(天皇紀) 7년의 임나국사, 동 8년에 일본의 행군원수(行軍元帥), 게이타이(繼體)천황기·긴메이(欽明)천황기에 임나의 일본부 등이 있고 모두 임나의 재이다.… 긴메이천황기에는 임나의 일본부를 안라의 일본부라고도 한다.…『일본서기』에는 일본부집사, 일본부경, 일본부대신 등이 보이는데, 모두 안라에 주재하는 임나의 재이다"[15]라고 서술했다. 그는『일본서기』의 관련 내용을 자세히 인용하여 임나일본부의 성격을 종합적으로 연구했다.

다음으로 도쿄제국대학 교수 시라토리 구라키치가 쇼와 천황의 동궁 시절 일본사 교재로 만든『쇼와 천황의 역사 교과서, 국사(昭和天皇の歷史

---

13 林泰輔, 1892,『朝鮮史』, 吉川半七, 21~22쪽.
14 吉田東伍, 1893,『日韓古史斷』, 富山房, 280쪽(복간본, 1977).
15 那珂通世, 1915,「那珂通世遺書」,『外交繹史』, 岩波書店, 185~186쪽(1958판).

敎科書, 國史)』에서는 "우리나라는 가라에 관청을 두고 관리를 파견하여 보호했는데, 우리나라의 위광을 반도에까지 넓히고 주변 나라도 우리나라의 보호를 요청했습니다. 이들 나라를 통치하는 정치 조직을 임나일본부라고 하고 가라에 있습니다. 임나는 가라의 별명으로 일본부의 통치를 받던 전 지역의 총칭입니다.… 서쪽의 백제도 우리나라에 종속하여 보호국이 되기를 희망했습니다. 천황은 이를 수락하시어 백제에 감독관을 보내 국정에 참여시켰습니다"[16]라고 서술하였다. 이는 조선총독부를 설치하고, 총독을 천황이 임명하는 당시의 현실 상황이 고대에도 일본부를 두고, 관리를 파견하여 가야를 통치했다고 하는 이미지로 연결시킨 것이다. 20세기의 식민지 지배를 고대의 한반도 남부 지배가 재현된 것으로 보는 것이다.

1939년 이나바는 『조선사』에서 주아이(仲哀) 천황 9년에 진구 황후는 바다 서쪽의 금은 채색을 산출하는 보화의 나라인 시라기를 복속시켰는데, 이때의 시라기는 지금의 경주가 아니고 김해로부터 함안에 이르는 지역이라 하면서 진구 황후의 친정을 통해 일본부의 부흥을 꾀했다고 한다.[17] 그는 이미 스진 천황 대에 가야에 일본부가 설치되었다는 것을 전제로 수백 년이 지난 진구 황후 대에 다시 가야 지역을 공략하여 지배체제를 확고히 했다고 했다. 이나바는 조선총독부 산하의 조선사편수회에서 수석 편수관으로 근무하며 식민주의 역사학의 구축에 일조한 인물이다. 이미 조선총독부에서는 1916년 고적조사위원회를 설치하여 임나일본부설을 입증하기 위해 가야 지역 일대에 대한 고고학적 조사를

16　白鳥庫吉 著, 出雲井晶 飜譯, 2004, 『昭和天皇の歷史敎科書, 國史』, 講談社, 52~53쪽.
17　稻葉岩吉, 1939, 『朝鮮史』, 平凡社, 41~42쪽.

행한 바 있다.[18]

이상 일본 근대 사학이 구축한 임나일본부상은 스에마쓰의 『임나흥망사』로 정리되었다.

> 백제는 367년 일본에 사신을 보내 국교를 열고, 백제의 요청으로 기사년(369)에 대규모의 출병을 단행하여 이전부터 진행 중이던 대한경영에 박차를 가했다. 이어 김해의 임나가라를 중심으로 가야 제국을 직접 지배하에 두고 그 외곽에 있던 백제와 신라를 부용화시켜 간접 지배하에 두었다. 그 결과 가야 제국을 총칭하는 이른바 임나의 성립을 보게 되었다. … 임나에는 야마토(大和) 조정에서 파견된 지배자를 두고 임나 전체를 통치하기 위한 전제적 권력을 가졌다. 이후 임나의 정치가 안정됨에 따라 민정을 주로 하는 지배자가 출현하는데, 유랴쿠(雄略)천황기의 키비노카미쓰미치노오미타사(吉備上道臣田狹)가 임나국사에 임명되었다. 임나 각국에는 상주적인 집정관이 배치되었고 게이타이 천황기에 나오는 다리국수(哆利國守), 하다리국수(下哆利國守)[19]는 그들이다. 게이타이 천황기의 임나의 일본현읍은 야마토조정이 직접 지배한 국이다. 이후 임나의 쇠퇴기에서 멸망기에는 상주 제도는 무너지고 장군과 사신이 파견되었고, 530년에 임나 부흥을 위해 오후미노케나노오미가 파견되었다.[20]

---

18 연민수, 2016, 앞의 글, 179~180쪽.
19 일본서기 게이타이 천황 6년(512)에 "백제가 일본에게 임나국의 4현 즉, 상다리(上哆利), 하다리(下哆利), 사타(娑陀), 모루(牟婁)를 달라고 요청했다"라고 기록되어 있는 것에 근거한다. 이 4현에 파견된 왜계 백제 관료가 '국수'이다.
20 末松保和, 1949, 앞의 책, 58~70쪽(吉川弘文館, 1956판).

스에마쓰는 일본의 임나 지배를 초기 군사적 전제 지배, 중기 민정 지배, 말기 사절을 파견한 지배로 단계를 설정했다. 그는 시기별 지배 형태는 달라도 일본이 관리를 파견하여 가야 지역을 지배했고, 가야를 거점으로 백제와 신라를 부용화시켜 간접 지배했다고 설명했다. 스에마쓰의 학설은 일본 대부분의 역사 교과서나 개설서, 전문 서적에 이르기까지 주요 학설로 소개되었고, '임나 지배'를 당연한 역사적 사실로 만들어 버렸다.[21]

또한 스에마쓰는 조선사는 중국에 예속된 역사였으나, 1910년 병합으로 '해방'되었음을 주장하면서, 본래의 조선사가 대륙 중국의 이민족에게 지배를 받은 식민과 피식민의 관계라면, 이제 병합으로 일본의 '지방사'로서의 조선사, 즉 일본사의 일부라고 하였다. 또한 중국 대륙의 예속 시절에도 유일하게 예외적이었던 것이 '임나 지방사'였다는 것이다.

> 병합까지의 조선사를 나는 본래의 조선사(朝鮮史)라 하고, 병합 후의 조선사는 우리 국사(國史: 일본사 - 필자)의 일부, 바꾸어 말하면 우리나라(일본 - 필자)의 일지방사(一地方史)라고 생각한다. 그 의미에서 조선의 역사는 완결된 역사이다. 일본에 병합된 한국이야말로 조선사의 결론이다.[22]

스에마쓰는 임나일본부가 "일본의 한반도 통치기관"인 것은 분명하나, '부(府)'는 현재의 총독부로 볼 수 없으며, 야마토 정권에서 파견한 통치

---

21 연민수, 2003, 「임나일본부재론」, 『고대한일교류사』, 혜안.
22 末松保和, 1937, 「朝鮮史(1) - 第1講 總說」, 『朝鮮行政』 1-9, 2쪽.

관인이라고 보았다.[23]

교토(京都)제국대학 문학부 사학과를 졸업한 미시나 쇼에(三品彰英)는 「귀화 씨족의 연구(帰化氏族の研究)」라는 졸업논문을 시작으로 대학원에서는 「조선사 연구」라는 연구 제목으로 연구를 진행하여 1947년에 『조선고대연구(朝鮮古代研究)』로 교토대학에서 문학박사 학위를 수여했다. 미시나 연구의 대부분은 한국의 신화와 신라의 화랑제도 등 고대 한국 관련이다.[24] 미시나는 『일본서기』 연구에도 적극적으로 참여하여 『일본서기조선관계기사고증(日本書紀朝鮮關係記事考證) 上·下卷』(1962, 吉川弘文館·2002, 天山舎) 등의 관련 성과가 있다.[25] 미시나는 이 책 상권의 서문에서 『일본서기』의 스사노오노미코토의 신라 강림 기사는 "한일 관계를 이야기하는 가장 오래된 전설"이자, "정치적 의미에서도 중요시되어 온 전승"으로 "역사학적 입장에서 논할 만한 점이 적지 않다"고 평가하면서

---

23 신주백, 2018, 앞의 글, 206~207쪽.

24 박미경, 2019, 「미시나 쇼에(三品彰英)의 『日本書紀朝鮮關係記事考證』에 관한 一考」, 『일본문화학보』 81, 419쪽; 심희찬, 2016, 앞의 글. 미시나는 일찍이 한국문화사 연구의 일환으로 한일신화의 비교연구를 시도해 왔는데, 그 성과로서 「脱解傳說 – 東海竜神の信仰」(1931, 『青丘學叢』 5·1943, 『日鮮神話傳說の研究』), 「布都之御魂考」(1932, 『青丘學叢』 10-11·1937, 『建國神話論考』), 「古代朝鮮における王者出現の神話と儀礼について – 日鮮降臨神話の研究 –」(1933, 『史林』 18-1~3·『古代祭政と穀靈信仰』), 「久麻那利考」(1935, 『青丘學叢』 19~20·1937, 『建國神話論考』), 「首露傳說 – 祭儀と神話 –」(1935년 1월 집필, 1943, 『日鮮神話傳說の研究』), 「古代朝鮮の祭政と穀靈信仰について」(1936, 『史林』 21·1948, 『神話と文化境域』), 「穀靈儀礼と神話」(1949, 『大谷學報』 29-3·30-1) 등이 있다. 이들 대부분은 1970년에서 74년 사이에 정리되어 『三品彰英論文集』(平凡社) 전 6권으로 출간되었다. 신화 관련 연구 이외의 주요 저서는 『朝鮮史概說』(1940, 弘文堂), 『新羅花郎の研究』(1943, 三省堂), 『日本書紀朝鮮關係記事考證上·下卷』(1962, 吉川弘文館·2002, 天山舎), 『邪馬台國研究總攬』(1970, 創元社) 등이 있다.

25 박미경, 2008, 앞의 글, 82~83쪽.

도 "한일관계 기사를 정면적으로 '고증'하는 대상"에서는 제외했다.

그는 "진구 황후와 오진 천황(應神天皇)의 출정과 출생 이야기가 그와 같이 이해된다고 하더라도 이 양자의 역사적 존재가 부정되어서는 안 된다는 것은 말할 것도 없다. 이런 종류의 전설은 고대적인 'theory'에 의해 설명된 표현으로, 우리들의 먼 조상들은 이와 같은 전승의 배후에 역사적으로 위대한 황후와 천황의 실재(實在)와 그 업적을 감득할 수 있었던 것이다. 전승이나 사료를 취급할 때 'theory'와 사실, 표현과 현실을 혼동해서는 안 된다는 것을 특히 주의해 두고 싶다.…또한 여성이 해외 원정군을 지휘하는 것은 오늘날 우리의 상식으로는 이해하기 어렵지만 이른 시기의 문화 사회에서는 희귀한 일이 아니었으며 그와 같은 예증도 적지 않다"[26]라고 하여 진구 황후의 신라 정벌과 임나의 존재를 역사적 사실로 주장하였다.

미시나는 『일본서기』 편찬자의 윤색, 조작, 가필 등의 가능성을 상정하는 한편, "모든 것을 조작이라고 보는 견해는 모든 것을 사실(史實)로 보는 입장과 마찬가지로 경솔하다는 비난을 면하지 못할 것"이라고 하여 특히 임나 관계 기사에 관해서 만큼은 전설이면서 사실임을 주장했다.[27]

고대 한일관계사, 특히 가야사 연구에서 식민주의 역사관의 문제는 완전히 해결되지 못한 숙제로 남아 있다. 왜의 통치기관이 가야 지역에 있었다고 노골적으로 주장하지는 않지만, 왜가 가야를 비롯한 한반도 남

---

26 三品彰英, 1962, 『日本書紀朝鮮關係記事考証』 上, 吉川弘文館, 58쪽(박미경, 2019, 앞의 글, 428쪽에서 재인용).
27 이연심, 2015, 앞의 글, 130~132쪽; 박미경, 2019, 앞의 글, 429쪽.

부 지역에 대해 일정한 영향력을 행사하고 있었다는 견해는 여전히 일본 학계와 일반에서 제기되고 있는 상황이다. 특히 한반도 서남부 일대에서 전방후원분이 발굴되면서 그것이 임나의 존재를 입증하는 것이라는 주장에 힘을 실어주고 있는 것은 우려할 만한 상황이다. 이러한 가운데, 현재 한국의 일부에서 '임나일본부'를 여전히 '조선총독부'와 같은 성격으로 이해하는 가운데, 국내 학계의 연구를 식민주의 역사관이라는 프레임 속에 가두려는 일단의 움직임이 있기도 하다.[28]

3) 참모본부의 광개토왕릉비 조사와 '신묘년조' 논쟁

(1) 참모본부의 광개토왕릉비 연구와 비문 논쟁의 시작

도쿄제국대학에서 조선사 연구가 본격적으로 시작된 데에는 일본 육군 참모본부의 '군사 조사' 활동 과정에서 광개토왕릉비문 탁본이 확보된 것이 계기가 되었다. 비문의 해석을 둘러싸고 '임나일본부설' 등의 논의가 확산되었고, 나아가 이 대학 사학과의 조선사, 동양사 연구로 연결되었던 것이다.[29]

광개토왕릉비는 '국강상광개토경평안호태왕(國岡上廣開土境平安好太王)'(광개토왕 혹은 호태왕, 391~412 재위)의 무훈을 기린 기념비로서 높이 6.39m의 자연석 비석이다. 비석의 사면에 모두 글자가 새겨져 있고, 글자 간격을 균등하게 새기기 위해 종횡으로 가는 선을 그어 공간을 구획

---

28 신가영, 2019, 앞의 글, 232~234쪽.
29 윤해동, 2015a, 「식민주의 역사학 연구 시론」, 『한국민족운동사연구』 85, 390쪽; 윤해동, 2015b, 「일본육군 참모본부의 '군사 조사' 활동과 식민주의 역사학」, 『대구사학』 119 참조.

하였다. 전체 글자 수는 1,775자인데 비석에 손상이 가서 150여 자가량은 판독이 되지 않는다. 서체는 대부분 한(漢)나라의 예서(隸書)이고, 글자의 세로 길이는 9~12cm, 가로 너비는 10~12cm이다. 다만 글자의 모양에 따라 획수가 복잡한 경우에는 세로가 긴 장방형을 띠기도 한다.

여기에는 광개토왕이 정복한 지역, 전투 상대, 전투 상황 등이 기록되어 있어 당시 고구려를 둘러싼 동아시아의 국제정세를 파악하는데 귀중한 자료이다. 특히 왜, 임나가라(任那加羅), 안라(安羅) 등이 백잔(百殘, 백제), 신라와 함께 기록되어 있어서, 이 비문은 고대 동아시아 여러 나라와의 관계를 파악하는데 필수적인 자료이다.[30] 이에 대한 연구는 광개토왕릉비 자체에 대한 연구뿐만 아니라, 비문 해석, 임나일본부 논쟁 등, 1880년대 비가 발견된 이후 현재에 이르기까지 상당히 많다.[31]

광개토왕릉비는 414년(장수왕 2년), 광개토왕이 사망한 2년 후 아들 장수왕이 부왕의 능을 조성하며 건립했다. 비가 세워진 지안(集安)은 고구려 수도 국내성(國內城) 지역이고, 평양 천도 이후에도 정치·문화적으로 중요한 곳이었으나, 668년 고구려 멸망 이후에는 방치되었다.

이 비의 존재는 조선 세종 때 용비어천가(龍飛御天歌)에서 확인되는데, 조선인들은 이 지역을 여진족의 영역으로 여겨 이 지역의 유적이나

---

30 旗田巍 저, 李基東 역, 1983, 앞의 책, 159쪽.

31 佐伯有淸, 1976, 『廣開土王碑と參謀本部』, 吉川弘文館; 이진희, 1984, 「일본에서의 광개토대왕릉비 연구」, 『동방학지』 43; 최재석, 2007, 「1880년의 일본 참모본부의 『皇朝兵史』 비판」, 『민족문화연구』 46; 이진희 저, 이기동 역, 1982, 『광개토왕비의 탐구』, 일조각; 김영하, 2012, 「광개토대왕릉비의 정복기사해석 – 신묘년기사의 재검토와 관련하여 – 」, 『한국고대사연구』 66; 서영수, 1982, 「廣開土大王陵碑文의 征服記事 再檢討 上」, 『歷史學報』 96; 서영수, 1988, 「廣開土大王陵碑文의 征服記事 再檢討 下」, 『歷史學報』 119 등.

〈그림 2-1〉 중국 지린성(吉林省) 지안시(集安市)에 위치한 광개토왕릉비

출전: 국립중앙박물관(www.museum.go.kr/site/main/relic/search/view?relicId=111422).

비 또한 여진족의 것으로만 생각해서 광개토왕릉비를 직접 조사하거나 비문 내용을 확인하지는 않았다. 게다가 17세기 이후 청(淸)의 봉금(封禁)정책으로 이 지역에 거주가 금지되면서 비의 존재는 잊혀졌다.

광개토왕릉비가 재발견된 것은 1876년 이 지역에 청의 회인현(懷仁縣)이 설치되면서이다. 장월(章樾)이 1877년 회인현 지현(知縣)으로 부임할 때, 서계(書啓)를 담당했던 금석문 애호가 관월산(關月山)이 광개토왕

릉비를 발견했다고 한다. 관월산은 발견 당시의 광개토왕릉비에 이끼가 뒤덮여 있어서 가능한 부분만 탁본을 했고, 그것이 금석문 애호가들에게 소개되면서 광개토왕릉비가 세상에 알려지게 된 것이다. 그런데 탁본을 위해 이끼를 제거하는 과정에서 문제가 발생했다. 지현의 명을 받은 마을 사람 초천복(初天福)이 비의 표면에 말똥을 바르고 마른 후 불을 지르는 방법으로 이끼를 제거했는데, 이 과정에서 비에 균열이 가고 일부 표면이 갈라져 나가는 등 심각한 손상이 발생한 것이다.[32]

이후 탁본에 대한 수요가 생겨났으나, 광개토왕릉비의 형태와 재질상 탁본이 쉽지 않았기 때문에 비면에 종이를 붙이고 가볍게 두드려 글자의 윤곽을 뜨고, 글자가 없는 자리에 먹을 칠하는 쌍구가묵본(雙鉤加墨本)이나 글자의 윤곽을 모사해 빈자리에 먹을 칠하는 묵수곽전본(墨水廓塡本)이 많이 만들어졌다. 뒤에서 언급할 만주 육군 참모본부에서 파견한 사코 가게노부(酒句景信)가 1883년 입수한 탁본도 이 중 하나였을 것으로 보인다. 이후 일본 학계에서는 광개토왕릉비문의 내용이 임나일본부설을 결정적으로 뒷받침하는 증거라고 판단하여 큰 관심을 갖고 지속적으로 연구를 하게 되었다.

일본의 비문 연구는 대륙 침략의 발전단계에 대응해서 성장했다는 특징이 있다.[33] 우선 비문 연구 1기에 해당하는 육군 참모본부에 의한 조사활동과 비문 연구에 대해 알아보겠다.

1878년 일본 육군의 통수 기관으로 육군성 산하에 참모본부가 설치되었다. 참모본부는 1882년에 참모본부 편집과에서 찬술한 『임나고(任

32　이진희 저, 이기동 역, 1982, 『광개토왕릉비의 탐구』, 일조각, 43~53쪽.
33　旗田巍 저, 李基東 역, 1983, 앞의 책 164쪽.

那考)』와 부록『임나국명고(任那國名考)』라는 초고가 나왔는데 임나일본부설을 바탕으로 한 저술이었다.[34]

1878년 참모본부 발족과 함께 관서 국장에 취임한 가쓰라 다로(桂太郎)는 중국 시찰 후 조직적으로 '연구장교'를 파견했다. 이들 장교들은 주재무관(駐在武官) 혹은 외국어 선생의 명목으로 중국 주요 지역에 파견되어 정기적으로 탐사 활동을 하도록 했다. 현역군인을 현지인으로 가장하여 침투시키기도 했는데, 1880년 베이징으로 파견된 육군 포병중위 사코 가게노부도 그 중 한 사람이었다.[35]

사코 가게노부는 베이징에서 중국어를 익히고, 중국 북부지방 및 만주로 파견되어 자료와 정보를 수집하는 정탐 활동을 하던 중, 1883년 지린성(吉林省) 지안시(集安市)에서 고구려 광개토왕릉비문의 탁본(墨水廓充本)을 입수, 1884년 귀국하였다.[36] 사코가 입수한 탁본은 비 4면에 새겨진 1,803자를 1면 33매, 2면 28매, 3면 40매, 4면 32매로 나누어 탑본한 것이다.[37]

광개토왕릉비는 1880년에 처음 발견되어 다음 해부터 묵본이 본격적으로 제작되었다. 비문 탁본이 확보되자 일본 군부에서는 당시의 저명한 한학자와 역사학자들을 동원하여 본격적인 연구에 착수했다.

다음으로 일본인에 의한 비문 연구 제2기는 청일전쟁 전후의 시점이다. 해군성(海軍省) 어용괘(御用掛)로 근무하고 있던 아오에 히즈(靑江

---

34 이만열, 2007,『한국 근현대 역사학의 흐름』, 푸른역사, 412쪽.
35 村上勝彦, 1981,「解說 隣邦軍事密偵と兵要地誌」,『朝鮮地誌略 1』, 龍溪書舍; 윤해동, 2015b, 앞의 글, 22쪽; 이만열, 2007, 앞의 책, 411~412쪽.
36 윤해동, 2015b, 위의 글, 22쪽.
37 이만열, 2007, 앞의 책, 412쪽.

秀)가 처음으로 1884년「동부여영락대왕비명해(東夫餘永樂大王碑銘解)」를 저술하여 광개토왕릉비가 414년에 건립된 사실 등을 지적하였다.[38] 또한 참모본부 편집과에서 근무하던 요코이 다다나오(橫井忠直) 역시「고구려비고(高句麗碑考)」를 집필하여 상세한 주석을 달았다.[39] 요코이의 글은 이후 '기년 논쟁'이 일면서 학자들에게 자극을 주어 간 마사토모(菅政友), 나카 미치요(那珂通世), 미야케 요네키치(三宅米吉) 등의 광개토왕 비문에 대한 연구 논문이 뒤이어 발표되었다.[40]

나카 미치요는 『삼국사기』와 『일본서기』의 비교 연구를 통해 『일본서기』의 기년(紀年) 신빙성이 떨어지며, 특히 진구 황후기가 2주갑(120년) 소급된다고 보았다. 이 기년 논쟁을 통하여 4세기 왜의 동향을 전하고 있는 광개토왕릉비가 『일본서기』의 고증에 중요한 사료로 부상하게 되었던 것이다. 1888년 요코이는 기존의「고구려비고」라는 논문을 개정하였는데, 여기에서 그는 기존의 474년 건립설을 부정하고 234년 혹은 294년 건립설을 주장하였다. 요코이가 견해를 수정한 것은 『고사기』와 『일본서기』의 기술을 신용할 수 없다고 하는 나카의 견해를 반박하기 위해서였다. 이어 1889년에는 요코이의「고구려고비고」및 사코의 탁본과 석문을 게재한 『회여록(會餘錄)고구려호태왕비문(高句麗好太王碑文)』 제5집[아세아편회편(亞細亞協會編)]이 간행되었다.[41] 이로써 광개토왕릉비문(사코본)과 요코이의 연구가 처음으로 활자화되어 대중에게 공개되었다.

38　佐伯有淸, 1976, 앞의 책; 이진희 저, 이기동 역, 1982, 앞의 책 참조.
39　이만열, 2007, 앞의 책, 412쪽; 윤해동, 2015b, 앞의 글, 23쪽.
40　이만열, 2007, 위의 책, 413쪽.
41　윤해동, 2015b, 앞의 책, 23쪽.

이어서 간 마사토모의 「고구려호태왕비고(高麗好太王碑考)」(『史學會雜誌』 22~25, 1891), 나카 미치요의 「고구려고비고(高句麗古碑考)」(『史學雜誌』 47~49, 1893), 미야케 요네키치의 「고려고비고(高麗古碑考)」(『考古學會雜誌』 2-1~3, 1898), 「고려고비고추가(高麗古碑考追加)」(『考古學會雜誌』 2-5, 1898) 등의 논문이 차례로 발표되었다. 이들 논문 역시 모두 기년 논쟁의 영향을 받아 작성된 것이었다.

한편, 간 마사토모와 나카 미치요의 연구가 『회여록』에 실린 사코본을 바탕으로 연구를 진행시킨 것인데 비해, 미야케는 묵수본인 사코본에 대해 글자를 개작할 가능성이 있다는 점을 지적하고 있었다. 미야케는 그 후 고마쓰미야(小松宮) 친왕의 탁본을 가지고 새로운 해석을 했는데, 이 탁본은 원석 탁본으로 추정되는 것으로서 참모본부가 소장하고 있던 것이었다.[42]

이 시기의 광개토왕릉비 연구는 당시 조선에서 청국과 패권 경쟁을 하고 있던 일본의 상황과 관련 깊다. 이미 참모본부 편찬과에서는 1880년에 『황조병사(皇朝兵史)』, 1882년에 『임나고(任那考)』를 편찬해 냈다. 『황조병사』는 전쟁을 중심으로 고대 한일관계사를 서술했는데, 진구 황후의 조선 정벌과 임나일본부설 등을 주장하고 있다. 『임나고』 역시 임나일본부설을 주장하는 책이다.[43]

일본인에 의한 비문 연구 제3기는 일본의 한국병합 전후로 이 시기에는 비문의 실지조사가 활발하게 이루어졌다. 이전에는 군인이나 특별

---

42 佐伯有淸, 1976, 앞의 책; 井上直樹, 2013, 『帝國日本と「滿鮮史」-大陸政策と朝鮮滿洲認識』, 塙書房 참조.

43 윤해동, 2015b, 앞의 글, 24쪽; 최재석, 2007, 앞의 글; 이진희 저, 이기동 역, 1982, 앞의 책 참조.

한 신분의 소수 몇 명을 제외하고는 현지에 접근할 수 없었지만, 러일전쟁 승리와 한국 강제병합으로 일본의 지배권이 '만주'까지 미치게 되자 세키노 다다시(關野貞), 이마니시 류, 구로이타 가쓰미 등이 잇달아 현지를 방문하여 비문을 조사했다.

이들 조사에 의해 그때까지 알려지지 않았던 문자, 전혀 별개의 새로운 문자가 발견되었다. 또한 비의 표면에 석회가 발라지고, 석회 중에 문자가 새겨져 있는 상태로 봐서 석회를 바를 때 원문자와는 다른 별개의 문자를 써넣은 경우가 있었음이 밝혀졌다. 당연히 종래의 해석도 수정되어야 했다. 그러나 수정은 부분적이었고, 비문의 내용을 바꿀 정도는 아니었다. 조사에 참여한 이마니시나 구로이타의 경우도 고대 일본이 한반도 남부에 영향력을 행사하고, 백제와 신라를 신민으로 삼았다는 점에 대해서는 이의와 의문도 제기하지 않았다.

제4기는 만주국 성립 시기이다. 이 시기에는 한층 더 비문에 대한 연구가 활발해졌다. 하마다 고사쿠(浜田耕作), 이케우치 히로시(池內宏) 등 조사단은 1935년 현지에서 비문을 조사했다. 그 결과는 일만문화협회(日滿文化協會)의 『통구(通溝)』(상권, 1938)에 수록되었다. 그러나 역시 비문에 대한 새로운 발견은 없었다.

이상 네 시기에 걸친 일본에서의 비문 연구의 특징을 보면, 첫째 비문 연구는 일본의 대륙 침략 과정과 함께 성장했고, 둘째, 연구내용이 고대 일본의 한국 남부 지배를 입증하는 것이었다. 일본 근대사학, 특히 한국과 중국, 만주에 대한 연구는 일본의 대륙정책과 결탁한 문제였고, 특히 광개토왕릉비문 연구는 그 핵심이었다고 할 것이다.[44]

---

44 旗田巍 저, 李基東 역, 1983, 앞의 책, 166~167쪽.

(2) 비문 변조설과 '신묘년조' 논쟁의 전개

비문의 내용은 크게 세 부분으로 나뉜다. 첫 번째는 1면 1행부터 6행까지 시조(始祖) 추모왕(鄒牟王)의 고구려 건국과 고구려 왕계에 대한 약력 부분이다. 두 번째는 1면 7행부터 3면 8행까지로, 광개토왕의 정복 활동을 연대에 따라 순서대로 서술한 부분이다. 세 번째는 3면 8행부터 4면 9행까지로, 왕의 무덤을 지키는 수묘인연호(守墓人烟戶)의 출신지와 차출 숫자 목록 및 수묘 제도의 정비 과정, 위반 시 처벌에 대한 규정을 담았다. 이 중 바로 두 번째 부분이 발견 당시부터 관심을 불러 일으켰다. 비문 내용 중 정복 전쟁에 관한 내용이 무려 절반인 897자에 이른다. 이 중 '신묘년조(辛卯年條)'의 왜와 관련된 기사가 바로 일본인들이 가장 관심을 보이며, 광개토왕릉비문이야말로 일본의 한국 지배를 정당화해 주는 역사적 사실임을 입증해주는 금석문이라고 주장하였다.

신묘년조 기사는 모두 32글자로 구성되어 있다.

百殘新羅舊 是屬民由來朝貢而倭以辛卯年來渡海破百殘□□□羅以爲臣民

이에 대해 일본인 학자들은 "백잔과 신라는 예로부터 속민으로 조공을 하였다. 그런데 왜가 신묘년(391)에 바다를 건너 백잔, (임나), 신라를 무찔러 신민으로 삼았다"라고 해석하여 고대의 왜의 야마토 정권이 한반도 남부를 지배했음을 보여주는 결정적 증거라고 주장하였다.

그러나 1930년대 정인보(鄭寅普)는 끊어 읽기를 다르게 하고, 비문의 주체를 고구려로 하여 다른 해석을 제시하였다. 즉, "백잔과 신라는 예로부터 (고구려의) 속민으로 조공을 해왔다. 그런데 왜가 신묘년에 쳐들어 왔다. (고구려는) 바다를 건너가서 (왜를) 쳐부쉈다. 백잔과 (세 글자 빠짐)

신라를 신민으로 여겼으므로 (왕이 직접 수군을 거느리고 백잔을 쳐서 신라를 이롭게 하였다)"라고 해석한 것이다. 정인보에 의하면 이 비를 만든 당사자가 고구려이고, 당연히 비문의 내용은 고구려의 업적을 쓴 것이므로, 행위의 주체도 고구려가 되어야 한다는 것이다. 정인보의 이러한 해석은 이후 북한 학계에도 계승되었다.[45]

신묘년조 문장은 비문 변조설의 대상이 되기도 했다. 재일 한국인 사학자 이진희는 참모본부의 이른바 '석회도부작전(石灰塗付作戰)'을 중심으로 '광개토왕릉비문 변조설'을 제기함으로써, 학계가 참모본부의 활동에 주목하는 계기를 제공하였다.[46]

이진희는「광개토왕릉비문의 수수께끼 – 초기 朝日關係史上의 문제점 – 」(『思想』, 1972년 5월호),「광개토왕릉비 硏究史上의 문제점 – 1910년대까지의 중국에서의 연구를 둘러싸고 – 」(『考古學雜誌』 58-1, 1972년 7월),『광개토왕릉비의 연구』(1972년 10월)[47]를 연이어 발표하면서 비문의 내용이 일본 군인에 의하여 일본에 유리하도록 삭제, 개찬(改竄)이 가해졌다고 주장했다. 이는 일본 입장에서는 고대 한일관계사의 위상을 흔드는 대사건이었고, 당연히 일본은 물론 한국에서도 큰 반향을 불러일으

---

45 이만열, 2008,「위당 정인보의 한국고대사 인식」,『동방학지』 141, 40쪽.
46 윤해동, 2015b, 앞의 글, 7~8·17~18쪽; 이진희 저, 이기동 역, 1982, 앞의 책 참조. 광개토왕릉비와 일본 육군참모본부의 활동 등에 대해서는 나카츠카 아키라(中塚明)와 사에키 아리키요(佐伯有淸)의 연구가 대표적이다. 中塚明, 1971,「近代日本史學史における朝鮮―とくに『廣開土王陵碑』をめぐって」,『思想』 287, 岩波書店; 中塚明, 1974,「參謀本部の歷史硏究―近代日本における〈朝鮮史像〉と關聯して」,『日本のなかの韓國文化』 21; 中塚明, 1974,「日本近代史の展開と〈朝鮮史像〉―とくに參謀本部と歷史硏究のかかわりについて」,『朝鮮史硏究會論文集』 11; 佐伯有淸, 1976, 앞의 책; 井上直樹, 2012,『帝國日本と「滿鮮史」―大陸政策と朝鮮滿洲認識』, 塙書房 참조.
47 旗田巍 저, 李基東 역, 1983, 앞의 책, 159쪽; 李進熙 저, 이기동 역, 1982, 앞의 책 참조.

컸다.⁴⁸ 현재 이진희가 제기한 비문의 변조설은 모두 인정되는 것은 아니나, '신묘년조 기사'를 비롯한 몇 군데의 문자가 이상이 있음은 일본학계에서도 정설로 받아들여지고 있다. 이 비문변조설은 참모본부의 음모와 일본 근대사학에 대한 비판으로 이어져 비문의 재검토라는 연구사적 전환을 가져왔다. 이진희의 비문 변조설에 대한 반작용으로 1970년대 이후 일본 학계에서는 하마다 고사쿠(浜田耕作), 다케다 유키오(武田幸男), 사에키 아리키요(佐伯有淸) 등에 의하여 비문 전체의 구조적 이해라고 하는 새로운 연구 방법이 제시되었다. 그러나 이들의 연구도 고대 동아시아 관계사에서 왜를 주도적으로 보려는 기본적인 인식의 한계를 벗어나지 못하고, 비문 연구 초기의 일본 측 해석을 합리화하는가 하면, 극단적으로 비문 사료의 허구성까지 주장하는 모순을 보여주었다.

한국 학계에서도 이진희의 변조설에 자극을 받아 비문의 새로운 판독과 해석은 물론, 광개토왕의 영역지배에 이르기까지 많은 연구업적이 나왔다. 특히 천관우(千寬宇), 김영만(金永萬), 이형구(李亨求), 서영수(徐榮洙) 등의 연구가 그것이다. 이들 연구의 특징은 이진희의 비문변조설을 토대로 하여 전후 문맥과 서체의 결구(結句)를 중심으로 변조된 문장을 복원하여 합리적 해석을 시도했다. 이들 연구에 의하면 신묘년 기사 중의 일부 문자가 변조, 오독되었으리라는 점과 신묘년 기사가 왜를 주체로 하는 기사가 아니라 당연히 고구려를 주체로 하는 기사임이 규명되었다.

한편, 1981년 능비가 위치한 중국 학계에서 비에 대한 정밀한 조사와 연구가 진행되어 1984년 왕젠췬(王健群)의 『호태왕비연구』가 중국과 일본에서 동시 출간되었다. 현지 조사의 이점을 최대한 이용한 왕젠췬의

---

48 旗田巍 저, 李基東 역, 1983, 위의 책, 160~164쪽.

연구에 의하면, 비문이 오독된 것은 쌍구가묵본의 영향에 기인한 것이고, 석회도부를 통해 비문을 변조한 것도 탁공의 무지와 고가 매매를 노린 행위였다고 결론 내리면서 이진희의 참모본부 변조설을 부정했다. 그러나 왕젠췬의 연구는 이진희가 제시한 초기 탁본의 고증이 결여되었고, 탁본이 매매되기 이전의 변조에 대해서는 설득력이 없다. 왕젠췬은 신묘년 기사에 대해서는 당시 왜가 해적집단으로 임나일본부설은 일고의 가치가 없다고 파악하여 신묘년 기사를 과장된 기사로 이해했다. 능비 연구는 왜의 존재와 임나의 문제에서 벗어나, 한국 고대사의 발전 과정 해명이라는 능비 연구 본래의 목적에 도달하기 위해 보다 체계적이고 종합적인 연구가 필요한 상황이다. 한편 재일교포 사학자 이성시는 『만들어진 고대』(2002)에서 광개토왕비 비문에서 신묘년조 32자에 집착할 것이 아니라 문맥을 파악해야 한다고 주장했다. 그는 32자는 그 다음에 나오는 "이에 5년 병신년에 왕이 몸소 수군을 이끌고 백제를 토벌했다"는 내용을 돋보이게 하기 위해 넣은 장치라고 보았다. 따라서 그 앞의 32자의 내용은 다소 과장된 내용이었을 것이라고 보며, 왜(倭)의 역할도 과장되었을 것으로 본다.[49]

2. 일선동조론의 식민정책적 변용과 논쟁

1960년대 하타다 다카시(旗田巍)는 '일선동조론'은 '일선동종론(日

---

49 이성시 지음, 박경희 옮김, 2001, 『만들어진 고대』, 삼인.

鮮同種論)', '일선동역론(日鮮同域論)' 등으로도 불리는데, 태고부터 일본과 한국과의 일체불가분의 근친성을, 다른 한편으로는 일본이 한국에 대한 가부장적 지배 관계를 역사적으로 소급하여 주장한 것이라고 하였다. 즉, 단순한 동문·동종론(同文·同種論)이 아닌, 동일한 선조로부터 내려온 혈족이며, 언어·풍속·신앙·습관 등도 본래는 같았다는 일가(一家)·일족(一族)의 혈연적 근친성을 주장한 논리라는 것이다. 그 예로 일본의 신이 한국의 신이 되고, 일본인이나 일본의 신이 한국의 국왕이나 건국신이 되었으며, 한국인이 일본에 투항·귀화하여 일본인이 되고, 진구 황후의 삼한정벌로 한국은 태고부터 일본에 복속했다는 근거를 일선동조론 논리에서 주장하고 있다고 설명했다. 그러면서 하타다는 일선동조론은 일본이 한국병합 후 한국 지배의 정책으로 삼은 동화정책·내지연장정책에 딱 들어맞는 사고로 한국인의 민족의식을 말살시키고, 한국인을 일본인으로 동화시키는 데 더할 나위 없이 알맞은 이론이었다고 주장했다. 그리고 이 '일선동조론'의 원류는 에도(江戶)시대 국학이며, 좀 더 거슬러 올라간다면 14세기 중엽 남북조 시기의 기타바타케 지카후사(北畠親房)가 쓴 역사서로 신비적 역사관에 입각하여 대의명분을 주장했던 『신황정통기(神皇正統記)』(1341)가 기원이고, 더 올라간다면 『일본서기』와 『고사기』에 이른다고 보면서 일본인에게는 매우 뿌리 깊은 관념이었다고 하였다.

하타다에 의하면 일본사 연구자들은 일본 국가의 기원을 밝히기 위해 국학의 전통을 계승한 연구가 이어졌는데, 그 대표적인 저작이 도쿄제국대학 교수이며 당시 일본 역사학계를 대표했던 시게노 야스쓰구, 구메 구니타케, 호시노 히사시 등의 『국사안(國史眼)』이라고 했다. 그리고 일본의 한국병합 단계 즈음하여 일선동조론이 강하게 주장되었고, 특히 맹렬했던 것은 기타 사다키치(喜田貞吉)의 『한국의 병합과 국사』(1910)였다고 했다. 또한 기타는 3·1운동 이후 『민족과 역사』(6권 1호, 1921)에서 「일선양민족동원론」을 발표하여 고고학적 유물·문헌·언어·신화·풍습 등 다방면에서 동원·동조(同源·同祖)임을 논하고, 한국인의 민족독립운동의 부당성을 주장했다고 한다.[50]

이만열도 하타다의 의견을 받아들여, 1974년 '일선동조론'을 한국학계에 왜곡된 고대 한일 관계론의 하나로 소개하면서 3·1운동 이후 일선동조론의 영향력을 강조했다. 이는 이후 가나자와 쇼자부로(金澤庄三郎)의 『일선동조론』(1929)에도 영향을 미쳤고, 1930년대 후반 황국신민화정책과 민족말살정책의 연원이 되었다는 것이다. 기타를 주요한 논자라고 한 점은 동일하지만, 일선동조론의 강조 주체가 일본이었다는 점이 하타다와의 차이점이라고 볼 수 있다.[51] 이만열은 1979년 발표한 논문에서 일선동조론을 식민사관 범주에 포함시키면서 일본의 침략과 지배라는 지배정책사적 의미로 크게 부각되었다.[52] 일본 학계에서 일선동조론이 일본인, 일본 민족의 기원을 찾는 일본인종론 연구로 이어진 것과는 다른 현상이었다.[53] 최근 이 부분에 대한 학계의 비판이 일고 있다. 그 하

---

50 旗田巍 저, 李基東 역, 1983, 앞의 책, 37~41, 132~136쪽.
51 李萬烈, 1981, 『韓國近代歷史學의 理解－民族主義史學과 植民主義史學』, 文學과性社, 304~305, 309쪽(원출전은 이만열, 1974, 「古代韓日關係論의 檢討－〈任那問題〉와 〈日·鮮同祖論〉을 중심으로」, 『文學과 知性』 16), 이 내용은 2007년에 발간된 같은 저자의 『한국 근현대 역사학의 흐름』, 푸른역사, 517~520쪽에도 실려 있다.
52 李萬烈, 1979, 「日帝 官學者들의 韓國史 敍述」, 『韓國史論 6－韓國史의 意識과 敍述』, 국사편찬위원회; 송찬섭, 1994, 「일제의 식민사학」, 조동걸·한영우·박찬승 엮음, 『한국의 역사가와 역사학』 하, 창작과비평사, 317쪽; 이철성, 1994, 「식민지기 역사인식과 역사서술」, 『한국사의 이론과 방법(1)－한국사 23』, 한길사, 126쪽.
53 대표적인 연구논저로서 다음 책을 참고할 것. 工藤雅樹, 1979, 『硏究史 日本人種論』, 吉川弘文館; 오구마 에이지, 조현설 옮김, 2003, 『일본 단일민족신화의 기원』, 소명출판.

나는 일선동조론을 그 발생 시기부터 침략주의와 결합시키는 것에 대한 비판이다.

미쓰이는 원래 일선동조론이 역사학, 언어학, 인류학 등의 영역에서 일본민족론의 학문적 가설이었는데, 청일전쟁을 전후한 시기부터 한국 침략 과정을 시대적 배경으로 성립하면서 정치적 요소와 결합했다고 보았다.[54]

세키네 히데유키(關根英行)는 한국인과 일본인의 혈연관계나 문화가 같다는 '사실적 명제'와 한국인이 일본인에게 흡수되어야 한다는 '당위적 명제'를 구분하면서, 한국병합 이전에 두 명제는 표리일체가 아니었다고 주장했다.[55]

미야지마는 '한일합방' 후 일본이 조선 지배 이념으로 내세운 것은 일시동인(一視同仁: 멀거나 가까운 사이에 관계없이 친하게 대해 준다는 뜻으로, 성인은 모든 사람을 똑같이 사랑함을 이르는 말 – 필자)이며, 동화정책은 그 정책적 표현이라면서 이 이념과 정책은 일선동조론이 아니라 정체성론을 바탕으로 했다고 주장했다.[56]

최근 장신은 하타다와 이만열 등의 "3·1운동 이후 일제가 일선동조론을 정책적으로 지원했다"는 통설화된 주장[57]에 대해 일선동조론이 식

---

54 미쓰이 다카시, 2004, 「'日鮮同祖論'의 학문적 기반에 관한 시론 – 한국병합 전후를 중심으로」, 『韓國文化』 33, 247쪽.

55 세키네 히데유키, 2006, 「한일합병 전에 제창된 일본인종의 한반도 도래설」, 『日本文化研究』 19.

56 宮嶋博史, 2001, 「일본 '국사'의 성립과 한국사에 대한 인식」, 김용덕·미야지마 히로시 공편, 『근대교류사와 상호인식』 I, 고려대학교 아세아문제연구소, 442~443쪽.

57 旗田巍 저, 李基東 역, 1983, 앞의 책, 37~40쪽; 李萬烈, 1981, 앞의 책, 304~305, 309쪽[원출전 이만열, 1974, 「古代韓·日關係論의 檢討 – 〈任那問題〉와 〈日·鮮同祖

민지 통치정책과 긴밀하게 결합되지 않았음을 주장하면서 정한론 제기 부터 한국병합 직후까지의 '일한동역론', 3·1운동 직후의 '일선동원론', 1937년 중일전쟁 발발 이후의 '동근동조론'으로 시기를 구분하여 소위 말하는 '일선동조론'이 조선총독부의 통치정책에 시기별로 이용은 되었 으나, 적극적으로 수용되지 못한 이론으로 당시 학자마다 해석과 주장이 다른 학설이었음을 논의했다.[58]

1) 병합 직후의 '일한동역론'

최근 연구에서는 '일선동조론'이 일본의 식민통치정책과 긴밀하게 결합되지 않았음을 규명하면서 정한론 제기부터 한국병합 직후까지의 '일한동역론', 3·1운동 직후의 '일선동원론', 1937년 중일전쟁 발발 이후의 '동근동조론'으로 시기와 내용을 구분한 연구가 나오고 있다.[59] 이에 근거하여 1910년 병합 직후 단계의 일한동역론을 살펴보자.

스사노오노미코토(素戔嗚尊)의 도한설에 기초한 일한일역론은 일본

論〉을 중심으로」,『文學과 知性』16(여름)]; 姜萬吉, 1985,「日帝時代의 反植民史學論」, 韓國史硏究會 編,『韓國史學史의 硏究』, 乙酉文化社, 239쪽; 송찬섭, 1994,「일제의 식민사학」, 조동걸·한영우·박찬승 편,『한국의 역사가와 역사학』하, 창작과비평사, 316~317쪽; 이철성, 1994,「식민지기 역사인식과 역사서술」,『한국사 23. 한국사의 이론과 방법 (1)』, 한길사, 125~126쪽; 김기승, 1996,「식민사학과 반식민사학」, 한국역사연구회 엮음,『한국역사입문 ③ 근대·현대편』, 풀빛, 408쪽; 호사카 유우지, 2002,『日本帝國主義의 民族同化政策 分析』, 제이앤씨, 131~180쪽 등.

58 장신, 2009a,「3·1운동 직후 잡지『동원』의 발간과 日鮮同源論」,『역사와 현실』73; 장신, 2009b,「일제하 日鮮同祖論의 대중적 확산과 素戔嗚尊 신화」,『역사문제연구』21; 장신, 2014,「일제말기 同根同祖論의 대두와 내선일체론의 균열」,『인문과학』54.

59 장신, 2009b, 위의 글.

의 한국 강제병합과 함께 다시 부각되었다. 병합기념으로 '조선호'를 특집으로 발행한 1910년 『역사지리(歷史地理)』 임시증간(조선)에서는 당시 일본의 유수한 역사지리학자들이 일선동조론의 입장에서 일본의 한국 강점을 예찬, 정당화했다.[60] 발간사에서 "그 인종과 언어가 동계(同系)"이며 "고사(古史)에 나타난 양국은 정치상 실로 동역(同域)"이었다는 설이 창도(唱道)되고 있다면서 양국의 교통은 스사노오노미코토의 소시모리(曾尸茂梨)에서 서막을 연 것으로 보았다".[61]

『역사지리』에는 모두 22편의 논문이 실렸는데, 그 중에서 호시노 히사시, 미우라 히로유키(三浦周行), 기타 사다키치, 시데하라 다이라(幣原坦), 구메 구니타케 등이 일선동조론을 바탕으로 주장을 전개했다. 단 이 때의 주장은 새로운 연구를 바탕으로 했다기보다 일반에 널리 퍼져있던 일한일역론을 전문가들이 다시 정리했다는 데 의미가 있었다.

미우라 히로유키는 일본의 신화를 볼 때 일한(日韓)이 동역(同域)이었음을 확신할 수 있으며, 특히 "스사노오노미코토·이소타케루노미코토(五十猛命) 부자를 시작으로 서로의 왕래가 일찍부터 빈번해서 적어도 남선(南鮮) 지방이 일본의 영유로 돌아온 사실은 의심할 여지가 없다"고 했다.[62] 시데하라도 스사노오의 신라 왕래로 글을 시작했다.[63]

이미 일한일역론(日韓一域論)을 주장했던 호시노 히사시는 자신의 「상고일한동역고(上古日韓同域考)」를 소개하면서 일한동역(日韓同域)의 네 가지 증거 중 하나로서 스사노오가 한지(韓地)에 내려온 일을 들었다.

---

60 이만열, 2007, 앞의 책, 518쪽.
61 1910, 「『朝鮮號』發刊の辭」, 『歷史地理』 朝鮮號, 4~5쪽.
62 三浦周行, 1910, 「日韓の同化と分化」, 『歷史地理』 朝鮮號, 164쪽.
63 幣原坦, 1910, 「日韓交通の槪要」, 『歷史地理』 朝鮮號, 9쪽.

신대부터 일본과 조선이 하나의 국가였기 때문에 진구 황후의 삼한 정벌을 옛 영토의 회복이며 일본과 조선이 다시 일역(一域)이 된 것으로 보았다. 즉, 1910년의 병합은 일한동역을 확정짓는 것이었다.[64]

일한이 상세(上世)에 한 나라였음은 동료 구메 교수도 같은 생각이다. 따라서 우리의 견해를 들어서 많은 사람에게 물으려고 하며, 수사(修史)를 하며 남는 시간에 사실을 수집하며, 이 취지를 논술하는 것은 위의 글과 같다. 단 이 논지로써 곧 고사(古史)를 개작하려는 것은 아니며, 기기(紀記)의 논지와 맞지 않는 것들을 전부 폐기하려는 것도 아니다. 고서신적(古書神籍)은 지귀지중(至貴至重)한 보전(寶典)이어서 충분히 존숭(尊崇)을 극(極)할 것이며, 그 중 인사(人事)로서 논할 일은 상리(常理)에 의해 이것의 추측을 시도함으로써 사학 고구(考究)에 이바지하고자 할 뿐이다.[65]

호시노 히사시와 함께 『국사안』을 집필했던 구메 구니타케도 '합병'을 "한토(韓土)가 일본의 영역으로 복귀"한 것으로 보았다. 그는 『일본서기』를 인용하여 "일본과 조선이 동일국"이었을 뿐 아니라 스사노오의 도한(渡韓) 이전에 이미 신라 · 출운(出雲) · 축자(筑紫) 등이 동일국으로서 서로 왕래하면서 연합으로 식민에 힘썼다고 주장했다.[66]

---

64 星野恒, 1910, 「歷史上より觀たる日韓同域の復古と確定」, 『歷史地理』 朝鮮號, 22~40쪽.
65 星野恒, 1890, 「本邦ノ人種言語ニ付鄙考ヲ述テ眞心愛國者ニ質ス」, 『史學會雜誌』 1, 42~43쪽.
66 久米邦武, 1910.9, 「合併にあらず復古なり」, 『經濟』 14[琴秉洞 編, 앞의 책(4), 145쪽 재수록].

구메는 「왜한 모두 일본 신국임을 논함(倭韓共に日本神國なるを論ず)」에서도 일선동조론을 전개하였다. 이 글은 1910년 10월 25일 사학회에서 '일한병합'을 기념하여 강연한 내용이다. 그는 '합방'이라고 하지만 원래 두 나라는 '일국(一國)'이었기 때문에 사실은 '복고(復古)'이며, 신대 마지막 진무(神武) 천황의 형제 중 이나이(稻飯命)가 신라국주(新羅國主)가 되었기 때문에 이번의 병합은 당연한 것이라고 하였다. 그런데도 국학자들이 『신찬성씨록(新撰姓氏錄)』에 근거가 있는 이 설을 싫어하여 조선은 신국(神國)이 될 수 없다고 배척하는 것은 잘못이라고 주장하였다. 그리고 병합 뒤에 반드시 일어날 문제로 참정권 문제와 신사(神社) 문제를 지적하였다. 전자는 역사가가 관여할 문제가 아니라고 하면서 후자에 대해서만 언급하여, 원래 두 나라는 동일(同一)한 신국으로 스사노오를 제사지내고 천신(天神)의 은혜를 누린 민족이기 때문에 앞으로 융화하여 행복을 누릴 수 있도록 해야 한다고 강연의 결론을 내렸다.[67]

『역사지리』를 주도하던 기타 사다키치는 병합 직후 『한국의 병합과 국사』(1910)이란 책을 내어 일한동종설(日韓同種說)을 "한국병합 이후 조선인을 야마토(大和) 민족에게 결합시켜 동화융합시키기 위한 가장 유력한 고리"로 주장하면서 일본과 조선은 "조선(祖先)을 같이하는 분가(分家)"로 해석했다.[68] 따라서 그도 병합을 한국의 멸망이 아니라 "일한의 관계가 태고로 복귀"하는 것으로 주장했다.[69]

---

[67] 久米邦武, 1910, 「韓國併合と近江に神籠石の發見」, 『歷史地理』 朝鮮號, 52~53쪽; 久米邦武, 1911, 「倭韓共に日本神國なるを論ず(1~2)」, 『史學雜誌』 22-1, 22-2; 최혜주, 2003, 「메이지 시대의 한일관계 인식과 일선동조론」, 『한국민족운동사연구』 37, 9쪽.

[68] 喜田貞吉, 1910, 「韓國併合と教育家の覺悟」, 『歷史地理』 朝鮮號, 134~137쪽.

[69] 喜田貞吉, 1910, 『韓國の併合と國史』, 三省堂, 76쪽.

한국병합은 실로 한일관계가 태고의 상태로 복귀한 것이다.… 한국은 실로 빈약한 분가(分家)이며 우리나라는 실로 부강한 본가(本家)라고 할 수 있는 것이다.… 분가에는 스스로 훌륭하게 가(家)를 유지할 만한 자력(資力)이 없다. 이 때문에 저쪽으로부터 협박을 당하고, 이쪽으로부터 학대를 받아 가련한 형제는 이쪽 저쪽의 눈치만 살피면서 참으로 불쌍한 생활을 하고 있다. 따라서 집안에 동요도 일어났고, 마침내는 그 본가는 물론 가까운 이웃 가(家)에까지 폐를 끼치는 꼴이 되었다. 이와 반대로 본가 쪽에서는 선조(祖先) 이래의 가훈(家訓)을 지켜 일가는 더욱 번창한다.… 그래서 당사자도 복귀를 희망하고, 본가도 기꺼이 이를 받아들인 것이 곧 한국병합이다.… 이제 제국에 복귀한 이상, 빨리 일반 국민으로 동화하여 같은 천황폐하의 충량한 신민(臣民)이 되어야 한다. 이는 다만 그들 자신의 행복이 될 뿐만 아니라, 그들 옛 조상의 유풍(遺風)을 현창(顯彰)하는 바가 될 것이다.

요컨대 1910년 이전 일선동조론은, 일본과 조선이 국가 또는 통치 영역을 같이 했다는 일한일역(동역)론[日韓一域(同域)論]이었다.

일한일역론에서 스사노오는 『국사안』처럼 왕래만 서술된 경우도 있지만, 대개는 스사노오가 고대 조선을 점령하여 지배자로서 통치했다는 왕 또는 점령자의 이미지도 자주 등장한다. 이때 스사노오의 통치, 점령 지역은 한반도의 남부, 곧 삼한지역에 한정되었다. 이미 신대부터 일본과 조선이 동역이므로, 진구 황후의 삼한정벌의 역사적 의미는 새로운 것이 아니라 그동안 단절되어 온 관계의 회복이라는 논리이다. 무엇보다 일한일역론은 대외침략을 팽창으로 여기던 일본인을 향한 논리[70]로 침략을 불법과 범죄행위가 아닌 정당하고 합법적인 역사의 회복이란 식으로 일본 국민과 국제 사회에 호도했던 것이다.

2) 3·1운동 직후의 '일선동원론'

한국 강제병합 직후 일한동역론은 한동안 잠잠한 상황이었다. 그러나 1919년 3·1운동을 계기로 일제는 이를 무마하고, 한국인의 독립운동을 저지하는 수단으로서 '일선동조론'을 다시 들고 나왔고, 이 때 가장 강력하고 열광적으로 '일선동원'을 주장한 역사가가 기타 사다키치였다. 그리고 1920년대 후반, 한국의 언어학에 조예가 깊었던 가나자와가 『일선동조론』을 저술한 것도 3·1운동 이후 조선총독부가 '일선동조론'을 필요에 따라 선별적으로 통치에 활용하는 분위기에서 나왔다.

먼저 기타 사다키치는 「일본 민족이란 무엇인가」, 「조선 민족이란 무엇인가」라는 제목으로 양 민족의 기원을 고찰한 다음 「일선양민족동원론(日鮮兩民族同源論)」(『민족과 역사』 6권 1호, 1921년 7월)이란 논문을 발표하여, 고고학적 유물·문헌·언어·신화·풍습 등 다방면에서 동원·동조(同源·同祖)임을 논하고, 일본의 조선 지배의 정당성과 조선의 민족독립운동이 부당함을 주장하였다.[71] 이 논문에서 주목할 것은 일선동조론이 규모를 확대하여 단순히 일본인과 조선인뿐만 아니라, 만주·몽골의 제

---

70 장신, 2009b, 앞의 글, 371~373쪽.
71 喜田貞吉의 한국관에 대해서는 上田正昭 씨의 「喜田 古代史學의 문제점」(1978.9, 『井上光貞記念古代史論叢』上)이 참고된다.

민족까지 포함하여 동조(同祖)가 되어 있는 점이다.[72] 즉, 기타 사다키치에 의하면 본래 대륙 오지에 살던 천손민족이 사방으로 이주·번식하여 만몽(滿蒙)에서 한국·일본에까지 퍼졌다는 것이다.

기타는 이후 일본 민족과 조선 민족의 개념과 성립, 양자관계 등을 집필하다가[73] 동원사의 청탁을 받고, 자신도 그 목적에 공명한다면서 이전 글을 종합하여 「경개(境界)」를 작성하였다.[74] 『민족과 역사』 제6권 제1호에 실린 「일선양민족동원론」[75]에는 일본인 독자를 위해 「경개」에는 없는 '일본어와 민족', '일본의 신화와 민족'을 보완했다.

「경개」에서 기타는 현재 조선 민족을 "선주(先住) 한인(韓人), 곧 왜인계와 만주 방면에서 남하한 부여계, 중국에서 도래한 한족(漢族)이 주된 요소로 이들이 혼합하여 이루어진 것"으로 보았다. 또 "일본 민족도 부여 계통과 비교적 가까운 관계를 가졌다고 믿는 천손민족, 하야토(隼人)·왜인·이즈모(出雲) 민족 등으로 불린 야요이(彌生) 계통의 민족, 여기에 동탁(銅鐸)을 보냈다고 인정되는 진인(秦人), 곧 진한(秦韓)의 고한족(古韓族) 등이 서로 섞이고 동화, 융합하여 성립한 것"이었다.

기타의 주장처럼 "일본 민족과 조선 민족은 본래 요소가 거의 동일"하고 서로 통혼, 이주 등으로 섞여서 실제상 동일한 민족이라 해도 지장없다는 것이었다. 따라서 3·1운동의 발발을 일본인의 조선인에 대한 대

---

72 旗田巍 저, 李基東 역, 1983, 앞의 책, 40쪽.
73 喜田貞吉, 1919.6, 「'朝鮮民族'とは何ぞや 日鮮兩民族の關係を論ず」, 『民族と歷史』 1-6; 喜田貞吉, 1921.2, 「日本民族の成立」, 『民族と歷史』 5-2; 喜田貞吉, 1921.3, 「日本民族の成立(中) - 社會組織上より見たる」, 『民族と歷史』 5-3; 喜田貞吉, 1921.4, 「日本民族の成立(下) - 社會組織上より見たる」, 『民族と歷史』 5-4 등.
74 喜田貞吉, 1921.7, 「日鮮兩民族同源論」, 『民族と歷史』 6-1, 5쪽.
75 喜田貞吉, 1921.7, 위의 글, 6쪽.

우가 적절하지 못한 데서도 기인하지만, 양자가 원래 동원임을 생각하지 못하고 서로 이민족으로 여겨 물과 기름이 서로 섞이기 어려운 생각을 함에 지나지 않는다고[76] 글을 쓴 목적을 뚜렷이 밝혔다. 기타는 '동원'을 단순히 기원을 같이 한다는 의미로 해석하고, 지구상의 '모든 인류는 동원'이라는 막연한 개념으로 정의하였다. 이 견지에서 보면 "일본과 조선 양 민족은 비교적 가장 가까운 공동의 조선(祖先)을 가진 것", 곧 비교적 가장 좁은 의미에서 '동원'이었다. "오늘날 일체의 인류는 하나의 줄기에서 나온 큰 가지, 작은 가지의 끝자락이어서 일선 양 민족은 가장 가까운 작은 가지"이며 "가장 가까운 관계를 가졌다"는 의미에서 동원(同源)이었다.[77] 기타의 '동원'은 일본의 제국주의 침략에 따라 얼마든지 그 대상을 확대할 수 있는 고무줄 같은 개념이었음을 알 수 있다.[78]

기타의 이 주장에 대해 하타다 다카시는 대아시아주의자인 우치다 료헤이(內田良平)의 『황국사담, 일본지아세아(皇國史談, 日本之亞細亞)』(1932)에서 논한 것과 놀랄 만큼 비슷하다고 분석했다. 그리고 비록 기타 사다키치가 우치다 료헤이의 대아시아주의까지 의식했는지는 알 수 없으나, 일선동조론은 대아시아주의의 이론적 근거가 되었다고 보았다.[79]

하타다는 일선동조론은 일본과 한국과의 근친성, 일체성을 주장하는 이론인데, 이는 양 민족, 양국의 연대와는 전혀 상반되는 의식, 한

---

[76] 喜田貞吉, 1920.12, 「日鮮兩民族同源論梗概」, 『同源』 3, 38쪽.
[77] 喜田貞吉, 1920.12, 위의 글, 6~8쪽.
[78] 「일선양민족동원론」의 논리적 역사적 결함에 대해서는 다음 글을 참고. 이만열, 1981, 앞의 책, 306~307쪽.
[79] 旗田巍 저, 李基東 역, 1983, 앞의 책, 40~41쪽.

국을 독자적 민족 혹은 국가로서 존중하는 의식이 전혀 없는 이론이라고 했다. 즉, 상대방의 존재 그 자체를 부정하는 곳에 연대는 생각할 수 없다는 것이다. 그런데 이 일방적이고 독선적인 일선동조론은 단순히 몇몇 역사가의 한국관이 아니라 메이지, 다이쇼(大正), 쇼와(昭和) 연간을 통하여 한국에 대한 다수 저작에 광범위하게 나타났다. 주로 국학을 계승한 일본사 연구자들이 주창한 것으로 동양사 계통의 연구자들에 의해 반론이 제기되었다.

동양사 계열에서의 한국사 연구는 메이지 20년대부터 시작되었다. 그 개척자 나카 미치요, 시라토리 구라키치, 쓰다 소키치, 이케우치 히로시, 이나바 이와키치 등은 모두 일선동조론에 비판적이었다.

일선동조론이 국학의 전통 입장에 서서 일본고전을 중심으로 일본과 한국의 관계를 고찰한 데 대하여 이들 동양사 계열의 한국사 연구자들은 중국 고전을 주체로 해서 고대의 동아시아 역사를 고찰, 일본 고전의 기재의 오류를 지적하였다. 이들은 삼황오제(三皇五帝) 등 성인을 역사에서 제외하고 일본 고전에도 비판을 가하여 일선동조론을 비판하였다.[80]

한편, 3·1운동 직후 학무국장 세키야 데자부로(關屋貞三郎)는 조선총독부에서 말하는 동화를 간단히 말해 조선인에게 "국민적 정신을 주는 것, 곧 일본 국민이라는 자각을 얻도록 하는 것"이라 정의하였고, 그 동화는 "조선인을 바로 내지인으로 도야시키려는 것"과는 다르다는 사실을 확실히 했다는 점에서 알 수 있다는 것이다.[81] 그는 조선총독부의 교육행정을 총괄하는 학무국장이었다. 조선총독부는 1918년부터 연차적

80　旗田巍 저, 李基東 역, 1983, 위의 책, 41~42쪽.
81　學務局長 關屋貞三郎, 1919.6,「朝鮮人教育に就きて」,『朝鮮教育研究會雜誌』45, 7~9쪽.

으로 고등보통학교에서 사용할 수신교과서를 편찬했다. 4학년이 사용하는 고등보통학교 수신교과서 권4는 1922년에 간행되었는데, 제19과에서 국민을 설명하면서 '대화민족을 중심으로 황실 아래 발전해 온 일본 민족과 역시 여러 종족이 융합해 이루어진 조선 민족을 확실히 구분'했다.

결론적으로 3·1운동 이후 조선총독부는 '조선인의 일본인화'보다 일본 국민으로서의 자질을 함양시키는 데 목적을 두었다는 것이다. 언어와 문자, 인종, 풍습 등의 여러 유사점에도 불구하고, 총독부는 일본 민족과 조선 민족의 역사적 차이를 인정했다. 따라서 조선총독부 발행의 역사 교과서에서도 양 민족의 오래된 교통(왕래)을 중심으로 기술했다. 따라서 1920년대부터 1930년대 중반까지는 '동원'이 두 민족의 동질성을 강조하는 용어로 사용되었다고 할 것이다.[82] '동화'를 정책으로 하되, '차별'이 존재하고, 제1등의 일본 국민이 아닌, 2등 식민지 국민으로서의 자질 함양이 목표였다는 설명이 적절할 것이다.

3) 중일전쟁 이후의 '동근동조론'

조선총독부가 '일선동조론', 구체적으로 '동근동조론'을 적극적으로 통치정책에 반영한 때는 1937년 이후부터 내선융화에서 황국신민화로의 급격한 전환과 맞물려 진행되었다. 그렇다고 해서 이 시기에도 총독부 내에서 이견 없이 동근동조론을 보급, 추진했다고 보기는 어렵다. 총독부 내의 갈등은 주류와 비주류 학계, 학계와 관료, 정무직과 전문직 관

---

82 장신, 2009a, 앞의 글, 293~298쪽.

료, 일본 제국과 식민지 관료의 조선 인식 차이 등 매우 복잡하게 얽혀 있었다. 특히 내선일체를 역사적으로 설명하는 방식에서 커다란 차이가 있었는데, 그것은 구체적으로 '내선일체의 역사'와 '내선일체에 이르는 역사'의 차이였다.[83]

일본에서 근대적 역사 서술의 효시로 평가되는 『국사안』의 간행에서 1910년 한국 강점까지의 주된 연구 경향은 일한일역론 또는 일한동역론으로 불렸다.[84] 물론 '동조(同祖)'란 표현 자체를 전혀 찾을 수 없는 것은 아니지만 일선동조론을 학문적으로 최초로 사용하여 확산시킨 사례는 1929년에 발간된 가나자와 쇼자부로의 『일선동조론(日鮮同祖論)』이다.

가나자와는 1886년 제3고등중학교(第三高等中學校, 현 교토대학)를 거쳐 1893년 도쿄제국대학 박언학과(博言學科, 1898년부터 언어학과로 변경)에 입학, 1897년 졸업 후 바로 대학원에 진학함과 동시에 고쿠가쿠인(國學院)의 영어와 음성학 강사가 되었다. 1898년에는 문부성 유학생으로 조선에 파견되어 본격적으로 조선어를 연구하기 시작했고, 1901년에는 도쿄외국어학교 한어학과 교수, 1902년에는 도쿄제국대학 언어학과 강사에 취임했다. 그는 1902년 학위논문으로 일본어와 한국어의 동계(同系)를 논한 「일한어비교론(日韓語比較論)」과 「일한어동사론(日韓語動詞論)」이라는 두 논문으로 박사학위 받았다. 1909년에는 『일한양국어동계론(日韓兩國語同系論)』과 『국어의 연구(國語の研究)』 등을 집필하였다.[85]

가나자와가 평생 학문적으로 일관되게 추구한 것은 일본어와 조선

---

83 장신, 2014, 「일제말기 同根同祖論의 대두와 내선일체론의 균열」, 『인문과학』 54, 92쪽.
84 장신, 2009b, 앞의 글, 367~373쪽.
85 요시모토 하지메, 2016, 「가나자와 쇼자부로(金澤庄三郞)의 생애와 학문」, 『관악어문연구』 41, 서울대학교 국어국문학과, 166~172, 180쪽; 장신, 2014, 앞의 글, 93~94쪽.

어의 동계론이고, 일찍이 "일본어와 조선어는 학술상 동일 어족에 속하며 조선어는 아국(我國)의 일방언(一方言)"이라해도 지나치지 않는다고 했다.[86] 가나자와가 처음으로 이러한 주장을 발표한 연구가 바로『일한양국어동계론』이었다. 가나자와는 이 글에서 일본어의 연원을 과학적으로 살피기 위해 조선어 연구에 뜻을 두었다면서 "조선 언어는 대일본 제국 언어와 동일 계통에 속하고, 일본어의 한 분파로서 류큐(琉球) … 방언의 일본어에 대한 관계와 같다"고 하면서 본격적인 동계론(同系論)을 주장했다. 그리고 그는 한일 양국의 언어 관계를 논하려면 먼저 '황국의 고전(皇國의 古典)'에 눈을 돌리라고 했다. 이어 스사노오노미코토의 신라국 소시모리 강림, 호시노 히사시의 '상세일한동역(上世日韓同域)'을 인용해 "황조(皇朝)가 한국을 통치"했으며 아메노히보코(天日槍) 이후 상대(上代) 한인(韓人)의 귀화가 많았음을 열거했다.[87] 또한 "일본어와 조선어가 적어도 형제자매관계에 있으며 더 나아가 말하면 조선어 쪽이 부모로 일본이 자식에 해당하는 관계, 혹은 조선어가 본가, 일본어가 분가라고도 할 수 있을 가능성"이 있다고 하였다 그는 한일병합을 "예전에 하나였던 것이 다시 되돌렸을 뿐"이라고 생각하였다.[88]

가나자와는 1911년 7월 조선총독부 내무부 학무국에서 일본어와 조선어의 동계론을 주장하는 강연을 했다. 그 내용을 필기한 기록이 조선

86　金澤庄三郎, 1904.1,「韓國の教育に就いて」,『太陽』11-1[近代アジア教育史研究會 編,『近代日本のアジア教育認識 資料篇(韓國の部)－明治後期教育雜誌所收 中國・韓國・台灣關係記事』6, 龍溪書舍, 218~219쪽].

87　金澤庄三郎, 1910,『日韓兩國語同系論 全』, 三省堂, 1~3쪽.

88　이시카와 료코(石川遼子), 2012,「가나자와 쇼자부로(金澤庄三郎)와 조선어」,『식민지시기 전후의 언어 문제』, 소명출판, 94~99쪽.

총독부에서 간행되었으며, 같은 해 12월 『조선총독부월보(朝鮮總督府月報)』 제1권 제6호에 「조선어에 대하여(朝鮮語ニ就テ)」라는 제목으로 게재되었다.[89]

이러한 그의 일선 동계론적 주장이 보다 심화되고 구체화된 것이 바로 『일선동조론』(1929)이다. 이 책은 1943년과 1978년에 복각되었다.[90] 이 책에서 가나자와는 "조선은 신의 나라이다", "신의 나라인 조선에서 신의 자식으로 태어난 사람들이 일본으로 도래하여 신으로 모셔졌다"라고 썼다. 구체적으로는 신명·인명·지명과 같은 고유명사나 보통명사의 어원을 조선어로 풀이할 수 있다고 논하였다.[91] 또 제3장에서는 "신들이 신의 고향(高天原)에서 아시아 대륙의 조선반도를 거쳐 일본으로 도래하였다"라고 썼다.

그러나 같은 시기 일본어 학계 연구는 이미 음운사 연구로 옮겨갔고, 가나자와의 연구 방법은 당시 일본 언어학계에서조차도 시대착오적 연구 방법론으로 취급받는 비주류였다. 즉, 인종론·민족론적 관심이 너무 강해 언어계통 = 인종·민족계통[92]으로 도식화했던 것이다. 가나자와가 선행연구로 인용했던 시라토리 구라키치도 이미 1909년부터 비동계론으로 전향한 상황이었고, 1914년부터 가나자와의 동계론을 "억측에 기운 논지"라고 비판했다.[93]

89　요시모토 하지메, 2016, 앞의 글, 180쪽.
90　이시카와 료코(石川遼子), 2012, 앞의 글, 103쪽.
91　요시모토 하지메, 2016, 앞의 글, 181쪽.
92　三ッ井崇, 2000, 「政治思想史的言說としての朝鮮語系統論」, 『日本文化學報』 9, 64~65쪽.
93　이시카와 료코(石川遼子), 2012, 앞의 글, 100~102쪽; 장신, 2014, 「일제말기 同根

가나자와의 연구 방법론상 문제점은 1929년 『일선동조론』을 발표했을 때, 그의 제자로서 경성제국대학 교수로 있던 오구라 신페이(小倉進平)에 의해서도 비판되었다. 오구라는 "언어학은 인종론, 민족론에 대해 유력한 증거가 될 수 있지만, 최후의 결정자는 아니라는 것을 새롭게 말할 필요는 없다"라고 하여 가나자와의 '동계론'을 부정하였다.[94]

경성제국대학 사학전공 교수 다보하시 기요시(田保橋潔)도 문헌이 아예 없거나 매우 부족할 경우에 한하여 비교언어학의 도움을 받아야 하나, 문헌과 언어가 공존할 경우는 문헌이 우선이라고 하였다. 즉, 언어학은 역사학의 보조 학문일 뿐이라는 것이다. "두 나라 언어가 동일 계통에 속한다고 확실히 한 후에 비로소 그 언어를 사용하는 두 민족이 동일 계통이 속하는가 아닌가를 논의"해야 한다면서 언어가 동일 계통이기 때문에 그 언어를 사용하는 두 민족이 같다는 견해를 반박하였다.[95]

학계뿐만 아니라, 조선의 일반 여론조차도 가나자와의 일선동조론을 동의하지 않았다. 재조선일본인 잡지 『조선공론(朝鮮公論)』은 1937년 1월호 권두언에서 "일부에서 내선동화설을 부르짖으면서 동조동문(同祖同文)의 고증을(중략 - 필자) 역설하지만 우리는 이러한 치인몽(痴人夢)을 말하는 것 같은 이상론"[96]을 절대로 받아들일 수 없다고 하였다.

이렇게 가나자와의 『일선동조론』은 출간 후 혹독한 비판 받았음에도 불구하고, 정작 본인은 반대론자들에 대해 당대 '시국'과 '국책'에 맞지

同祖論의 대두와 내선일체론의 균열」, 『인문과학』 54, 95쪽.

94　安田敏郎, 1999, 『「言語」の構築 - 小倉進平と植民地朝鮮』, 三元社, 84~89쪽; 小倉進平, 「金澤博士 著『日鮮同祖論』」, 『京城日報』, 1929.5.19, 6면.

95　田保橋潔, 1928.5, 「歷史と言語」, 『文敎の朝鮮』 33, 7~13쪽.

96　1937.1, 「內鮮融和の眞意義 - 理想論に止まる同化設」, 『朝鮮公論』 25-1, 1쪽

않는다고 비난했다.[97]

그러던 중 1936년 8월 미나미 지로(南次郎) 총독의 부임 이후 내선일체 정책이 강조되면서 가나자와는 다시 전면에 등장했다. 그는 1939년 11월 7일부터 13일까지 국민정신작흥 주간에 맞추어 '역사상으로 본 내선관계'란 주제로 부산, 마산, 대구, 경주, 대전, 청주, 경성, 인천, 개성 등에서 순회 강연을 했다.[98] 1943년에는 『일선동조론』이 재차 발간되었고,[99] 1944년에는 이광수, 주요한 등과 함께 매일신보사 주최 좌담회에 참가하기도 했다.[100] 또 문화를 통해 내선일체를 도모한다는 내선문화학회(內鮮文化學會)를 도쿄에서 발족하고, 회장에 취임하였다.[101] 미나미 총독과 고이소 구니아키(小磯國昭) 총독의 강력한 지원으로[102] 그는 '동조론의 선구자'이며, '동조동근의 권위자'[103] 광폭의 활동을 이어갔다.

미나미 총독의 비서관으로 부임한 시오바라 도키사부로(鹽原時三郎)는 1937년 12월 학무국장에 발탁되었다. 시오바라는 미나미 총독의 심

---

97 「內鮮은 同祖同根 - 本社主催座談會 ③」, 『每日新報』, 1944.8.21, 1면; 「內鮮은 同祖同根 - 本社主催座談會 ④」, 『每日新報』, 1944.8.22, 1면.

98 「內鮮一體를 史實로 宣傳」, 『每日申報』, 1939.10.5, 석간 2면; 「內鮮一體 精義 金澤 博士가 講演」, 『每日申報』, 1939.11.6, 석간 4면; 「金澤 博士 講演」, 『每日申報』, 1939.11.8, 석간 4면.

99 「力作 『內鮮同祖論』 再版」, 『每日新報』, 1943.12.6, 2면.

100 「內鮮은 同祖同根 - 金澤博士를 中心으로」, 『每日新報』, 1944.8.5, 1면.

101 「內鮮文化學會 發會式을 擧行」, 『每日新報』, 1944.10.5, 2면.

102 「內鮮은 同祖同根 - 本社主催座談會 ④」, 『每日新報』, 1944.8.22, 1면.

103 「內鮮一體의 實踐時代」, 『每日申報』, 1944.7.11, 2면; 「決戰敎化運動 展開 - 宗敎報國會의 新年度 實踐方針 決定」, 『每日新報』, 1945.3.14, 2면; 장신, 2014, 앞의 글, 94~98쪽.

복으로 황국신민화 정책의 실질적 책임자였는데,[104] 시오바라와 함께 근무했던 야기 노부오(八木信雄)는 그를 조선에 대한 지식이 거의 없고, 통치 이념에서도 조선인이 처한 입장이나 심정을 전혀 배려하지 않은 채 "일시동인이라는 것은 조선인을 태어날 때부터의 일본인과 추호도 다를 바 없는 순호(純乎)한 일본인으로 만든 다음 무차별 평등하게 처우하는 것이다"라고 생각하는 "극단적 동화주의자"로 평가하였다.[105]

시오바라는 민족학 연구의 전문가라는 규슈제국대학 교수 노조에 시게쓰구(野副重次)의 '투라니즘(Turanism)'[106] 이론에 근거하여[107] 일본인과 조선인이 모두 퉁구스족이고, 완전히 동일하므로, 병합으로 일본열도

---

104 이형식, 2014, 「미나미 지로 조선총독 시대의 중앙조선협회」, 『동아시아, 인식과 역사적 실재 – 전시기(戰時期)에 대한 조명』, 아연출판부, 320~323쪽(원 출전은 2008, 「南次郎總督時代における中央朝鮮協會」, 『日本歷史』 720); 임이랑, 2013, 「전시체제기 鹽原時三郎의 황민화정책 구상과 추진(1937~1941)」, 『역사문제연구』 29.

105 八木信雄, 1980(한글 번역판), 『日本과 韓國』, 日韓文化協會, 240, 246쪽; 장신, 2014, 앞의 글, 99쪽.

106 노조에는 소위 '범투란주의'라는 이론을 주장했는데, 범투란주의 또는 범투란민족주의란 19세기 말부터 20세기까지 슬라브인의 범슬라브주의에 대항한 헝가리의 마자르인, 중앙아시아의 투르크인들이 투란민족이라는 공동체를 조직하고 전개한 정치·문화적 통합 운동이다. 이 투란이란 단어는 페르시아어로 중앙아시아를 지칭하는 단어로, 투르크, 타타르, 몽골, 우랄–알타이어계의 언어와 민족들의 공통된 문화적 특성을 가리키는 말이 되었다. 노조에는 츠란인종(민족)은 일본인, 몽골인, 투르크인, 마자르인의 총칭으로 우랄산맥과 알타이 고원 사이 지역과 츠란 평원일대에 거주했었고, 그 중 동쪽으로 향하여 일본열도로 이주한 무리의 자손이 일본인이며, 서쪽으로 향하여 다뉴브강 지역 건너에 거주한 무리가 헝가리인, 즉 마자르인이라고 주장하였다(野副重次, 1933, 『汎ツラニズムと經濟ブロック』, 天山閣, 2~3쪽). 그런데 범투라니즘이나 범퉁구시즘 등은 당대 크게 영향력이 없었다고 한다(趙景達, 2011, 「パン·ツングーシズムと東アジア」, 『學術論文集』 28, 財團法人 朝鮮獎學會).

107 野副重次, 1933, 위의 책, 38쪽.

에서 건너간 퉁구스와 조선반도에 남은 퉁구스의 결합·환원[108]이 이루어졌다고 주장하였다. 시오바라는 1938년 「지나사변의 근본 원인과 내선일체정신 확립의 급무(하)[支那事變の根本原因と內鮮一體精神確立の急務(下)]」라는 글에서 조선과 일본 양 민족이 투란 계통의 퉁구스족에 속하여 한족(漢族)과는 전혀 그 계통을 달리하며, 퉁구스족 일부가 일본에도 건너가고 일부는 조선에 잔류했는데, 이것은 일본의 신대사(神代史)에서 스사노오노미코토가 강원도 춘천에 왕래하였던 사실로 증명된다고 주장했다. 그래서 역사 이래 조선의 피를 이었다고 여겨지는 지방으로서 교토, 나라(奈良), 오사카(大阪), 효고(兵庫), 와카야마(和歌山) 등 기나이(畿內)의 여러 현이 두드러지며 지리상으로 규슈(九州)에서 주고쿠(中國) 방면이라고 설명했다.[109]

가장 전형적 의미의 동조를 주장한 인물은 미나미의 뒤를 이은 총독 고이소 구니아키(小磯國昭)였다. 고이소 총독은 『고사기』를 통째로 외울 정도로 일본 고전과 고대사에 능통했다고 한다. 그는 총독부로 부임하던 중 교토에서 조선인 학생들에게 한 훈시에서 '스사노오노미코토 = 단군설'에 근거해 일본인과 조선인이 한 조상에서 나왔다고 주장했다. 곧 일본인은 아마테라스오미카미(天照大神)의 끝에 손자이며 조선인은 스사노오노미코토의 끝에 손자로서 '내지와 반도'를 구별할 필요가 없다고 했다. 그러면서 고이소 총독 자신의 몸에도 '반도인의 피'가 흐른다

---

108 學務局長 鹽原時三郎, 1937.12, 「東亞に於ける日本帝國の使命 - (昭和十二年十一月七日ラヂオ放送)」, 『文敎の朝鮮』 148, 32쪽.

109 朝鮮總督府, 1938.7, 「支那事變の根本原因と內鮮一體精神確立の急務」 下, 『治刑』 16-7, 34~35쪽.

해도 틀림이 없다고 강조했다.[110] 이어 그는 총독부 기자단과 가진 정례회견에서도 기자단에게서 "내선동조동근(內鮮同祖同根)이란 무엇인가"라는 질문을 받자 "이것은 신대(神代)의 사실(史實)에 의거하고 있다. 주로 스사노오노미코토께서 반도(半島)에 오신 사실(史實)을 보면 안다"고 답했다.[111] 고이소 총독은 매번 동조동근을 강조[112]했고, 이광수는 '내선동근동조(內鮮同根同祖)'를 "고이소 구니아키 총독의 깊은 신념"[113]이라 표현했다.

물론 이전에도 동조동근 사용 용례가 있었지만,[114] 1920년대는 동원의 개념으로 사용되었고, 고이소 총독 부임 이전까지 동원(同源)과 동근이 혼용되다가[115] 부임 이후 동근과 동조가 주로 쓰이게 된다.[116]

그런데 이때의 동근동조론은 이전 일한동역론 때와는 의미가 다르다. 즉, 일한동역론은 지배와 정복을 전제로, 일본이 한반도 남부를 지배했었던 시기로의 복고로 한국병합을 해석했지만, 동근동조론에서는

---

110 「內鮮人은 同根同祖 國家思想 啓發하라」, 『每日新報』, 1942.6.18, 석간 2면.

111 「內鮮은 同祖同根 相扶相携 八紘爲宇를 實現하라 – 記者團과 定例會見 小磯總督 力說」, 『每日申報』, 1942.8.13, 석간 1면.

112 「內鮮は同祖同根 半島史の根源は『書紀』 – 總督, 三度び徵用學徒に說く」, 『京城日報』, 1944.1.17, 2면.

113 香山光郎, 「皇民生活要領 十二. 內鮮同祖」, 『每日新報』, 1942.8.17, 1면.

114 加藤扶桑, 1920.4, 「日本書紀に見ゆる日韓關係事實を本誌に連載するについて」, 『同源』 2, 76쪽.

115 1938.3~7, 「內鮮同源史話(1~5)」, 『在滿朝鮮人通信』 46~53·54; 「內鮮同根을 說明 – 勤勞作業狀況視察」, 『每日新報』, 1939.8.3, 3면; 「內鮮同源 硏究 – 京畿道敎學陣同源」, 『每日新報』, 1941.3.27, 3면; 「內鮮同根을 實證 – 平壤博物館で史料展」, 『京城日報』, 1943.10.13, 3면.

116 장신, 2014, 앞의 글, 102~104쪽.

현재의 내선일체는 과거의 내선일체로의 복고이며, 황국신민으로서 일본인과 함께 전쟁에 동원되어야 하는 피를 나눈 형제의 논리였다. 또한 중일전쟁 이후 동근동조론의 확산에 대해서는 경성제국대학 역사전공 교수들은 상당히 비판적이었다. 학계에서는 스사노오의 신화를 역사적 사실로 해석하는 것을 경계했다.[117] 기타 사다키치가 1939년 사망한 상황에서 가나자와만 '시국'에 편승한 동조동근론을 주장했던 것이다.[118]

한편, 국민정신총동원조선연맹은 1940년 5월 『내선일체정의(內鮮一體精義)』란 책자를 편찬했다. '내선일체'가 이미 일반 상식어로 알려져 있었지만, 막상 막연한 실정이어서 그 폐단을 고칠 목적으로 '중요문제에 관한 학자의 전문 연구'를 수록했다.[119] 이 책에는 모두 3명의 학자가 글을 실었다. 가나자와, 조선사편수회위원을 거쳐 만주건국대학 교수로 있던 이나바 이와키치, 민속학자로서 경성제국대학 교수로 재직 중인 아키바 다카시(秋葉隆) 등이었다.[120] 특기할 것은 이나바는 일선동조론과 학문적으로 대립한 만선사관의 대표적 학자였다는 점이다. 이 책에서 이나바는 "일본, 조선, 만주 세 민족은 하나의 문화체계 속에서 자라 주위의 이색문화를 섭취하면서 발육"한 것으로 중국문화와 문화계통이 다르다고 보았다. 그는 세 민족문화 중 가장 찬연히 빛나는 일본문화를 맹주로

---

117 장신, 2013, 「1930년대 경성제국대학의 역사 교과서 비판과 조선총독부의 대응」, 『동북아역사논총』 42, 171~172쪽.
118 장신, 2014, 앞의 글, 105쪽.
119 國民精神總動員朝鮮聯盟 編, 1940, 「はしがき」, 『內鮮一體精義』, 國民精神總動員朝鮮聯盟.
120 수록된 논문은 金澤庄三郞의 「姓氏と內鮮關係」, 稻葉岩吉의 「歷史上より見たる內鮮關係」, 秋葉隆의 「民俗及び信仰上より見たる內鮮關係」 등이었다.

일본에 '환원'하는 것을 내선일체의 기조로 삼아야 한다[121]고 하여 조선총독부가 바라는 내선일체의 역사와는 다른 의미의 논조를 보였다.

1941년 5월 매일신보는 국민총력조선연맹의 실천 요목을 언급한 사설에서 "동일한 혈연체, 동일한 문화체계, 동일한 생활체, 동일한 운명체"[122]로서 조선과 일본은 역사적으로 하나였다고 역설했는데, 조선총독부 기관지로서 매일신보는 총독이나 학무국장의 정치적 역사해석을 적극 수용한 것이었다.[123]

이러한 시오바라 등의 내선일체 역사관은 1937년 국사담당편수관에 임명된 나카무라 히데타카(中村榮孝)와 부딪혔다. 시오바라는 일본과 조선의 동근동조의 역사를 고집했으나, 나카무라는 신화를 역사적 사실로 해석할 수 없다는 입장이었다. 나카무라는 일본과 조선이 태고부터 일체였던 것이 아니라 '일체로 될 운명'이었음을 서술하여 동근동조와 내선일체의 역사를 부정했다. 그러나 결국 이는 고이소 총독의 극단적 내선일체관과 부딪혔고, 동근동조론은 정치적 목적을 갖고 왜곡된 역사상을 수용한 총독들에 의해 식민지 조선의 교육 현장과 일상에까지 확대되었던 것이다.[124]

---

121 稻葉岩吉, 1940, 「歷史上より見たる內鮮關係」, 『內鮮一體精義』, 34~37쪽.
122 「社說: 內鮮一體 理念의徹底 - 總力聯盟實踐要目重點」, 『每日新報』, 1941.5.3, 2면.
123 장신, 2014, 앞의 글, 110~111쪽.
124 장신, 2014, 위의 글, 114~117쪽.

3. 동양사에서 '만선사' 연구

1) '만선사'의 개념과 연구

일본 근대 사학에서 한국사 연구는 동양사 연구의 출발점이 되었다. '동양사'라는 말은 1880년대 말부터 사용되기 시작했고, 1894년에 나카미치요의 제창으로 고등사범학교(高等師範學校, 중학교 교사 양성기관)에 동양사과가 설치되었다. 그때까지 외국사는 만국사(萬國史) 형태로 가르치고 있었는데, 여기서 동양사와 서양사가 나누어지게 되었고, 그 뒤 중등학교에서도 동양사를 가르치면서 동양사 교과서가 메이지 20년대 말부터 계속 출판되었다. 즉, 동양사는 먼저 교육계에서 성립된 셈이었다.

역사 연구의 중추였던 제국대학에 동양사학이 성립된 것은 그보다 늦은 1904년(메이지 34)의 학제 개혁으로 사학과, 국사과의 이원적 제도가 사학과로 통일되어, 그 사학과 졸업시험의 수험과목으로서 국사학, 동양사학, 서양사학의 세 과(科)가 제정되면서부터였다. 이 동양사학이 확립되어 가는 과정에서 중추적 역할을 한 인물이 사학과(서양사 전공) 출신의 시라토리 구라키치였다.[125]

근래에는 일본의 '동양' 혹은 '동양학'은 서양의 오리엔탈리즘에서 벗어나면서, 다른 아시아 국가에 대해서는 헤게모니를 행사하기 위해서 만들어진 것이며, 그러한 '동양' 또는 '동양사학'의 주도적인 창시자가 시라토리였다고 본다. 일본의 동양사학이 겉으로는 엄격한 사료비판 등

---

[125] 旗田巍 저, 李基東 역, 1983, 앞의 책, 127~129쪽.

역사학의 객관성과 실증성을 강조하면서도, 실제로는 일본 이외의 아시아를 타자화·대상화함으로써 일본의 아시아 지배를 뒷받침한 하부 오리엔탈리즘이었다는 것이다.[126] 즉, 서양 오리엔탈리즘의 일본식 응용 버전인 셈이다. 또 시라토리가 중심이 되어 성립시킨 일본 근대의 동양사학이 인간 부재의 역사학이었다는 관점을 계승하면서 특히 시라토리가 독일 인류지리학을 수용하여 지리결정론 관점에서 '조선'과 '만주', '지나'의 역사를 고찰했다는 연구도 있다.[127]

한편, 이 동양사 계열에서의 한국사 연구는 '만선사'의 이름으로 전개되었다. '만선사' 혹은 '만한사'라는 말이 언제부터, 누가 사용했는지는 명확하지 않으나, 러일전쟁 전후, '만한경영'이 한창 논의되기 시작한 시기로 추정된다.[128] 그리고 이것은 그 이후 학계의 일반 용어로 자리 잡았는데, 도쿄제국대학 동양사학과 강의명에 1913년 이후 만선사나 만한사라는 말이 사용되었고, 다이쇼(大正, 1912~1926)와 쇼와(昭和, 1926~1989) 연간으로 이어지면서 제2차 세계대전 후가 되어서도 만선사라는 단어가 학계에서 널리 사용되었다.[129]

'만선사'란 말의 기원은 불분명하나, 주로 동양사 계통 연구자들이

---

[126] 박찬흥, 2009, 「白鳥庫吉와 '滿鮮史學'의 성립」, 『동북아역사논총』 26, 66~67쪽; 강상중 지음, 이경덕·임성모 옮김, 1997, 『오리엔탈리즘을 넘어』, 이산; 스테판 다나카 지음, 박영재·함동주 옮김, 2004, 『일본동양학의 구조』, 문학과지성사.

[127] 미쓰이 다카시(三ツ井崇), 2009, 「일본의 동양사학은 어떻게 형성되었는가? - 시라토리 구라키치(白鳥庫吉)의 역사학」, 도면회·윤해동 엮음, 『역사학의 세기 - 20세기 한국과 일본의 역사학』, 휴머니스트; 박찬흥, 2009, 「白鳥庫吉와 '滿鮮史學'의 성립」, 『동북아역사논총』 26, 67~68쪽.

[128] 旗田巍 저, 李基東 역, 1983, 앞의 책, 146쪽; 정상우, 2022, 『만선사, 그 형성과 지속』, 사회평론아카데미, 38쪽.

[129] 旗田巍 저, 李基東 역, 1983, 위의 책, 130쪽.

사용해 왔다. 하타다에 의하면, 3·1운동 뒤 이나바 이와키치는 「만선불가분의 사적고찰(滿鮮不可分의 史的考察)」(『支那社會史研究』, 1922)에서 한국의 독자성, 자주성을 부인하고, 민족, 영토, 경제의 3방면에서 한국은 태고적부터 대륙 특히 만주와의 불가분 관련 속에 존재해 왔음을 논했음을 거론했다. 또 만주국이 성립하자(1932) 이나바는 만선불가분론을 더욱 발전시켜 「만선사 체계의 재인식」(『滿洲發達史』, 1935)란 논문을 발표하였는데, 이나바의 주장은 3·1운동이나 만주국 수립이라는 비상사태 직후에 나타난 것으로, 조선인의 독립해방 운동의 위협을 의식한 발언이었고, 즉, 만선사는 한국사의 주체적 발전을 부정한 타율성을 강조한 식민주의 사관이었다고 분석했다.[130] 하타다의 만선사에 대한 인식과 결론은 대부분의 일본인 한국사 연구자들에게 그대로 답습되었다.[131]

그런데 하타다의 연구에 대해 최근, 기존 연구들이 '만선사'라는 것이 '만주사'와 '조선사'를 하나로 묶은 체계로 성립되었었다는 전제하에 고찰했다고 지적하면서, 과연 '만선사'가 '만주'와 '조선'을 깊은 관계성을 바탕으로 한 하나의 역사권으로 설정한 것인지에 대해 이의를 제기하는 연구들이 나왔다.[132]

최근 사쿠라자와 아이(櫻澤亞伊)는 먼저 '만선사'라는 용어가 1. '만주사'와 '조선사'를 병기한 것, 2. '만선관계사'라는 뜻으로 사용한 것, 3. '만

---

130 旗田巍 저, 李基東 역, 1983, 위의 책, 150쪽.
131 김용섭, 1966, 「일본·한국에 있어서 한국사서술」, 『역사학보』 31; 李龍範, 1969, 「韓國史의 他律性論 批判」, 『月刊亞細亞』 3; 李萬烈, 1976, 「日帝官學者들의 植民史觀」, 『韓國의 歷史認識』 下, 創作과 批評社; 李萬烈, 1979, 「日帝官學者들의 韓國史 敍述」, 『韓國史論』 6, 國史編纂委員會.
132 하타다 다카시 지음, 주미애 옮김, 2020, 『심포지엄 일본과 조선』, 소명출판, 32쪽.

선사'체계 성립을 주장한 것의 세 가지로 나누어 살펴볼 수 있음을 설명했다.

먼저 첫 번째 용례인 '만주사'와 '조선사'의 병기는 1908년 1월, 남만주철도주식회사 도쿄 지사에 설치된 '만주역사지리조사부'의 경우이다. 기존 연구에서는 이 기관이 '만선사' 연구를 주도한 기관으로 언급되었는데 여기서 간행된 보고서의 서명은 『만선역사지리』가 아닌 『만주역사지리』와 『조선역사지리』였다. 애초에 이나바 이와키치, 야나이 와타리(箭內亙), 마쓰이 히토시(松井等)는 '만주사' 담당, 이케우치 히로시, 쓰다 소키치는 '조선사' 담당으로 나뉘어져 있었다. 즉, '만선역사지리조사부'의 '만선'이란 두 글자는 '만주사 및 조선사'의 축약이라고 할 수 있다.[133]

다음으로 두 번째 용례인 '만선관계사'의 뜻으로 사용된 경우이다. 이케우치는 그의 저작 『만선사연구(滿鮮史研究)』(전 6권)의 서문에서 책을 소개하면서 "만주와 조선은 역사상 매우 밀접한 관계에 있기 때문에"[134] 만주와 조선의 연구를 엮은 것이라고 하였다. 즉, 이케우치도 '만주사'와 '조선사'를 하나로 보는 '만선사' 체계로 집필한 것은 아니었다. 또 이나바의 「광해군시대의 만선관계」는 "그때까지 혼조(昏朝)라는 평가로 폐위가 당연시되어오던 광해군이 펴온 대명·누루하치 정책을 재조명하고, 그것을 대의명분에 얽매이지 않는 현실적 대응이었다고 높이 평가"한 것이라고 한다.[135] 그러하면 광해군시대의 정치사를 조선과 명, 후금과의 외교관계 속에서 관찰한 논저이므로, '만선관계사'라고 할 수 있

---

133 사쿠라자와 아이, 2009, 「이나바 이와키치의 '만선불가분론'」, 조인성 외, 『일제시기 만주사·조선사 인식』, 동북아역사재단, 19~21쪽.
134 池內宏, 1933, 『滿鮮史研究』 一(中世), 岡書院.
135 다키자와 노리오키, 2003, 「이나바 이와키치와 만선사」, 『한일관계사연구』 19, 110쪽.

을 것이다. 사쿠라자와는 오늘날 이나바와 이케우치의 저술은 '만선관계사'라기보다는 '동북아시아사' 혹은 '조선의 대만(對滿) 관계사'로 불릴만 하다고 하였다. 또 당시 일본인 연구자들이 '만선사'라는 틀을 설정했기 때문에 '만선사'란 용어가 사용된 것이고, '만선사관'이란 역사관의 문제가 혼동되어 초래된 명확하지 않은 개념으로 설명하였다.

세 번째, '만선사' 체계의 성립을 주장한 용례이다. 이나바는 야노 진이치(矢野仁一)와 함께 저술한 『세계역사대계(世界歷史大系)』(제11권 朝鮮·滿鮮史, 1935)에서 '조선사' 부분을 담당했고, 자신의 주장의 요지는 '만선일가론(滿鮮一家論)'이라고 하였다. 그러나 그의 연구는 실제로 '만주사' 혹은 '만선관계사'였는데, 그럼에도 그는 '만선일가론=만선불가분론'을 주장하였다. '만선사'라는 하나의 역사를 체계화하는 것을 주장한 것이다. 이러한 주장은 일본이 만주와 조선을 침략했다는 현재적 상황에서 일본의 정책을 역사적으로 뒷받침하기 위한 논리였다. 결국 '만주사'와 '조선사'를 하나로 보는 '만선사' 체계의 성립은 일본 제국주의의 침략정책이 계속되는 것을 전제로 한 것이었다.[136]

결론적으로 '만선사'라는 것은 러일전쟁 이래 일본의 대륙 침략과 궤를 같이하여 나타난 다분히 정책적 분야로, 한국사에 대한 타율성론만이 아니라 정체성론과의 구분이 어렵다는 지적과 만선사의 구조, 그 속의 한국사에 대한 구체적 규명이 본격적으로 검토되고 있다.[137] 또한

---

136 사쿠라자와 아이, 2009, 앞의 글, 23~25쪽.
137 寺內威太郎, 2004, 「「滿鮮史」硏究と稻葉岩吉」, 『植民地主義と歷史學』, 刀水書房; 櫻澤亞伊, 2007, 「「滿鮮史觀」の再檢討」, 『現代社會文化硏究』 39, 新潟大學; 사쿠라자와 아이, 2009, 위의 글; 櫻澤亞伊, 2007, 「'滿鮮史觀'の再檢討 - '滿鮮歷史地理調査部'と稻葉岩吉を中心として」, 『現代社會文化硏究』 39; 다키자와 노리오키, 2003, 「이나바 이와키치와 만선사」, 『한일관계사연구』 19; 정상우, 2010, 「稻葉岩吉의 '만선사'

2000년대 들어와 고구려사 귀속문제를 둘러싼 논쟁의 과정에서 식민주의 역사학, 특히 '만선사'에 대한 관심이 고조되었다. 특히 고구려와 만주에 대한 역대의 인식에 대한 검토와 함께 식민지 시기 일본인 역사학자들이 제기한 만선사에 대한 관심도 높아졌다.[138]

이러한 최근까지의 만선사에 대한 논의는 다음 두 가지로 그 특징을 정리하고 있다. 첫째 만선사관이 일본의 대륙 침략을 합리화하기 위한 역사관이란 점과 이를 위하여 만주와 조선을 뭉뚱그려 본다는 것이다. 그러나 침략을 합리화하기 위한 역사학으로서 만선사관을 보는 것은 타당하나, 만선사학만의 특성을 포착한 정의는 아니라는 비판도 나오고 있다.[139]

2) 시라토리 구라키치와 만선역사지리조사부

(1) 시라토리 구라키치의 동양사 연구와 '만선사'

시라토리 구라키치(白鳥庫吉, 1865~1942)가 동양사학을 정립해 나가는 과정에서 주목할 것은 만선역사지리조사부의 '만선사' 연구이다. 하타다에 의하면 주로 동양사 계통의 일본인 한국사 연구자들은 '일선동

체계와 '조선'의 재구성」, 『역사교육』 116 참조.

138 井上直樹, 2004, 「近代 日本의 高句麗史 硏究 - '滿鮮史'·'滿洲史'와 關聯해서」, 『高句麗硏究』 18; 井上直樹, 2013, 『帝國日本と'滿鮮史'』, 塙書房; 박찬흥, 2005, 「滿鮮史觀에서의 고구려사 인식 연구」, 『북방사논총』 8; 박찬흥, 2007, 「滿鮮史觀에서의 한국고대사인식 연구」, 『韓國史學報』 29; 정상우, 2016, 「'근대 역사학'으로서의 '만선사' - 이나바 이와키치(稻葉岩吉)의 연구 과정을 중심으로」, 『식민주의 역사학과 제국 - 탈식민주의 역사학 연구를 위하여』, 책과함께.

139 정상우, 2016, 위의 글, 190쪽.

조론'에 비판적이었고, 이들은 시라토리의 문하생들로 이케우치 히로시, 쓰다 소키치, 이나바 이와키치 등으로, 일본 고전뿐만 아니라 중국의 고문헌을 중심으로 한국사를 조망하고, 국학적 전통의 한국사 연구에 비판적이었다는 것이다.[140]

시라토리는 1887년 제국대학 사학과에 진학하여 랑케의 제자 리스에게 수학하였고, 사학과 제1회 졸업생이 되었다. 그는 1890년 대학 졸업 후 가쿠슈인(學習院)의 교수가 되었고, 원래 서양사를 전공했던 시라토리는 이 무렵 동양사 연구를 시작하였다. 1901년부터 3년 반 동안 유럽 유학을 하면서 서양 근대 역사학의 연구 방법을 배웠고, 1903년 귀국 후 가쿠슈인과 도쿄제국대학 교수를 겸하면서 동양사 강의를 했다.[141]

시라토리는 리스에게서 배운 '엄격한 사료 비판'을 전제로 하여, 19세기부터 20세기에 걸친 민속학·신화학 등과 특히 언어학적 방법론을 적극 활용하는 연구 방법을 택하였다. 이것은 '합리적·분석적'인 사료 비판과 실증적 방법이라는 서구 근대사학의 비판적 방법론을 수용하였음을 의미한다. 시라토리가 '동양사학'을 개창하고 동양사 연구를 시작할 때는 러일전쟁과 '한일 강제병합'이 이루어졌던 시점이었다. 즉, 일본의 동양사 연구는 제국주의적 침략을 배경으로 시작되었다고 할 수 있다.

시라토리의 연구 성과 가운데 중요한 부분은 고대사상(古代史上)의 중국 주변 여러 민족의 민족계통, 그 거주지 또는 분포범위, 이동 경로, 시기에 따른 명칭의 변천, 지명과 도성·교통로 등의 역사지리적 고증

---

140 旗田巍 저, 李基東 역, 1983, 『日本人의 韓國觀』, 一潮閣, 130~131·140~145쪽.
141 박찬흥, 2009, 「白鳥庫吉와 '滿鮮史學'의 성립」, 『동북아역사논총』 26, 68~69쪽.

이었다. 그리고 주변 여러 민족과는 구별되는 일본 민족과 일본 문화 고유의 독자성을 학문적으로 논증하려 하였다. 즉, 일본의 동양사학자들에 의해 선도된 '만선사'는 속지주의적 역사의 대표적 사례이다. 시라토리 구라키치는 남만주철도주식회사에서 1913년 간행한 『만주역사지리』 상권의 서문에서 "역사의 기초는 지리에 있다"고 천명하였다.[142] 하타다 다카시는 이에 대해 '만선사'가 학문적으로는 존재할 수 없는 허상이었음에도 불구하고, 역사의 한 분과로서 성립할 수 있었던 이유 중의 하나로 바로 지리중심적 연구 방법을 들었다. 즉, '만선사'는 주로 고증이나 도성 위치 비정 등을 연구 대상으로 삼았기 때문에 역사의 주체에 대한 질문을 피해갈 수 있었다고 분석했다.[143]

한편, 팽창하는 일본 제국주의의 현실적 변화에 맞추어 한국과 일본의 관련성을 부정하고 일본의 독자성을 강조하면서 일본 중심의 역사 인식을 하게 되었고, 이 과정에서 한국은 물론 중국, 몽골 등 다른 아시아는 타자화·대상화되었다. 시라토리가 중심이 된 일본의 '동양사학'은, 일본이 근대화를 이룩하면서 동시에 오리엔탈리즘이라는 객관주의적 범주에서 벗어나고, 나아가 동일성을 유지하면서 아시아에 대해 오리엔탈리즘의 문화적 헤게모니를 행사해야 하는 역사적 과제에 부응하는 지식의 형태였다.[144] '동양사'는 근대 일본이 아시아의 최선진국으로서 유럽과 대등한 나라이며, 중국과 다를 뿐 아니라 문화적·지적·구조적으

---

142 南滿洲鐵道株式會社, 1913, 『滿洲歷史地理』上, 丸善株式會社, 6쪽.

143 旗田巍 저, 李基東 역, 1983, 『日本人의 韓國觀』, 一潮閣, 43쪽; 정상우, 2022, 앞의 책, 40~41쪽.

144 강상중 지음, 이경덕·임성모 옮김, 1997, 앞의 책.

로 더 우월하다는 점을 확립했다.[145] 이렇게 '동양사학'은 일본의 우월성과 독자성을 바탕으로 '조선'·'만주'·'지나' 등에 대한 타자화, 하위 오리엔탈리즘적 시각에 의해 성립하였는데, 그 출발점은 시라토리가 주창한 '만선사학'이었다.[146]

(2) 만선역사지리조사실의 '만선사'

러일전쟁 무렵 일본의 한국 지배와 만주에서의 권익 확보가 가시화되자, 만주를 포함한 지역의 경영이 현실적 과제가 되었고, 이것이 바로 '만한경영'이었다. 그리고 그것을 역사적으로 설명한 것이 '만선사'라고 할 수 있다.

만한경영을 위한 국책 회사로서 1906년 남만주철도주식회사(이하 '만철')가 설립되었고, 당시 도쿄제국대학 교수였던 시라토리는 바로 만철 총재 고토 신페이(後藤新平)를 설득하여 그 도쿄지사 안에 만주·한국의 역사를 연구하는 만선역사지리조사실(滿鮮歷史地理調査室, 1908)을 만들게 하였다.[147] 이 연구실 설치의 목적에 대하여 시라토리는 다음과 같

---

145 스테판 다나카 지음, 박영재·함동주 옮김, 2004, 『일본 동양학의 구조』, 문학과지성사.
146 박찬흥, 2009, 「白鳥庫吉와 '滿鮮史學'의 성립」, 『동북아역사논총』 26, 73~75쪽.
147 井上直樹, 2013, 『日本帝國と〈滿鮮史〉』, 塙書房, 77~78쪽; 만선역사지리조사부의 설치치와 구성원, '만선역사지' 연구에 대해서는 박찬흥, 2015, 「만선역사지리조사부와 고대 '만선역사지리' 연구」, 『역사와 담론』 75 참조. '만선역사지리조사실'에 대해서는 본래 설치 당시 '만선역사지리조사부'였다고 하는데, 당시 '南滿洲鐵道株式會社 歷史調査室', '滿洲及朝鮮歷史地理調査部' 등으로도 불리었고, 아마도 1908년 12월 만철조사부가 조사과로 강등·개편되면서, 그 산하의 만선역사지리조사부도 '조사실'로 개편된 듯 하다. 또 남만주철도주식회사 역사조사실은 조직을 가리키는 것이 아니라, 단순히 공간으로서의 조사실을 가리키는 것으로 사용되었을 수도 있다. 만철조사부에 대한 연구에서는 대부분 '滿鮮歷史地理調査部'라고 표기하고 있다.

이 말하고 있다.[148]

> 러시아 전쟁의 국면이 수습되어 남만주의 경제적 경영이 우리 국민에 의해서 착수되고, 한국에 대한 보호와 개발 임무가 또한 우리 머리 위에 떨어졌을 때, 나는 학술상의 견지에서 만한(滿韓)지방에 관한 근본 연구를 할 급무임을 주창했던 것이다. 그 의도는 대개 두 가지이다. 하나는 만한경영에 관한 실제적 필요에서 이고. 다른 하나는 순수한 학술적 견지에서 이다. 현대에 있어서의 제반사업이 확실한 학술적 기초 위에 서야 할 것은 말할 나위도 없으며, 만한경영 또한 물론 그래야만 할 것이다[『만주역사지리(滿洲歷史地理)』서문].

1908년 1월, 시라토리가 주임을 맡고, 그의 지도하에 야나이 와타리(箭內亙, 1875~1926), 이나바 이와키치(稻葉岩吉, 1876~1940), 세노 우마쿠마(瀨野馬熊, 1874~1935), 마쓰이 히토시(松井等, 1877~1937)가 연구원으로 참여하였다. 같은 해 4월에 이케우치 히로시(池內宏, 1878~1952), 쓰다 소키치(津田左右吉, 1873~1961)가 추가로 참여하였는데 이들 모두 일본 동양사학계의 중진으로 활약했고 시라토리 휘하에서 도서 및 유물의 수집과 만주 현지답사 등에 참여하여 많은 연구 성과들을 내었다. 특히 시라토리는 일본 역사학계에서 최초로 만주 현지답사를 기획하여 1907년에 한국과 만주를 답사하였고, 1909년에는 발해의 옛 도읍과 금나라 수도 상경(上京)을 답사했다.[149] 만주에 대한 고고학적 연구의 단초

---

148 旗田巍 저, 李基東 역, 1983, 앞의 책, 146쪽에서 재인용.
149 이성시 지음, 박경희 옮김, 2001, 「표상으로서의 광개토왕비문」, 『만들어진 고대』,

를 시라토리가 열었다고 하겠다.[150]

만선역사지리조사실의 연구원은 시라토리가 주임을 맡았고, 야나이 와타리, 마쓰이 히토시, 이나바 이와키치, 세노 우마쿠마가 '만주'의 역사지리를 담당하였으며, 1908년 4월부터 이케우치 히로시, 쓰다 소키치가 조선의 역사지리를 분담하였다. 모두 시라토리의 권유와 추천으로 참여하게 된 30대 초반의 젊은 연구자들로 풍부한 연구비를 받았다. 그러나 이 조사실은 1914년 3월, 영리(營利)를 목적으로 하는 만철의 취지와 부합되지 않는다는 이유로 폐지되었고, 대신 만철로부터 기부금을 받아 도쿄제국대학 문학부로 이관되어 연구 자체는 계속 이어졌다.[151] 이것은 만철이라는 식민정책 수행기관에서 형성된 학문의 기초가 도쿄제국대학을 중심으로 한 '관학아카데미즘'으로 계승된 것을 의미하며, 시라토리가 제시한 것과 같은 일본관, 아시아관='만선사관'도 또한 '관학아카데미즘'이라는 권력 장치 위에 뿌리를 내리게 되었다.[152]

한편, 만선역사지리조사실의 연구가 도쿄제국대학으로 이관되면서 연구진에 변화가 생겼다. 야나이 와타리, 마쓰이 히토시, 이케우치 히로시, 쓰다 소키치 등 4명이 '만주사'와 '조선사'를 각각 분담하였다.[153] 야나이 와타리와 마쓰이 히토시의 분담 내역은 확실하지 않지만, 이케우치

삼인.

150   박찬홍, 2009, 「白鳥庫吉와 '滿鮮史學'의 성립」, 『동북아역사논총』 26, 70쪽.
151   박찬홍, 2009, 위의 글, 76~77쪽; 정상우, 2022, 앞의 책, 40쪽.
152   미쓰이 다카시(三ツ井崇), 2009, 「일본의 동양사학은 어떻게 형성되었는가? – 시라토리 구라키치(白鳥庫吉)의 역사학」, 도면회·윤해동 엮음, 『역사학의 세기 – 20세기 한국과 일본의 역사학』, 휴머니스트, 168쪽.
153   山川健次郎, 1915, 『滿鮮地理歷史研究報告』 1, 東京帝國大學文學部, 1~4쪽.

는 조선시대를, 쓰다는 고려시대까지를 주로 담당했다.[154]

마쓰이 히토시는 제1고등학교를 거쳐 1901년 도쿄제국대학 사학과를 졸업했고, 1904년 보병 소위로 러일전쟁에 참전하였다. 1906년 도쿄제국대학 사료편찬괘에서 근무하게 되었고, 1907년 4월 고쿠가쿠인대학 강사가 되어 30여 년간 근무하였다.[155] 1908년 1월 사료편찬괘를 사직했는데, 아마 이때 만선역사지리조사부에 참여하게 되었기 때문으로 추정한다.[156]

야나이 와타리도 도쿄제국대학(1898~1901)과 이어 도쿄제국대학 대학원(1901~1907)을 졸업했는데, 나카 미치요(那珂通世)와 시라토리의 지도를 받았고, 특히 나카 미치요의 학풍에서 많은 영향을 받았다. 대학원을 졸업한 뒤 제1고등학교(1907~1913)와 도쿄제국대학(1913~1926)에서 학생들을 가르쳤는데, 그 와중에 1908년 조사부의 부원으로 참여했다.[157] 조사부에 참여하기 이전에도 『역사 교과서(歷史敎科書)』,[158] 『청급한(淸及韓)』,[159] 『동양사(東洋史)』[160] 등의 저서를 출간하였다.[161]

이나바 이와키치는 1897년 히토쓰바시외어학교(一橋外語學校)에서

---

154 박찬흥, 2015a, 「만선역사지리조사부와 고대 '만선역사지리' 연구」, 『역사와 담론』 75, 137쪽.
155 岡田政, 1957, 「松井等」, 『大人名事典』 6, 平凡社, 4쪽.
156 박찬흥, 2015a, 앞의 글, 141쪽.
157 大島立子, 1997, 「箭内亙」, 岸本美緖 責任編輯, 歷史學事典編輯委員會 編, 『歷史學事典 5 歷史家とその作品』, 弘文堂, 33쪽.
158 野々村戒三·箭内亙 編, 1904, 『歷史敎科書』, 富山房.
159 箭内亙, 1904, 『淸及韓』, 富山房.
160 箭内亙 等, 1905, 『東洋史』(增補改版), 杉本翰香館.
161 박찬흥, 2015a, 앞의 글, 141쪽.

중국어를 배웠다. 1900~1904년에 중국 유학 생활과 장강(長江)유역의 한커우[漢口, 현 후베이성(湖北省) 우한시(武漢市)]에 있는 오사카상선지점(大阪商船支店)에서 근무하며 화북(華北)과 화중(華中) 일대를 상세하게 알게 되었고, 러일전쟁 때에는 육군통역으로 참전하여 랴오둥 반도까지 갔다. 이후 1908년 1월 조사부에 참여하였다. 그는 조사부에 참여하기 이전부터『북방지나(北方支那)』[162]를 저술하고 중국·만주·한국에 관한 여러 글들을 발표했다.

세노 우마쿠마는 구마모토현(熊本縣) 출신이다. 1889년 제5고등중학교 예과에 편입했다가 이듬해 가정 형편으로 인해 그만두었고, 1890년 도쿄로 와서 도쿄수학학원(東京數學學院) 및 국민영학회(國民英學會)에 입학하여 수학한 뒤, 와세다(早稻田)대학 문학과에서 배웠다(1892~1895). 1905년 대만총독부에서 문서편찬과 토비토벌편수(土匪討伐編修)를 위촉받아 3년 정도 근무하다 도쿄로 돌아왔고, 1910년 5월 조사부에 들어왔다.[163] 정통 역사학을 전공한 학자가 아니었다.

이케우치 히로시는 에도시대의 유학자로 막부 말기의 존왕양이파(尊王攘夷派)였던 이케우치 다이가쿠(池內大學, 1814~1863)의 손자이다. 1901년 도쿄제국대학 사학과에 입학하여 1904년 졸업했고, 대학원에 진학한 뒤 1908년 1월 조사부에 보조위원으로 참가했다.[164]

쓰다 소키치는 1890년 18세로 도쿄전문학교(현 와세다대학) 방어(邦

---

162 古沢北冥·稻葉君山 合著, 1902,『北方支那』, 丸善.
163 池內宏, 1936,「序」,『瀨野馬熊遺稿』, 朝鮮印刷, 1~2쪽.
164 窪德忠, 1993,「池內宏」,『月刊』しにか 4-5(1993-5), 102~103쪽; 濱田耕策, 1997, 「池內宏」, 岸本美緒 責任編輯, 歷史學事典編輯委員會 編,『歷史學事典 5 歷史家とその作品』, 弘文堂, 33쪽.

語, 國語 즉 일본어) 정치과에 편입하여 이듬해 졸업했다. 그가 역사학으로 눈을 돌린 것은 시라토리 때문이었다. 시라토리의 명으로 『신찬서양사(新撰西洋史)』, 『신찬동양사(新撰東洋史)』, 『국사교과서(國史敎科書)』 등의 교과서를 편찬하면서 역사 교양을 체득했고, 조사부의 연구원이 되어 만선사 연구에 종사하게 된 것이 그가 역사학 연구 생활을 출발한 계기였다. 당시 그의 나이는 35세였다. 조사부에서의 연구 활동 결과로, 그가 학계에 처음 발표한 저서가 1913년에 발간한 『신대사의 새로운 연구(神代史の新しい硏究)』와 『조선역사지리』 제1·2권이었다.[165]

이들 대부분은 도쿄제국대학이나 와세다대학을 졸업한 30대 초반 나이로 한창 왕성한 연구 활동을 할 수 있는 조건이었다고는 하나, 사실 몇몇은 정통 역사학 전공자였다고 하기 어렵다. 어쨌든 이들은 만철의 후원과 시라토리의 지도로 '만선사' 연구를 수행하였다.[166]

이 조사실 성과는 『만주역사지리(滿洲歷史地理)』 2권(1913), 『조선역사지리(朝鮮歷史地理)』 2권(1913)으로서 간행되고, 그 뒤 조사사업이 도쿄제국대학으로 이관된 뒤에 『만선지리역사연구보고(滿鮮地理歷史硏究報告)』 16책(1915~1941)으로 출판되었다. 그 최후의 출판물에는 '만선'이란 문자가 명확히 쓰여 있다. 그리고 이 『만선지리역사연구보고』는 당대에는 앞의 일련의 여러 책과 더불어 일본 정통 동양사학이 세계에 자랑할 만한 업적이라고 평가되었다.[167]

만선사라는 것은 일본의 동양사학자가 일본의 대륙정책 곧 만한경

---

165 小林敏男, 1997, 「津田左右吉」, 岸本美緒責任編輯, 歷史學事典編輯委員會 編, 『歷史學事典 5 歷史家とその作品』, 弘文堂, 337~338쪽.
166 박찬흥, 2015a, 앞의 글, 141~143쪽.
167 和田淸, 「滿洲蒙古史」(1932.11, 「명치 이후에 있어서의 역사학의 발달」, 『歷史敎育』 7-9).

영에 직접적, 조직적으로 결탁해서 생겨난 것이다. 따라서 이 '만선사' 연구의 문제점을 지적하자면 첫째, '만선사'에서 말하는 '조선사'란 '조선 민족의 역사'가 아니라 '조선반도'라는 지리적 공간에서 일어난 역사이다. 바로 '반도적 성격론'에 근거한 타율성론과 직결되고, 그 결과 외적의 침입, 외국 지배하의 조선, 대외관계사에 연구의 중점을 두었다. 연구 시각도 조선이 아닌 중국, 만주, 일본 등의 상대국에 있게 된다.[168] '조선'은 이제 '만선'이라는 지정문화적인 이데올로기 속에 갇히게 되었다. 이것은 조선이 국민적인 형태를 결여한, 단순한 지리적인 영역으로만 존속할 수 있음을 의미했다.[169] 만선사는 한국인과 한국 민족의 역사가 아니라, 한반도에서 일어난 역사, 혹은 만주에서 일어난 역사가 되어 한국민의 존재는 잊혀지게 된다.[170] 소위 '국가주의', '영토주의'적 관점의 역사라고 할 수 있다.

둘째, 만선사에서의 한국사 연구는 고대사 연구에 치중되었다. 즉, 한국사가 만주와 불가분의 관계이며, 만선사라는 것이 성립하기 위해서는 한국 고대사 연구 위주로 진행될 수밖에 없는 구조였다.[171]

셋째, 만선사는 조선의 민족운동이 격앙되는 시점에 이를 억누르는 학문적 수단이 되었다. 이나바 이와키치는 「만선불가분의 사적 고찰」(『支那社會史研究』, 1922)에서 조선인의 만주 이주를 다루면서 한국과 만

---

168 李基白, 1987, 「半島的性格論批判」, 『韓國史市民講座』 1; 金容燮, 1963, 「日帝官學者들의韓國史觀」, 『思想界』 2.
169 강상중 지음, 이경덕·임성모 옮김, 1997, 앞의 책; 박찬흥, 2009, 「白鳥庫吉와 '滿鮮史學'의 성립」, 『동북아역사논총』 26, 78~79쪽.
170 旗田巍 저, 李基東 역, 1983, 앞의 책, 149쪽.
171 旗田巍 저, 李基東 역, 1983, 위의 책, 147~149쪽.

주의 일체성을 논함과 동시에 만주로의 이주는 '조종(祖宗)의 고지(故地)로의 환원'이라고까지 표현하였다.[172]

3) 이나바 이와키치의 만선사 연구

이나바 이와키치(稻葉岩吉)는 1876년 현재의 니가타현(新潟縣)에서 태어났고, 사범학교를 중퇴했다고 하는데, 확실하지는 않다.[173] 그는 1897년 4월 도쿄고등상업학교[현 도쿄외국어 대학과 히토쓰바시(一橋)대학의 원료] 내에 설치된 부속외국어 학교에서 중국어를 습득한 것으로 보인다.

그는 1900년 봄 국비 지원으로 중국 유학을 하게 된다. 정확한 시기는 불분명하나 중국 유학 즈음하여 이나바는 나이토 고난(內藤湖南)을 만나 가르침을 받고, 평생 나이토를 스승으로 모시게 되었다고 한다.[174] 한편, 중국 유학 시절 이나바는 의화단 운동을 직접 겪으면서 영사관 구역에서 '농성'을 벌였다고 하는데, 이때 이나바의 첫 번째 저술인 『북방지나』는 그 시절에 대한 글을 모은 것이라고 한다.[175] 이 책은 나이토 고난에 의해 『오사카아사히신문(大阪朝日新聞)』에 소개되었다고 한다.[176] 그리

---

172 旗田巍 저, 李基東 역, 1983, 위의 책, 151쪽.
173 사쿠라자와 아이, 2009, 앞의 글, 26쪽. 이나바의 경력에 대해서는 寺內威太郎, 2004, 「「滿鮮史」硏究と稻葉岩吉」, 『植民地主義と歷史學 – そのまなざしが殘したもの』, 刀水書房 참조.
174 정상우, 2022, 앞의 책, 43~44쪽.
175 稻葉岩吉·古澤幸吉, 1902, 『北方支那』, 丸善.
176 정상우, 2016, 앞의 글, 193~194쪽. 사실 이나바는 역사학을 대학에서 전공하지 않았다. 다만 그가 중국 유학을 하고, 나이토 고난을 알게 된 이후 나이토에게 사사하

고 이 일은 이나바가 중국 전문 논객으로 인정받게 된 계기가 되었다.

중국에서 귀국한 이나바는 1902년부터 1904년까지 오사카 상선회사(大阪商船會社) 한커우 지점에 근무했다. 그리고 1904년 러일전쟁이 발발하자 육군 통역에 지원하여 압록강 후비 제1사단 사령부에 근무했다. 이때 만주 지역을 답사한 경험이 후일 청대사 연구의 계기가 되었다고 한다.

그리고 1908년, 나이토의 추천으로 시라토리가 주도하는 '만선역사지리조사부'에 들어가게 된 후 1914년까지 여기서 만주사를 담당하게 된다. 그리고 그 연구 결과는 『만주역사지리(滿洲歷史地理)』 제1·2권에 수록되어 있다. 제1권에서는 「인용서목해설(引用書目解說)」, 「한대의 만주(漢代の滿洲)」, 제2권에서는 「명대요동의 변장(明代遼東の邊牆)」, 「건주여진의 원지와 천주지(建州女眞の原地及び遷住地)」, 「청초의 강역(淸初の疆域－天命元年以前淸朝の領土)」 등이 이나바의 집필이다.

한편, 이나바는 '만선역사지리조사부'에서의 연구를 바탕으로 1914년 『청조전사(淸朝全史)』를 펴내어 역사 연구 활동을 시작했다. 그리고 1915년에는 『만주발달사(滿洲發達史)』를 펴내고, 계속해서 『근세지나십강(近世支那十講)』(1916), 『근대지나사(近代支那史)』(1920), 『최신지나

여 평생의 스승으로 모셨다고 한다. 역사지리조사실에는 주로 도쿄제국대학 동양사학과 졸업생들이 들어갔는데, 이나바가 들어갔다는 상황이 납득이 되질 않으나, 이나바가 참여하게 된 데에는 나이토의 후원으로 추정된다. 시라토리가 역사지리조사실을 구성하며 나이토에게 사업의 취지를 알리고, 인재의 추천을 부탁했을 때, 나이토가 이나바를 추천해서 들어갈 수 있었다고 한다. 마찬가지로 이후 이나바가 조선사편찬위원회에 들어갈 때도 역시 이 사업을 총괄하는 구로이타 가쓰미가 나이토 고난에게 추천을 받아 이나바를 채용하였다. 아마도 이나바의 연구 경향과 역사 인식이 정통학자로서 학문을 위한 학문을 하는 학자가 아니라, 시대에 부응하는 현실적 연구자였기 때문으로 보인다.

사강화 근세지부(最新支那史講話 近世之部)』(1921)를 간행했는데, 모두 '시대의 요구에 부응'한 것이라고 회고했다.[177]

1914년 '만선역사지리조사부'가 도쿄제국대학으로 이관된 후 이나바는 참여하지 않았다. 그는 참모본부에서 『지나정치사강령(支那政治史綱領)』(1918)을 논술했고, 육군대학교에서는 동양사를 강의했다. 그리고 야마구치(山口)고등상업학교에서는 무역과에서 '지나사회경제'를 강의하면서 『지나사회사연구』(1922)를 저술했는데, 이 책에 「조선의 문화문제(朝鮮の文化問題)」와 「만선불가분의 사적고찰(滿鮮不可分の史的考察)」 등의 글을 실었다. 중국의 '사회문화'에 대한 이해가 중심을 이루는 이 책에 조선 관련의 두 글이 포함된 것이다.

이나바는 나이토의 추천으로 1922년부터 조선총독부의 조선사편찬사업에 참여해서 『조선사』 제3편(고려사 전 7권), 제5편(조선시대 중기 전 10권)을 담당했는데[178] 이나바가 「조선의 문화문제」와 「만선불가분의 사적고찰」이란 조선관계 글을 쓰게 된 이유가 바로 조선사편찬사업 참여 때문이었던 것이다. 즉, 이전까지는 주로 청, 만주의 연구에 집중했었는데, 조선사편찬사업 참여로 조선에 관심을 갖게 되었고, 따라서 이나바의 '만선불가분론'은 조선사편찬사업 참여로 형성된 것이라고 한다.[179]

구체적으로 이나바가 책 제목과 달리 조선 관련 글을 싣게 된 이유에 대해서는 본인이 다음과 같이 밝히고 있다. 즉, "지나나 만주에 대한 이해 없이 조선을 알고자 하는 것은 실패할 수밖에 없다"라고 하였고, 그는

---

177 사쿠라자와 아이, 2009, 앞의 글, 27쪽.
178 朝鮮總督府朝鮮史編修會, 1938, 『朝鮮史編修會事業槪要』, 110~111쪽.
179 정상우, 2022, 앞의 책, 33, 90~91쪽; 사쿠라자와 아이, 2009, 앞의 글, 28~29쪽.

「만선불가분의 사적 고찰」에서 압록강과 두만강이 만선의 경계 역할을 한 것은 자연적 결정이 아니라 역사적 경위에 의한 것임을 폭로함으로써, 만주와 한반도의 일체성, 좀 더 정확히 말하자면 만주에 대한 한반도의 부속적 성격을 강조하였다. 또 고구려, 백제, 신라 삼국으로부터 고려, 조선에 이르기까지 만주 방면 이주민에 의하여 세워지지 않은 나라가 없으며, 이들은 모두 '대륙의 실패자'이고 이들에 의한 건국은 '콜로니' 건설이었다고 규정했다.[180] 그러면서 조선인들이 식민지 조선에서 순종적 삶을 살라는 것이 아니라, 오히려 조선인이 대륙 진출을 하여 "선조의 옛땅으로 환원"하는 것이 "민족의 일대 사명"이라고 주장했다.[181]

「조선의 문화 문제」에서도 유사한 주장이 반복되었다. 간단히 말해서 "조선의 역사는 지나의 정치적 실패자가 반도로 도망쳐 와 콜로니를 건설한 것에서 단서를 열며, 그 콜로니가 난숙할 즈음을 기다려 만주 방면의 부여종(夫餘種)이나 그에 근사한 민족이 남하하여 각기 분할하였다"는 것이다.[182]

이나바는 나이토 고난의 주선으로 1922년부터 1938년까지 조선사편수회에서 『조선사』 편찬 작업을 총괄했고, 이 시기 조선의 역사에 대한 연구를 진행하는 한편, 1930년대 들어서서는 만선사의 체계화 작업을 시도했다. 그는 『조선사』 사업이 완료된 뒤 1938년 만주국 최고 학부인 만주건국대학이 개교하자 교수로 부임하여 만주사를 강의하다가 생을 마감했다. 이렇게 만선역사지리조사부에서 조선사편수회로, 다시 만

---

180 稻葉君山, 1922a, 「滿鮮不可分の史的考察」, 『支那社會史研究』, 大鐙閣, 303~307쪽; 稻葉君山, 1922b, 「朝鮮の文化問題」, 『支那社會史研究』, 大鐙閣, 314쪽.
181 稻葉君山, 1922a, 앞의 글, 314쪽.
182 稻葉君山, 1922b, 앞의 글, 314쪽.

주건국대학으로 이어지는 그의 이력은 일본의 제국주의 침략 과정에 적극 조응한 대표적인 식민주의 역사학자로 규정하기에 여지가 없다.[183]

하타다는 이나바의 만선사 연구를 두고, 이나바가 한국사를 대륙 세력의 파동의 역사로 간주한 타율성 사관의 일종으로 파악했고, 이러한 이해는 김용섭, 이만열 등으로 이어지며 일반화되었다.[184] 그러나 다키자와 노리오키(瀧澤規起)나 사쿠라자와 아이 등 최근 연구에서는 사실 이나바의 만선사의 기저는 조선 사회에 대한 정체성이었음을 밝혔다.[185]

이나바의 조선사편찬위원회 부임 후의 저술로 『조선문화사연구』(1925)의 「조선사회사의 일단면」의 내용을 보면 조선을 두고 "한마디로 말해 정체라고 밖에 말할 수 없는" 사회라고 단정했다. 또 "대륙으로부터의 패찬자(敗竄者: 패하고 숨은 자)의 안식지로서 지극히 적당"하며 만

---

183 정상우, 2022, 앞의 책, 32쪽.

184 하타다는 1963년 9월 9일에 도쿄 학사회관(學士會館)에서 가진 좌담회 '조선 연구의 현상과 과제(朝鮮研究の現狀と課題)'에서, 만선사의 본질을 조선인 부재로 규정하면서도, "이것(만선사 – 필자)에 대한 조선인들로부터의 비판은 오늘날 남쪽에서도 북쪽에서도 나오고 있습니다만, 일본인 스스로의 비판은 아직도 없습니다. 나도 험담이나 조금 할 뿐이지 아직 본격적이지는 않습니다"라고 발언하고 있다. 이것을 통해서도 만선사에 대한 종래의 연구가 얼마나 불충분한지 추측할 수 있다(東洋學會, 『東京大學 東洋文化硏究所 東洋文化』 36, 86~87쪽). 김용섭은 동북아시아 대륙사에 한국사를 부속시켜 그 타율성을 주장한 대표적 학자로서 이나바와 미시나 쇼에(三品彰英)를 들고 (『일제관학자들의 한국사관』, 『사상계』 1963-2), 만선사가 타율성 이론을 강화하는 것으로 보고 일제의 대륙 침략 및 한반도에 대한 식민지 경영의 합리화를 위해서는 편리한 사관이었다고 평가했다(1966.8, 「일본, 한국에 있어서의 한국사서술」, 『역사학보』 31). 이만열 또한 제국주의 일본의 식민주의 사관을 크게 타율성 이론과 정체성 이론으로 구분, 만선사를 반도적 성격론이나 사대주의론 당과 함께 타율성 이론의 일종으로 보고 있다(「일제 관학자들의 식민주의사관」, 『월간 독서 생활』 1976-6 초출, 『한국근대 역사학의 이해』, 문학과지성사에 재수록).

185 다키자와 노리오키, 2003, 「이나바 이와키치 稻葉岩吉와 '만선사 滿鮮史'」, 『한일관계사연구』 19, 114쪽; 사쿠라자와 아이, 2009, 앞의 글, 30~31쪽.

몽 지방에 발생한 세력의 직접적 대상이 되지 않는 조선반도의 "무풍지대에 위치하여 많은 저기압을 피할 수 있었던" 지리적 사정이 조선 민족을 안일하게 하고, 사회상의 각 방면에 악영향을 미쳤다고 하였다. 또 그는 고구려, 백제, 신라에 나타난 중국문화의 영향을 논하면서 자발적 문화를 소유하지 못했기 때문에 문화의 수혈을 받아야 했고, 한반도로 흘러 들어간 민족은 만몽의 영향이 적은 반면 지나 민족의 문화적 정복이라고 할 만큼 한민족의 영향을 크게 받았다고 하면서 조선 민족의 수동성과 정체성을 논증하고, 조선과 만주, 조선과 중국의 관계와 교통, 낙랑군의 문화 등에 대해 논했다.[186]

그리고 경제면에서는 화폐와 상설점포의 미보급, 계급제도에서는 가족주의와 노비 존재, 적서 구별, 백의 착용 관습까지도 제시하여 조선 사회의 정체성을 강조하고, 그것을 "하나의 기적이라고 말하지 않으면 안 된다"고까지 평가했다.[187]

이나바는 조선의 영토와 민족 구성에 대해 다음과 같이 논했다.

삼국 즉, 고구려, 신라, 백제의 삼국 역사를 반복해서 보면 신라를 제외한 다른 나라는 모두 만주에서 온 것이다. 즉, 백제의 선조, 고구려의 선조는 말씀드릴 것까지도 없이 남만주의 최북단인 장춘(長春) 평야에서 남하하여 이 반도 내에 민족집단을 만들어 냈다. 그러한 것이 되어 있습니다. 장춘 평야에 있었던 민족은 부여(夫餘)라고 합니다. 부여 민족이 하나는 압록강 곡지(穀地)에 들어와 고구려를 이

---

186 정상우, 2016, 앞의 글, 198~199쪽; 稻葉岩吉, 1925, 「朝鮮民族史」, 『朝鮮史講座 – 分類史』, 朝鮮史學會, 3~16, 90~91쪽.
187 稻葉岩吉, 1925, 「朝鮮社會史の一斷面」, 『朝鮮文化史研究』, 84~86쪽.

루고, 또 하나는 조선 남부로 진출하여 백제라고 하는 나라를 만들었다.… 어쨌든 삼국시대의 3분의 2는 만주민족이 이 영토에 이주하여 당시의 문화를 이식하고 있었다는 것은 말할 필요도 없다. 그것을 경주 신라가 통일하여 국가를 이룬 것이기 때문에 오늘날의 조선 민족 속에는 다수의 만주 민족이 포함되어 있다는 것을 인정해야 합니다. 이것은 역사상 말할 필요도 없는 사실입니다.[188]

이나바는 고구려와 백제를 부여계 만주 민족으로 보았다. 따라서 오늘날 조선 민족은 만주 민족이 포함된 다민족 국가이므로 '만선불가분'이 성립된다는 것이다. 그러면서 이나바는 조선인들이 '조선 민족은 곧 신라 민족이고 한족(韓族)'이라는 전통적 인식을 갖고 있는데, 이는 편협한 '협의의 조선사'[189]라고 비판했다.[190]

또 1919년 3·1운동으로 조선인의 민족의식이 양양되고, 조선인의 민족운동의 상징으로 단군신화가 부각되자 대부분의 일본 역사가들은 맹렬하게 이를 비판하였다. 하타다의 연구에 의하면 이나바는 단군신화를 "일본의 지배에 대한 반대의 표현으로 보고 경계하며, 그 주장으로 일본의 일원이라고 하는 이념을 가질 수 없게 된다"라고 하며 우려하였다. 그리고 단군신화를 "독립 소요의 창이(瘡痍: 부스럼, 상처)"라고 하여 위험시하고, 그것을 깨기 위해 만선일체론이나 만선불가분론을 역설하며, 당

---

188 稻葉岩吉, 1927.9,「朝鮮の嶺土問題民族問題及び鮮滿文化關係に就て-鮮滿關係史の一節-(一)·(二)」,『朝鮮』148, 朝鮮總督府, 12~13쪽.
189 稻葉岩吉, 1933.2,「滿鮮史體系の再認識」上,『靑丘學叢』11, 10쪽.
190 다키자와 노리오키, 2003,「이나바 이와키치 稻葉岩吉와 '만선사 滿鮮史'」,『한일관계사연구』19, 120~121쪽.

시 민족운동에 찬물을 끼얹었다고 한다.[191] 그러나 이나바의 단군신화에 대한 인식은 하타다의 지적과는 달리 아주 호의적이었다. 이나바는 단군신화가 그 발상지를 조선반도의 남부가 아닌 "여진의 태백산(長白山)"에서 찾고 있는 것을 들고 단군신화의 발전이야말로 "만선일체를 뒷받침하고도 남을 것이다"[192]라는 해석을 제시하였다. 이나바는 조선인들이 단군신화로 기자전설에서 벗어나고, 중국 숭배에서 벗어나고 있다고 평가했다. 또한 태백산에 강림하여 부여계 시조인 주몽의 아버지라고 일컫는 단군은 만선사에서 실로 안성맞춤인 존재라는 점에서 단군신화 자체를 매우 긍정적으로 받아들였다.[193]

그것은 어떤 책에 씌어져 있는가 하면 삼국유사 앞에 연표가 붙어 있습니다만, 그 연표에 이것이 명기되어 있습니다. 조선인이 이미 단군을 조선 민족의 개조라고 한다면 만주의 광야에 민족의 틀을 잡고 문화를 발생시킨 부여의 집단은 역시 조선 민족의 선조와 같은 곳에서 분화되었다는 해석이 되는 것입니다. 이러한 것에 대해 우리들은 허심탄회하게 기록이 명하는 대로 해석해가고 싶지는 않습니까. 단군에 대해 삼국유사에 보이는 것이 조선의 기록으로 나타난 최초의 것입니다. 이 서적에 이와 같은 기사가 보인다는 것은 흥미로운 일일 것입니다. 삼국유사는 현재하는 선인(鮮人)의 두뇌보다 훨씬 크고 훨

---

191 旗田巍 저, 李基東 역, 1983, 『日本人의 韓國觀』, 一潮閣, 152쪽.
192 稻葉岩吉, 1933.2, 「滿鮮史體系의 再認識」 上, 『靑丘學叢』 11, 23쪽.
193 稻葉岩吉, 1927.9, 「朝鮮의 嶺土問題民族問題及び鮮滿文化關係에 就て – 鮮滿關係史의 一節 – (一)」, 『朝鮮』 148, 朝鮮總督府, 13~14쪽; 다키자와 노리오키, 2003, 「이나바 이와키치 稻葉岩吉와 '만선사 滿鮮史'」, 『한일관계사연구』 19, 122~123쪽.

씬 넓은 생각으로 만들어진 것은 아닌가 하고 나는 생각합니다.[194]

이나바는 그의 학문 연구는 학문을 위한 순수 탐구가 아니라, 당시 중국 문제에 자극을 받아 필요에 따라 중국 역사를 편찬한 사람[195]이라고 스스로 회고했다. 즉, 그의 조선사, 만선사 연구는 당시 조선 통치와 만주 문제에 자극을 받아 그 필요에 의해 이루어진 것으로, 제국 일본의 대륙 침략의 문화적 수단으로서의 '만선사'였다고 할 것이다.[196]

또 한 가지, 이나바의 만선사와 광해군시대 대외정책에 대한 재평가는 어떤 관련이 있는가. 이나바의 박사학위논문은 「광해군 시대의 만선관계」이다. 만선사의 입장에서 그는 "만주와의 관계가 극히 원활하게 진행되고 있을 때는 지극히 태평하고 또 강성했다. 이에 반해 만주에 대한 이해 혹은 생각 없이 이들을 자극한 경우에는 참해를 입었다"고 보았다. 또 인조 정권을 "지나 제국 즉 당시 명을 과중시하고, 신흥만주(청)에 이를 경시하였다. 경시했다기보다는 오히려 야인으로 모멸하고", "앞일에 대한 예측도 하지 못하고 전통적인 것에 대한 고착에서 벗어날 수 없었기 때문에 결국 신흥국의 분노를 사 스스로 병화를 재촉"한 것으로 악평하였다.[197]

반면 이나바는 만선사적 맥락에서 광해군을 옹호했던 것으로 알려져 있다. 그는 성리학적 명분론에 입각해 명의 출병 요구를 거절하고, 명과

---

194 稲葉岩吉, 1927.9, 「朝鮮の嶺土問題民族問題及び鮮滿文化關係に就て－鮮滿關係史の一節－(一)」, 『朝鮮』 148, 朝鮮總督府, 13~14쪽.

195 稲葉岩吉, 1938, 「豫が滿鮮史研究課程」, 『博士還暦記念滿鮮史論叢』, 17쪽.

196 다키자와 노리오키, 2003, 앞의 글, 125쪽.

197 稲葉岩吉, 1937.2, 「朝鮮の歴史的大淸感情及び智識」, 『朝鮮』 260, 朝鮮總督府, 8~9쪽.

후금 사이에서 적절하게 중립을 지키려 했던 광해군을 '택민주의자(擇民主義者)'라고 옹호했다.[198] 또 '나선정벌(羅禪征伐)'에 대해서도 "선만 양국이 협력하여 러시아의 남하를 저지할 수 있었다"고 표현하였다.[199] 또 광해군에 대해서는 "내정 때문에 폐위당해 제대로 평가받지 못하였으나, 나는 그다지 혼주(昏主)라 느끼지 않는다. 차라리 너무 총명한 것은 아닐까 생각할 때가 있다. 광해군은 신하들처럼 명나라 전통적인 세력을 중시하지 않았다"[200]라고 하며, 명나라의 전통적인 세력에 고착하지 않고, 적극적으로 만주를 이해하려고 한 총명한 인물로서 평가하였다. 그러나 이나바의 이러한 광해군 시기 대외정책에 대한 긍정 평가는 동북아시아의 역사를 일본-조선-만주-몽골로 이어지는 세력과 중국을 대치시켜 대립 구도로 보아온 이나바의 역사관을 반영하는 것이었다.[201]

4. 사회·경제사학의 정체성론

'정체성론'은 타율성론과 함께 식민주의 역사관의 2대 지주로 한국이 수천 년간 수많은 왕조 교체와 사회변혁에도 불구하고, 봉건제의 결

---

198 한명기, 1998, 「폭군인가 현군인가 – 광해군 다시읽기」, 『역사비평』 통권 44, 156~159쪽.
199 稲葉岩吉, 1934, 「朝鮮孝宗朝に於ける兩次の滿洲出兵に就いて」 下, 『青丘學叢』 16, 56~60쪽.
200 稲葉岩吉, 1925, 「朝鮮滿洲と支那と關係」, 『朝鮮文化史研究』所收, 雄山閣, 216~217쪽.
201 다키자와 노리오키, 2003, 「이나바 이와키치 稲葉岩吉와 '만선사 滿鮮史'」, 『한일관계사연구』 19, 127쪽.

여로 인해 근대사회로 이행하지 못했다는 논리이다. 근대 유럽인들이 아시아로 식민지 건설을 확대하는 제국주의 침략 과정에서 식민정책을 합리화하기 위해 만들어진 '아시아적 정체성'을 그대로 일본이 조선에 적용시킨 것이다. 즉, 일본 역시 조선 침략과 식민지화를 합리화하고, 일본이 정체된 조선을 근대화시키는 사명을 수행했다고 하는 침략 이론으로 이 정체성론을 십분 활용했다.

본래 '정체성론'은 '역사는 과학적이고 합법칙적으로 진보하고, 발전한다'라는 마르크스주의 유물사관에 역사 연구를 위한 하나의 방법인 '시대구분'이 결합되어, 이러한 합법칙성에 맞지 않는 사회는 정체된 특수성을 가진 사회라는 '정체성론'으로 변질된 것이다. 고전적인 시대구분인 '고대 - 중세 - 근세(근대)'의 3분법이 19세기에 들어와 마르크스 - 엥겔스(Marx-Engels)의 '노예제 - 봉건제 - 자본주의'와 결합하여 '고대 노예제사회 - 중세 봉건제사회 - 근대 자본주의 사회'로 정착되었고, 여기 원시공동체 사회와 프롤레타리아 독재에 의한 공산주의 사회를 앞 뒤에 붙여 5분법이 등장했다. 마르크스(Karl Marx)는 그 유명한 저술 『공산당 선언』에서 '지금까지의 모든 사회의 역사는 계급투쟁의 역사다'라고 선언하여 시대 변환을 생산관계의 변화에 따른 새로운 사회계급의 투쟁의 역사로 정의하였다. 그리고 그 변환은 외부의 영향에 의한 것이 아니라 '내재적 발전'의 결과라고 설명했다. 그런데 이러한 설명에 의하면 아시아 역사의 경우 이 법칙과 부합하지 않는다. 결국 마르크스는 아시아는 고대의 생산방식에 그대로 머문 '정체'된 후진 사회이고, 이를 '아시아적 생산양식'이란 표현으로 설명했다. 서구는 합법칙적 발전과 진보를 이룬 '보편적인 사회'인 데 비하여 아시아는 정체된 '특수한 사회'라는 설명이다. 이 논리에 따르면 19세기 말 조선도 내재적 발전을 이루지 못한 특수한 후진적 사회라는 결론에 이른다. 바로 마르크스 경제학을 배운 일본인 경제학자에 의하여 '정체성론'이 만들어진 것이다.

1) 후쿠다 도쿠조의 '아시아 정체'

(1) 후쿠다 도쿠조의 정체성론 주장의 배경과 내용

식민주의 역사학의 한국 사회·경제사 연구는 경제학 전공자에 의해 시작되었다. 후쿠다 도쿠조(福田德三, 1874~1930)가 그 시작이라고 할 수 있다. 후쿠다는 일본 경제학 초창기에 서구 경제학을 일본에 도입하여 정착시킨 대표적인 경제학자였다. 그는 게이오기주쿠(慶應義塾)대학·도쿄상과(東京商科)대학에서 교수로 재직하면서 초기 일본 경제학에 매우 큰 영향력을 행사했다. 그는 1902년 여름에 한국을 약 2주간 여행하여 조선의 실상을 견문하고, 수집한 자료에 기초하여 이듬해 1903년 9월부터 1904년 11월에 이르는 시기, 「한국의 경제 조직(經濟組織)과 경제 단위(經濟單位)」[『내외논총(內外論叢)』 2-1, 3-6, 4-1(1905~1907) 수록, 뒤에 『경제학연구(經濟學研究)』(1907), 『개정경제학연구』 전편(1915)에 재수록]를 발표하였다. 기존에도 있었던 막연한 한국의 '후진성' 내지 '낙후성'의 주장이 근대적 경제사학의 방법론으로 쓰여진 한국 경제사에 관한 최초의 학술 논문이라고 하겠다.[202]

후쿠다에 의하면 조선의 역사는 봉건제도가 결여되었다는 점에서 서구나 일본의 역사 발전 과정과 다르고, 일본에 비하여 조선의 발달 수준이 현저하게 낙후되어 있다는 것이다.

---

202 강진철, 1987, 「정체성이론 비판」, 『한국사시민강좌』 1, 23~24쪽.

후쿠다는 제2제정기 독일에 유학하여 처음에는 라이프치히(Leipzig) 대학의 칼 뷔허(Karl Bücher, 1847~1930)의 영향을 받았고, 이어 독일 강단 사회주의 좌파의 영수인 뮌헨(München)대학의 루요 브렌타노(Lujo Brentano, 1844~1931)에게 수학하였다.[203]

후쿠다는 브렌타노가 편찬한 『국민경제 연구』의 일부로 독일어 저작 『일본경제사론(日本經濟史論, Die gesellschaftliche und wirtschaftliche Entwicklung in Japan)』을 출간하였다.[204] 이 저서에서 후쿠다는 일본 경제사의 발전 과정은 다른 동양의 여러 나라와는 달리 서구의 발전 과정과 같은 과정을 거쳤기 때문에 일본이 서구처럼 근대 사회로 발전이 가능했다고 주장했다. 또한 후쿠다는 메이지 유신 이후 일본의 진보는 단순한 서양문명의 모방이 아닌, 일본 자체에 그 발전의 근거가 있었다

---

[203] 1870년 프로이센의 국내 통일 및 독일제국 출범이 이루어진 독일에서는 산업혁명 진행에 따른 경제 격차 확대 등 사회문제가 가시화되었고, 사회주의 세력이 등장하는 상황에서 구스타프 폰 슈몰러(Gustav von Schmoller, 1838~1917), 루요 브렌타노, 바그너(Adolf Wagner) 등의 신역사학파 경제학자들이 1873년 '사회정책학회'를 결성하였다. 그런데 이들은 독일의 사회정책의 추진 방향을 놓고 치열한 논쟁을 벌였는데, 바그너, 슈몰러같은 우파는 국가 중심적 추진 방향을 주장한 반면, 브렌타노 등 좌파는 맨체스터 학파적 자유경제 아래 노동조합에 기초한 사회정책으로 사회주의에 대항해야 한다고 주장했다고 한다(강상중, 1997, 『오리엔탈리즘을 넘어서』, 이산, 93쪽 각주 8번). 이들 신역사학파 경제학자들 중 대학 강단에 선 사람들을 '강단사회주의자'라고 불렀는데, 강단사회주의(school socialism)는 그 자체가 당시의 혁명적 사회민주주의에 대한 국가적 반동으로 만들어진 것이었기 때문에 혁명적 사회주의자들과도 반목하는 관계였다고 한다. 이 강단사회주의자들은 그 안에서도 바그너 등은 국가사회주의적 재정정책을 주장하는 그룹과, 브렌타노 등 사회개량의 기초를 노동자 단결의 자유에 두는 노동조합운동의 전문적 연구가, 그리고 전통적 중산계급의 적극 보호를 주장하는 슈몰러 등 경제사학자 그룹의 3분파로 나눈다(이철수 외 공저, 2009, 『사회복지학사전』 참조).
[204] 강상중 지음, 이경덕·임성모 옮김, 1997, 『오리엔탈리즘을 넘어서』, 이산, 84쪽.

고 주장하였다.[205] 서양의 역사발전 단계를 준거로 하여 세계 여러 나라들의 발전단계를 설명하는 지극히 서구중심주의적 발상이라고 할 것이다.

브렌타노의 『국민경제 연구』나 그 일부로서 후쿠다가 독일어로 쓴 『일본경제사론』 모두 비교 방법을 취하면서 서구와 일본의 사회경제적 발전을 '진화'와 '정상'으로 설정하고, 한국을 '이단', '일탈', '낙오', '비정상'의 특수한 상황으로 규정지었다. 그리고 브렌타노와 후쿠다의 개념적 모델은 모두 뷔허의 『국민경제의 성립』(1913)이었다. 뷔허는 재화가 생산에서 소비에 이르는 유통 과정에 기준을 두어 재화가 생산자에서 소비자에 이르는 과정의 장단점을 기준으로 하여 첫 단계로 봉쇄적 가내경제 단계, 두 번째 단계로 도시경제 단계, 세 번째로 국민경제 단계의 3단계 경제발전단계설을 주장하였다.[206]

첫 단계인 봉쇄적 가내경제는 순수한 자기생산 단계, 즉 자급자족의 단계로, 교환이 없는 경제, 재화가 그것이 생산된 동일한 경제 내에서 소비되는 단계로 설명했다. 두 번째인 도시경제는 생산자와 소비자와의 직접 교환 경제 단계이고, 세 번째 국민경제는 기업적 상품생산과 재화의 유통 단계로 설명했다. 후쿠다는 이 학설을 그대로 수용하여 가장 저급한 국가경제발전 단계를 '자족경제' 내지는 '촌락경제'로 설정했고, 그 다음 단계가 '도부(都府)경제' 내지는 '영역(領域)경제', 그리고 가장 진보된 단계가 '국민경제'인데, 각 경제 단계는 정치 제도의 형태와 비교해 볼 때, 자족경제는 봉건제도 출현 이전의 시기이고, 도부경제는 봉건제

---

205 旗田巍 저, 이기동 역, 1983, 『일본인의 한국관』, 일조각, 35~36쪽.
206 강상중 지음, 이경덕·임성모 옮김, 1997, 앞의 책, 94~95쪽.

도에 상당하며, 국민경제는 근대국가에 해당된다고 하였다.[207]

후쿠다는 독일에서 귀국한 후 1902년 조선을 여행한 후 「한국의 경제 조직과 경제 단위」를 썼다. 이 글에서 그는 조선의 정치 조직, 사회 조직, 토지소유 관계, 상업기구, 공업 형태 등을 검토한 뒤 조선 경제의 현저한 후진성을 위의 '가내경제' 단계로 설정하였다.

> 한국의 경제 조직은…. 우리가 관용하고 있는 의미의 국민경제의 영역과 거리가 먼 것은 논할 필요도 없다. 도시경제나 영역경제로도 설명할 수 없다. 왜냐하면 교통경제의 발달은 낮은 단계이고, 전국적인 화폐경제의 보급을 볼 수 없기 때문이다. 자족경제이자 촌락경제일 뿐이다.[208]

그리고 그렇게 조선이 낙후된 원인은 바로 봉건제도의 결여에 그 원인이 있고, 현재 조선의 상황은 일본에서 봉건제가 성립하지 못했던 후지와라(藤原)시대[일본 고대 헤이안시대(794~1185)의 후기를 가리키는 문화사적 시기 구분 명칭이다. 894년 견당사 폐지 이후 1185년까지 약 300년간을 가리킨다.]의 단계에 해당한다고 하였다.

> 한국의 정체는 그 경제생활과 서로 조응하는 것이다.… 이제 그 근본 원인을 규명자면, 나는 봉건제도가 존재하지 않았다는 것을 결론으

---

207 姜尙中, 1987, 「福田德三の「朝鮮停滯史觀」-停滯論の原像」, 『季刊 三千里』 49, 三千里社, 82쪽.
208 福田德三, 1925, 「韓國の經濟組織と經濟單位」, 『經濟學研究』 4(經濟學全集), 同文館, 112~113쪽.

로 얻었다. 한국은 진정한 의미에서 아직 국가라고 할 수 없다. 또한 국민경제도 없다. 우리나라에서 보자면 가마쿠라(鎌倉) 막부 발생 이전, 특히 후지와라(藤原)씨시대, 서구에서는 샤를마뉴(Charlemagne) 사후에서 샤를(Charles)에 이르는 시대에 해당될 것이다.… 근세국가와 국민경제 조직의 연원은 전제적 경찰국가에 있다. 그러나 전제적 경찰국가의 발생은 장기간의 엄정한 봉건적 교육시대를 경과할 수에야 가능한데, 한국은 봉건적인 교육을 받지 못했다. 어떻게 전제국가가 탄생하겠는가.… 우리나라는 가마쿠라 막부의 봉건시대와 도쿠가와(德川) 막부의 경찰국가시대가 있어서 엄정한 수련을 거쳐 후지와라시대가 계속되지 않았기 때문에 결국 한국과 명운(命運)을 달리한 것이다. 한국의 사회 조직은 이 봉건제도 결여가 그 진상인 것이다.[209]

즉, 일본은 엄정한 봉건시대를 거쳤고, 이후 도쿠가와 막부의 경찰국가를 거쳤기 때문에 근대 국가로의 발전이 가능했지만, 한국은 봉건제를 거치지 못하여 여전히 일본의 후지와라씨시대 수준에 머물렀다는 논리이다. 후쿠다는 더 나아가 한국이 근대로의 자주적 발전이 불가능한 국가로, 일본이 이러한 조선을 발전시킬 임무를 가지고 있다고까지 하였다.[210]

후쿠다는 뷔허를 답습하여 '국민경제'가 성립하려면 그 구성 요소

---

[209] 福田德三, 1925, 「韓國の經濟組織と經濟單位」, 『經濟學研究』 4(經濟學全集), 同文館, 119~120쪽.
[210] 田中秀臣, 2001, 「福田德三の朝鮮觀」, 『紀要』 12-2, 21쪽.

인 토지와 인민을 고대적인 씨족제에서 해방시키는 봉건제의 세례가 있어야 한다고 생각했다. 그러면서 조선의 전통·풍습 등은 파괴되어야 하며, 일본은 한국의 토지와 인간을 낡은 전통적 사회로부터 해방시켜 토지의 사유화, 자본화, 노동자와 기업가와의 계급 분화를 촉진시켜야 함을 주장했다. 그는 일본인이 해야 할 사명에 대해서 "부패, 쇠망의 극에 달한 '민족적 특성'을 밑바닥에서부터 소멸시켜, 이로써 자신에 동화시켜야 할 자연적 운명과 의무로 삼는 '유력우세한 문화'의 사명의 중대함을 감당해야 할 것이 아닌가"라고 쓰고 있다. 여기서 조선의 전통과 풍습의 해체, 파괴는 결국 식민지화를 말한다. '유력우세한 문화'를 가진 일본이 낙후되고 자주적 발전이 불가능한 조선을 식민지화하여 근대화시킬 사명이 있다고 주장한 것이다.[211] 이에 대해 강상중은 '일본이 그들의 우월성을 내세우기 위한 반사경으로서 일본이 아시아의 일원임을 외면하려고 하는 이들의 모순적인 노력에 불과하다'고 하였고, '후쿠다의 일본 봉건제론은 지극히 편파적인 것으로 조선 사회의 일면만을 데포르메(déformer)[212]한 형태로 그려낸 것에 지나지 않는다'고 지적했다.[213]

---

211 田中秀臣, 2001, 위의 글, 21쪽; 福田德三, 1925, 「韓國の經濟組織と經濟單位」, 『經濟學研究』 4(經濟學全集), 同文館, 157~161쪽.

212 프랑스어로 '찌그러트리다 변형하다'의 의미. 명사로 déformation(변형, 기형). 대상에 의미를 부여하기 위해 작가가 대상을 의도하건, 의도하지 않았건 변형되거나 왜곡되게 표현하는 것을 의미한다. 주로 만화, 미술, 일러스트 등에서 표현의 경우에 의도된 것을 뜻한다.

213 姜尙中, 1987, 「福田德三の「朝鮮停滯史觀」-停滯論の原像-」, 『季刊 三千里』 49, 三千里社, 84~86쪽.

(2) 후쿠다 도쿠조 정체성론의 허구성과 폐해

후쿠다가 모델로 한 칼 뷔허의 『국민경제의 성립』은 19세기 서구의 '정상 계통적 발전'을 역사의 당연한 부동의 패러다임으로 규정하고, 인류 경제 발전의 단일 계통적 발전 단계론을 주장한 것이었다. 그러나 이는 이매뉴엘 월러스틴(Immanuel Wallerstein)이 비판하고 있는 것처럼 19세기적 사회과학의 '역사적인 신화'가 뒤엉켜 있다고 할 것이다.[214] 즉, 서구의 '고대사회 > 봉건사회 > 상업경제 > 자본주의적 산업사회'라는 발전을 정상적인 모델로 하여 그 발전 모델에 맞지 않는 조선의 상황을 비정상이자, 낙후된 이단으로 규정한 것이다. 에드워드 사이드(Edward Said, 1935~2003)가 『오리엔탈리즘(Orientalism)』에서 설명한 것처럼, 서구의 인식론적 폭력이라고 할 수 있다.[215]

후쿠다가 조선의 정체성을 설명하면서 그 근거로 제시한 봉건제도 결여론은 조선이 봉건제를 거치지 못하여 그 전 단계인 자족경제 단계에 정체되었다는 논리이다. 즉, 조선은 봉건시대의 엄정한 봉건교육을 받지 못하여 '국가', '국민경제'의 완전한 경지에 도달하지 못했으나, 일본은 가마쿠라 막부시대의 봉건시대와 도쿠가와 막부의 근세 경찰국가 시대를 거쳐, 그간에 주도한 수련교육의 시대를 가질 수가 있었기 때문에 오늘날 근대국가로의 이행이 가능했다는 것이다.[216] 그러나 서구의 봉건제는 '레엔(lehen) 봉건제'이다.[217] 즉, 토지에 있어서의 은급제(恩給制,

---

214 강상중 지음, 이경덕·임성모 옮김, 1997, 앞의 책, 84쪽.
215 강상중 지음, 이경덕·임성모 옮김, 1997, 위의 책, 85쪽.
216 강상중 지음, 이경덕·임성모 옮김, 1997, 위의 책, 95쪽.
217 레엔제는 영주 내지 주군이 영민(領民) 내지 종사(從士, vasallen)에게 계속적인 수익이 가능한 것을 수여하여 영민 내지 종사 내지 주군의 보호에 대한 반대급부로서 영

Beneficium), 인간에 있어서의 주종관계(Vasallitat)에 기반한 분권적 봉건제도이다. 이때 군주(영주)와 신하의 주종관계는 쌍무계약관계이며, 봉주(封主)와 봉신(封臣) 사이에 이루어지는 봉토의 수수(授受)관계라는 물권관계를 매개로 성립된다. 일본이 이러한 서구의 분권형 봉건제도와 비슷한 경험을 했다는 것은 잘 알려진 사실이나, 서구의 분권적 봉건제도와 일본의 무가정치가 본질적으로 과연 어느 정도까지 '같은' 것인지는 의문이다.

유럽의 봉건제의 경우, 은급제와 주종관계가 가장 중요한 기초인데, 일본 무가정치에서도 외형적으로는 유사한 '가신제(家臣制)' - '어가인(御家人)', '지행제(知行制)' - '어은(御恩)'이 존재하기는 했다. 그러나 유럽 봉건제도의 주종관계는 자유인과 자유인 사이 체결된 자유의사에 입각한 쌍무적 계약 관계였다는 점이 일본과 다르다.[218] 브렌타노의 동료였던 막스 베버(Max Weber, 1864~1920)도 "일본의 봉건제도는 완전한 레엔제를 이루지 못했다. 일본의 다이묘(大名)는 레엔제적 봉신(Lehensvasall)이 아니다"라고 하였다. 또 "순수하게 인적인 종사제적 경건성(pietét: 러시아어로 군주에 대한 충성심 또는 경애)을 지닌 일본의 봉건제는 은급제(恩給制)의 장원 영주적 구조를 결여하고 있었다. 서양 레엔제의 본질적인 특색은 종사제적 경건성에서 유래하는 인간적인 충성 관계와 이에 수반한 은급제가 결합되어 있었는데, 오리엔트의 봉건제와 일본의 봉건제는 이 두 가지의 결합과 구별된다"고 분명히 일본의 봉건제가 서양과 다름을 강

주 내지 주군에게 충성과 봉사를 다하는 것이엇다. 레엔이라는 것은 계속적인 수익이 가능한 재화이다. 레엔으로 가장 중요한 것은 토지였다. 물론 토지 외에도 통행세, 조세징수권 등 계속적인 수익이 가능한 것이면 레엔이 될 수 있었다.
218 강진철, 1987, 「정체성이론 비판」, 『한국사시민강좌』 1, 28~30쪽.

조했다.

이렇게 후쿠다의 무리수, 즉 서양과 일본의 봉건제를 동일시하고, 그래서 일본은 서양과 마찬가지로 근대적이고 발전한 우수국가임을 내세운 반면, 조선은 낙후된 후진사회라는 무리한 개념 조작은 당시 조선을 '가내경제' 단계로 몰아붙인 것이다.[219]

또 한 가지, 후쿠다는 당시 조선에 토지 소유 관념이 없고, 토지의 사적 소유권이 없었던 토지 공유의 단계라고 설명하면서 그것을 조선 경제의 결정적인 후진성으로 거론했다. 후쿠다의 문제점은 단순한 정보 부족이나 지식 부족뿐만 아니라 보다 근본적으로 역사 연구의 기본을 갖추지 못했다. 즉, 후쿠다가 부분적으로는 당시 조선 사회의 표면상의 특징을 다루고는 있다. 양반제의 모순이나 양반이 영토적인 기초를 갖추지 못했다든가, 표면상으로는 전제군주국가이면서도 왕권이 약했다는 등의 서술이 그것이다. 그러나 이러한 조선 사회의 특징이 어떠한 역사적 과정을 거쳐 내려온 산물이었는가에 대한 고찰이 없었다.[220] 게다가 당시 조선에서의 토지의 사적 소유는 이미 오래전부터 성립되어 있었으며,[221] 17, 8세기 이후 조선에서의 농업, 상업, 수공업 등의 분야에서의 비약적인 경제 변화상에 대한 몰이해에서 나온 견해라고 비판할 수 있다.[222]

후쿠다의 논문은 약간의 자료와 2주에 불과한 단기간 여행 중 얻은

---

[219] 강상중 지음, 이경덕·임성모 옮김, 1997, 앞의 책, 96쪽.
[220] 미야지마 히로시, 2000, 「일본 국사의 성립과 한국사에 대한 인식―봉건제에 대한 논의를 중심으로」, 『한일공동연구총서』 2, 고려대학교 아세아문제연구소, 335쪽.
[221] 토지의 사적 소유가 한국사회에서 비교적 일찍부터 성립되어 있었다는 것에 관해서는 강진철, 1980, 「토지국유설의 문제」, 『고려토지제도사연구』, 329~351쪽. 여기서는 토지의 국유설과 사유설에 관한 여러 학설들이 비교적 자세히 소개 검토되어 있다.
[222] 강진철, 1987, 앞의 글, 31~37쪽.

단상을 토대로 한 조잡한 논문이었음에도 불구하고, 일본인에 의한 한국 경제사 분야 최초의 논문이었고, 이후 그 영향력은 매우 컸다. 다이쇼(大正, 1912~1926)시대와 패전 이전까지의 쇼와(昭和, 1926~1989) 연간의 일본인 손에 의한 한국 경제사 연구 중 대다수가 후쿠다의 논문을 출발점으로 해서, 같은 발상으로 연구가 진행되었다고 해도 과언이 아니라고 할 수 있다. 특히 기타 사다키치(喜田貞吉), 시카타 히로시(四方博), 모리타니 가쓰미(森谷克己) 등의 경제학자들에 의해 한국 경제의 정체성이론은 계승·발전되었다.

고쿠쇼 이와오(黒正巖)는 「조선의 경제 조직과 봉건제도」(1923, 『經濟史論考』)에서 후쿠다의 학설을 계승, 발전시켰고, 모리타니 가쓰미(森谷克己)의 『동양적 생활권(東洋的 生活圈)』(1942), 시카타 히로시(四方博, 1900~1973)의 「구래의 조선사회의 역사적 성격에 대하여」(1951~1952, 『朝鮮學報』 1~3, 뒤에 1976, 『조선사회경제사연구』 하에 수록)는 후쿠다와 입장은 다르지만, 조선 사회의 정체성을 서술했다는 점에서 후쿠다의 정체성론은 장기적으로 지속되었음을 알 수 있다.

경제사 분야가 아닌 한국사 연구자에서도 정체성론은 나타난다. 가와이 히로타미(河合弘民, 1872~1918)는 「한국」(1913, 『經濟大辭書』, 同文館) 속에서 병합 전후의 한국문화는 '전적으로 아국에 있어서의 후지와라시대와 동일한 상태'이며, 한국사의 현상은 후지와라시대 단계에서 정체하고 있다고 서술하였다. 가와이가 후쿠다의 논문을 참고했다고는 볼 수 없으나, 당시 일본인 연구자들이 유사한 '한국사의 정체성'이란 인식을 갖고 있었음을 확인할 수 있다. 심지어 메이지~다이쇼 시기 활동한 일본의 비평가이자 역사가였던 야마지 아이잔(山路愛山, 1864~1917)이 1904 한국을 여행한 후 쓴 『한산기행(韓山紀行)』에서 '한국인의 모습 속에서

8세기 일본 나라(奈良)시대의 일본인의 모습이 상기된다'고 한 것에서도 정체성론은 상당히 널리 일본인들의 의식에 자리 잡고 있었던 것으로 보인다.

일선동조론을 강조한 기타 사다키치도 1920년(다이쇼 9)에 조선을 여행하고, 「경신선만여행일지(庚申鮮滿旅行日誌)」(1921.7, 『민족과 역사』 6-1)를 썼는데, 조선인의 풍습, 생활 도처에 헤이안(平安)시대의 일본인과의 비슷한 점을 찾아내고 있다. 이는 후쿠다가 주창한 후지와라시대론(藤原時代論)과 형태상으로 일치할 뿐만 아니라 더 나아가 기타는 조선인 생활 양식 그 자체 속에서 헤이안시대 일본인의 생활을 발견하고 있다. 즉, 일찍이 수백 년 전 일본인이 영위한 생활 양식이 조선에서 현실적으로 존재하고 있음을 발견한 것으로, 역사의 진보에 수 백년의 차이가 있다고 하나, 일본인과 조선인은 본래 같은 생활 양식을 지닌 동조(同祖), 동원(同源)의 민족임을 확인했던 것이다. 기타의 헤이안시대 해당론, 즉 정체성론은 일선동조론을 강화시키는 의미였던 것이다.

모리타니 가쓰미는 일본인 학자로서는 처음으로 한국에 봉건주의가 미숙한 형태로나마 부분적으로 존재하였음을 인정했다. 그러나 미숙한 봉건주의는 관료주의적인 국가체제로 전환하기에는 역부족이었다고 하였다. 또 전제적 관료주의가 관개(灌漑)사업의 기본조건인 치수와 수리, 촌락협동체의 고립 폐쇄성이라는 2개의 조선에 의거하지만, 한국을 비롯한 아시아 사회는 경제적 진보가 지극히 둔화되어 있었고, 정체적이었기 때문에 결국 식민지로 전락했다고 주장하였다. 결국 모리타니의 정체성도 후쿠다와 크게 다르지 않은 정체성론이었다.[223]

---

223 森谷克己, 1964, 「朝鮮歷史經過の大要とその諸時代の經濟的社會的構成」, 『朝鮮硏

정체성론은 만선사 연구자인 이나바 이와키치에게서도 나타난다. 이나바는 『조선문화사연구(朝鮮文化史研究)』(1925)에서 조선에 봉건제도가 없었음을 지적하면서 조선 사회가 일본보다 약 6백 년 낙후된 일본의 가마쿠라 막부(鎌倉幕府, 1185~1333)시대에 해당한다고 하였다. 그런데 일본의 가마쿠라시대는 봉건시대에 해당된다. 따라서 이나바의 주장이 조선의 봉건제 결여론과 어떻게 관련 있는지 이해하기 어렵지만, 결론적으로 조선이 낙후됐다는 주장은 분명하다.[224]

오늘날에도 여전히 주장되고 있는 식민지 근대화론이나 일본의 역사 교과서 왜곡에서 계속되고 있는 식민지 시혜론의 논리도 같은 맥락이라고 할 수 있다. 그만큼 후쿠다가 본 한국상(韓國像), 한국사상(韓國史像)은 끈질기게 존속하고 있다. 서양의 근대를 '발전, 문명'의 최고의 기준으로 하여 그것과의 거리를 측정해 우열을 논하는 연구 방법 및 인식에 따르면, 일본의 선진성과 조선의 후진성, 정체성이 눈에 띄는 것은 당연한 것이었다. 근대를 극복할 만한 관점이 없는 한, 후쿠다가 만든 이 조선관은 지속되었고, 그것이 후쿠다의 영향이 오래도록 계속된 이유였다.[225] 청일·러일전쟁을 배경으로 한 시바 료타로(司馬遼太郎)의 장편 역사 소설 『언덕위의 구름(坂の上の雲)』[226]에서 '이 왕조는 이미 500년이나 계속되어 온 질서는 노화되었기 때문에 한국 자신의 의사와 힘으로는 스스로 운명을 개척할 능력이 전무하다고 해도 좋다'라고 한 것은 후쿠자와 이

究』, 日本朝鮮研究所, 46~47쪽; 이복임, 2016, 「일본지식인층에 의한 조선정체론 연구」, 『일본문화학보』 68, 267쪽.

224 旗田巍 저, 이기동 역, 1983, 앞의 책, 135~136쪽.
225 旗田巍 저, 이기동 역, 1983, 위의 책, 36~37쪽.
226 司馬遼太郎, 2005, 『坂の上の雲』(一), 文藝春秋, 344쪽.

래의 조선 정체성론을 그대로 인식의 저변에 깔고 있다고 해도 과언이 아닐 것이다.[227]

2) 시카타 히로시의 '조선 봉건제 결여론'

정체성론에 대해 후쿠다와는 다소 입장은 다르나, 조선 사회의 정체성을 언급한 대표적인 일본인 학자로 시카타 히로시(四方博, 1900~1973)가 있다. 1900년 일본 고베시에서 출생한 그는 도쿄제국대학 경제학부를 졸업한 후 1924년 경성상업고등학교 교사, 1926년 경성제국대학 법문학부 부교수, 1930년 경성제국대학 교수를 지냈다. 그는 경성제국대학 재직 시기 조선 경제사, 특히 조선 후기 사회경제사 분야에서 많은 연구실적을 내었다. 패전 후 일본으로 돌아가서는 1947년 아이치(愛知) 대학 교수, 1948년 아이치현(愛知縣)의 나고야(名古屋)대학 법경제학부 교수, 1961년 기후(岐阜)대학 총장, 1969년 아이치현립대학총장, 일본과학위원(1965~1968) 등으로 활동하면서 전후 일본 학계에서도 큰 영향력을 행사하였다.

그는 후쿠다와 달리 제국주의의 식민지 침략을 적극적으로 합리화하지도 않았기 때문에 전후 일본 사회에서는 '양심적인 교수'로까지 평가받았다. 그러나 아시아와 조선이 일본의 도움으로 침체의 악순환에서 벗어날 수 있었다고 하여 조선의 근대화에 있어서 일본의 역할을 강조함으로써 결국 본질적으로 후쿠다의 논리와 큰 차이가 없었다. 정체성론과

---

227 타무라 토시유키(田村紀之), 김기원 역, 1995, 「일본 대중작가 시바 료타로의 한국정체관을 비판한다」, 『역사비평』 통권 31, 280~281쪽.

관련된 그의 저술에는 「조선에 있어서의 자본주의의 성립과정」(『朝鮮社會經濟史硏究』, 1933)과 「구래의 조선사회의 역사적 성격에 관하여」(『朝鮮學報』 1·2·3, 1946, 1947) 등이 있다.

먼저 「조선에 있어서의 자본주의의 성립과정」이라는 논문의 서설에서 시카타는 자본주의적 경제의 실현은 대부분의 국가에서 다소 정도의 차이가 있지만, 실현되는 것으로 다만 실현 과정에는 두 가지 유형이 있다고 설명하였다. 하나는 자체적으로 자본주의적 조직 실현 가능성을 충분히 갖고 있어 자본주의로 진입한 경우, 다른 하나는 외래 자본주의의 자극에 강요되어 부득이하게 말려 들어간 경우로 나누었다. 그리고 유럽은 당연히 전자에 해당되며, 일본도 선진자본주의 국가의 영향을 받아 사회경제 조직이 비약적으로 성공하면서 간신히 자본주의 물결을 따라가게 되었다고 하였다. 그러나 조선은 이 비약에 실패하여 익몰된 나라로 설명하였다. 그 근거로서 "개항 당시 조선에는 자본축적도 없고, 기업적 정신에 충만된 계급도 없고, 대량생산을 위한 기계와 기술도 없었다. 이러한 것들을 형성하고자 하는 의지도 조건도 구비되지 못한 상황이었다. 오로지 곡물 생산자인 농민과 여가노동에 가까운 수공업자, 잉여생산물 및 사치품 거래자인 상인, 그 위에 모든 권리를 향유하는 관리와 양반들만 있었다. 결국 자본주의 생성과 조건은 외국 자본과 외국인의 기술 능력에 의뢰할 수밖에 없었다"고 설명하였다.[228] 시카타에 의하면 조선의 자본주의는 자율적, 내재적 요건이 결여되어 외래세력에 의하여 타율적으로 강제되는 과정을 밟을 수밖에 없었고, 결국 그 기본 요

---

[228] 강진철, 1986b, 「일제 관학자가 본 한국사의 '정체성'과 그 이론」, 『한국사학』 7, 203~204쪽.

인은 조선 사회경제의 낙후된 정체 상태였다는 것이다.

후쿠다 도쿠조가 교환경제 측면에서 조선 사회의 정체성을 설명한 것에 비하여 시카타는 자본주의적 생산양식이 형성되어 가는 과정을 관찰하여 설명했다는 점이 차이점이다. 그러나 결국 조선 사회의 정체성을 규명하려 했다는 점에서는 본질적으로 다르지 않다.

그렇다면, 후쿠다와 시카타의 차이점을 보다 구체적으로 살펴보자. 후쿠다는 조선 사회에서 '봉건제'가 결여되어 있었다는 점을 들어 근대 국가의 국민경제가 봉건제도라는 중간과정을 반드시 거쳐야만 도달할 수 있는 것인데, 결국 조선은 봉건제도도 거치지 못한 그 이전의 폐쇄적인 가내경제 단계에서 '정체'가 되었다는 주장이었다. 반면, 시카타는 기존에 후쿠다가 20세기 초 조선의 현 상태를 후지와라시대 말기로 설정한 것에 대하여 「구래의 조선사회의 역사적 성격에 관하여」에서 다음과 같이 비판하였다.[229]

> 후지와라 말기라고 하면 고려 중기에 해당되는 시기이고, 약 1천년이라는 시간적 거리가 있다.… 역사에서 완전한 정지라는 것은 있을 수 없다.… 여기서 말하는 정체성이란 극히 진도가 느리고, 혹은 보통 건전한 사회라면 응당 나타나야 할 것으로 예기되는 발전이 인정되지 않으며, 생산과 소비의 양상에 순환적(循環的) 경향이 현저하다는 정도의 의미로 이해될 수 있다.

그러나 시카타의 정체성론은 후쿠다에 의해 일반화된 정체성론에 대

---

229 四方博, 1951, 「舊来の朝鮮社會の歷史的性格について」, 『朝鮮學報』 2, 166쪽.

해 일정한 자기식의 해석을 붙여 그 한계 내에서 동조한다는 의미이다. 즉, 후쿠다의 정체성론과 약간의 뉘앙스는 다르나 결코 정체성의 논리의 허구성을 지적한 것은 아니었다.[230]

시카타는 조선의 사회적 '정체성'의 기본 요인은 자본축적이 이루어지지 못한 것에 원인이 있고, 자본축적이 불가능했던 것은 조선왕조 전체를 지배했던 유교주의로 인해 군주가 국왕권을 제대로 행사하지 못하고, 늘 신하들의 견제를 받는 귀족 합의제의 잔재로 인해 당쟁이 격심하고, 그 여파가 지방과 가족에게까지 영향을 미쳐 지방호족의 할거는 민생고의 격화로 이어지는 반복 작용이 결국 정체를 초래했다고 하였다.[231]

또한 시카타도 후쿠다나 고쿠쇼 이와오와 마찬가지로 조선 사회의 정체성의 한 요인으로 봉건제도의 결여에 주목하였다. 시카타의 봉건제도 역시 농노제적 생산 관계에 입각한 사회경제구성체로서의 봉건제도가 아니라, 후쿠다가 생각하는 분권적 형태의 봉건제(Lehnswesen)였다.[232] 시카타는 조선에서는 시종일관 군현제도에 의하여 통치가 이루어져 사

---

230 강진철, 1987, 앞의 글, 39~43쪽.
231 四方博, 1951, 앞의 글, 168~173쪽; 강진철, 1987, 위의 글, 44쪽.
232 봉건제도를 법제사적 또는 정치사적 개념에서 설명하면 다음과 같다. 주군과 봉신 사이의 보호와 충성(주종관계, Vassalität)을 쌍무교환 사항으로 하고, 영토 수수에 의해 성립한 봉(Lehn) 수수, 즉 물적 관계(은대제, Beneficium)와의 결합으로 성립된 사회제도를 의미한다. 이때 군신과 신하는 주종관계라고는 하나 신분적으로 자유민 사이의 합의에 의한 관계이고, 충성과 서약에 대한 대가인 토지를 매개로 한 물적 관계를 'Lehnswesen'라 한다. 그런데 'Lehnswesen'의 쌍무적 계약관계에 대해 일본의 봉건사회의 주종관계가 쌍무적 계약관계인 것이 아니라 일방적 복종과 충성이 강요되었다는 것, 신하에 대한 토지 급여는 'Beneficium'적 성격이 극히 미약했음은 이미 잘 알려진 사실이다.

회경제의 발달이 저해되었다는 것이다. 왜냐하면 서구를 근대사회로 이끈 것이 바로 분권적 봉건제였기 때문이라는 것이다.[233] 시카타 역시 '봉건제도=무가정치'라는 도식적 전제를 무비판적으로 설정하고, 봉건제 결여론을 정체성론의 근거로 주장한 것이다. 시카타에 의하면 "번(藩)이나 영지, 번주 혹은 영주 아래 일체의 정치 경제적 단위를 형성해야 영주와 영민(領民)이 각각 경제적 번영에 서로 이해가 공통되고, 영주가 영내 경제개발에 적극 노력하면 그 결과 영내 영민의 경제 발전을 가져다 주는 것인데, 조선은 이것이 결여"[234]되어 있다는 것이다. 그러나 봉건제 자체가 갖는 전근대 내지는 반근대적 성질을 간과한 분석이다. 또 조선에서는 "단기간 부임하는 지방 수령이 재임 중 목민(牧民)의 사명에 관심이 없고, 사리사욕을 채웠"으며, "당쟁이 성행하여" 결국 조선의 사회경제발전에 악영향을 미쳤다[235]고 설명하였다. 아울러 유교의 완고한 수구주의는 어떠한 혁신도 거부했고, 기업가 정신이 육성될 여지도 없었으며[236] 의식구조까지도 상업 이윤의 추구를 죄악시하고, 공업을 말업이라고 하여 천시하며, 사치를 억제하고 근검절약을 강조하게 하여 산업의 침체를 가져왔다고 설명하고 있다. 또 유학자들은 화폐 폐지론까지 주장하면서 결국 유통경제는 17세기 후반을 기준으로 하여 전국적 유통도 되지 못했다고 주장하고 있다.[237] 시카타는 조선 후기 17세기 이래의 상품경제

---

233 四方博, 1951, 「舊来の朝鮮社會の歷史的性格について」, 『朝鮮學報』 3, 124쪽; 강진철, 1987, 앞의 글, 45쪽.
234 四方博, 1951, 위의 글, 124쪽; 강진철, 1987, 위의 글, 45쪽.
235 四方博, 1951, 위의 글, 125쪽; 강진철, 1987, 위의 글, 46쪽.
236 四方博, 1951, 위의 글, 133쪽; 강진철, 1987, 위의 글, 46쪽.
237 四方博, 1951, 위의 글, 132쪽; 강진철, 1987, 위의 글, 47쪽.

발달의 역사적 사실에 대하여 완전히 부정하고 있는 것이다.

다음은 시카타가 설명하는 조선 정체성론의 요지이다.[238]

> 우리가 이름 붙여 정체성이라고 하는 것은 그러한 역사가 완전히 정지된 상태라는 의미는 아니다. 조선왕조 5백 년간, 어느 시기를 보아도 같은 생활 양식이 존재하고, 같은 사고 형식이 지배하며, 생산방법의 약진도 없고, 소비생활의 변화도 없으며, 항상 동일한 주장, 동일한 비난이 반복되었음에도 불구하고, 반성도 개혁도 이루어지지 아니하였다. 항상 양반이 지배하고, 상민은 굴복하였으며, 항상 주자학은 금과옥조이며, 항상 원시적 농경이 행하여지고, 항상 국민은 최저한 생활에 만족해야 했다. 이러한 시간의 경과를 포괄적 상징적으로 그렇게(정체성) 이름 붙이는 것이다.

시카타의 정체성론은 후쿠다의 경우처럼 숙명적으로 고정화된 개념은 아니었다고는 하나, 조선 사회의 정체적 성격을 찾아서 그것을 역사적으로 규명하려고 노력했다. 시카타의 논리는 한국과 일본의 역사가 수천 년간 다르게 전개되어 온 개별성과 특수성을 무시하고, 서구적 역사 발전을 준거로 설정한 오리엔탈리즘 그 자체라고 할 수 있다. 섬나라라는 지리적 특성상, 외침의 큰 위협이 없었던 일본과 달리, 수천 년간 중국과의 전쟁을 수도 없이 겪으면서 일찌감치 성립된 중앙집권적 정치체제의 형성과정에 대한 몰이해에서 나온 주장이다. 또한 17세기 이후 조선 사회경제의 변화, 즉, 일반적으로 이미 검증된 이앙법과 상업적 농업

---

238 四方博, 1951, 앞의 글, 167쪽; 강진철, 1987, 위의 글, 48쪽.

의 발달, 전국적인 상품화폐 경제의 발달과 수공업 생산방식의 변화 등을 여기서 더 거론할 필요는 없을 것이다.

3) 스즈키 다케오의 '조선 정체론과 식민지 근대화론'

스즈키 다케오(鈴本武雄, 1901~1975)[239]는 1901년 일본 효고현(兵庫縣) 출생으로 고베일중(神戶一中), 제3고등학교(第三高等學校)를 졸업하고, 도쿄제국대학 경제학부에 진학하여 1925년에 졸업했다. 그의 학창 시절은 다이쇼 교양주의와 사회주의가 왕성하던 시기였고, 도쿄제국대학 재학 시절에는 사회주의 이론을 접하였을 뿐 아니라, 급진적인 학생 서클 활동도 했다고 한다.[240] 스즈키는 법학부 정치학과를 졸업한 후 대학원은 경제학부로 옮겼는데, 노동과 재정금융론자 오우치 효에(大內兵衛)의 지도를 받아 재정학, 화폐금융론, 일본재정사 등을 연구했다고 한다.[241] 1927년 3월에 대학원을 졸업한 후, 1928년 4월 경성제국대학 법문학부 전임강사, 5월에 조교수가 되었다. 1933년부터는 약 2년간 독일, 프랑스, 영국, 미국 등을 유학한 후 돌아와 1935년 4월 교수로 승진하였다. 일본의 패전 후 일본으로 귀환하여 1949년에 일본 사립대학인 무사시(武藏)대학 교수가 되었고, 경제학부장까지 올랐다. 1957년에는 도쿄대

---

239 스즈키 다케오에 관해서는 박찬승, 2014, 「스즈키 다케오(鈴本武雄)의 식민지조선근대화론」, 『한국사학사학보』 30 및 송병권, 2014, 「스즈키 타케오의 조선통치론, 전전과 전후적 맥락」, 『대구사학』 115를 참조함.

240 송병권, 2002, 「1940년대 스즈키 다케오의 식민지조선 정치경제 인식」, 『민족문화연구』 37, 405~406쪽.

241 송병권, 2002, 위의 글, 406쪽.

학 경제학부 교수가 되었고, 1961년 경제학 박사를 취득하였다. 1962년 도쿄대학을 정년 퇴임한 후에는 명예교수가 되었고, 이후 무사시대학 교수가 되어 학장까지도 지냈다.[242]

재정·금융 분야를 주로 전공했던 그는 경성제국대학 법문학부 경제학 제2강좌 화폐금융론 담당 교수로 근무하면서 『대륙병참기지론해설(大陸兵站基地論解說)』(1939), 『조선금융론십강(朝鮮金融論十講)』(제국지방행정학회조선지부, 1940), 『조선의 경제(朝鮮の經濟)』(일본평론사, 1941), 『조선경제의 신구상(朝鮮經濟の新構想)』(1942) 등을 저술하였다. 당시 경성제국대학에는 경제학과가 없었는데, 법학과에 재정학과 화폐금융론 강좌가 있었고, 조선의 경제 연구는 여기서 이루어지고 있었다. 스즈키는 도쿄제국대학 시절의 은사였던 식민정책학 담당 교수 야나이하라 다다오(矢內原忠雄, 1893~1961)가 "조선 문제 연구에 경성제국대학이 공헌해야 한다"고 한 말을 마음에 새겼다고 한다. 스즈키는 '조선경제연구소'를 만들어 상당한 자료를 수집했다고 한다.[243]

1945년 이후 일본으로 귀환해서는 1946년 일본 대장성 관리국에서 비밀리에 진행한 『일본인의 해외활동에 관한 역사적 조사(日本人の海外活動に關する歷史的調査)』라는 프로젝트의 조선, 만주, 대만 편 가운데 조선편 집필을 주도했다. 잘 알려진 바와 같이 이 프로젝트는 일본 대장성이 구 식민지 및 지배지역에서의 향후 초래될 배상 및 보상 요구에 대응하기 위하여 식민지배 정책을 옹호하고, 일본인들이 해당 지역에서 축적했던 자산을 조사한다는 목적에서 수행된 것이었다.[244]

---

242 박찬승, 2014, 앞의 글, 211쪽.
243 송병권, 2002, 앞의 글, 407쪽.
244 송병권, 2002, 위의 글, 408쪽; 並木眞人, 「日本人の海外活動に關する歷史的調査」,

『일본인의 해외 활동에 관한 역사적 조사』의 조선편 10책 중 마지막 제10책은 부록으로 「조선통치의 성격과 실적(朝鮮統治の性格と實績)」, 「독립조선경제의 장래(獨立朝鮮經濟の將來)」 등의 글로 구성되어 있는데, 총 10책 중 이 부록만 필자가 명시되어 있고, 바로 스즈키 다케오가 썼다.

(1) 식민지 지배 정책 옹호

스즈키는 「조선통치의 성격과 실적」에서 일본의 조선 식민통치는 구미 열강의 그것과는 다른 것으로, 일본은 조선 민족에 대해 식민지 지배를 초월하는 민족 관계·동포 관계를 구축하려고 노력했다고 주장하였다.[245] 이 글 서문에서 스즈키는 '일본의 조선 통치에는 비판해야 하고, 반성해야 할 많은 실패와 과오가 있었던 것은 부정할 수 없으나, 구미 제국의 식민통치와 달리 일본이 조선인을 노예적으로 착취하고, 행복을 유린하였다는 것에는 정당한 항변의 여지가 있다'고 주장하였다. 즉, 기본적으로 조선 통치는 '식민지 지배'를 지향한 것이 아니라, '일시동인(一視同仁)', 혹은 '내선일체(內鮮一體)'였다는 것이다. 물론 '동조동근론(同祖同根論)'은 학계의 정설은 아니나 양 민족이 근접한 인종 혹은 민족이라는 것에는 학계의 이설이 없다고 주장하였다. 즉, 문화적 인종적으로 일본인과 조선인은 대단히 가깝기 때문에 그와 같은 공식적 식민지 지배 관계를 여기에 수립하는 것은 도저히 생각할 수 없는 일이었다고 주장하였다. 심지어 스즈키는 동화정책을 '선의의 악정'[246]이란 모순적 표현으

井村哲郎 編, 『1940年代の東アジア: 文獻解題』, アジア經濟研究所, 302쪽.

245 竝木眞人, 「日本人の海外活動に關する歷史的調査」, 井村哲郎 編, 『1940年代の東アジア: 文獻解題』, アジア經濟研究所, 303쪽; 박찬승, 2014, 앞의 글, 212~213쪽.

246 송병권, 2002, 앞의 글, 417쪽; 鈴本武雄, 「朝鮮統治の性格と實績」, 『日本人の海外活

로 일본이 절대 악의를 가지지 않았으나, 결과론적으로 부작용을 초래한 정책이었다는 식의 궤변을 늘어놓았다. 그러나 스즈키나 일본인들이 말하는 '동화정책' 혹은 '내지연장주의'란 조선인을 일본인으로 일방적으로 동화시키는 것이고, 곧 민족 정체성의 말살이었다.[247]

스즈키에 의하면 조선의 아시아적 후진성은 일본 제국주의의 식민정책 때문이 아니라, 일본도 아직 아시아적 후진성을 완전히 극복하지 못하여 생긴 결과로, 오히려 조선의 '외지적 성격'은 '내선일체'의 방향으로 극복되어야 할 것이라고 하였다.[248] 또한 일본의 조선 통치가 구미 열강의 식민지 통치처럼 조선인을 착취하고, 행복을 유린했다는 비난에 대하여 일본의 조선 통치는 소위 식민지 지배를 지향한 것이 아니었고, 오히려 서구 제국주의 열강과 다른 진보적인 면을 가진 것이라고 주장했다.[249] 한편, 스즈키는 '일시동인' 정책과 관련하여 조선인의 정치 참여 문제, 경찰정치 문제, 황민화정책 옹호론을 주장하였다. 먼저 조선인 참정권 문제에 대해서 스즈키는 일본 내지에서도 인민의 보통선거가 완전히 실현된 것은 다이쇼 말기였다고 하면서 일본에 거주하는 조선인은 일본인과 마찬가지로 1925년 보통선거 실시와 함께 25세 이상, 1년 이상 같은 곳에 거주하는 조선인도 선거권을 인정받고 있었음을 주장했다.[250] 경찰정치에 관해서도 일본 내지에 거주하는 일본의 일반 민

動に關する歷史的調查』(朝鮮 編 第10分冊), 1~3쪽.

247 박찬승, 2014, 앞의 글, 217쪽.
248 송병권, 2002, 앞의 글, 416쪽.
249 鈴本武雄, 1950.7, 「朝鮮統治の性格と實態 - 反省と反批判」, 大藏省管理局 編, 『日本人の海外活動に關する歷史的調查』通卷 11冊(朝鮮 編 第10分冊), 1~2쪽; 송병권, 2002, 위의 글, 417쪽.
250 박찬승, 2014, 앞의 글, 219쪽.

중도 경찰 행정에 신음하기는 마찬가지였으므로, 특별히 조선인이라고 하여 폭압적으로 처우한 것은 아니라는 식의 주장을 했다.[251] 다만, 일본 통치 36년간 최대의 실정이라고 지적한다면 정치경찰의 면에서 조선인을 너무나 의심하였던 것이라고 하였다. 그러나 이는 일제가 경찰을 앞세워 폭압적으로 정치한 근본적인 원인은 조선 강제병합 그 자체에 있었다는 점을 호도한 것이다. 황민화정책에 대해서는 일시동인적 여러 정책이 '황민화' 이름 아래 민족으로서의 존재를 간단히 부정하는 지나친 동화정책으로 통치상 역효과를 낳았다고 주장했다. 그러나 스즈키는 창씨개명이란 황민화정책이 '조선의 성(姓) 제도가 본관 제도와 함께 원시적 혈연공동체 사회관계의 잔재'인 것을 훨씬 근대적인 '씨' 제도로 바꾼 것이라고 하였다.[252] 스즈키의 주장이 맞다면 왜 창씨를 하지 않은 조선인들에게 불이익을 주는 조치들이 있었는지에 대해서는 설명이 되지 않는다.[253]

(2) 조선경제 정체론과 식민지 근대화론

스즈키는 일본의 조선 병합이 일본 자본주의의 조선 시장 독점의 요구에 근원을 둔 것은 아니라고 주장하였다. 그는 당시 일본 자본주의의 수준이 구미 열강 자본과 조선 시장을 경쟁할 만큼은 아니었다고 하면서 다만 조선 경제가 '미저러블한 상태'였고, 구미 열강은 조선 시장에 대한 관심이 적어 조선에서 일본이 청국과의 마찰을 제외하면 거의 독

---

251 송병권, 2002, 앞의 글, 418쪽.
252 鈴本武雄, 1950.7, 「朝鮮統治の性格と實態 – 反省と反批判」, 大藏省管理局 編, 『日本人の海外活動に關する歷史的調査』通卷 11冊 (朝鮮 編 第10分冊), 9~12쪽.
253 박찬승, 2014, 앞의 글, 222쪽.

점적 지위에 있었다고 주장했다. 그리고 일본은 자국의 안전을 위해서라 기보다는 한국에서의 독점적 이권의 확보, 만주에서의 이권의 일부를 확보하기 위해 러일전쟁을 시작하였고, 그것이 한국병합으로 이어졌다고 주장했다.[254] 또한 스즈키는 일본의 조선 식민지화는 국제적 승인을 얻은 합법적인 결과였고, 군사적 행동에 의한 점령이나 착취가 아니라 순수한 경제적 논리에 의해 이루어진 식민통치였음을 주장하였다.[255]

특히 스즈키는 학계의 후쿠다 도쿠조의 '차금적 자족경제 단계론', 고쿠쇼 이와오의 '도시경제의 일 변태론' 등을 인용하여, 당시 조선의 경제가 극히 낮은 경제발달단계에 있었다고 주장하였다.[256] 또한 젠쇼 에이스케(善生永助)가 "조선의 물산은 농산, 임산, 수산을 주로하고, 물산 분포 상황을 보면 조선의 국민 생활이 약 4백 년 전이나, 150년 전이나, 50~60년 전이나 모두 원시적 생활의 영역을 벗어나지 못하고 있었다"고 한 글을 인용하면서 정체성론을 주장하였다. 그리고 그 정체는 기후나 토지, 기타의 자연적 조건보다는 사회적 조건에 말미암은 것으로 명목상의 토지국유제도와 실질적인 양반 귀족의 토지겸병, 대다수가 소작인으로 전락한 현실, 고율의 소작료 등을 제시하였다.[257]

한편, 스즈키는 당시 조선에 들어온 일본 자본이 근대적인 거대자본이 아니라 전근대적인 상업적 고리대 자본의 성격을 강하게 띠고 있

---

254 박찬승, 2014, 위의 글, 223~224쪽.
255 송병권, 2014, 앞의 글, 292쪽.
256 福田德三, 1904, 「韓國の經濟組織と經濟單位」, 『經濟學研究』 1; 黑正巖, 1923, 「朝鮮の經濟組織と封建制度」, 『經濟史論考』, 岩波書店.
257 鈴本武雄, 「朝鮮統治の性格と實績」, 『日本人の海外活動に關する歷史的調査』 朝鮮 編 第10分冊, 21~22쪽; 鈴本武雄, 1942, 『朝鮮の經濟』, 日本評論社, 49~50쪽.

었다고 하였다. 이 자본들은 조선인의 무지를 이용하여 토지를 불법으로 수탈하였고, 결국 병합 후 조선의 토지개혁이 불철저하여 조선 경영의 암적인 존재로 남게 되었다고 주장하였다. 그는 토지조사사업 후에도 여전히 조선에는 봉건적 토지소유자가 그대로 근대적 토지 사유권자로 확정되어 여전히 고율의 소작료를 바탕으로 한 후진적 농업경영 상황이 지속되었다고 하였다. 그러면서 식민지 지배정책의 실패는 봉건적 토지소유 관계를 제대로 청산하지 못한 것에 있음을 지적했다. 결론적으로 조선의 농촌은 고율의 소작료 수탈을 기본으로 하는 영세소작농의 대규모 잔존으로 인하여 근대산업이 진출하기 어려운 구조였고, 이를 여전히 식민지 시기에도 해결하지 못한 것이 일본의 과제였을 뿐, 결코 제국주의적 착취는 아니라고 일본의 식민지배에는 과오가 없음을 강변하고 있다.[258] 그러나 토지조사사업 자체가 봉건적 토지 소유 관계의 청산을 목표로 한 것이 아니었다. 고율의 소작료 징수에 의존한 대지주의 농업경영은 사실 일본인 거대재벌들에 의하여 더욱더 확대, 공고해졌음은 잘 알려진 역사적 사실이다. 그럼에도 스즈키는 토지소유 관계의 근본적인 개혁은 일본 본국에서도 이루어지지 못한 것으로 식민지 조선뿐만 아니라 일본과 조선에 공통된 사회적, 계급적 문제였다고 주장했다.[259]

스즈키는 자본의 계급적 착취 자체는 부정하지 않았다. 그러나 일본 자본에 의해 수행되었다고 하여 그것을 민족적 착취로 볼 수는 없다는 논리를 주장하였다. 즉, 조선의 민족자본에 의하여 경제 개발이 이루

---

[258] 송병권, 2014, 앞의 글, 294쪽.

[259] 鈴本武雄,「朝鮮統治の性格と實績」,『日本人の海外活動に關する歷史的調査』朝鮮 編 第10分冊, 75~78쪽.

어져도 분명 계급적 착취는 존재하였으나, 그것은 민족적 착취라고 비난 받지 않았다는 점을 근거로 제시하고 있다. 같은 논리로 산미증식계획이 조선에서 실시된 것은 일본의 공업화와 부족한 식량부족을 대처하기 위함이었고, 다만, 증산량 이상으로 반출량이 많았다는 점에 대해서는 인정하였다. 그러나 분명 대일이출미는 강제공출이 아닌 '순수한 경제현상'이었다고 강조했다. 또 조선의 기형적인 미곡 단종경작형 산업구조에 대해서는 식민지 여부와 상관없는 조선산업상의 특징일 뿐이라는 논리를 폈다. 결론적으로 스즈키는 조선은 가렴주구와 봉건적 지주의 고율 소작료 착취라는 한계적 상황에서 자본주의화를 기대할 수 없는 후진적 사회였고, 조선의 산업개발은 조선 민족 자본의 성장을 언제까지나 기다릴 수 없는 상황에서 일본 자본이 들어간 것으로 조선인의 후진성과 낙후성은 스스로의 문제임을 강조했다.[260]

스즈키는 일본은 아시아에서 가장 먼저 공업발전을 이룬 후 조선과 만주를 공업화하여 서양 제국주의 열강의 아시아 지배에 저항하게끔 '내선만지(內鮮滿支)'의 공업화를 이끈 선두주자였음을 주장했다. 그리고 조선 경제는 일본 경제의 일부분이고, 일본의 한 지방경제라고 하였다.[261] 즉, 조선의 경제개발은 일본의 자본과 기술 이식에 의해 건설된 것으로 식민모국 일본과의 유기적 결합으로 조선 경제가 발전했다는 것이다.[262]

스즈키는 또한 '경제적 내선일체'에 대하여 '동아 광역 경제권' 내에서 일본과 대륙을 연결하는 간선 루트에 조선이 존재한다는 논리를

260　鈴本武雄, 1946, 『朝鮮産業經濟の在鮮日本系事業』, 16~17, 25~29쪽.
261　鈴本武雄, 1941, 『朝鮮の經濟』, 日本評論社, 289~290쪽.
262　송병권, 2014, 앞의 글, 298쪽.

폈다. 그에 의하면 일본은 산업적 거점 및 대륙 병참기지를 건설하는데 조선이 바로 '농공병진'이라는 기지적 적합성을 갖고 있어 대륙병참기지를 건설해야 함을 주장했다. 그는 이를 두고 '경제적 내선일체'라는 표현을 썼고, 조선 공업의 '내지화'라고 하였다. 아울러 일본의 가장 중요한 무역 상대는 조선으로 엔블록 수출의 증가라는 측면에서 조선의 역할을 강조했다. 스즈키는 조선 무역이 일본에 편향된 기형적 구조의 성격을 띠고 있지만, 조선 경제가 점차 '내지' 종속시장에서 벗어나 경제력이 신장했다고도 주장했다.[263] 다만, 조선인의 소득이 일본인의 수준으로까지 올라가지 못했고, 조선인 내부의 소득격차도 좁히지 못하여 일본이 조선을 착취했다는 '오해'를 받게 되었다고 하면서, 어차피 조선경제가 근대화되는 과정에서 거쳐야 할 통과의례였지, 일본의 수탈적 식민통치때문이 아니라고 주장했다.[264]

결론적으로 스즈키는 일본의 조선 통치에 문제가 많았지만, 조선이 근대화가 된 것은 사실이고, 조선인들의 경제적, 문화적 생활수준도 향상되었다는 것으로, 식민지 개발의 주체가 일본인이었음을 분명히 했다. 그에 의하면 '대동아공영권'에 의한 침략전쟁은 아시아 해방전쟁이었고, 일본은 전쟁을 수행하는데, 식민지 조선을 공업화시키면서 후진성을 탈피시켜 주었다는 것이다. 즉, '식민지 조선 근대화론'이라고 할 수 있고, 일본의 식민통치의 '정당성 확보'로 일본의 폭압적 식민통치에 대한 반성과 배상을 회피하기 위한 논리였다. 그의 이러한 주장은 현재에도 일본의 우파 정치인들에게 그대로 계승되고 있다.

---

263 鈴本武雄, 『朝鮮經濟の新構想』, 50~52쪽.
264 鈴本武雄, 1946, 앞의 책, 18~19쪽.

〈표 2-1〉 스즈키 다케오의 대표 논저 목록

연번	논저
1	『大陸兵站基地論解說』, 1939
2	『朝鮮金融論十講』, 帝國地方行政學會朝鮮本部, 1940
3	『朝鮮の經濟』, 日本評論社, 1941(經濟全書)
4	『朝鮮經濟の新構想』, 東洋經濟新報社京城支局, 1942
5	『朝鮮の決戰態勢』, 朝日新聞社, 1943.12
6	「讀後感」, 佐佐生信夫, 『經濟的觀點より見たる我國朝鮮統治政策の性格と其の問題』調三資料 二, 外務省照查局, 1945.12
7	「朝鮮統治への反省」, 『世界』, 岩波書店, 1946
8	『朝鮮統治の性格と實績 - 反省と反批判』調三資料 7, 外務省照查局, 1946
9	『「獨立」朝鮮經濟の將來』調三資料 12, 外務省照查局, 1946
10	『朝鮮産業經濟の在鮮日本系事業』, 1946
11	『再建日本經濟研究のために』, 經緯書房, 1947
12	『衣食住はどうなるか』(生活文化シリーズ), 旺文社, 1948
13	『新しい經濟の胎動』, 同友社, 1948
14	『戰後經濟の理論的諸問題』, 實業之日本社, 1948
15	『市場理論』(社會主義經濟學), 河出書房, 1948
16	『社會化』(新勞働文庫), 中央勞働學園, 1949
17	『帝國主義段階における國家資本の役割と推移』(1905~31年) 上, 日本帝國主義講座 白日書院, 1949
18	「朝鮮統治の性格と實績 - 反省と反批判」, 大藏省管理局 編, 『日本人の海外活動に關する歷史的調查』, 通卷11冊 朝鮮 編 10, 1950.7
19	『ドッジ・ライン 安定より自立への諸問題』, 時事通信社, 1950
20	『現代日本財政史』 4, 東京大學出版會, 1952~60
21	『オカネの役割』(NHK敎養大學), 寶文館, 1953
22	『お金と銀行』(新百科), 偕成社, 1955.6
23	『金融論 弘文堂』(經濟學全集), 1956
24	『近代財政金融 財政の金融論』(現代經濟學全集), 春秋社, 1957
25	『円 その履歷と日本經濟』(岩波新書), 1963
26	『おかねの話』(岩波新書), 1967
27	『最近における金融をめぐる諸問題』, 郵政省簡易保險局資金運用課, 1969
28	『金融緊急措置とドッジ・ライン』(淸明會新書), 淸明會出版部, 1970
29	『日本公債論』, 金融財政事情硏究會, 1976

출전: 大河內一男 編, 1963, 『日本の經濟 戰前·戰後 鈴木武雄敎授還曆記念論文集』, 東洋經濟新報社; 鈴木洋子, 1980.6, 『鈴木武雄 經濟學の五十年』; 武藏大學學會 編, 1962, 「鈴木武雄敎授略曆」, 『武藏大學論集』.

제3장
식민주의 역사학의 제도화와 관제사학의 구축

1. 식민주의 관제사학 시스템의 구축

1) 조선총독부의 『조선반도사』 편찬사업

(1) 『조선반도사』 편찬의 배경과 집필진

일본은 한국을 강제병합한 후 동화주의 정책을 실시하였다. 동화정책이란 식민지 및 그 주민을 본국의 영토 및 국민으로 통합하는 것을 목적으로 하며, 이를 이루기 위해 식민지에 본국과 같은 제도를 실시하고, 국민화를 위한 교육 등 문화정책을 실시하는 것을 지칭하는 것이다. 그러나 일본은 조선에 일본 헌법을 실시하지 않았고, 패망 직전까지 일본인과 같은 수준의 정치적 권리를 부여하는데 인색하였으며, 행정적, 사법적 통합도 이루어지지 않았다.[1] 그런데 일본은 정치·법제 측면에서는 동화주의를 부분적으로 적용한 데 비하여 문화·정책 측면에서는 조선인을 일본 국민으로 통합하려는 정책을 일관되게 추진하였다.

기존 연구에서는 일본의 문화정책이 조선의 고유문화를 말살하고 탄압하는 것으로 일관했다는 관점에서 연구되었다.[2] 이후 일본이 탄압으로 일관한 것이 아니라 식민지 조선 대중을 포섭하기 위해 조선 고유문화를 조사하여 홍보하면서도 그들의 통치 목적에 부합하도록, 왜곡 변형하여 조선 민족을 개량화 내지 분열시켰다는 관점의 연구도 나왔다.[3]

---

1 권태억, 2001, 「동화정책론」, 『역사학보』 172, 361~364쪽.
2 문옥표, 1990, 「일제의 식민지 문화정책」, 『한국의 사회와 문화』 4; 임헌영, 1992, 「일제하 식민문화정책」, 『한국독립운동사연구』 6.
3 이지원, 2000, 「1920-30년대 일제의 조선문화 지배정책」, 『역사교육』 75.

일본의 동화정책은 조선의 형편이나 문명이 일본에 비해 수준이 뒤떨어지므로, 대등한 수준에 도달할 때까지 차별정책을 실시하겠다는 입장이었고, 이 차별을 합리화하기 위해 조선인들의 문명이 뒤떨어짐을 입증해야 했다. 이를 위하여 일본은 병합 이전부터 조선에 대한 각종 관습과 제도를 조사하였고, 병합 후에는 본격적으로 조선의 심리와 역사에 대해 연구를 시작했다.[4]

한편, 데라우치 마사타케(寺內正毅) 총독이 이러한 학문적 연구조사작업을 통해 조선인의 동화를 추진한 기저에는 일본과 조선이 역사적, 혈통적으로 동질적이라는 동문동종론·일선동조론이 깔려있었다.[5] 그리고 한국 강제병합을 기념하여 발간된 『역사지리』 임시증간호 조선호(朝鮮號)에도 당대의 역사학자들에 의해 '일선동조론'에 입각한 여러 글이 게재되었다.[6] 이에 대해서 1890년대 전후부터 서양 근대 역사학을 전공한 시라토리 구라키치(白鳥庫吉), 쓰다 소키치(津田左右吉), 이케우치 히로시

---

4   青柳綱太郎, 1928, 『總督政治史論』, 경성신문사, 265~267쪽; 도면회, 2014, 「조선총독부의 문화 정책과 한국사 구성체계 – 『조선반도사』와 『조선사의 길잡이』를 중심으로」, 『역사학보』 222, 70~73쪽.

5   1910년 전후의 이러한 역사이론은 '일선동조론'이 아니고 일본과 조선이 국가 또는 통치 영역을 같이 했다는 의미의 '일한동역론(日韓同域論)'이며, 1919년 3·1운동 전후에는 일본과 한국의 언어가 근원을 같이 한다는 '일한동원론(日韓同源論)'이 제기되었으며 이 두 논리 모두 조선총독부의 정책으로 수용되지 않았다고 하는 장신의 견해가 있다(장신, 2009b·2014). 그는 조상을 같이 한다는 의미에서의 진정한 '일선동조론'은 미나미총독이 부임한 1936년 이후에 '동근동조론'으로 정식화되고 정책으로 수용되었다고 주장하고 있다. 그러나 도면회는 장신이 주장하는 1936년 이후의 '동근동조론'의 내용도 1910년 전후, 1919년 전후의 '일한동역론' '일한동원론'의 내용과 큰 차이를 보이지 않는다고 지적하면서(장신, 2014, 38~41쪽), 기존의 견해와 같이 총칭해서 '일선동조론'으로 불러도 별 무리가 없다고 하였다(도면회, 2014, 위의 글, 72쪽).

6   小熊英二, 1995, 『單一民族神話の起源』, 新曜社, 88~89쪽.

(池內宏), 이나바 이와키치(稻葉岩吉) 등 동양사학자들이 그 허구성을 비판하기도 했지만, 일선동조론은 일본의 한국 강제병합을 전후해서 더욱 강하게 제기되었다. 이같은 일선동조론이 일본 국학자들의 논리를 바탕으로 확대되어갔는데, 데라우치 역시 이를 수용하여 조선에 대한 동화정책의 근거로 삼고 있었다.

데라우치는 조선 통치를 정당화하고 지속할 수 있는 실증적 결과물 확보에 힘을 기울였다. 데라우치는 "목적의 정치적 시설 이상으로 다시 영구적, 근본적인 사업이 필요하다. 이것이 곧 조선인의 심리연구이며, 역사적 연구이다. 저들의 민족정신을 어디까지나 철저히 조사"하는 것이 필요하다고 말하며, "나는 세상 사람들이 현실과 거리가 먼 일이라고 경시하는 학술적 조사가 절대로 필요하다고 인정하여 조사를 힘차게 진행시키고 있다"고 발언할 정도였다.[7] 데라우치가 이러한 입장에서 추진한 문화정책이 조선의 구관습 제도 조사와 고적조사사업, 그리고 조선 사료 조사, 일선동조론에 입각한 『조선반도사』 편찬 작업이었다.[8]

식민지 초기 일본인이 조선에서 벌인 고적조사와 보존사업의 공식적인 시작은 도리이 류조(鳥居龍藏)가 1911년부터 주도한 사료조사라고 할 수 있다. 도리이는 이미 1909년부터 세키노 다다시(關野貞)가 주도한 고건축과 고적조사, 그리고 대만에서의 고적조사와 고구려 장군총을 비롯한 만몽조사 등으로 이름을 날리던 인물이었다. 세키노가 앞서 주도한 조사사업은 1916년 『조선고적도보해설』의 출판으로 이어졌고, 이후 1935년까지 11권이 발행되었다.[9]

---

7   靑柳綱太郞, 1928, 『總督政治史論』, 262~267쪽.
8   도면회, 2014, 앞의 글, 74쪽.
9   藤田亮策, 1953, 「朝鮮古蹟調査」, 黑板博士紀念會 編, 『古文化の保存と硏究: 黑板

식민지배 초기 문화지배의 중요성을 먼저 파악하고 있던 데라우치는 1916년 7월 조선총독부 총무국에 조선고적조사위원회를 조직하고, 중추원에 편찬과를 두었다. 그리고 5개년 계획으로 조선고적조사사업과 『조선반도사』 편찬사업을 각각 추진했다. 데라우치는 총독 재직 중에 발행된 『조선고적도보해설』 시리즈를 총독집무실에 두고, 방문한 손님에게 직접 서명하여 전달했고, 외국 관련 인사와 기관에 보내도록 했다. 그리고 전체 시리즈 중 제5권까지는 영문해설을 첨부하도록 할 정도로 조선고적 조사활동에 공을 들였다.[10] 1932년부터 경성제국대학에서 조선사 제1강좌를 담당했던 후지타 료사쿠(藤田亮策)는 '고문화재의 보존조사'에 관한 한 데라우치 총독만큼 적극적이고 계획적으로 정책을 추진한 총독은 없었고, 뒤의 나머지 7명 총독은 "단순히 타성적으로 이를 계속하는데 불과했다"고 회고할 정도였다.[11]

이 고적조사와 조선사 편찬에 핵심적 역할을 한 인물이 구로이타 가쓰미(黑板勝美)였다. 구로이타 가쓰미는 1915년경 3개월 동안 조선을 처음 여행한 후 개최한 강연에서 조선 문명의 기원이 평양에 있다는 점, 거기에 중국 문명이 최초로 이식된 점, 그 여파로 일부 사람들이 한반도로부터 일본열도로 쫓겨가지 않을 수 없었던 점 등을 서술함으로써 일본의 민족적 기원이 조선에 있음을 강조하였다. 나아가 청일, 러일전쟁의 경위를 말하고, 병합으로 조선인이 진정으로 완전한 독립국민이 된 점,

---

博士の業績を中心として」, 吉川弘文館, 332쪽. 조선고적조사에 관해서는 최석영, 2012, 「일제의 조선고적조사 및 발굴사업: 1910년대~1940년대」, 『일제의 조선 연구와 식민지적 지식 생산』, 민속원, 291~308쪽 참조.

10 藤田亮策, 「朝鮮古蹟調査」, 333쪽.
11 藤田亮策, 위의 글, 330쪽; 신주백, 2016, 『한국 역사학의 기원』, 휴머니스트, 66~67쪽.

나아가 일본에 의한 개화의 필연성을 언급하였다.[12]

이처럼 조선총독부는 조선 문명 수준이 일본에 비해 낮기 때문에 개화 발전해 가면 일본 본토 국민과 대등한 수준의 대우를 해주겠다는 전제 위에서 조선의 고유문화를 조사·연구하였다. 그러나 이는 통치를 위한 수단이었고, 실상은 일방적 문화통합 정책을 추구하였다. 이러한 정책이 조선사 구성에 반영된 결과가 1915년부터 추진된 『조선반도사』 편찬이었다.[13]

『조선반도사』 편찬사업[14]은 1915년 7월 중추원 업무로 시작되었다. 중추원이 반도사 편찬사업을 주관하게 된 데는 구관조사사무를 담당하던 참사관실의 사무 대부분이 1915년 5월 1일 자로 중추원으로 이관되었기 때문이었다. 조선총독부 출범으로 구관조사를 전담했던 취조국은 1912년 4월 관제 개정으로 폐지되고, 그 업무를 참사관실로 이관하였다. 참사관실 분장사무는 "조선의 제도와 관습의 조사"로서 추진한 주요 업무는 구관조사, 고사자료[考事資料: 조선금석문, 조선도서, 고문서와 책판(冊版) 등] 수집, 조선활자 정리, 판목(版木) 정리, 대장경 봉헌(奉獻) 등이었다.[15] 이 중 '반

---

12 이성시, 2004, 「조선왕조의 상징공간과 박물관」, 임지현·이성시 엮음, 『국사의 신화를 넘어서』, 휴머니스트. 74쪽.
13 도면회, 2014, 앞의 글, 76쪽.
14 『조선반도사』 편찬사업에 대해서는 다음의 기존 연구 성과가 참조된다. 金性玟, 1989, 「조선사편수회의 조직과 운용」, 『한국민족운동사연구』 3; 장신, 2009c, 「조선총독부의 朝鮮半島史 편찬사업 연구」, 『동북아역사논총』 23; 정상우, 2011, 「조선총독부의 『조선사』 편찬사업」, 서울대학교 박사학위논문; 이성시, 2001, 「구로이타 가쓰미를 통해 본 식민지와 역사학」, 『만들어진 고대』, 삼인; 이승일, 2007, 「조선총독부의 고기록 정리와 기록물 수집정책」, 박성진·이승일 지음, 『조선총독부 공문서 – 일제시기 기록관리와 식민지배』, 역사비평사.
15 朝鮮總督府中樞院, 1938, 『朝鮮舊慣制度調査事業槪要』, 33~60쪽.

도사 편찬'과 관련 있는 업무는 역사편찬의 전 단계라 할 수 있는 고사자료(考事資料), 곧 사료 수집이었다. 조선총독부는 1915년 5월에 구관조사 사무를 이관하면서 중추원 직원이 담당할 첫째 업무로서 역사편찬을 들었다.[16] 중추원은 오랫동안 구관조사를 담당한 참사관실의 인력과 수집자료, 그리고 경험도 인계받아 바로 『반도사』 편찬에 착수할 수 있었다.

구관제도 조사를 시작으로 금석문과 전적조사(典籍調査) 경험이 풍부한 중추원 서기관 오다 미키지로(小田幹治郎)가 전체 기획을 맡았다.[17] 1916년 1월에 중추원 찬의 남규희(南奎熙), 유정수(柳正秀), 이건춘(李建春), 정인흥(鄭仁興), 부찬의 어윤적(魚允迪), 조병건(趙秉健), 홍운표(洪運杓), 박제헌(朴齊王獻), 이도익(李度翼), 오재풍(吳在豊), 나수연(羅壽淵), 송지헌(宋之憲), 박희양(朴熙陽), 유흥세(柳興世), 이만규(李晩奎) 등 15명을 조사주임으로 임명했다. 조사주임의 임무는 자료수집으로서 3개월마다 수집한 자료를 서기관장에게 제출하는 것이었다. 또 3월에는 교토제국대학 교수 미우라 히로유키(三浦周行)와 강사 이마니시 류(今西龍), 도쿄제국대학 조교수 구로이타 가쓰미(黑板勝美) 등을 촉탁으로 위촉하여 편집주임을 맡겼다. 편집주임은 오다 미키지로[18]를 포함해 5인이었는데

---

16 朝鮮總督府中樞院, 1938, 위의 책, 137쪽; 이성시, 2001, 앞의 글, 212쪽.

17 中村榮孝, 1969, 「朝鮮史の編修と朝鮮史料の蒐集」, 『日鮮關係史の研究』 下, 吉川弘文館, 655쪽; 장신, 2009c, 앞의 글, 352~354쪽.

18 오다 미키지로는 1901년부터 나가노(長野)구재판소에서 사법관료로 지냈다. 1906년 한국 정부에 용빙되어 평안북도재판소 법무보좌관, 법전조사국 사무관·서기관으로 근무했다. 강점 후 조선총독부 취조국과 참사관실에서 사무관으로 일했으며 중추원 조사과장·서기관장을 지냈다. 또 조선서사(辭書) 심사위원, 조선총독부 월보편찬위원, 조선휘보 편찬위원, 고적조사회 간사, 박물관협의원, 조선어사전 심사위원, 조선민사령·민적법개정 조사위원, 구관(舊慣) 심사위원, 구관·제도 조사위원, 조선사편찬위원회 위원 등을 두루 역임했다. 1923년 3월 관계를 떠나 일본 고베(神戶)에서

1916년 9월 현재 1명은 미정이었다.[19] 오다를 제외한 세 촉탁의 임무는 『조선반도사』의 집필이었다. 도쿄, 교토 두 제국대학을 대표하는 교수와 최초의 조선사 박사를 안배한 인선이었다.[20] 이와 함께 이완용, 조중응, 이용직, 권중현, 이하영, 이근택, 임선준, 이재곤, 이근상, 민영기, 한창수, 장석주 등 12명의 친일파 조선 귀족을 심사위원으로 위촉하였다.[21]

그런데, 편찬을 위해 모인 학자들이 조선총독부의 편찬 목적과 방향성을 그대로 수용하여 의견 일치를 보았다고 할 수 없었다. 특히 미우라 히로유키, 이마니시 류, 구로이타 가쓰미의 조선사 인식은 차이가 있었고, 이를 조율하여 정리하는 것은 편집주임 오다 미키지로의 몫이었다.[22]

미우라 히로유키는 일본 신대부터 일본과 조선이 국가 또는 통치 영역을 같이했다는 일한일역론의 지지자였고, 열렬한 동화정책 지지자였다. 그는 병합 당시 간행된 『역사지리』 조선호에서 "태고에 일한 양국이 지속(地續)했던 일은 지리학자, 지질학자가 증명했고, 양국의 언어, 유

변호사로 지내다가 1929년 3월1일 사망했다. 小田梢 編, 1931, 『小田幹治郎遺稿』.

19 나머지 1명의 편집 주임이 위촉되었는지, 또 위촉되었다면 누구인지를 확실히 밝히는 자료는 없다. 다만 편집주임 중 한 사람인 구로이타 가쓰미가 언론과 인터뷰 도중 "조선사 편찬을 야쓰이(谷井) 문학박사가 맡고 있다"고 했는데, 만약 구로이타의 말이 맞다면 나머지 1명은 야쓰이 세이이치(谷井濟一)로 추정된다. 「朝鮮史編纂の方針 – 黑板博士を語る」, 『朝鮮新聞』, 1917.8.28(3).

20 세 사람에 대해서는 다음 글을 참고. 石井紫郎, 1976, 「三浦周行」, 永原慶二·鹿野政直 編, 『日本の歷史家』, 日本評論社, 111~115쪽; 松島榮一, 1976, 「黑板勝美」, 永原慶二·鹿野政直 編, 앞의 책, 126~136쪽; 田中俊明, 1994, 「今西龍」, 江上波夫 編, 『東洋學の系譜第2集』, 大修館書店, 58~67쪽.

21 1916, 朝鮮總督府 編, 『朝鮮半島史編成ノ要旨及順序 朝鮮人名彙考編纂ノ要旨及順序』, 6~9쪽; 서영희, 2022, 『조선총독부의 조선사 자료수집과 역사편찬』, 사회평론아카데미, 108쪽.

22 장신, 2009c, 앞의 글, 355~356쪽.

물이 가까운 동일 계통이라는 점도 언어학자, 인류학자, 고고학자 등이 고증하여 이미 명료"해졌다고 주장했다. 또한 "조선은 독립국이었던 적이 없고, 조선사의 대부분은 지나의 번속국(藩屬國), 곧 부용국(附庸國)의 시대로 가득 차"있으며, "사대는 조선의 국시(國是)"라고 주장하면서 조선의 옛 역사는 "중화(中華) 곧 지나의 역사"라고 폄하했다.

구로이타 역시 동화정책의 필요성을 인정했지만, 조선인이 순일본인과 같이 되려면 오랜 시일이 걸릴 것으로 전망했다. 또 구로이타는 고대 한일관계사에 대해 미우라 등의 일한일역론자들의 주장을 "태고에 조선의 어떤 부분과 일본의 어떤 부분이 일국을 이루었다는 것"인지 수긍하기 어렵다고 했고, '진구 황후의 조선정벌'도 『일본서기』의 기록을 부정하였다.[23]

이마니시는 일본부라는 용어가 후대에 만들어진 것이고, 일본부는 대군을 거느릴 수도 없었고, 소재도 상황에 따라 이동하여 고정된 기관이나 제도로 보기 어렵다고 하였다.[24]

(2) 『조선반도사』 편찬의 목적과 방향

1916년 1월 중추원 서기관장 고마쓰 미도리(小松綠)는 조사주임에게 사령장을 교부하면서 "새로이 정확한 조선 역사를 편찬하기 위해" 그들을 선발, 임명한다고 이야기했다. 종래 조선 역사에 관한 책이 많지만 아직 정확하다고 인정할 만한 역사책이 없기 때문에 새롭게 '정확한 조선 역

---

23 黑板勝美, 1910, 「偶語」, 『歷史地理(臨時增刊朝鮮號)』, 156쪽.
24 今西龍, 2008, 『朝鮮半島史』 二 (친일반민족행위진상규명위원회, 『친일반민족행위관계 사료집 V - 일제의 조선사 편찬사업』, 203쪽).

사'를 편찬한다고 했다. 따라서 반도사 편찬 목적은 "현재 입장에서 냉정한 태도로 역사상의 사실을 편벽되거나 누락시킴 없이 오직 선의(善意)로 기술하여 유일하게 완전무결한 조선사를 편찬"하는데 있다고 했다.[25]

1916년 7월에 이르러서야 「조선반도사편성요지」(이하 '편성요지'로 줄임)가 작성되었는데, 여기에는 조선총독부의 입장을 대변하는 오다 미키지로의 논의하에 만들어진 것으로 보인다.[26]

『조선반도사』의 편찬 목적과 관련해서는 다음 문장이 참고된다.

조선인은 여타의 식민지의 야만반개한 민족과 달라서 독서와 문장에 있어 조금도 문명인에 뒤떨어지는 바가 없다. 고래로 사서(史書)가 많고 또 새로이 저작에 착수된 것도 적지 않다. 그럼에도 전자는 독립시대의 저술로서 현대와의 관계를 결(缺)하고 있어 헛되이 독립국 시절의 옛 꿈을 추상(追想)하게 하는 폐단이 있다. 후자는 근대 조선에서 일청·일러 간의 세력 경쟁을 서술하여 조선의 나아갈 바를 설파하고 혹은 <u>한국통사(韓國痛史)라고 일컫는 한 재외조선인의 저서 같은 것이</u>

25　朝鮮總督府中樞院, 1938, 『朝鮮舊慣制度調査事業槪要』, 138~139쪽.
26　서영희, 2022, 앞의 책, 287쪽 각주 36번. 「조선반도사편성요지」는 1938, 『조선구관제도조사사업개요』, 141~143쪽과 1938, 『조선사편수회사업개요』, 4~6쪽에 실려있다. 「조선반도사편성요지」에는 1916년 작성된 「朝鮮半島史編成ノ要旨及順序」, 『친일반민족행위관계사료집 5: 일제의 조선사편찬사업』, 31~35쪽에 들어있는 『조선반도사』의 주안점 세 가지와 일반학교 역사 교과서 관련 기술은 빠져 있다. 「조선반도사편성요지」의 작성 주체에 대해 이성시는 데라우치 총독의 생각으로 서술했다(이성시, 2001, 「구로이타 가쓰미를 통해 본 식민지와 역사학」, 『만들어진 고대』, 삼인, 212쪽). 장신은 구로이타 등 세명의 편집주임과 총독부의 입장을 대변하는 오다 미키지로가 협의하여 작성한 것으로 보았다(장신, 2009c, 「조선총독부의 朝鮮半島史 편찬사업 연구」, 『동북아역사논총』 23, 360쪽).

진상을 규명하지 않고 함부로 망설을 드러내 보이고 있다. 이러한 사적들이 인심을 현혹시키는 해독은 실로 말로써 이루 다 할 수 없는 바이다. 이를 멸절시킬 방책만을 강구한다는 것은 헛되이 힘은 들고 성과는 없는 것이 될 뿐만 아니라 혹은 그 전파를 장려하는 일이 될지도 모른다는 점을 헤아리지 않으면 안 되는 것이다. 오히려 구사(舊史)의 금압(禁壓) 대신 공명적확한 사서로써 대처하는 것이 좀 더 첩경이고 또 그 효과가 현저할 것임은 달리 비할 바가 없는 것이다. 이것이 조선반도사의 편찬을 필요로 하는 주된 이유이다.[27]

조선에는 예부터 역사서가 많고, 새로 저작에 착수된 게 적지 않다는 표현에서 보듯이 당시 조선에는 조선사를 다룬 다양한 서적들이 유통되고 있었다. 또 '새로이 저작에 착수한 것'은 1910년 전후해 출간된 것으로서 청일 혹은 러일전쟁 등 당대를 다룬 역사서를 의미한다. 이 책들은 박은식이 쓴 『한국통사』에서 드러나듯이 한말의 국제정세를 논하면서 무엇보다도 일본의 한국 강점을 비판한 것이었다. 이미 일본은 강점 전부터 '새로이 저작에 착수'한 책에 대해서 출판법으로 여러 차례 발매·반포 금지했고, 또 강점 직후에도 출판법 이전에 발행된 서적에 대해 발매·반포를 금지함으로써, '병합'에 대해 불온한 생각을 갖게 하는 서적의 '멸절'을 시도했다.[28] 이처럼 국내에서는 철저히 통제를 가했지만, 『한국통사』의 경우처럼 해외에서 발행되어 국내외로 유통되는 새로운

---

27 朝鮮總督府 編, 1916, 『朝鮮半島史編成ノ要旨及順序 朝鮮人名彙考編纂ノ要旨及順序』, 6~9쪽(이하 『편성요지』로 줄임). 『편성요지』, 2~4쪽.
28 『美國獨立史』 등 51종의 서적을 발매 반포 금지한 1910년 11월 19일 자 朝鮮總督府 警務總監部告示 72가 대표적. 『朝鮮總督府官報』, 1910.11.19.

변수가 등장한 것이다. 국내 유통 상황을 알 수 없지만, 해외에서 조선으로 반입되는 신문에 『한국통사』 관련 기사가 게재될 때마다 압수한 것으로 볼 때[29] 일제가 상당한 위기감을 느꼈음을 짐작할 수 있다. 이어 대한민국 임시정부는 1919년 7월에 국무원 내에 임시사료편찬회(총재 안창호)를 두고, 편찬사업을 개시하고 같은 해 9월에는 『한일관계사료집』[30]을 편찬해냈다.

이 상황에서 1916년 7월 작성된 「조선반도사편성요지」에서 『한국통사』를 거론하면서 '병합'의 의의를 명확하게 기술한 '공명적확한 사서'로써 대체할 방법을 세우게 된 것이 『조선반도사』 편찬의 배경으로 일반적으로 설명되고 있다.[31] 실제로 『한국통사』는 1915년 6월 중국 상하이 대동편역국(大同編譯局)에서 발간된 이래 한글 번역판이 출간될 정도로 미주와 노령 등지에서 급속히 퍼졌다.[32] 그러나 『한국통사』가 조선으로 반입되는 시기는 『조선반도사』 편찬 기획이 이미 시작된 이후였다. 따라서 『조선반도사』 편찬사업이 『한국통사』에 대응하기 위해 시작되었다고 보기보다는 『한국통사』 이전에 이미 데라우치가 관찬 역사서 편찬을 계

---

29 高圖秘發 제154호, 「新聞紙差押ノ件通報(1916.4.12)」, 『朝鮮總督府通報第二卷』; 高圖秘收 제225호, 「新聞紙差押ノ件通報(1917.6.29)」, 『朝鮮總督府通報第二卷』; 高圖秘 제14, 296호, 「新聞紙差押ノ件通報(1917.8.15)」, 『朝鮮總督府通報第二卷』.

30 箱石大, 2007, 「近代日本史料學と朝鮮總督府の朝鮮史編纂事業」, 佐藤信・藤田覺 編, 『前近代の日本列島と朝鮮半島』(史學會シンポジウム叢書), 山川出版社.

31 金性旼, 1989, 앞의 글, 125쪽.

32 미주에서 발행된 『신한민보』는 1915년 8월 9일 자에 처음으로 『한국통사』의 출간 소식을 알렸다. 이어 9월 2일부터 『한국통사』를 요약·연재하였고, 11월 25일 자부터 『한국통사』의 보급을 위한 기부금 모집을 알리는 광고를 수차례 게재했다. 또 한문본 『한국통사』의 한글판 번역본은 1917년 6월 김병식의 번역으로 하와이에서 출간되었다. 黃元九, 1980, 「1917년판 번역본 『한국통사』」, 『東方學志』 23·24.

획했고, 마침 『한국통사』가 출간되자 『조선반도사』의 편찬목표가 좀 더 선명해진 것이라고 보는 견해도 있다.[33]

「조선반도사편성요지」를 살펴보면, 공명적확(公明的確)한 사서를 만들어 독서와 문장에 있어서 문명인에 조금도 뒤지지 않는 "조선 백성의 지능과 덕성을 계발함으로써 이들을 충량한 제국신민으로" 만드는 것, "민심의 훈육" 즉, 조선인의 교화와 동화를 목적으로 하였다.[34]

「조선반도사편성요지」는 『조선반도사』가 주안점을 둘 사항을 다음과 같이 제시하였다.[35]

> 첫째, 일본인과 조선인이 동족이라는 사실을 분명히 할 것
> 둘째, 상고부터 조선에 이르는 동안 민중이 점차 피로해지고, 빈약에 빠진 실황을 서술하고, 지금 시기에 와서야 '성세(聖世)'의 혜택을 입어 비로소 인간의 행복을 갖출 수 있게 된 사실을 상세히 서술할 것
> 셋째, 모두가 신뢰할 수 있는 사실을 기초로 편성할 것

『조선반도사』는 한일 간 '동족'임을 입증하고, 근친성을 강조하기 위해 고대사 위주로 편제되었다. 그런데 일선동조론을 바탕으로 일본의 조

---

33 서영희, 2022, 앞의 책, 96~97쪽; 金性玟, 1989, 앞의 글, 125쪽; 장신, 2009c, 앞의 글, 360~362쪽.
34 서영희, 2022, 위의 책, 97~99쪽; 친일반민족행위진상규명위원회, 2008, 『친일반민족행위관계사료집』 V(일제의 조선사 편찬사업), 32쪽.
35 1916, 朝鮮總督府 編, 『朝鮮半島史編成ノ要旨及順序 朝鮮人名彙考編纂ノ要旨及順序』, 5~17쪽; 친일반민족행위진상규명위원회, 2008, 위의 책, 32쪽.

선 병합을 정당화하기 위해 시작한 『조선반도사』 편찬에 참여한 이마니시 류나 구로이타 가쓰미 등 일본인 학자들은 문헌학적 고증에 주력한 실증주의 연구자들이었다. 이들은 『조선반도사』에서 '일선동조'를 '신뢰할 만한' 문헌자료로 증명해 내지 못했다. 일본 근대 아카데미즘에서 '일선동조론'은 학문적 기반이 결코 안정적이지 않았기 때문이다.[36] 그러나 구로이타나 이마니시 등이 최소한 실증적 학자로서 '과학적 연구'를 지향한다고 표명한 이상, '보급의 대상으로서의 역사'와 '연찬(研鑽)의 대상으로서의 역사' 사이의 균열이 생각보다 컸고, 쉽게 봉합될 수 없는 것이었다.[37] 결국 이것이 『조선반도사』가 미완으로 그친 중요한 원인 중 하나였다.

어쨌든 일선동조론은 학술적으로는 실증할 수 없었다고 하더라도, 통치 이데올로기로서는 동화주의를 표방하기 위해서 매우 유용한 논리였다. 당시 중추원 서기관장 고마쓰 미도리를 비롯한 1910년대 동화주의 정책을 펼친 조선총독부 관료들은 대부분 일선동조론을 주장하고 있었다. 일선동조론을 부정했던 이마니시 류 조차도 『조선반도사』 고대사 서술에서 '일본 민족과 반도 민족의 혼교(混交)'라는 제목으로 일본 민족의 한반도 거주와 한반도 민족의 일본 귀화 등을 서술한 것은 결국 일선동조론의 통치논리로서의 필요성을 감안한 것이었다.[38]

36　미쓰이 다카시, 2004, 「'일선동조론'의 학문적 기반에 관한 시론」, 『한국문화』 33 참조; 장신, 2009c, 앞의 글, 355~359쪽.

37　정준영, 2016, 「식민사관의 차질 – 조선사학회와 1920년대 식민사학의 제도화 –」, 『한국사학사학보』 34, 251쪽.

38　小松緑, 1920, 『朝鮮併合之裏面』, 中外新論社, 1~28쪽; 서영희, 2022, 앞의 책, 101~105쪽.

따라서 위의 「조선반도사편성요지」에서의 '동족'이란 일본인과 조선인이 시조가 같다는 '동조(同祖)'가 아니다. 여기서 '동족'이란 표현은 '동종(同種)', 즉 같은 황인종이란 의미이다. 구로이타는 일한동역도 부정했고, 이마니시 류도 상대시대(645년 다이카 개신 시기) 일본과 조선의 교류는 인정했으나, 일한동역론은 부정했다.[39]

또 왕조의 흥망을 중심으로 서술한 것과 병합의 의미를 강조한 것에 대해서는 일본의 조선 강제병합을 정복이 아니라 '합의'에 의한 것으로, 이제 왕조의 흥망에 따른 고통을 더 이상 겪지 않아도 된다고 취지를 강조하게 했다. 전형적인 타율성론과 정체성론에 해당된다.[40]

세 번째 주안점인 "모두가 신뢰할 수 있는 기초로 편성한다"는 것은 일본과 조선 양쪽의 기록을 비교해 서술한다는 것이었으나, 조선의 역사서 『삼국사기』, 『삼국유사』, 『동국통감』 등은 불완전하고, 믿을 수 없는 불완전한 기사의 모음에 불과하다고 하면서 결국 일본 역사서에 의거할 것임을 밝힌 것이다.[41]

(3) 『조선반도사』 집필진의 변화와 미완

중추원은 1916년 편찬사업의 목적과 순서를 정하고, 1917년부터 사료 수집에 전력했다.[42] 동시에 『조선반도사』를 신라시대, 고려시대, 이조시대, 최근세사의 4시대로 나누어 오다 미키지로를 제외한 네 명의 편집

---

39 今西龍, 1935, 『朝鮮史の栞』, 近澤書店, 66쪽.
40 정준영, 2016, 앞의 글, 249쪽.
41 장신, 2009c, 앞의 글, 363~368쪽.
42 朝鮮總督府中樞院, 1938, 앞의 책, 144쪽.

주임이 각자의 집필 범위를 분담하였다.⁴³ 편수 체계는 사료 조사를 조선인 조사 주임들에게 맡기되, 기초사료를 선별하여 역사상을 구성하는 역할은 일본인 편집 주임들이 장악했다.

조선총독부는 『조선반도사』 편찬사업을 사료 수집에서 시작하여 2년 안에 종료할 예정이었다. 하지만 편집 주임들은 편찬사업의 순서를 정할 때 기한을 1년 연장하여 1918년 12월까지 마무리하도록 변경했고⁴⁴ 이후 다시 연장되었는데, 사료가 광범위하고 수집에 많은 시간이 필요했기 때문이다.⁴⁵ 결국 조선총독부 취조국 참사관실을 거쳐 중추원으로 이관된 구관조사사업의 결과물은 『조선반도사』 편찬을 위해 자유로이 대출을 허용하여 자료의 편의를 제공했다. 본래 참사관실에 보관된 조선의 고도서나 고문서는 참사관실에 직접 와서 열람만 가능했는데, 이를 자유롭게 대출을 허용한 것이었다.⁴⁶

한편, 조선총독부는 종래 구관조사와 별도로 『조선반도사』 편찬사업만을 전담하기 위해 1918년 1월 9일 조선총독부훈령 제3호로 「중추원사무분장규정」을 개정하였다. 개정 내용은 중추원에 조사과 외에 새로

---

43 朝鮮總督府中樞院, 1938, 위의 책, 143~144쪽.
44 『편성요지』, 6쪽.
45 朝鮮總督府中樞院, 1938, 앞의 책, 147쪽; 中村榮孝, 1969, 앞의 글, 655쪽; 정상우, 2012, 「『朝鮮史』(朝鮮史編修會 간행)의 편찬과 사건 선별 기준에 대하여」, 『사학연구』 107, 314쪽. '반도사 편찬'에 참여했던 교토제국대학 교수 미우라 히로유키는 '반도사 편찬'을 위한 사료 수집 목적의 출장은 '겨우 며칠 동안의 조사'일 뿐이며, "얻을 것을 셀 수가 없다"라며 어려움을 토로하였다(三浦周行, 「半島史蹟調査に就て(1)」, 『京城日報』, 1916.10.24, 1면). 이를 통해 볼 때 '반도사 편찬'을 위한 사료 조사는 체계가 갖추어지지 않은 채 조선 사정에 대한 무지에서 오는 시행착오의 과정으로서, 소기의 목적을 달성할 수 없었으며, 결과 '반도사 편찬' 역시 지연되고 있었다.
46 정상우, 2012, 위의 글, 315~318쪽.

편찬과를 설치하여 "사료의 수집과 편찬에 관한 사항"을 담당하도록 하는 것으로[47] 이 규정으로 『조선반도사』 편찬사업은 중추원의 고유 업무가 되어 기한에 관계없이 추진할 수 있게 되었다. 이때 오다 미키지로는 중추원 조사과장으로 구관조사를 전담하게 되었고, 편찬과장은 학무국 편집 과장 오다 쇼고(小田省吾)가 겸직했다.

사실 그동안 『조선반도사』 편찬 업무를 맡아 온 오다 미키지로는 법학 전공자로 1907년 대한제국 초빙으로 평안북도 재판소 법무보좌관으로 임용된 이래 병합 후에는 조선총독부 취조국 사무관, 참사관실, 관방총무국 등에서 구관조사를 총지휘한 '조선관습의 권위자'였다.[48] 그러나 역사를 전공하지는 않았으므로, 『조선반도사』 편찬의 적임자는 아니었다. 반면 오다 쇼고는 도쿄제국대학 사학과를 졸업했기 때문에 이 사업의 총괄이 가능했다.

편찬사업이 최초 2년에서 두 차례에 걸쳐 연장되었고, 편집 주임 중 이마니시 류를 제외한 미우라 히로유키와 구로이타 가쓰미가 집필진에서 빠지고, 세노 우마쿠마(瀨野馬熊), 스기모토 쇼스케(杉本正介), 오기야마 히데오(荻山秀雄)[49]가 새로 들어왔다. 집필진 교체는 크게 두 차례 있

---

47 朝鮮總督府中樞院, 1938, 앞의 책, 145, 147쪽;「朝鮮總督府訓令」3, 『朝鮮總督府官報』, 1918.1.19.

48 이승일, 2013,「오다 미키지로(小田幹治郎)의 한국 관습조사와 관습법 정책」, 『한국민족문화』 46, 172, 177쪽.

49 오기야마 히데오는 1883년 일본 에히메현(愛媛縣) 출신으로, 1909년 교토제국대학 사학과를 졸업했다. 1914년 5월부터 이왕직 도서계의 촉탁으로 근무했으며, 1916년 10월에 중추원으로 옮겨 『조선반도사』 편찬에 관한 사무 촉탁으로 일했다. 1923년 11월 조선총독부 도서관 관장으로 전출되기 전까지 중추원의 반도사 편찬과 학무국의 교과용도서 편찬사무 등에 종사했다. 貴田忠衛 編, 1935, 『朝鮮人事興信錄』, 朝鮮新聞社, 97쪽; 阿部薰 編, 1935, 『朝鮮功勞者名鑑』, 民衆時論社, 79쪽; 朝

었는데, 첫 번째 시기는 오기야마 히데오가 '조선반도사편찬에 관한 촉탁'으로 발령받은 1916년 10월로 추정된다. 스기모토 쇼스케[50]도 이 무렵에 발령받은 듯하다. 두 번째 시기는 오다 쇼고가 편찬 과장으로서 사업의 총괄을 맡게 되고, 세노 우마쿠마[51]가 조선인명사서 편찬을 담당하다가 『조선반도사』 편찬업무를 맡게 된 1918년 2월 무렵으로 추정된다.

조선총독부가 4편으로 구상했던 『조선반도사』는 편집 주임의 논의를 거쳐 상세사를 상고·삼한, 삼국, 통일신라의 3편으로 나누어 전 6편으로 재구성되었다.[52] 필진은 상세사를 이마니시 류, 중세사를 오기야마 히데오, 근세사를 스기모토 쇼스케가 맡는 것으로 하였다. 이어 1918년 2월 세노 우마쿠마가 새롭게 근세사를 맡고, 스기모토 쇼스케는 최근세사의 집필을 맡는 것으로 조정하였다.[53]

鮮總督府, 1935, 『朝鮮總督府施政二十五周年記念表彰者名鑑』, 595쪽.

50 교토제국대학에서 서양사를 전공했으며 역사보다 어학에 능통했다. 1924년 1월에 사망했다. 金性昹, 1989, 앞의 글, 129~130쪽.

51 1874년 일본 구마모토현(熊本縣) 출신으로 1892~1895년까지 와세다(早稻田)대학 문학과에서 수학했다. 졸업 후 아키타(秋田)중학교의 교원심득(敎員心得)으로 영어와 한문 강사로 6년간 근무했다. 1906년 12월부터 대만총독부에서 문서편찬과 토비토벌사(土匪討伐史)편수업무를 3년간 맡았고, 1910~1914년까지 남만주철도주식회사 만선역사지리조사부의 보조원으로 자료수집과 정리를 맡았다. 1916년 10월에 조선으로 건너와 조선인명사서 편찬을 담당했다. 1918년 2월에는 중추원 촉탁으로 『조선반도사』 편찬 업무를 맡았고, 역사학 전공이 아니었으나, 이러한 경력을 인정받아 1924년 11월부터는 조선사편찬위원으로 임명되어, 1925년 6월에는 조선사편수회 근무를 시작했다. 『조선사』에서는 제5편의 인조부터 영조시기를 담당하여 당파성론을 주장하는 조선시대 논문을 다수 발표하였다(池內宏, 1936, 「序」, 『瀨野馬熊遺稿』, 2~3쪽; 서영희, 2022, 앞의 책, 112~113쪽).

52 『편성요지』, 7쪽.

53 池內宏, 1936, 앞의 글, 3쪽; 장신, 2009c, 앞의 글, 369~375쪽.

〈표 3-1〉 조선반도사 집필자 변천

시대	편목자	시기별 담당			조선사강좌일반사 (1923)
		1916년 7월	1916년 10월	1918년 2월	
상세사	제1편(삼한·상고)	今西龍	今西龍	今西龍	小田省吾
	제2편(삼국)	今西龍	今西龍	今西龍	小田省吾
	제3편(통일신라)	今西龍	今西龍	今西龍	小田省吾
중세사	제4편(고려)	?	萩山秀雄	萩山秀雄	萩山秀雄
근세사	제5편(조선)	?	杉本正介	瀨野馬熊	瀨野馬熊
최근세사	제6편(조선최근사)	?	杉本正介	杉本正介	杉本正介

출전: 장신, 2009c, 「조선총독부의 朝鮮半島史 편찬사업 연구」, 『동북아역사논총』 23, 370쪽, 〈표 1〉 조선반도사 집필자 변천.

미우라 히로유키와 구로이타 가쓰미는 집필진에서는 빠졌으나, 촉탁으로 계속해서 편찬사업에 관여했다. 구로이타는 1916년 7월에 출범한 고적조사위원회 위원을 겸하고 있었기 때문에 고적조사와 사료 수집을 겸해 조선 각 지역을 답사했다. 구로이타는 1916년 8~9월 대동강 유역과 평안남북도 황해도 일부, 1917년 8~9월에 만주와 낙동강 유역 신라 유적을 답사했다.[54] 고적조사위원인 이마니시도 조선 총독의 명으로 1917년 과거 '임나'에 해당하는 경북 선산, 고령과 경남 함안, 창녕 등지의 고분을 조사하고 정리하였다.[55] 미우라도 1916년 10월 『조선반도사』 편찬을 위해 평남 지방 사적을 답사하고, 규장각 도서를 조사[56]하는 등

---

54 서영희, 2022, 앞의 책, 112쪽; 黑板勝美, 「大同江の流に乘って朝鮮の古文明は傳へられた」, 『京城日報』, 1916.9.17(3); 「朝鮮史編纂の方針 – 黑板博士を語る」, 『朝鮮新聞』, 1917.8.28(3).

55 京都帝國大學文科大學助敎授今西龍, 「任那に就て」, 『朝鮮彙報』 2, 1918.2, 46쪽.

56 文學博士三浦周行氏談, 「半島史蹟調査に就て(1)」, 『京城日報』, 1916.10.24(1); 文學博士三浦周行, 「朝鮮最古の地理書に就て」, 『朝鮮彙報』 12, 1916.12, 7쪽.

이들은 계속해서 『조선반도사』 편찬에 관여하고 있었다.

그런데 몇 차례에 걸친 집필진 교체에도 불구하고, 막상 제출된 원고는 이마니시 류가 쓴 제1편·제2편·제3편과 세노 우마쿠마가 쓴 제5편뿐이었다.[57] 스기모토의 최근세 편도 그의 사망으로 극히 일부만 남아 있다. 집필진의 전출, 사망과 집필 역량 부족, 조선인의 사료조사와 일본인의 집필이라는 이원화된 편찬 방식의 문제점 등이 복합적으로 작용하여 『조선반도사』의 편찬은 순탄치 않았다.[58] 또 일선동조론에 근거한 동화주의 정책의 일환으로 시작된 『조선반도사』의 편찬 목적은 3·1운동 이후 민족주의 고양의 분위기 속에서 조선인의 저항을 불러일으킬 위험성이 컸다. 나카무라 히데타카(中村榮孝)는 3·1운동을 계기로 식민지 통치 방법이 전환되자 『조선반도사』 편찬사업이 중단되고, 새로운 통치 방법에 맞게 편찬 의도와 방향이 변했다고 회고했다.[59]

한편, 『조선반도사』의 원고 집필 상황이 이러한 가운데 원고 완성을 독려하고, 그 성과를 외부에 발표하려는 움직임도 있었다. 관제 역사단체로서 오다 쇼고가 회장을 맡고 있던 조선사학회는 '조선사강좌 일반사'의 출간 계획을 세웠다. 당시 학계에서조차 조선사학회의 『조선사강좌』 편찬사업이 『조선반도사』 편찬사업의 또 다른 형태로 인식되었다.[60] 조선사학회는 오다 쇼고와 그의 '인적 네트워크'가 중심이 된 조직이

---

57 장신, 2009c, 앞의 글, 375~376쪽.
58 서영희, 2022, 앞의 책, 113쪽.
59 中村榮孝, 1953, 「朝鮮史の編修と朝鮮史料の蒐集 – 朝鮮總督府朝鮮史編修會の事業」, 黒板博士記念會 編, 『古文化の保存と研究 – 黒板博士の業績を中心として – 』, 吉川弘文館; 『친일반민족행위관계사료집 5: 일제의 조선사편찬사업』, 542~545쪽.
60 정준영, 2016, 앞의 글, 244~246쪽.

었다. 1910년부터 20년대 초반까지 조선총독부가 주도했던 각종 조사, 편찬사업에 관여하고 있는 인사들을 포괄했다고 할 수 있겠다.

『조선사강좌』의 목적은 "조선반도의 연혁과 조선민족의 과정을 가장 온건한 태도로 가능한 정확하게 연구"하는 것이었다. 이 책은 조선 일반사를 상세·중세·근세·최근세의 네 시대로 구분하고 이를 다시 전기·중기·후기의 세 시기로 세분해 약 1년간 완결하는 것이었다. 그 담당자는 상세사(조선 개창부터 통일신라 끝까지) 오다 쇼고, 중세사(고려시대) 오기야마 히데오, 근세사(조선시대) 세노 우마쿠마, 최근세사(이태왕의 즉위부터 병합까지) 스기모토 쇼스케였다.[61] 이마니시 류 대신에 오다 쇼고가 들어갔을 뿐 『조선반도사』 편찬사업의 집필진 그대로였다. 이마니시가 제외된 것은 오다의 의중이었다고 한다.[62] 이마니시는 임나일본부의 실체를 인정하지 않았지만, 조선총독부는 일본부를 사실로서 역사 교과서에 수록했다. 과거 일본이 조선을 통치한 구체적 실례로서 거론되는 일본부는, 조선통치를 위해 매우 중요한 '역사적 사실'이었기 때문이다. 오다의 계획에도 불구하고 오기야마 히데오와 스기모토 쇼스케는 완고를 내지 못했다. 오기야마는 『조선중세사』의 제2장까지, 스기모토는 『조선최근세사』의 전체 260여 면 중 73면까지 집필했다. 그 때문에 세노 우마쿠마는 1923년 8월부터 근세편을 1년여 동안 집필한 뒤 다시 『조선중세사』의 제3장부터 제15장을 마무리했다.[63] 스기모토의 사망으로 미집필된 부분은 『조선상세사』를 쓴 오다 쇼고가 마무리했다.[64]

---

61 朝鮮史學會, 「總序」, 『朝鮮一般史』, 3~4쪽.
62 장신, 2009c, 앞의 글, 377쪽.
63 池內宏, 1936, 앞의 글, 4쪽.
64 朝鮮史學會, 「朝鮮史講座一般史目次」, 『朝鮮一般史』, 11쪽.

당시 조선사학회의 연구 성과는 일본 학계에서조차 '조선총독부 관찬의 역사'로 규정되었다.[65] 계획대로 진행되었다면 '조선일반사 = 조선반도사'라 해도 무방했을 것이다. 오다와 세노는 『조선반도사』의 취지와 편찬 방향을 잘 이해하고 있었지만 내부의 검토 과정을 거치지 못했기에 『조선일반사』는 '정확한 조선역사'라는 공적 성격보다 개인 연구 성과로 남았다. 이마니시의 초고도 공간되지 못했지만 그의 사후에 초고를 바탕으로 집필된 강연 원고가 단행본 속에 수록됨으로써 일부나마 빛을 보게 되었다.[66]

이 무렵 『조선반도사』 편찬사업은 1922년 12월에 설치된 조선사편찬위원회(이하 위원회로 줄임)의 활동 결과에 좌우되는 신세로 전락했다. 위원회 목적은 조선사의 편찬과 사료 수집이었다. 위원회 설치 두 달 전인 10월에 중추원 사무분장 규정을 개정하여 편찬과를 없애고, 그 업무를 조사과로 넘겼다. 이관된 업무는 "사료의 수집과 편찬"[67]이었다. 이제는 주목적이 조선사의 편찬이 아니라, 사료 수집으로 전환되었다. 1915년 7월부터 시작된 『조선반도사』 편찬사업은 결국 1924년 말까지 약 10년간 진행되었고, 최종 원고 3분의 2 탈고로 미완에 그쳤다. 그러나 『조선반도사』 편찬을 위해 수집되고 정리된 결과물은 1922년 조선총독부가 별도로 조직한 조선사편찬위원회의 『조선사』 편찬 작업으로 이어졌다. 이 조선사편찬위원회가 조선사편수회로 개편됨에 맞추어 1924년 말부터는 『조선사』 편찬사업으로 통합되었다.[68]

---

65 박걸순, 2004, 『식민지시기의 역사학과 역사인식』, 경인문화사, 103쪽.
66 今西龍, 1935, 앞의 글, 63~166쪽; 장신, 2009c, 앞의 글, 377~378쪽.
67 친일반민족행위진상규명위원회, 2007, 『친일반민족행위관계사료집 I』, 181쪽.
68 金性珉, 1989, 앞의 글, 129쪽.

2) 조선사편수회의 『조선사』 편찬사업

(1) 구로이타 가쓰미와 식민지 수사(修史)사업

일본 근대 사료학은 서양, 특히 독일의 랑케(Leopold von Ranke, 1795~1886)가 제창한 실증주의 사학의 계승자였던 리스(Ludwig Riess, 1861~1928)에게서 배운 서양 열강의 사료학이 그 모태가 되었다.[69] 한편, 일본 에도시대부터 1793년까지 국학자들은 막부의 원조를 받아 사료편찬 작업을 이미 시작했기 때문에 근대 일본 사료학은 일찌감치 생성되어 있었다는 견해도 있다.[70]

메이지 정부에서 주도하여 온 편년사를 중심으로 한 사료편찬에 대해, 리스는 수집한 사료 자체를 편찬·간행하는 방법을 메이지 정부에 제언하고, 이후 사료편찬 방법에 리스의 방법론, 즉, 서양 열강에서 사용하던 사료편찬 방법이 도입되었다. 새로운 근대 역사학을 창출하고자 하는 메이지기의 아카데미 분위기 속에서 사료학 수립의 핵심으로 일본 고문서학(수사작업)이 중요한 과제가 되었다. 그리고 이 고문서학이라는 학문의 창출에서 가장 중요한 역할을 수행한 것이 바로 구로이타 가쓰미(黑板勝美, 1874~1946)였다.

구로이타가 도입한 사료편찬의 방법론은 근대 유럽 역사학의 방법론인 국가주도의 사료편찬과 동양적 정사편찬의 방법을 혼합한 일본 독자의 편찬 방법이었다고 평가된다.[71] "일본 고문서학을 확립한 공적도 또

---

69 永原慶二, 1989, 『20世紀日本の歷史學』, 吉川弘文館, 33~36쪽.
70 송완범, 2009, 「식민지 조선의 黑板勝美와 修史사업의 실상과 허상」, 『東北亞歷史論叢』 26, 106쪽.
71 箱石大, 2007, 「近代日本史料學と朝鮮總督府の朝鮮史編纂事業」, 佐藤信·藤田覺 編,

구로이타에게 돌아간다"고 언급되거나 "구로이타 고문서학은 아직도 현역이다"라는 지적조차 있을 정도이다.[72]

구로이타는 『대일본고문서』와 『대일본사료』의 편찬에 참여한 경험이 있었고, 1905년 「일본고문서양식론」으로 박사학위를 받은 사료 편찬의 최고 전문가로서 '일본 사료학의 확립자'였다.[73] 구로이타가 34년 간 재직했던 제국대학(도쿄제국대학), 즉 현재 도쿄대학에서 그의 흔적은 일본사학과(구로이타 재직 당시 국사학과)와 근대 이후의 일본 사료 편찬을 주도해 온 사료편찬소[74]에 확연히 남아 있다. 특히 사료편찬소에서는 사료편찬괘 시절인 1919~1920년에 3대 수장으로서 재직하고 있었다. 구로이타에 대한 평가는 학문 활동 기간의 거의 대부분에 해당하는 34년 간을 도쿄제국대학교에서 교편을 잡으면서 후진 양성에 힘썼다는 점, 또 고문서학의 체계화와 고전적의 출판과 보급에 커다란 발자취를 남겼다는 점을 들 수 있다. 그중에서도 특히 고문서학에 관련된 사업으로는, 쇼쇼인(正倉院) 문서의 조사사업의 개시, 『대일본고문서』[75]의 편찬을 주재

『前近代の日本列島と朝鮮半島』(史學會シンポジウム叢書), 山川出版社, 251~252쪽.

72　石井進, 1999, 「黒板勝美」, 『20世紀の歷史家たち(2)』, 刀水書房, 103쪽 참조.

73　송완범, 2009, 「식민지 조선의 黒板勝美와 修史사업의 실상과 허상」, 『東北亞歷史論叢』 26, 99~116쪽.

74　사료편찬소는 메이지 정부가 1869년 화학강담소(和學講談所) 자리에 만들어진 사료 편집국사교정국(史料編輯國史校定局)을 시원으로 한다. 1870년대에는 수사국(修史局), 수사관, 임시수사국으로 불렸다. 그러다가 1888년에는 제국대학에 국사과가 창설되면서 수사사업은 제국대학으로 이관된다. 그 당시의 명칭은 임시편년사 편찬괘였다. 이후 1895년 제국대학 문과대학에 사료편찬괘가 성립됨으로써 본격적인 활동에 들어가게 되고, 이후 1929년에 지금의 사료편찬소라는 이름이 생겨났다(송완범, 2009, 위의 글, 107쪽 각주 30번).

75　『대일본고문서』에는 편년 문서, 소장자별 고문서(家わけ文書), 막말 외국관계 문서의 세 종류가 있다. 편년 문서는 '정창원문서'를 중심으로 나라시대의 문서를 연차순으

한 일, 고전적에 관련한 사업으로는 『국사대계』·『속국사대계』·『국사대계육국사』·『국사대계유취국사』의 편찬에 이어, 1929년부터 『신정증보국사대계』[76]의 편찬에 착수하는 등 일본사 연구의 기초사료의 정리와 보급에 힘쓴 점이 두드러진다.[77]

일본 근대에 들어서 행해진 방대한 사료편찬사업에 구로이타는 직간접으로 다대한 영향을 미쳤다. 그렇다면 과연 이러한 사료편찬의 의도는 무엇일까?

첫째, 동양에서의 전통적인 정사 편찬으로서 역사 편찬, 즉 지배층의 역사, 일본으로 말하자면 천황 중심의 역사관 확립에 공헌하는 편찬사업이 되기 쉬웠다.

둘째, 국가적 과제로서의 편찬사업이다. 이는 서양 열강의 방법론이었다. 즉, 국가적 과제로 시도되는 사료편찬사업은 열강의 의도대로 식민지의 역사를 해석할 수 있는 소지를 갖고 있었다.

셋째, 한두 사람이 쓴 역사서는 사실을 왜곡할 위험성이 있으므로, 사료를 그대로 편찬, 발행함으로써 학자들이 이용할 수 있도록 하는 것이 더 낫고, 또 사료편찬은 개인이 할 수 없으므로 국가가 맡는 것이 최선이

로 정리한 것이고, 소장자별 고문서는 사원이나 신사 그리고 제가(諸家)의 문서를 소장자별로 분류 정리한 것이다. 또 막말 외국관계 문서는 외무성의 막말 외교문서의 편찬사업을 계승한 것으로, 페리 제독 내항 이후의 외교관계를 둘러싼 근대 일본 여명기의 사료를 모은 것이다.

76 『신정증보국사대계』의 교정·출판 사업은 1929년부터 1964년의 장기간에 걸쳐 요시카와코분칸(吉川弘文館)에서 행해졌다.

77 黒板博士記念會 編修, 1953, 『古文化の保存と研究: 黒板博士の業績を中心として』, 吉川弘文館 참조; 송완범, 2009, 앞의 글, 104쪽.

었기 때문이다.[78]

다시 말하자면, 천황 중심의 사료편찬에, 제국주의로의 도약을 선망하던 신생 열강 일본의 의도가 가미된 사료편찬이라는 이중의 굴절된 편찬 방침이 조선사의 편찬에도 적용되었다는 것이다. 결국 조선사 편찬 사업은 출발 선상부터 근본적인 한계성을 갖고 있었다.[79]

구로이타는 일본 근대 역사학의 성립에 큰 족적을 남겼을 뿐만 아니라, 40대 이후로는 조선사에도 주력하게 된다. 1915년 조선을 처음 방문한 이래 16년간 '조선사편수(1922~1928)'와 그 작업의 일환으로서 '조선고적조사'사업에 열중했다. 1910년 한일 강제병합 전후의 고적조사사업, 고적조사위원회와 고적조사사업(1916~1930), 조선고적연구회와 고적조사사업(1931~1945)의 시기적 변천에 따라 행해진 고적조사사업이 중앙과 지방의 박물관 설립으로 연계되었고, 여기에는 구로이타가 활약하고 있었다.[80]

(2) 『조선사』 편찬 배경과 편수사업 진행

『조선사』는 1938년 완간되었고, 1938년 6월 조선사편수회에서는 그 업무와 『조선사』의 편찬 과정을 정리하여 『조선사편수회사업개요(朝鮮史編修會事業槪要)』를 발간하였다. 이 책의 머리말인 총설에 『조선사』 편찬의 배경은 구관제도조사사업과 『조선반도사』의 편찬사업이었음을

---

78 박찬흥, 2010, 「『朝鮮史』(朝鮮史編修會 編)의 편찬 체제와 성격 – 제1편 제1권(朝鮮史料)를 중심으로 –」, 『사학연구』 99, 157~158쪽.
79 송완범, 2009, 앞의 글, 112~113쪽.
80 이순자, 2007, 「일제강점기 고적조사사업 연구」, 숙명여자대학교 박사학위논문.

밝히고 있다.[81]

> 데라우치 총독은 일한병합(日韓倂合) 이후 조선에 부임하면서 조선에 가장 적절한 시정(施政)을 베풀기 위하여 먼저 취조국(取調局)을 설치하여 구관제도(舊慣制度)를 조사하게 하고, 아울러 조선사(朝鮮史)의 편찬을 계획하게 되었다. … 구관제도조사사업(舊慣制度調査事業)은 다이쇼(大正) 4년(1915 – 필자) 중추원(中樞院)으로 이관(移管)됨에 따라 중추원에서는 특별히 편찬과(編纂課)를 설치하여 조선반도사(朝鮮半島史)의 편찬에 착수하였다. … 그러나 이와 같은 소규모 사업으로는 도저히 조선사 편찬의 목적을 달성할 수 없다는 것이 명백 … 사업 규모를 한층 확대하고 가능한 한 빠른 시일 안에 이를 편찬할 필요성이 인정되어 다이쇼 11년(1922) 12월 '조선사편찬위원회규정(朝鮮史編纂委員會規程)'을 공포 ….

사실 구관제도조사사업과 『조선반도사』 편찬사업, 그리고 『조선사』 편찬사업이 서로 다른 목적을 표방하였음에도 불구하고, 조선의 고도서, 고문헌을 수집·정리하였다는 점에서 공통점이 있다. 구관제도조사사업과 『조선반도사』 편찬사업 때 수집되고, 정리된 자료가 『조선사』 편찬의 밑거름이 되었기 때문이다.

먼저 구관제도조사사업은 식민통치체제의 구축을 위해 조선의 풍습과 관습을 파악할 필요에서 개시된 것으로 통감부 시기부터 시작되

81　朝鮮總督府朝鮮史編修會 編, 編輯部 譯, 1985, 『朝鮮史編修會事業槪要』, 시인사, 9쪽.

었다.[82] 즉, 1906년부터 1910년까지 통감부 시기, 그리고 1910년부터 1915년까지로 1910년 9월 30일 조선총독부 관제 공포 당시 설치된 취조국(取調局)이 기존 구관조사사업을 인계받고, 다시 1912년 4월 1일 참사관실(參事官室)로 이관되어 진행되던 시기, 1915년 이후 중추원 관제 개정에 따라 1915년 5월 1일부로 중추원으로 이관된 시기로 나누어 볼 수 있다.[83]

당시 취조국과 참사관실은 조선의 구관조사를 위하여 실지조사만이 아니라 전적(典籍)에 대한 조사도 함께 진행했으며, 이 작업은 고도서(古圖書)에 대한 정리와 새로운 수집, 도서에 대한 해제, 주요 자료에 대한 발췌 및 정리 등으로 확대되었다.[84] 그 가운데 『조선사』 편찬과 관련하여 주요 자료에 대한 발췌작업이 정확히 언제부터 시작되었는지는 불분명하나, "선인촉탁(鮮人囑託)에게 맡긴 기록발췌사무는 1913년 조선 태조부터 철종 실록까지, 이태왕 승정원일기 및 일성록에 대해 별지 제1호 사항의 소재를 조사하여 그 목록을 작성하고 1914년 1월부터 별지 제2호의 사항에 부쳐 이미 만든 목록에 의거해 본문의 발췌를 할 것"[85]을 계획한 것으로 보아 1913년 이전부터 시작되었으며, 그 주요 대상은 『조선왕조실록』을 필두로 『승정원일기』, 『일성록』과 같은 관찬 편년사류였음

---

82 통감부기의 구관제도 조사사업은 이영미著, 김혜정 譯, 2011, 『한국사법제도와 우메 겐지로』, 일조각을 참고.
83 취조국과 참사관실에 대해서는 金泰雄, 1993, 「1910년대 前半 朝鮮總督府의 取調局·參事官室과 '舊慣制度調査事業'」, 『奎章閣』 16을 참고.
84 朝鮮總督府中樞院, 1938, 앞의 책, 34~57쪽.
85 朝鮮總督府, 「圖書整理事務進行槪要報告書」, 『朝鮮總督府參事官分室關係書類』 1.

을 알 수 있다. 또 발췌는 한문에 능숙한 '선인촉탁(鮮人囑託)'들에[86] 의해 항목별 목록 작성 이후 기사를 추출하는 방식으로 이루어진 것으로 보인다.[87]

당시 발췌작업에서 선별된 항목들은 식민통치를 위한 제도개정이나 법령 작성을 위한 것이었지만, 이 과정에서 역사 연구 및 편사를 위한 기초작업이라 할 수 있는 조선시대 관찬 편년사류에 대한 사료의 수집, 정리가 대대적으로 이루어졌으며, 이는 『조선사』 편찬의 기본 토대가 되었다.[88]

한편, 1915년 상하이에서 출간된 박은식의 『한국통사』의 출판 및 보급에 대한 위기의식에서 조선총독부는 『조선반도사』 편찬사업을 추진했다. 그러나 학무국 편집 과장이며 중추원 편집 과장을 겸임하던 오다 쇼고가 주도했던 『조선반도사』 편찬은 예정대로 진행되지 못했다.[89] 그 원인은 자료수집에 예상외로 어려움이 많았고, 예정된 연한을 넘기기도 했지만,[90] 근본적으로 이마니시 류를 제외한 나머지 집필진의 조선사

86　주요 편년사류에 대한 발췌업무는 아리가 게이타로[有賀啓太郎, 속(屬)]를 주임으로 하여 유맹(劉猛, 촉탁), 구희서(具羲書, 촉탁), 서상훈(徐相勛, 촉탁), 정만조(鄭萬朝, 촉탁), 정병조(鄭丙朝, 촉탁) 등 중추원의 조선인에게 업무를 분담시킨 것으로 확인된다[朝鮮總督府, 「參事官分室事務ノ分擔及事務取扱內規(大正2年)」, 『朝鮮總督府參事官分室關係書類』1].

87　정상우, 2012, 앞의 글, 310~311쪽.

88　구관조사사업의 결과가 조선사 편찬을 비롯한 1920년대의 각종 편찬자료와 조사보고의 기본 토대가 되었다는 점은 이미 김태웅, 1995, 「日帝强占初期의 奎章閣圖書整理事業」, 『奎章閣』 18, 193~195쪽에서 선구적으로 지적되었다.

89　장신, 2009c, 앞의 글, 375~376쪽; 친일반민족행위진상규명위원회, 2008, 앞의 책, 375~376쪽.

90　中村榮孝, 1953, 앞의 글, 363쪽.

에 대한 이해와 지식수준이 높지 않았기 때문이었다.[91] 근대 역사학의 훈련을 받은 일본인 연구자들 중에서 조선의 '중세사'나 '근세사'를 제대로 다룰 수 있는 전문가는 전혀 없었다. 이마니시 류나 이케우치 히로시는 1922년이 되어서야 비로소 조선사 연구로 박사학위를 취득할 수 있었다.[92]

게다가 3·1운동 전후로 앙양된 조선의 독립 열기에 위기감을 느끼고, 자주독립 의식을 꺾을 필요성을 절감한 조선총독부는 그 대안으로 조선사 편찬사업을 본격적으로 추진했다. 그리고 그 편찬사업의 방법은 일본에서 진행되었던 사료편찬의 방법이었다. 도쿄제국대학 문학부 사료편찬괘(현 도쿄대학 사료편찬소)와 문부성 유신사료편찬회의 사료 수집과 편찬 방식이 조선사 편찬에서 모범으로 작용했다.[93] 그 결과 1922년 12월 4일자로 조선총독부 훈령 제64호 「조선사편찬위원회 규정」이 공포되면서 10개년 계획이 본격화되고, 조선사편찬위원회가 설치되었다.[94]

조선총독부가 『조선반도사』 편찬을 대신해서 『조선사』를 편찬하기로 한 배경에는 구로이타 가쓰미가 있었다.[95] 도쿄제국대학 교수였던 그는 1916년 3월 촉탁으로 『조선반도사』 편찬사업에 참여하였고, 조선사편찬위원회의 성립을 주도하였다. 여기에는 1922년 6월 15일 조선총독

---

91 金性玟, 1989, 「朝鮮史編修會의 組織 運用」, 『한국민족운동사 연구』 3, 129~130쪽.
92 정준영, 2022, 『경성제국대학 법문학부와 조선 연구』, 사회평론아카데미, 110~111쪽.
93 箱石大, 2002, 「史料探訪 52 大韓民國·國史編纂委員會所藏朝鮮總督府修史事業關係史料의 調查」, 『東京大學史料編纂所報』 37, 116~117쪽.
94 金性玟, 1989, 앞의 글, 132~134쪽.
95 이성시, 2016, 「구로이타 가쓰미(黑板勝美)의 역사학 연구와 식민주의」, 『식민주의 역사학과 제국 1 – 탈식민주의 역사학 연구를 위하여 – 』, 책과함께, 18쪽.

부 정무총감(政務總監)으로 부임한 아리요시 주이치(有吉忠一)의 도움이 컸다. 아리요시는 구로이타와 대학 동창으로서, 미야자기현(宮崎縣) 지사(知事) 시절 사이토바루(西都原)고분 발굴에도 함께 했었다.[96] 구로이타는 조선사편찬위원회의 구체적 사업 계획 입안, 담당자 인선, 편찬 강령 작성 등 모든 과정에서 중심적인 역할을 했다.[97]

구로이타는 『조선사』 편찬을 위해 교토제국대학 교수 나이토 고난[內藤湖南, 1866~1934, 본명은 나이토 도라지로(內藤虎次郎)]에게 도움을 청했고, 나이토는 이나바 이와키치(稻葉岩吉)를 추천하였다. 이나바는 간사로서 『조선사』 편찬사업을 주관하게 되었다.

그런데 조선사편찬위원회의 성립은 비밀리에 추진된 것으로 보인다. 나이토 고난과 이나바가 주고받은 편지에 따르면, 구로이타 등은 오다 쇼고 등의 '구반도사파(舊半島史派)'와 도쿄제국대학 공학부(工學部) 교수로서 '조선고적조사'사업에 참여했던 세키노 다다시(關野貞) 등의 '고적조사파'를 배제하고, 조선총독부 '수뇌부'와의 사이에서 계획·입안을 추진했다고 한다.[98]

조선사편찬위원회사업에 오다 쇼고 등 '구반도사파'가 배제된 데에는 서술형 통사로 편찬되었던 『조선반도사』와 달리, 『조선사』는 연월일 순서로 중요 사건 관련 사료를 정리해서 편찬하는 편년체 사서로 기획되었기 때문이다. 고문서학으로 박사학위를 받은 사료편찬의 최고 전문

96　永島廣紀, 2004, 「日本統治期の朝鮮における〈史學〉と〈史料〉の位相」, 『歷史學研究』 795, 16쪽.

97　中村榮孝, 1969, 앞의 글, 661~662쪽.

98　箱石大, 2007, 「近代日本史料學と朝鮮總督府の朝鮮史編纂事業」, 『前近代の日本列島 と朝鮮半島』, 山川出版社, 243~245쪽.

가로서 '일본 사료학의 확립자'였던 구로이타가 편년체 사료편찬 체제로 『조선사』를 기획한 것은 당연한 것이었다.

『조선사』 편찬이 편년체 형식을 취한 중요한 이유는 다음과 같다.

첫째, 편찬에 참여한 일본인 학자들의 조선사에 대한 전문지식의 부족과 학문적 역량의 한계 때문이었다.[99] 구관조사사업을 진행한 이래 조선에서는 수많은 자료가 수집되었고, 또 『삼국사기』·『삼국유사』는 물론이고 『고려사』·『고려사절요』·『조선왕조실록』·『승정원일기』·『비변사등록』·『각사등록』 등도 이미 수집되어 있었다. 이 방대한 사서들을 모두 섭렵하여, 조선총독부의 요구에 부응하여 정해진 기간 안에 조선의 역사를 서술하는 것은 거의 불가능했다.

당시 일본인들은 함께 수사관으로 참여했던 홍희(洪憙)에게 어려운 한문 해석을 물어봐야 하는 수준이었다.[100] 이마니시 류(今西龍)만이 『조선반도사』 담당 부분을 집필할 수 있었던 데에는, 그가 본격적으로 조선사 연구에 몰두한 최초의 연구자[101]이기도 했지만, 고대사에 해당되는 사서가 고려시대, 특히 조선시대에 비해 월등하게 분량이 적기 때문이기도 했다. 당시 일본인 연구자들의 조선사 연구 수준으로는 고려나 조선의 방대한 자료를 분석한 뒤, 조선사 통사를 체계적으로 서술하는 것은 불가능했던 것이다. 결국 연대순으로 관련 사료를 나열하는 사료집체제로

---

99 金性玟, 1989, 앞의 글, 155~156쪽. 1922년 5월 대만총독부에서 추진한 대만사료 편찬사업은 기전체 역사서였는데, 그것은 문헌 사료의 양이 많지 않았기 때문이라고 한다.

100 田中隆二, 1996, 「兼山 洪憙의 생애와 활동 – 일제하 대일협력자의 한 사례」, 『한일관계사연구』 5.

101 田中俊明, 1992, 「今西龍」, 『月刊 しにか』 3-6(1992-6), 104쪽.

『조선사』를 편찬하는 이외에는 대안이 없었다.[102]

둘째, 편년순으로 원사료를 기재하여 '객관성'을 부각시키려는 의도였다. 이렇게 되면 왜곡된 조선사에 대한 시정 요구를 무마할 수 있기 때문이다.

셋째, 단군에 대한 기록을 사료가 아닌 전설 내지 신화로 취급하여 단군 관련 연대의 부정확성을 들어 편년체 사서인 『조선사』에서 제외할 수 있는 근거가 확보될 수 있었다.

1925년 6월 사이토 총독은 역사 편찬 업무를 감당할 독립적 기구를 구상하고, 칙령 제218호로 「조선사편수회 관제」를 제정·공포하여, 수사관·수사관보 자리가 마련되어 안정적으로 사업을 추진할 수 있었다. 또 최남선(崔南善, 1890~1957) 등 조선인 학자를 포섭하여 편수 진용을 재정비하고, 12년 동안에 '조선사편수'를 완료하겠다는 계획을 수립하였다.

'편찬위원회'에서 '편수회'로의 변화는 역사서를 편찬한다는 의미를 좀 더 강화하는 것이었다. '편찬(編纂)'이란 단순히 문서나 원고를 정리하여 서적으로 출간한다는 의미이지만, '편수(編修)'란 역사서를 편찬한다는 의미가 있다.[103]

일본 정부는 당초 조선사편수회 관제를 허가하지 않았다고 한다. "식민지 역사를 일본인 손으로 편찬하는 것은 통치에 정반대된다"는 이유

---

102 박찬홍, 2010, 「『朝鮮史』(朝鮮史編修會 編)의 편찬체제와 성격 – 제1편 제1권(朝鮮史料)를 중심으로 – 」, 『사학연구』 99, 158~159쪽.

103 박찬홍, 2010, 위의 글, 159쪽. '편수'는 '국사를 편수하는 일을 맡은 관리'라는 의미가 있다. 송태종 태평흥국(太平興國) 8년(983)에 처음으로 사관편수(史館編修)를 두었고, 명나라 때 처음으로 한림원에 소속되었다고 한다.

에서였다. 이에 구로이타는 당시 내무대신이던 미즈노 렌타로(水野鍊太郞)에게 '조선사를 하지 않으면 일본사를 알 수 없다'고 하여, 이 한 마디로 조선사편수회 관제가 바로 통과되었다고 하는 일화가 있다.[104] 그리하여 1922년 12월 조선사편찬위원회가 설치된 이래 1938년 3월까지 16년간에 걸쳐 총 90여 만 엔의 경비가 투입되어 총 6편 35권의 『조선사』가 간행되었다.[105]

(3) 『조선사』 편찬체제와 편찬자의 조선사 인식

이마니시 류는 일본인 역사가로서 처음으로 조선사를 주제로 박사학위를 받았고, 1910년 이래 총독부 촉탁, 경성제국대학 교수를 역임했으며, 『조선사』 제1·2편 편찬의 책임자였다. 이마니시는 편찬이 한창 진행 중이던 1926년 조선사편수회의 사업은 '조선사료의 편년적 편수이지 조선편년사의 편수가 아닌 것'이라며, 『조선사』는 '사료의 편년적 편성'임을 명확히 했다.[106] 이렇게 사건과 이를 전하는 기사 내지 전거의 나열이다 보니, 『조선사』는 '색인' 혹은 '사료집'으로 평가받아 왔으며, 해방 이후에도 상당 기간 동안 연구를 위한 주요 사료의 지위를 유지했다. 특히 한국에서는 1960년대 『조선사』를 '사료집'이라고 평가하며, 사료의 '취사선택'의 문제가 제기되었으나[107] 이후 『조선사』에 대한 평가

---

[104] 末松保和·幼方直吉·旗田巍·武田幸男·宮田節子, 1963, 「《シンポジウム》日本における朝鮮研究の蓄積をいかに繼承するか(6) – 朝鮮史編修會の事業を中心に」, 『朝鮮研究月報』(1963-2), 29쪽.
[105] 정상우, 2018, 『조선총독부의 역사 편찬사업과 조선사편수회』, 아연출판부, 226쪽.
[106] 朝鮮史編修會, 「第5回編修打合會」, 『大正15年以降編修打合會書類綴』, 1926.12.11.
[107] 1945년 이후 한국에서 『조선사』에 대해 최초의 평가는 1966년 김용섭에 의해 이루어졌다. 그는 '『朝鮮史』는 단순한 통사가 아니고 하나의 사료집'으로 식민지기에

는 이를 반복하고 있으며, 관련 자료가 적은 탓에 한동안 『조선사』에 대한 연구는 미진하였다. 또 사료의 부족과 함께 '색인' 혹은 '사료집'의 성격상 특정한 역사상을 제시하고 있지 않으면서도 워낙 방대한 양의 자료를 포함하고 있어 사실상 『조선사』의 수록 자료와 『조선사』 자체를 일일이 대조하는 것은 보통 작업이 아니었다. 설령 꼼꼼한 대조가 이루어진다고 해도 사료 혹은 강문만 보고 『조선사』의 편찬자들이 해당 사료(혹은 사건)를 왜 선택했는지, 원 사료에 있지만 『조선사』에 빠져 있는 것은 왜 누락했는지를 판별하는 것 역시 불가능한 문제이기에 『조선사』에 관한 연구는 활발하지 않았다.[108]

최근 정상우의 조선사편수회 연구는 이런 점에서 식민통치책으로서 식민지 역사편찬사업의 전후 사업의 관계와 편찬 체제 및 편저자들의 구성과 역사 인식, 사업 내부의 갈등과 전개 과정을 세밀하게 분석한 점에서 큰 성과라고 할 것이다.[109]

는 물론 '기본 사료에 애로를 느끼는 사람은 지금도 이것을 사료로서 사용한다'고 하였다. 이와 더불어 『조선사』는 모든 사료를 넣은 것이 아닌 "그들(일본인)에게 유리하고 필요한 것은 되도록 많이 채록하고 한국사의 본질적인 문제나 민족문제 그리고 그들에게 불리한 것은 수록하지 않은" 사료의 '취사선택' 문제를 제기하였다(金容燮, 1966, 「日本·韓國에 있어서 韓國史敍述」, 『歷史學報』 31, 135쪽). 한편, 『조선사』 편찬 당시 수사관(修史官)으로서 편수 범례를 작성했을 뿐만 아니라 제4편의 편찬 책임자였던 나카무라 히데타카는 1980년 당시 도쿄제국대학 다나카 다케오(田中健夫), 다카사키(高崎)경제대학 교수 기타지마 만지(北島萬次)와의 대담에서 『조선사』를 '색인(索引)'이라고 평가하였다. 또 이 자리에서 다나카 다케오와 기타지마 만지는 자신들이 연구를 위해 『조선왕조실록』을 읽을 때 『조선사』를 활용하고, 이에 의지하여 읽었음을 밝히기도 하였다(中村榮孝, 1981, 「朝鮮史と私」, 『日本歷史』 400, 48~52쪽). 즉 『조선사』는 한일 양국에서 1945년 이후에도 활용되었으며 '사료집' 혹은 '색인'으로 평가받았다.

108 정상우, 2012, 앞의 글, 275~279쪽. 특히 277쪽의 각주 8 참조.
109 정상우, 2018, 앞의 책.

〈표 3-2〉『조선사』의 시기 구분과 편찬 담당자

	시기	편별 담당자
제1편	신라통일 이전	今西龍(囑託), 末松保和(修史官)
제2편	신라통일시대	
제3편	고려시대	今西龍(囑託), 稻葉岩吉, 末松保和(修史官), 秋浦秀雄(修史官補), 澁江桂藏, 尹瑢均(囑託)
제4편	조선 전기(태조~선조)	中村榮孝, 申奭鎬(修史官), 潮田富貴藏 외
제5편	조선 중기(광해군~정조)	稻葉岩吉, 洪憙, 末松保和, 瀨野馬熊, 高橋琢二
제6편	조선 후기(순조~갑오개혁)	田保橋潔(囑託), 田川孝三, 高橋琢二, 瀨野馬熊, 李能和 외

출전: 정상우, 2018, 『조선총독부의 역사 편찬사업과 조선사편수회』, 아연출판부, 209쪽, 〈표 7〉 참조. 편별 담당자는 1938년 기준.

〈표 3-2〉에서 보듯이 경성제국대학 사학과 교수들 대부분이 당시 조선총독부의 최대 편수사업이었던 『조선사』의 출판에 관여하였다. 『조선사』 4편의 편찬 주임인 나카무라 히데타카는 1933년 3월부터 1935년 3월까지 2년 동안 사학과 강사로 출강을 나온 조선총독부의 교육관료였고, 수사관보였던 신석호는 사학과 제1회 졸업생이었다.[110] 6편의 편찬을 담당한 다보하시 기요시(田保橋潔)는 1944년 당시까지 조선사편수회의 3인 간사 가운데 한 사람으로 활동하면서 조선사편수회가 시리즈로 기획한 '조선사편수회 연구 휘찬'의 제1집 『근대조선사연구』(1944)에 「근대조선의 정치적 개혁(近代朝鮮の政治的改革)」(제1회)이라는 논문도 발표했다. 그러나 조선사편수회와 경성제국대학 사학과 교수들의 관계가 원만하지 않았다는 연구가 있다. 즉, 구로이타 가쓰미와 나이토 고난은 간사이자 수사관인 이나바 이와키치를 통해 편수회의 주도권을 장악

---

110 윤용균과 다가와 고조도 각각 2회, 3회 졸업생이었다. 윤용균은 1931년 9월 사망했는데, 그의 1년 선배인 신석호가 나서서 유고집을 출판해 주었다[윤용균, 1933, 『윤문학사유고(尹文學士遺藁)』, 朝鮮印刷株式會社].

하고, 오다 쇼고나 이마니시 등 기존 『조선반도사』 편찬 계열을 배제하고자 했다는 것이다.[111]

그러나 이미 오다 쇼고의 경우 정년을 앞둔 나이였고, 학문적 성향으로 볼 때 연구에 충실한 순수 학자라기보다 사실 행정 관료에 가깝고 학회구성과 운영 등에 능한 스타일이었으므로, 『조선사』 편수작업에서 제외되었을 가능성이 컸을 것이다. 이와 관련하여 오다 쇼고가 구로이타 가쓰미 등의 견제로 조선사편수회 사업에서 소외되었다는 것에 대해 조금 다른 해석을 한 연구도 있다.[112]

사실 오다는 1922년 조선사편찬위원회 출범 때와 그 후신인 조선사편수회에 모두 위원으로 참여했다. 그는 1922년 12월 28일 조선사편찬위원회 출범 당시 위원 명단에는 없다. 그러나 1923년 4월 25일, 이왕직(李王職) 차관 시노다 지사쿠(篠田治策)와 함께 위원에 임명되었다. 또 조선사편수회에는 1925년 7월 20일 설립 당시부터 위원에 임

---

111 신주백과 정상우의 연구이다. 신주백은 오다 쇼고가 조선사학 제2강좌의 담임교수였음에도 불구하고, 『조선사』의 편별 담당자에서 제외된 점을 들었다(신주백, 2016, 앞의 책, 158~159쪽). 정상우는 『조선사』 편찬이 『조선반도사』 편찬 실패 이후 완전히 다른 성격으로 진행되었다고 분석했다. 구로이타가 그 기획 단계부터 아예 옛 역사편찬사업과 관련이 없는 전혀 새로운 인물을 기용했다고 보았다. 나이토 고난이 1922년 조선사편수회 출범 직전 이나바 이와키치에게 보낸 편지와 조선사편수회에서 했던 구로이타의 발언을 근거로 한 연구였다[정상우, 2014, 「『朝鮮史(朝鮮史編修會 간행)』 편찬사업 전후 일본인 연구자들의 갈등 양상과 새로운 연구자의 등장」, 『사학연구』 116, 149~159쪽].

112 나가시마 히로키(永島廣紀)는 구로이타와 오다 쇼고의 갈등은 사실이 아니며, 오히려 두 사람이 협조하여 이나바를 조선사편수회에 참여시켰다고 하였다(나가시마 히로키, 2016, 「2개의 고종실록 편찬을 둘러싼 궁내성·이왕직의 갈등: 아사미 린타로와 오다 쇼고의 역사 서술을 중심으로」, 『한국사학보』 64, 59쪽).

명되었다.[113] 조선사편수회의 『조선사』 편수사업과 동시에 이왕직에서 진행하는 『고종실록』·『순종실록』[114] 편찬사업을 오다가 주관하였는데,[115] 이 『고종실록』·『순종실록』은 바로 오다가 그 이전에 관여했던 『조선반도사』와 『조선사대계 최근세 편』의 연장선에서 일본이 고종시대에 대한 망국의 프레임을 씌우는 최종 단계였다는 것이다. 따라서 오다와 구로이타의 대립은 개인적 견해차이나 식민주의 사학의 주도권을 둔 경쟁 관계일 수는 있어도, 기본적으로 총독부 주도의 관제사학 시스템 내에서 관료 출신의 오다와 학자 출신의 구로이타가 모두 '정부사업'으로 막대한 예산 지원을 받아 사업을 추진하는 상황에서 역할이 달랐다고 볼 수 있다는 것이다. 즉, 이왕직의 오다는 왕조의 역사라는 측면에서 『고종실록』·『순종실록』을, 구로이타 측은 다보하시를 내세워 『조선사』의 마지막 제6편의 편찬을 진행했다는 것이다.

『조선사』는 1894년 6월에서 끝나고, 대한제국기와 병합사를 다루지 않았다. 이 시기는 일본에 의한 국권침탈 과정이 드러나는 부분이고, 당대 조선인들의 기억에 생생한 부분일 뿐만 아니라, 막대한 대한제국 정부의 기록물이라는 상황을 고려해 볼 때, 조선사편수회는 의도적으로 이 시기를 피했다고 볼 수 있다. 구로이타는 『조선사』의 하한을 1894년까지로 잡은 것에 대해 "어제 일어난 일까지 수록하고 싶지만 도저히 불가능한 일이고, 정부사업인 이상 정확하고 세밀해야 하기 때문에" 보통

---

113 조선총독부 조선사편수회, 1938, 『조선사편수회사업개요』, 128, 144쪽; 서영희, 2022, 앞의 책, 20쪽.

114 사료의 원제목은 『고종태황제실록』, 『순종황제실록』이지만, 이 책에서는 편의상 널리 쓰이는 『고종실록』, 『순종실록』으로 표기한다.

115 小田省吾, 1933, 「李王職の實錄編纂事業について」, 『청구학총』 13.

50년 전후를 종기(終期)로 잡는다고 했다. 1895년 이후 사료편찬에 부담을 느낀다는 표현인 것이다.[116] 실제로 조선사학회의 『조선사대계 최근세사』도 있었지만, 그것은 총독부가 직접 발행한 책도 아니므로, 대한제국 병합 과정을 다루기는 했어도 총독부 시정에 부담을 주지는 않았던 것이다. 그러나 『조선사』의 경우 엄밀한 사료 고증을 거쳐야 하는 성격상 의도적으로 병합을 합리화하는 사료들을 선별하여 저술할 경우 조선인들의 민족주의적 감정을 자극할 우려가 컸던 것이다. 결국 을미사변과 같은 범죄에서부터 불법적 강제병합에 해당되는 시기는 『조선사』에서 제외되었고, 이 부분은 『고종실록』·『순종실록』에서 담당하게 되었다고 볼 수 있는 것이다.[117] 그리고 이것은 '전통'에 따른 『고종실록』·『순종실록』 편찬과 근대 역사학적 방법에 의한 『조선사』 편찬이 전혀 별개의 사업이 아닌 연계된 사업으로 볼 수 있다.[118] 오다와 구로이타의 갈등 문제에 대해서는 갈등이 없었다는 것은 아니더라도, 갈등설보다는 이처럼 일제의 역사편찬사업에서의 서로 다른 역할 분담 차원에서 이해하는 것이 더 설득력 있어 보인다.

오다에 비하면 이마니시는 고대사에 해당하는 『조선사』 1편, 2편(통일신라까지)의 편찬을 책임지는 등 편찬위원회와 편수회에서 어느 정도 역할을 맡고 있었으나, 『조선사』의 기획 단계에서는 유학 중이었고, 1926년 6월부터 교토제국대학 교수와 경성제국대학 교수를 겸하여 사실 조선사편수위원회에 참석이 쉽지는 않았을 것이다. 그러나 이마니시

---

116 「조선사편찬위원회 제1회 회의록」(1923.1.8); 「조선사편수회 제9회 회의록」(1935.7.5)
117 서영희, 2022, 앞의 책, 178~182쪽.
118 서영희, 2022, 위의 책, 22~27, 182~183쪽.

는 1922년 6월 조선사로 일본에서 처음으로 박사학위를 받은 사람이고 교토제국대학 교수이었으므로, 그의 학문적 권위는 조선사편수회의 입장에서 보았을 때도 매우 상징적이고 필요했던 상황이었다.

이마니시를 구로이타 등이 배제했다는 연구들에 의하면 그 근거 내용은 다음과 같다. 이마니시가 『조선사』 1, 2편의 주임을 맡고 있던 상황에서, 구로이타 가쓰미와 이나바 이와키치를 편수회 내부에서 뒷받침해주는 나카무라와 스에마쓰가 1928년 이전에는 촉탁과 수사관보로, 1928년에는 수사관으로 실질적인 업무를 보았다.[119] 수사관보로 이마니시를 보좌하여 『조선사』 1, 2편 편찬에 종사한 스에마쓰는 당시 해당 부분 편찬방식에 대해 '이마니시 선생은 제1, 2편부의 주임이셨지만, 출근을 하지는 않았다. 1~2주에 한 번 내가 한 일을 선생의 집에 가져가면 보고 질문에 답해주는 것'[120]이었다고 회상했다. 즉, 이마니시는 오다에 비해 『조선사』 편찬에서 중요한 역할을 맡았으나, 거의 모습을 비치지 않았다. 결국 사업이 진척되며 원고작성이 준비되던 1927년에 편수회에 사직서 제출하기에 이를 정도로 편수회와 충돌하기에 이르렀다. 물론 이마니시의 사표는 반려되었고, 이마니시가 편수회의 심의부에 참여하여 『조선사』의 최종 원고 결정에 개입할 여지가 마련되면서 위상이 어느 정도 확보되는 선에서 갈등은 마무리되었다.[121] 그러나 이마니시는 『조선사』 1, 2편도 다 끝내지 못한 채 1932년 5월 갑작스럽게 죽었다.[122] 이상이 이마니시가 조선사편수회에서 구로이타 계열에 의하여 견제된 정황

119　신주백, 2016, 앞의 책, 159쪽.
120　旗田巍 編, 1969, 『シンポジウム日本と朝鮮』, 勁草書房, 77~82쪽.
121　조선사편수회의 일본인 연구자들의 갈등에 대해서는 정상우, 2014, 앞의 글 참조.
122　정상우, 2014, 위의 글, 160~173쪽.

을 입증하는 연구들의 내용이다.

물론 이마니시의 조선사편수회 참여에 대한 다른 견해의 연구도 있다. 즉, 결국은 이마니시가 『조선사』 1, 2편의 주임이었기 때문에 그의 관점대로 편찬되었고, 고대사 연구의 권위자이고 경성제국대학 조선사 교수인 이마니시의 권위는 인정할 수밖에 없었다는 것이다. 그것은 최남선의 단군 기사 사료 수록 주장에 대해 학술적으로 이를 차단할 수 있는 전문 위원은 이마니시 밖에는 없었다는 것과도 관련 깊다.[123] 이렇게 조선사편수회에서 오다 쇼고와 이마니시 류에 대한 구로이타 등의 견제에 대한 세밀한 부분은 현재 학계에서도 의견의 차이가 있어서 확실하게 단정지을 수 있는 부분은 아니다.

한편, 구로이타는 나이토 고난으로부터 추천받은 이나바 이와키치에게 『조선사』 편수의 핵심 역할을 맡겼다. 이나바는 '반도 생활은 경험이 없었지만, 수사(修史)에는 다소 자신이 있어'서[124] 이 일을 수락했다고 밝혔는데, 이나바는 1908년 남만주철도주식회사 산하의 '만선역사지리조사부'에 들어가면서 학자로서의 길에 접어든 이래 참모본부 촉탁, 야마구치고등상업학교(山口高等商業學校) 강사, 육군대학 동양사 강사 등을 거쳤다. 마침 구로이타는 편찬위원회 구성 당시 기존 조선 관련 연구와 관련이 없으면서도, 만선역사지리조사부나 도쿄제국대학 사료편찬괘에 있었던 인물들을 염두에 두었던 것이다.

새로운 인물의 기용은 편수회로 조직이 상설화되고 전임직원을 둘 수 있게 됨에 따라 더욱 강화되었다. 바로 나카무라와 스에마쓰가 수사

---

123 서영희, 2022, 앞의 책, 153~154, 171~173쪽.
124 稻葉岩吉, 1937, 「予が滿鮮史研究課程」, 『稻葉博士還曆記念滿鮮史論叢』, 21쪽.

관과 수사관보로 부임하여 『조선사』의 편찬·인쇄까지 편수회에서 중추적인 역할을 담당하게 되었는데, 둘은 모두 '구로이타 문하의 준재(俊才)'[125]로 구로이타가 수족처럼 부리던 제자들이었다. 이마니시는 1932년 사망했고, 1930년대 들어서서 수사관이었던 홍희 및 세노 우마쿠마, 시부에 게이조(澁江桂藏), 가와구치 우키쓰(川口卯橘), 구찬서(具瓚書) 등의 촉탁들이 연달아 사망하였으며, 수사관보였던 아키우라 히데오(秋浦秀雄), 다카하시 다쿠지(高橋琢二)와 같은 이들은 다른 곳으로 옮겨갔다. 이에 따라 나카무라와 스에마쓰 이외에도 새로운 인물들이 계속해서 조선사편수회에 충원되었는데, 당연히 제국대학 출신들이었다. 1926년 경성제국대학 학부가 개설된 이래 국사학 강좌를 담당했던 다보하시가 『조선사』 6편의 편수를 책임지게 되었다. 1929년부터 조선사학 전공한 졸업생이 꾸준히 배출되었고, 신석호(申奭鎬, 1929년 졸업), 윤용균(尹瑢均, 1930년 졸업), 다가와 고조(田川孝三, 1931년 졸업)가 1930년대 전후하여 편수회에 새롭게 들어왔다. 윤용균은 얼마 안 가 1931년 9월 사망했으나, 신석호와 다가와는 수사관보로서 각각 조선시대에 해당하는 『조선사』 4편과 6편의 편찬에 참여했을 뿐만 아니라 『조선사』 편찬 이후에는 수사관으로서 편수회 업무를 계속했다.[126]

다음으로 『조선사』의 편찬체제를 살펴보자. 『조선사』는 제1편과 제2~6편의 편찬체제가 다르다. 제1편은 전거한 사서의 원문을 그대로 기록한 반면, 2편 이하는 연월일의 연대순으로 해당 사건의 '강문' 즉 핵심 줄거리를 간단히 기재한 뒤, 전거한 사서의 목록과 권수를 기록하

---

125 旗田巍 編, 1969, 앞의 책, 77~82쪽.
126 정상우, 2014, 앞의 글, 173~176쪽.

였다. 2~6편의 사료가 너무 방대하여 원문 수록은 힘들었던 것이다.[127]

『조선사』는 『대일본사료』나 『대일본유신사료』의 체제처럼 줄거리와 원 사료를 기재한 방식으로 편찬하려고 했던 듯하다. 하지만 고려, 특히 조선의 경우 원 사료를 모두 게재할 경우 그 분량이 너무 방대했고, 막대한 시간이 소요되었다. 『조선사』가 식민통치의 일환으로서 정치적 성격을 띠고 있다는 점에서 볼 때, 편수사업은 가능한 빨리 원하는 성과를 제출해야 했다.[128]

『조선사』 제1편은 신라 통일 이전까지 원 사료를 직접 게재하여 편찬했는데, 원 사료의 양이 적었기 때문에 가능했다. 또한 제1편은 편년체로 정리하여 제1권(조선 사료), 제2권(일본 사료), 제3권(지나 사료)로 나누어서 편찬하였다. 이렇게 국가별로 따로 나누어서 편찬한 이유는 상대(上代)로서 연대를 명확하게 할 수 없는 부분이 있고, 한·중·일의 사료의 연도가 일치하지 않아서 따로 편찬했다고 조선사편수회는 밝혔으나[129] 그것은 단군 관련 기사를 싣지 않으려는 방편이었다.[130]

구로이타 가쓰미는 단군과 기자는 역사적 실존 인물이 아닌 신화 속

---

127 『대일본사료』는 사건의 핵심 줄거리를 간단히 기재한 뒤, 해당 사료 원문을 그대로 기재해 놓았다. 『대일본사료』를 모방하여 만든 『대일본유신사료(大日本維新史料)』는 편찬 방식은 『대일본사료』와 똑같이, 줄거리 다음에 원 사료를 기재하였다. 『조선사』 제1편이 이와 같은 방식으로 편찬되었다. 『조선사』 2~6편은 『사료종람(史料綜覽)』(1923년부터 『대일본사료』의 줄거리와 인용 도서 목록만 기재함) 『유신사료강요(維新史料綱要)』(『대일본유신사료』의 줄거리만을 뽑아 적음)의 편찬 형식을 채용하였다(永島廣紀, 2004, 앞의 글, 17쪽; 박찬홍, 2010, 앞의 글, 160~161쪽).

128 박찬홍, 2010, 위의 글, 162쪽.

129 朝鮮史編修會 編, 1938, 「朝鮮史凡例」, 『朝鮮史』卷首 總目錄, 2쪽; 中村榮孝, 1953, 앞의 글, 43쪽.

130 金性玟, 1989, 앞의 글, 156~157쪽.

인물로, 사상적·신앙적 측면에서 연구해야 할 대상이지, 편년사에 넣기는 어렵다고 하였다.[131] 그러나 구로이타는 『고사기』나 『일본서기』에 나오는 일본 고대의 신화는 그대로 인정하는 이중적인 태도를 보였다.[132] 또 이마니시 류는 단군이라는 칭호와 설화가 고려 중기 이후에 만들어진 것이기 때문에[133] 단군 관련 기사를 편년체 『조선사』의 첫 부분에 기재할 수 없다고 하였다. 이마니시 류는 『삼국사기』의 기년 가운데 고구려에서는 소수림왕(371~384), 백제에서는 계왕(契王, 344~346) 무렵, 신라에서는 소지왕(479~500) 이전의 기록은 신빙성이 없다고 보았다.[134]

1930년 8월 조선사편수회 제4차 위원회에서 최남선의 질문에 답하던 이마니시 류는 제1편은 영토가 아니라 민족을 중심으로 편찬한다고 이야기하면서[135] "조선인은 한족(韓族)이 예족(濊族)을 융합하여 부여족 일부와 일본족 및 중국족 일부가 섞여 이루어졌지만, 그 대부분은 한민족의 후예"라고 하였다. 즉, 『삼국사기』에 근거하여 한국사의 시작을 신라 건국 이후로 잡았다. 실제로 이마니시를 포함한 대부분의 일본인들은 단군신화를 부정하고, '기자조선'과 '위만조선'을 중국인의 국가로 인식했다.[136] 다만 그 영토가 한반도 서북부를 포함했으므로, '조선반도'의 역

---

131 조선총독부조선사편수회 편, 편집부 옮김, 1986, 『朝鮮史編修會事業槪要』, 시인사, 64쪽.
132 崔在錫, 1990, 「黑板勝美의 日本 古代史論 批判」, 『정신문화연구』 38, 129~139쪽; 송완범, 2009, 「식민지 조선의 黑板勝美와 修史사업의 실상과 허상」, 『東北亞歷史論叢』 26, 115~116쪽.
133 今西龍, 1929, 「檀君考」, 『靑邱說叢』 1: 今西龍, 1937, 『朝鮮古史の研究』, 近澤書店, 1~130쪽.
134 今西龍, 1936, 「三國史記」, 『朝鮮史の栞』, 近澤書店, 10쪽.
135 조선총독부조선사편수회 편, 편집부 옮김, 1986, 앞의 책, 47쪽.
136 박찬홍, 2007b, 「滿鮮史觀에서의 한국고대사 인식 연구」, 『韓國史學報』 29, 23~27쪽.

사인 '조선사'에 포함된다고 이해했던 것이다.[137]

『조선사』 편찬 당시 편찬자들이 가장 역점을 둔 부분은 조선시대였다.

> 조선사편수회가 편수하고 있는 조선사(朝鮮史)가 제1편에서 제6편까지 나뉘어져 있다. … 당국의 당사자도 일반의 세인(世人)도 모두 최대의 기대를 걸고 있는 부분, 또 학술(學術)로부터 말해도 이 사업에서 가장 의의가 있다고 할 수 있는 부분은 제4편 이하 제6편에 이르는, 즉 이씨조선시대(李氏朝鮮時代)이지 않을 수 없다.[138]

이는 『조선사』 편찬 당시 조선시대 시작인 제4편 제1권 발행 당시 『조선사』 1, 2편과 5편의 일부를 직접 편찬한 스에마쓰 야스카즈(末松保和)의 발언이다. 실제로 『조선사』 총 6편 35권 중 조선시대가 4·5·6편, 24권으로 그 대부분을 차지하였다.

조선시대에 많은 분량을 할당했던 이유는 무엇보다 『조선왕조실록』, 『비변사등록』, 『승정원일기』 등과 같은 관찬 편년사류를 비롯하여 수많은 개인 문집까지 방대한 자료가 남아 있었기 때문이다. 또한 조선시대는 '당파', '정치적 혼란', '외침' 등이 자주 언급되었는데,[139] 조선 망국의

---

137 박찬흥, 2010, 앞의 글, 165~166쪽.

138 末松保和, 1933, 「書評朝鮮史 第4編 第1卷」, 『靑丘學叢』 11, 166~167쪽.

139 『조선사』 편찬을 총괄했던 편찬주임 이나바 이와키치는 『조선사』가 간행되고 있던 1935년, 당시 일본 학계의 조선시대 연구 상황에 대해 "이씨조선시대의 역사 연구는 전도가 아직 요원하지 않다고는 말할 수 없다. 다만 고 하야시 다이스케(林泰輔) 박사가 『연려실기술(燃藜室記述)』 등을 참작하여 『조선사』를 쓴 것은 그나마 위적(慰籍)이다. 실로 조선시대를 정리한 저서로서는 박사의 『조선사』 외에 겨우 최근 조선사학회 간행의 『조선사대계(朝鮮史大系)』에 한정"되며 이는 "결코 현대의 요구에도

원인을 조선 역사에서 찾으려 했던 통치상의 필요로 인해 사료의 수집, 정리가 절실했던 부분이기도 했기 때문이다.[140]

그런데 『조선사』는 제1편을 제외하면 사료를 전부 싣는 것이 아니라, '본문(本文)'이라고 불리는 강문, 즉 사건에 대한 간략한 요약과 이 사건을 전하는 사료의 출전만 실려있으며, 조선시대인 4·5·6편 역시 이러한 구성이었다. 스에마쓰는 『조선사』의 조선시대 부분의 강문이 간단한 것은 조선시대 여러 자료들이 '당쟁'과 관련하여 '윤색'이 심하지만, 『조선사』는 '윤색'을 제거하고, 사건만을 전달하는 방식으로 최대한 간략하게 강문을 작성하며, 편찬에 심혈을 기울였음을 자신했다. 실제로 『조선사』 강문들은 범례와 스에마쓰 야스카즈의 말대로 가치판단을 드러내는 용어나 편찬자의 의견을 드러내지 않으며, 간략한 형태로 기술되어 있다.[141]

한편, 사료의 취사선택이 발생할 수밖에 없는 『조선사』에는 어떠한 사건이 선택되는 것인가? 『조선사』 4편은 태조 원년에서 선조 41년까지의 227년간의 내용이다. 정상우는 『조선사』가 조선 최대의 전쟁으로 '외침'인 임진왜란을 구분점으로 설정하였고, 19세기 후반 이래 일본인 학자들은 '반도'라는 지리적 성격과 그로 인한 중국, 몽골, 만주, 일본 등 여러 세력의 '외침'을 강조하였다고 분석했다.[142] 그런데 굳이 '외침'을 시

부합하지 않는다"며 유감을 표하였다(稻葉岩吉, 1935, 「朝鮮史研究の過程」, 『世界史大系』 11, 平凡社, 196~197쪽).

140 정상우, 2012, 앞의 글, 279~280쪽.
141 정상우, 2012, 위의 글, 294~295쪽.
142 조선의 역사를 외압과 외침의 연쇄로 규정하는 것은 식민주의 사관 가운데에서도 가장 두드러진 특징으로서 그 문제점은 식민주의 사관에 대한 비판이 개시된 초기부터 지적되었다(李基白, 1961, 緖論, 『國史新論』, 泰成社; 李基白, 1987, 「半島的性格論 批判」, 『韓國史市民講座』 1, 一潮閣). 정상우, 2012, 위의 글, 298쪽.

기 구분의 기준으로 삼았다고 그것을 식민주의 역사관으로 규정할 수 있는가는 생각해 볼 문제이다. 사실 임진왜란을 계기로 조선의 정치·사회·경제·문화 등 모든 방면에서 대변화가 초래된 것은 분명한 역사적 실제이므로, 꼭 '외침'과 '외압'의 부정적이고 타율적 기준을 준거로 했다고 비판하기에는 다소 무리가 있어 보인다.

『조선사』 4편, 특히 9권과 10권 부분에는 임진왜란과 관련하여 종가문서(宗家文書)와 같은 대마도 구입 문서 등을 필두로 하여 상당량의 일본 측 자료를 활용한 것으로 주로 한일관계사에 치중했음을 알 수 있다. 『조선사』 4편을 총괄했던 나카무라 히데타카(中村榮孝)의 학문적 관심은 '한일관계사'였다.[143] 실제 4편의 자료는 5·6편에 전거된 자료 수와 비교해서도 압도적으로 많았다.

광해군에서 정조대에 이르는 193년간을 10권으로 나누어 편찬한 5편의 경우 광해군대, 인조, 숙종 대에 해당하는 1·3·5권에 많은 자료를 동원하였음을 알 수 있다. 이 시기는 후금의 성장으로 인한 정세의 변동, 인조반정과 전쟁, 또 경신·기사환국 등 격변의 시기로, 특히 병자호란에 해당하는 3권의 경우 다른 부분에서 사용하지 않는 '동화전록(東華全錄)', '만주명신전(滿洲名臣傳)', '몽고유목기(蒙古游牧記)', '삭방비승(朔方備乘)'과 같은 청대 편찬된 자료를 이용하였다. 그것은 '만선사' 체계화에 주력했던 이나바 이와키치가 5편의 총괄 책임자였던 것과 관련 깊다. 이나바는 『조선사』 편찬을 위한 사료 수집 중 태백산사고에 보관되어있던 『광해군일기중초본(光海君日記中草本)』을 획득하고 한문 자료의 해독을 조선인 편수관이었던 홍희(洪憙)가 도와주어 조선사편수회 재직 중인

---

[143] 정상우, 2012, 위의 글, 298~299쪽.

1932년 6월 『광해군시대의 만선관계(光海君時代の滿鮮關係)』로 교토제국대학에서 박사학위를 취득하기도 하였다.[144] 결국 『조선사』의 사료들은 편찬자의 관심사를 반영하였다고 할 것이다.[145]

한편, 제6편에서는 관찬 사료들을 다수 사용하였는데, 제4권은 고종 즉위부터 갑오개혁 이전까지를 다룬 시기로, 개항기를 포함하고 있어 외국 측 자료가 많이 사용되었다. 특히 개항, 임오군란, 갑신정변 등 일본 관련 내용이 많아 일본 측 자료, 특히 외교 관련 자료가 다수 활용되었는데, 『조선사』 전체 35권을 통틀어 임진왜란기 다룬 4편 9·10권 다음으로 가장 많은 종류의 자료를 활용하고 있다. 이 6편의 편찬을 담당자가 바로 1926년 경성제국대학 문학부 개설 이래 국사학 제1강좌를 담당했던 다보하시 기요시였다. 그가 1930년에 발표한 『근대일지선관계의 연구(近代日支鮮關係の研究)』의 제목만 보아도 알 수 있듯이 그의 학문적 관심은 19세기 후반 이래 한·중·일 사이의 외교사였다.[146] 그도 이나바 이와키치와 마찬가지로 편수회 일을 맡아보면서 박사학위논문인 『근대일선관계의 연구(近代日鮮關係の研究)』를 작성했는데 이때 조선사편수회와 『조선사』 편찬을 위해 수집한 자료를 적극적으로 활용하였다.[147] 이렇게 6편 역시 편찬 담당자의 학문적 관심을 상당 부분 반영하며 편찬되었음을 알 수 있다.

---

144 中村榮孝, 1953, 앞의 글, 675쪽.

145 정상우, 2012, 앞의 글, 299~300쪽.

146 이는 1894년 청일전쟁부터 1895년 5월 삼국간섭에 이르는 청일관계사를 조선을 중심으로 고찰한 것이다(金義煥, 1976, 「田保橋潔 敎授의 韓國學上의 功過檢討」, 『韓國學』 11, 10쪽).

147 旗田巍 編, 1969, 앞의 책, 86쪽.

『조선사』 편찬은 당초 1922년 시작하여 10개년 예정 사업이었는데, 사료가 너무 방대하여 1933년 완성을 목표로 했던 사업은 1개년 연장되었으나,[148] 이것도 기한이 지켜지지 않았다. 1935년 9월 30일 개최된 편수회의에서 그때까지 미완성 부분의 편찬을 위한 새로운 계획이 수립되는데, 이는 모두 『조선사』 4·5·6편이었다.[149] 결국 미완성 부분에 새로운 학자를 충원했는데, 기존의 이나바 이와키치, 나카무라 히데타카, 스에마쓰 야스카즈, 신석호 외에 추가로 투입된 학자는 〈표 3-3〉과 같다.

그런데 새로운 인물들의 면모를 보면, 다가와 고조처럼 이제 막 대학을 졸업했거나, 중국 송대사 전공으로 '조선사' 편수에는 학문적 역량이 충분치 못했다. 게다가 이들의 한문 해독 능력이 큰 문제였다. 4편 책임자였던 나카무라 히데타카도 자신이 본격적으로 조선 역사 공부를 시작한 1924년 당시 조선왕조실록 해독의 어려움을 이야기했다고 한다.[150] 더군다나 조선의 사료 가운데 많은 부분은 해서(楷書)가 아닌 행서(行書) 혹은 초서(草書)로 쓰여 있어 해독은 더욱 어렵다. 그렇기 때문에 사료를 정서하여 부본(副本)을 작성했는데, 그 작업이 매우 더디고 부담스럽다는 것이 『조선사』 편찬 초기부터 큰 문제였다.[151]

---

148 朝鮮史編修會, 「朝鮮史編修會第3回委員會會議錄」, 『(朝鮮史編修會)委員會議 事錄』(1929.12.23)이 회의에서 사업의 1년 연장이 가결되는데, 고문(顧問) 구로이타 가쓰미가 연장 이유의 첫 번째로 제시한 것이 "조선시대 중기 이후 사료의 분량이 급격히 많다"는 것이었다.

149 朝鮮史編修會, 朝鮮史進行打合決議書, 昭和5年12月編修打合會議事錄[문서명은 '쇼와 5년 12월 편수협의회의사록(昭和5年12月 編修打合會議事錄)'이지만 1930년 12월의 편수협의회 이후 1935년 9월 30일까지의 편수 관련 회의의 경과나 결정 사항을 간략히 싣고 있다].

150 中村榮孝, 1981, 앞의 글, 48쪽.

151 朝鮮史編修會, 1926.10.8, 「朝鮮史編修會第1回委員會會議錄」, 『(朝鮮史編修會)委員會議事錄』.

〈표 3-3〉『조선사』 편찬 계획 연장 후 참여한 편찬자

성명	출생	출신 학부	주요 이력	재직 시기	비고
田保橋潔	1897	도쿄제대	국사학 전공. 경성제대 교수로 '국사학제1강좌' 담당	1933~1945	6편
周藤吉之	1910	도쿄제대	동양사학전공. 학부 졸업 후 곧바로 편수회 취직[학부 졸업, 논문은 중국 송대(宋代)]	1933~1936	4편
丸龜金作	1905	도쿄제대	동양사학전공. 학부졸업 후 곧바로 편수회 취직(학부 졸업, 논문은 중국 송대)	1933~1936	4편
黒田省三	1908	도쿄제대	동양사학전공. 학부졸업 후 곧바로 편수회 취직	1934~1945	4편
田川孝三	1909	경성제대	조선사학 전공. 학부졸업 후 경성제대 조수 → 편수회 취직(학부 졸업, 논문은 17세기 조선과 대륙 관계)	1933~1945	6편
園田庸次郎	1900년대	–	1927~1930년 경성제대법문학부 조수, 경성제대 관계자들을 중심으로 경성에 있던 일본학자들의 회합인 경성독사회(京城讀史會) 상임간사	1932~1938	6편

출전: 정상우, 2012, 앞의 글, 303쪽, 〈표 3〉.

    이러한 이유로 편수회가 조직되었을 때부터 유일한 조선인 수사관 홍희(洪憙)는 『비변사등록』을 비롯한 주요 자료의 정서(淨書)를 맡고 있었으며, 편수회 고문 구로이타 가쓰미는 일본인 수사관이나 각 편의 책임자들은 '조선의 기록, 특별한 한문, 이조시대 비변사등록, 승정원일기, 기타 종종 특별문서 등은 그 내용을 알 수 없기 때문에' 이러한 것을 '조사하여 사료로 채용(採用)할 수 있는가 없는가를 확인하고, 시대에 맞게 각 편부(編部)에게 배부(配付)'할 것을 홍희에게 명하고, 홍희를 주임으로 하여 '조사부(調査部)'를 구성하였다. 조사부의 업무는 일본인들이 읽을 수 없었던 사료를 정리, 배부하는 것이었으며, 홍희를 필두로 하는 그 구성원은 모두 조선인들이었다. 결국 편찬을 맡은 이들이 편찬을 위해 직

접 원사료를 모두 보기는 어려웠을 것이다.[152] 그럼에도 불구하고, 『조선사』 미완성분에 대한 새로운 편찬계획을 세운 지 불과 2년 6개월 만인 1938년 3월에 『조선사』 출간이 완료되었다. 그것은 이전 조선총독부의 사료 정리와 '반도사 편찬'이 전제되었기에 가능했음을 알 수 있다.[153]

한편, 조선사편수회는 『조선사』 외에 『조선사』 총목록 1권과 수집된 자료를 선별하여 1944년까지 21종 22권 108책의 『조선사료총간(朝鮮史料叢刊)』, 1937년까지 『조선사료집진(朝鮮史料集眞)』 3권을 출판했고, 1944년에는 『조선근대사연구』와 『조선통치사논고(秘)』라는 연구서를 '조선사편수회 연구휘찬' 시리즈로 간행했다.[154]

조선사편찬위원회와 조선사학회의 관계처럼 조선사편수회도 활동을 시작한 이듬해인 1926년 1월 조선사편수회의 직원들을 중심으로 '조선사학동고회(朝鮮史學同攷會)'를 조직하였다.[155] 조선사학동고회는 기관지

---

152 정상우, 2012, 앞의 글, 305~308쪽; 朝鮮史編修會, 「大正15年7月3日朝鮮史編修會編修事務分擔協議會議事錄」(1926.7.3)·「昭和2年4月編修會議錄」(1927.4.6)·「大正15年以降編修打合會書類綴」. 한편, 주임 홍희 외에 조사부의 구성원은 박용구(朴容九), 육종윤(陸種允)(이상 촉탁), 김중협(金重協), 조중관(趙重觀)[이상 고원(雇員)]이었다[朝鮮史編修會, 「朝鮮史編修會第2回委員會議錄」, 『(朝鮮史編修會)委員會議事錄』(1927.7.12)].

153 정상우, 2012, 위의 글, 309쪽.

154 이들 통계는 '조선사편수회연구휘찬(朝鮮史編修會研究彙纂) 제1집'에 나와 있는 것으로 조선총독부에서 1944년 3월 발행한 『근대조선사연구』(1944)의 맨 뒤에 있는 「부록 조선사편수회간행서목(朝鮮史編修會刊行書目)」에 근거하여 작성했다. 이후 조선총독부가 '연구보국'을 외칠 만큼 다급한 상황이었으므로, 더 이상 조선사편수회의 성과가 책으로 출판되지는 못했다(신주백, 2016, 앞의 책, 87~88쪽; 이만열, 2007, 『한국 근현대 역사학의 흐름』, 푸른역사, 496쪽).

155 朝鮮史學同攷會 編, 1926.3, 『朝鮮史學』 3, 朝鮮史學同攷會. 조선사학동고회에 관해서는 조범성, 2018, 「朝鮮史學同攷會와 『朝鮮史學』의 식민사학적 성격」, 『한국독립운동사연구』 63 참조.

『조선사학』을 창간하여 7호까지 발행했다.[156] 또한 조선사학동고회는 조선사편찬위원회보다 폭넓은 층을 확보하고자 지방 역사 교사를 비롯해 일반인도 회원으로 받아들였다. 그러나 조선사학동고회의 핵심 직책인 평의원, 편찬원, 서기 모두 조선사편수회에 소속된 사람들이었다.

조선사학동고회는 1926년 7월 제1회 대회를 개최하였는데,[157] 이들은 조선사 연구가 "첫째 국사를 위함이고, 이미 국사의 일부가 된 조선사를 위함이다. 장차 또한 동양사 연구의 위에서 보니 가장 필요함을 느낀다"고 밝혔다.[158]

2. 경성제국대학과 근대 지식권력

1) 경성제국대학 설립과 사학과의 강좌 운영

(1) 경성제국대학 설립

강제병합 이후 1911년의 「제1차 조선교육령」에 의하면, 일본의 식민지 교육정책은 '우민화'와 '동화주의' 교육방침을 기본으로 한 '충량한

---

[156] 1926년 1월 15일 1호 발행. 7월 15일에 7호 간행함. 이후 간행 여부는 확인할 수 없는데, 더 이상 나오지 않은 것 같다.

[157] 대회에서는 「高麗文宗朝に於ける醫人求請問題」(中村榮孝), 「內地の儒學一斑に就いて」(洪憙), 「朝鮮史の年代別に就いて」(今西龍), 제목이 그때까지 미정인 구로이타 가쓰미, 오다 쇼고, 후지타 료사쿠의 강연이 예정되어 있었다.

[158] 朝鮮史學同人, 1926.1, 「發刊之辭」, 『朝鮮史學』1, 朝鮮史學同攷會.

국민' 양성을 명분으로 실업교육 위주의 초등교육 실시와 고등교육 억제 정책이 추진되었다. 일본에서는 도쿄제국대학을 비롯한 다수의 고등교육기관이 있었음에도, 조선에서는 조선총독부의 1922년 2월 「제2차 조선교육령」 이전까지는 전문학교가 최고 고등교육기관이었고, 대학에 관한 규정은 없었다.[159] 그런데 1919년 3·1운동이 일어나자 일본의 식민지 통치정책은 이른바 문화통치를 표방하면서, 식민지 교육정책도 바뀌었다. 특히 1923년 이상재(李商在)를 대표로 하는 '조선민립대학기성회(朝鮮民立大學期成會)'의 발기 총회가 개최되어 민립대학설립운동이 일어나게 되자, 이에 일본은 이를 저지하기 위해 「경성제국대학령」을 공포하고 경성제국대학을 설립하게 되었다.

그런데 민립대학설립운동이 경성제국대학 설립의 직접적인 원인이라고 보는 연구는 이충우가 제기한 이래 한국 사학계에서 의심 없이 거의 그대로 수용된 측면이 있다는 비판이 최근 제기되었다. 즉, 민립대학설립운동이 경성제국대학의 설립을 촉진했고, 이로써 민립대학설립운동이 좌절되었다는 것은 지나친 도식으로 독립운동의 차원에서 구성된 내러티브라는 것이다. 그리고 민립대학설립운동도 「제2차 조선교육령」에 다만 조선인들이 적극적으로 반응한 것이라는 분석이다.[160]

실제로 1920년 1월 시라토리 구라키치, 하토리 우노키치(服部宇之吉), 우에다 가즈토시(上田萬年) 등 도쿄제국대학 교수들이 총리대신과 문부대신 그리고 조선 총독에게 식민지 조선에 대학 설립을 요구하는

---

159 장세윤, 1992, 「일제의 경성제국대학 설립과 운영」, 『한국독립운동사연구』 6, 5쪽.
160 박광현, 2009a, 「식민지 '제국대학'의 설립을 둘러싼 경합의 양상과 교수진의 유형」, 『일본학』 28, 204~207쪽.

「건백서」를 제출했다. 이 건백서에서 시라토리는 식민지 대학은 "식민지에서 문화를 연구함과 함께 식민지민을 문화에 접촉시켜 융화를 꾀하는데"에 그 목적이 있음을 밝혔다. 또 다카하시 도루(高橋亨)와 같은 식민지 재조선일본인 관료들은 이미 일본 '내지' 주도로 진행되는 식민지 제국대학 설립 창설과 관련하여 식민지 조선에 대학 설립의 필요성을 주장했다.[161] 총독부 학무관료였던 오다 쇼고는 경성제국대학이 개교하자 예과부장으로 부임하여 창설 위원으로 활동했다. 따라서 경성제국대학의 창설은 '내지'의 학계와 정책 입안자, 재조일본인 학무 관료, 그리고 조선인 지식계층 3자 사이의 대립과 길항, 타협과 합의라는 과정을 거쳐 이뤄진 것이라는 분석도 있다.[162]

한편, 조선총독부는 조선 내 고등교육기관의 설립을 「제2차 조선교육령」 전에는 허가하지 않았다. 1907년 구한국 정부로부터 대학의 인가를 얻어 병설한 숭실학교(崇實學校) 대학과와 1910년 9월 이화학당(梨花學堂)에서 개설한 대학과의 인가를 모두 취소하였다.[163] 1911년에는 성균관의 교육 기능을 박탈하여 경학원(經學院)으로 격하시켰다.[164] 1911년 '사립학교규칙' 및 1915년 3월 '전문학교규칙'을 발표하여 보성전문학교(普成專門學校)를 비롯한 세브란스, 숭실, 이화 모두 '각종학교'로 격하시켰다(세브란스는 1917년 의학전문학교로 재인가되었다). 그리고 기존 각종의 관립학교를 전문학교로 개편했다. 1916년에는 경성법학전문

---

161 朝鮮總督府, 1922, 『朝鮮』 3, 332쪽.
162 京城帝國大學創立五十年記念誌編輯委員會, 1974, 『紺碧遙かに』, 4쪽; 박광현, 2009a, 앞의 글, 207쪽.
163 손인수, 2009, 『한국근대교육사』, 연세대학교출판부, 105쪽.
164 성균관대학교사편찬위원회, 1978, 『성균관대학교사』, 성균관대학교출판부, 139쪽.

학교와 경성의학전문학고, 경성공업전문학교를, 1918년에는 수원농림전문학교 등을 발족시켜 일본인 학생들을 대거 입학시켰다.[165] 즉, 식민통치에 필요한 하급 관리나 의료 및 기술인력 양성소를 고등교육기관으로 양성하기 위한 조처로, 대학 설립을 억제하려는 의도였다. 이러한 총독부의 고등교육 억제책이 3·1운동으로 소위 문화정치를 표방하게 되면서 바뀌게 되었고, 1920년대 민립대학설립운동이 일어나면서 식민지 내 대학 설립을 세우지 않을 수 없는 상황이 전개된 것도 사실이다.

경성제국대학 설립 과정을 조선총독부 학무과장이었던 마쓰무라 마쓰모리(松村松盛)는 다음과 같이 회고했다.

> 일찍이 경성제국대학의 설립 시에 내가 설립에 관한 용무로 도쿄에 갔을 때 구보다(久保田) 추밀원(樞密院) 고문에게 호출되어 동 대학 설립에 관한 여러 가지 이야기를 나누었던 바, 그는 조선에는 법과대학이 필요가 없지 않은가? 오히려 그보다는 농과대학 같은 것이 필요하지 않는가 하는 질문을 하였다. 그러나 당시 조선에는 민립대학 설치 운동이 꽤 맹렬하여 기부금의 모집을 시작하고 있었고, 다른 한편으로는 미국 선교사들도 사립대학 설립의 계획이 있었으며, 이들 대학은 주로 법률·정치·경제 등의 연구를 목적으로 하는 관계상 이때 만약 관립(官立)의 법과대학을 세우지 않으면 조선에서 법률·정치·경제 등의 최고 교육은 이들 사학(私學)에 맡겨야 하는데, 당시

---

165 고려대학교70년지편찬실, 1978, 『고려대학교 70년지』, 고려대학교출판부, 67쪽; 정재철, 1985, 『일제의 대한국식민지교육정책사』, 일지사, 336쪽; 1931, 『京城法學專門學校一覽』, 1쪽; 1931, 『京城醫學專門學校一覽』, 4쪽; 1935, 『京城高等工業學校一覽』, 1쪽; 1935, 『水原高等農林學校一覽』, 1쪽.

(조선인의) 민족운동 등을 볼 때 이는 심히 위험시되는 것이라고 답변하여 이해를 얻었던 일도 있다.[166]

따라서 경성제국대학의 설립 배경은 일단 조선 내부에서 전문학교의 대학 승격과 민립대학 신설 움직임 같은 고등교육의 요구, 그리고 조선총독부의 제국대학 설치의 필요성이라는 두 가지 측면을 모두 보아야 할 것이다. 기존의 연구에서 규정지은 것처럼 민립대학설립운동을 탄압할 의도로 일제가 경성제국대학을 세웠다면, 마치 이 학교가 조선 민족을 위해 세워진 것으로 오인될 소지도 있다는 것이다. 따라서 식민지 통치를 학술적으로 뒷받침하고, 협조적 어용 연구자 및 연구기관에 대한 수요 등 일본의 통치정책의 변화와 대학 설립이 갖는 통치의 선전 효과, 재조선일본인 자제의 교육 문제, 친일적인 한국인 협조 지식인층의 양성 등을 모두 복합적으로 고려한 것이라고 볼 수 있다.[167]

1922년 2월 발표된「제2차 조선교육령」제12조에 의하면 전문교육은 전문학교령에 대학교육 및 그 예비교육은 대학령에 의한다고 명시되어 있고, 이들의 칙령 중 문부대신의 직무는 조선 총독이 이를 행한다고 규정해 놨다. 그리고 전문학교의 설립 및 대학 예과 교원의 자격에 관해서는 조선 총독이 정한다고 하여 식민지에서는 조선 총독이 일본 내각의 문부대신을 대신하여 교육에 관한 전권을 장악하고, 바로 식민지 내에 제국대학을 세울 수 있게 되었다.[168]

---

166 松村松盛, 1936,「變り行く朝鮮の姿」,『朝鮮統治の回顧と批判』, 朝鮮新聞社, 200쪽; 장세윤, 1992, 앞의 글, 7쪽.
167 장세윤, 1992, 위의 글, 7~11쪽.
168 『京城帝國大學一覽』, 1933년 판, 15쪽; 장세윤, 1992, 위의 글, 12쪽.

<그림 3-1> 경성제국대학

1924년 5월에 개설된 경성제국대학 본부 및 법문학부의 전경이다.
출전: 『日本地理風俗大系』(新光社, 1930), 서울역사아카이브(museum.seoul.go.kr/archive/NR_index.do).

경성제국대학은 1924년 5월에 먼저 초기 중등학교 졸업자를 대상으로 2년제 예과(豫科)만으로 개교하였다. 예과는 일본의 고등학교(제국대학 진학 자격은 반드시 고교졸업자)에 해당하는 교육과정이었으므로, 1926년 학부가 개설되기 전까지는 정식 대학교육이라고 보기 어려웠다. 1926년에 3년제 법문학부와 4년제 의학부를 설치하여 총장에는 조선총독부 정무총감(政務總監)이 취임하였다. 1926년 2월에 법문학부 교사를, 5월에 청량리에 예과 교사를,[169] 1927년 1월에 의학부 별관과 8월에 의학부 본관을, 1928년 6월에 법문학부 본관을 각각 준공하였으며, 총독

---

169 『京城帝國大學一覽』, 1933년 판, 4~5쪽.

부 병원을 의학부 부속병원으로 옮겼다. 당시 법문학부에는 법과·철학과·사학과·문과의 4개 학과가 있었으며, 1929년 4월에 최초로 법문학부 제1회 졸업생 90명(한국인 22명)을, 1930년에는 의학부 졸업생 55명(한국인 12명)을 배출하였다.[170] 한편, 이공학부를 설치하지 않은 것은 조선에서의 고등과학기술이 필요하지 않다는 판단이었으나, 중일전쟁 발발 이후인 1938년에서야 대륙 침략에 기여할 수 있는 실용학부로서 이공학부가 신설되었다.

(2) 사학과의 강좌 운영

다른 제국대학과 마찬가지로 경성제국대학도 교육과 연구의 기초단위로 강좌제를 두었다. 강좌제는 1교수 1강좌의 형식으로 대학교수의 전공 책임을 분명히 하였다. 강좌의 담임교수는 해당 강좌 분야의 독보적인 전문가로 인정받았고, 교육·연구·대학 운영 등에 관한 전권을 행사했다. 또 강좌제는 직무봉(職務俸, 講座俸)을 통해 교수직의 안정적·제도적 기초를 확립하고, 경제적 지위를 높여, 학문의 자주성이 상대적으로 높아졌다. 제국대학에만 설치되는 강좌는 그 담임교수들이 모두 관료였고, 그 봉급이 총독부의 웬만한 관료들보다 높거나 비슷하여 본봉, 직무봉, 여기에 식민지 근무 수당까지 더하여 전체 일본 관료사회에서도 최고 수준이었다고 한다.[171] 그러나 학문적 권위주의와 분권주의로 특유의 관학 아카데미즘의 폐해를 낳기도 했고, 이러한 특성은 경성제국대학

---

170 小田省吾, 1924, 「京城帝國大學豫科開設に就て」(팸플릿), 5쪽.
171 정준영, 2011, 「식민지 제국대학의 존재방식 – 경성제대와 식민지의 '대학자치론'」, 『역사문제연구』 26, 16쪽; 정준영, 2009, 「경성제국대학과 식민지 헤게모니」, 서울대학교 박사학위논문, 82, 142~144쪽.

에도 그대로 이식되었다.[172]

경성제국대학 법문학부 그리고 사학과의 경우도 도쿄나 교토제국대학에는 미치지 못하지만, 강좌 수가 다른 제국대학보다 많았다. 특히 1926년 개설된 법문학 25강좌 중 문학관계는 19강좌였고, 이 중 '조선사학', '조선어·조선어문학' 등 경성제국대학에서만 볼 수 있는 조선학 분야 강좌가 개설되었다.[173] 또한 법문학부가 비정상적일 정도로 강좌교수가 많았다고 하는데, 그것은 교원확보의 어려움 때문이었다. 경성제국대학 설립 이전까지 교육기관의 전통이 없었던 법문학부의 경우 일부 교수를 제외하면 본토에서 교원을 충원해야만 했다. 그러나 '조교수' 직위만으로는 본토의 연구자들이 생활환경이 낙후된 식민지 조선에 오기를 꺼려 했다고 한다. 이주비에 별도의 생활비, 가족들의 동반과 자녀 교육문제 등, 현실적으로 수당에 비하여 경제적으로나 경제외적으로도 감수해야 하는 비용이 컸기 때문일 것이다. 요새 기준으로 보았을 때, 사회적 인프라가 제대로 갖추어지지도 않은 낙후된 후진 지역에서의 근무를 당대 최고 수준의 교육기관에서 박사학위를 받은 고급 인력들이 선뜻 근무지원을 하기 쉽지 않았을 것이다. 그러니 부득이하게 '교수'와 '강좌' 수를 늘려야 했고, 식민지 근무 수당까지 더하여 교수의 특권적 지위가 본토 제국대학 못지않았음에도 식민지라는 위치상 교수 확보가 쉽지 않았던 것이다.[174]

---

172 鄭圭永, 1995, 「京城帝國大學に見る戰前日本の高等敎育と國家」, 도쿄대학 박사학위 논문, 82쪽; 정근식·정진성·박명규·정준영·조정우·김미정, 2011, 『식민지 권력과 근대 지식: 경성제국대학 연구』, 서울대학교출판문화원, 312쪽.

173 장신, 2011, 「경성제대 사학과의 자장(磁場)」, 『역사문제연구』 26, 49쪽.

174 정근식·정진성·박명규·정준영·조정우·김미정, 2011, 앞의 책, 317쪽; 정준영,

〈표 3-4〉는 경성제국대학 사학과의 강좌명과 담당 교수, 교수진의 출신 대학과 전공 등을 정리한 것이다. 경성제국대학 사학과 강좌는 1926년 조선사학 제1·2강좌, 국사학 강좌, 동양사학 강좌로 시작했다. 조선사학 제1·2강좌의 담임교수는 각각 이마니시 류와 오다 쇼고가 임용되었다. 오타니 가쓰마(大谷勝眞)가 동양사학 강좌의 담임을 맡았고, 국사학 강좌는 공석이었다. 1926년 4월에 부임한 다보하시 기요시는 1927년부터 국사학 강좌의 담임을 맡았다.[175]

또 1928년에 국사학과 동양사학 강좌가 제1·2강좌로 분리되었다. 다보하시가 국사학 제1강좌를, 마쓰모토 시게히코(松本重彦)가 국사학 제2강좌를, 오타니가 동양사 제1강좌를, 도리야마 기이치(鳥山喜一)가 동양사 제2강좌를 맡게 되었다. 또 가네코 고스케(金子光介)가 1926년 조교수로 부임해서 1928년부터 서양사 강좌를 맡게 되면서 1928년 이후 사학과는 〈표 3-4〉처럼 7강좌로 운영되었다.

이들 사학과 강사의 학력을 보면 모두 도쿄제국대학 출신이다. 사실 경성제국대학 교수들의 학력을 보면 1918년 이전까지 일본에서 '대학'으로 인정받은 것은 제국대학들 뿐이었고, 경성제국대학 교수들 대부분이 제국대학 출신, 그것도 과반수 이상이 도쿄제국대학 출신이었다. 그 중에서도 법문학부 교수의 95% 이상이 도쿄제국대학 출신이었고, 이전까지 법학과 인문학에 대한 학술적 연구가 전혀 없었던 상황에서 법문학부는 학문적 권위를 최고의 제국대학에서 끌어올 수밖에 없었다.[176] 특

2009, 앞의 글, 157쪽.
175 하지연, 2015, 「다보하시 기요시의 『근대 일선관계의 연구』와 한국 근대사 인식」, 『식민사학과 한국 근대사』, 지식산업사, 152쪽.
176 정준영, 2009, 앞의 글, 146~155쪽; 장신, 2011, 앞의 글, 51~52쪽.

〈표 3-4〉 경성제대 사학과 강좌별 교수진의 출신교 및 전공

강좌명	강좌 담임	재임 기간	교수 임용	출신교(졸업 연도) 및 전공	기타 경력
조선사학 제1강좌	今西龍 (1875~1932)	1926.5.7~ 1932.5.20	1926.5.7	도쿄제대(1903) 사학과	교토제대 교수 겸
	藤田亮策 (1892~1960)	1932.6.25~ 해방	1926.6.23	도쿄제대(1918) 국사학과	전 총독부 수사관
조선사학 제2강좌	小田省吾 (1871~1953)	1926.4.1~ 1932.3.30	1926.4.1	도쿄제대(1899) 사학과	경성제대 예과부장
	末松保和 (1904~1992)	1938.11.30~ 해방	1935.6.18	도쿄제대(1927) 국사학과	전 총독부 수사관
국사학	강좌 제1강좌	田保橋潔 (1897~1945)	1927.1.10~ 1928.4.17	1926.4.1	도쿄제대(1921) 국사학과	
			1928.4.18~ 1945.2.26			
	제2강좌	松本重彦 (1887~1969)	1929.7.1~ 해방	1929.7.1	도쿄제대(1912) 국사학과	전 오사카외대 교수
동양사학	강좌 제1강좌	大谷勝眞 (1885~1941)	1926.4.1~ 1927.3.11	1926.4.1	도쿄제대(1908) 사학과 지나사학 전공	전 가쿠슈인 교수
			1928.12.2~ 1941.12.7			
	제2강좌	鳥山喜一 (1887~1959)	1928.3.31~ 1929.2.1	1928.3.31	도쿄제대(1911) 사학과 동양사학 전공	전 니가타 고교 교수
			1931.3.30~ 해방			
서양사학 강좌	金子光介 (1888~?)	1928.1.4~ 1941.5.15	1926.4.1	도쿄제대(1914) 사학과 서양사학 전공	전 고치 고교 교수
	高橋幸八郎 (1912~?)	1941.10.28~ 해방	1941.10.28	도쿄제대(1935) 사학과 서양사학 전공	

출전: 하지연, 2015, 『식민사학과 한국 근대사』, 지식산업사, 199쪽, 〈부록 1. 경성제대 사학과 교수진〉.

히 사학과는 강사도 도쿄제국대학 출신에 한정했다. 사학과 강사는 모두 3명이었는데, 정년퇴임 후 강사로서 자기 강의를 맡았던 오다 쇼고(1932.4.19~1933.3.31), 오다의 후임인 스에마쓰 야스카즈(1933.3.31~), 1926년 도쿄제국대학 국사학과를 졸업하고, 조선사편수회 수사관으로

근무하던 나카무라 히데타카(1933.3.31~1935.3.31) 등이었다.

사학과 강의는[177] 개설, 연습, 특수강의로 이루어졌다. 개설은 국사학, 동양사학, 서양사학에 하나였고, 조선사학에 둘이었다. 조선사학개설은 1932년까지 두 강의였으나, 오다 쇼고의 퇴임으로 한 강의만 남았다. 연습은 강독을 포함하여 강좌마다 2개씩 개설되었는데, '○○○사학연습', '○○사학강독', '○○ 사학강독 및 연습'이란 제목이었다. 특수강의는 현재의 시대사와 분류사였다. 이외에 강좌는 아니나 고고학과 지리학 강의도 개설되었다. 강좌 담임교수는 개설(개론)과 연습을 필수로 맡고, 강의 내용을 알 수 있는 제목을 붙인 1~2개의 특수강의까지 포함하여 평균 3~4과목을 강의하였다.

국사학 제1강좌 교수 다보하시가 맡은 강의는 주로 국사학개설과 근대외교사였다. 1930년대 근대 러일관계, 조일관계 등 외교사에 집중하였고, 1937년과 1938년에 가서 에도시대사(江戶時代史), 메이지사(明治史)를 강의했다.[178] 국사학 제2강좌의 마쓰모토는 사학개론과 일본고대사, 중세사 등의 시대사를 가르쳤다.

조선사 제1강좌 교수 이마니시는 조선 역사를 전공한 일본인 최초의 박사로서 "조선사학의 개척자"라고 불렸다. 그는 주로 신라 이전 시기의 연구에 주력했다.[179] 그래서 1931년 조선사학개설은 고려 이전으로 한정하였다. 또 조선사의 전 시기를 다루었지만, 특히 조선시대 당쟁사 연구

---

177 경성제국대학 사학과의 강좌운영과 개설 강의에 대해서는 장신, 2011, 위의 글을 참조함. 〈부록 3 1931~1940년 경성제대 사학과의 개설 과목 현황〉 참조.

178 하지연, 2015, 앞의 글, 199쪽, 〈부록 2 경성제대 사학과 개설 강좌 중 다보하시 기요시의 담당 강좌〉.

179 小田省吾, 1932, 「故今西文學博士の學問と事業に就て」, 『京城帝大史學會報』 3, 16쪽.

로 주목받은 조선사학 제2강좌의 오다 쇼고는 조선사학 개설을 '이조시대'로 한정하여, 고려시대 부분이 공백이 되었다.

1932년에는 조선사 제1강좌를 담당하던 이마니시가 사망하고, 제2강좌를 담당했던 오다 쇼고가 정년 퇴직을 하면서 담당 교수진의 공백이 생겼다. 이마니시의 후임으로는 당시 고고학 전공의 후지타 료사쿠 조교수가 추천되었다. 반면 오다는 퇴직 후에도 제2강좌의 강사로 위촉되어 강의를 하였고, 또는 다른 임시 강사를 초빙하여 메꾸다가 그 후임은 1938년에 가서야 스에마쓰 야스카즈가 임용되었다.

고고학 전공자인 후지타를 이마니시의 후임으로 임용하는 데에 고고학만으로는 강좌교수가 되기에 충분하지 않다는 여론이 많았다고 한다. 그래서 고구려사와 신라사 등의 시대사를 맡는 이외에 조선금석지(朝鮮金石誌)를 신라, 고려, 조선 등 시대별로 개설하고, 사적해제(또는 문헌학)를 강의하였다.[180]

오다 쇼고의 후임에 스에마쓰를 임용하는 데 시간이 소요된 데에는 당초 조선사학 제2강좌의 담임교수로 조선사편수회 편수관을 지내고 학무국 편수관으로 있던 나카무라 히데타카를 고려했다고 한다. 나카무라는 임진왜란 전공자였다. 그런데 나카무라는 1933~1934년에 조선근세사를 강의한 후 해촉되었다. 전공으로 보면 오다의 후임에 나카무라가 유력했으나, 당시 식민지 역사 교과서 편찬사업에 깊이 관여하고 있던 학무국 편수관 나카무라는 학자보다는 학무 관료의 성격이 더 강했던 탓에 스에마쓰가 임용되었다고 한다.[181] 나카무라가 스에마쓰보다 선배

---

180 東方學會, 2000, 「藤田亮策先生」, 『東方學回想 Ⅴ-先學を語る(4)』, 刀水書房, 48쪽.
181 장신, 2011, 앞의 글, 54쪽. 그런데 그러한 이유라면, 오다 쇼고의 경우도 사실 학자

였음에도 스에마쓰가 오다의 후임 전공 교수로 임용된 데에 대하여 후지타 료사쿠는 스에마쓰가 『조선사』 간행에서 조선왕조사와 관련된 5편의 간행을 담당했음을 내세워 조선왕조 역사를 담당하는 제2강좌의 교수로 스에마쓰를 추천했다고 한다. 이에 나카무라가 퇴임한 오다를 대신하여 2년여 동안이나 강의를 했었음에도 불구하고, 1935년 6월 8일 조선사편수회의 수사관에서 퇴임한 스에마쓰가 조교수로 임용되었다고 한다.[182] 스에마쓰는 1933~1934년에 조선사학사와 조선역사지리 강의를 맡았고, 1935년에는 조선시대사 강의를 맡았지만, 신라왕조사로 수업을 하였다.[183] 스에마쓰는 1938년 정식으로 제2강좌 담임교수가 되기까지 3년 동안 신라사개설, 고려사개설, 이조사개설을 강의한 뒤 4년째 되던 해에 제2강좌의 이름에 상응하는 이조사특수강의와 조선사학개설을 맡을 수 있었다고 회고하였다.[184]

스에마쓰가 조교수로 임명되고 나서도 정식으로 제2강좌 담임교수가 되기까지 시간이 소요된 점에 대해서는 그의 교수 임용과정에 무엇인가 사정이 있었음을 보여준다고 할 수 있다. 다시 말해 아무리 스에마쓰가 『조선사』 간행에서 조선왕조사와 관련된 5편의 간행을 담당했다고는 하지만, 정작 나카무라의 전공이 바로 조선시대사였고, 오다의 강의를 2년이나 이어서 해왔던 상황에서 스에마쓰가 교수로 임명되었던 것

라기 보다는 실무행정 관료로서의 성격이 더 강하다고 볼 수 있기 때문에 이 논지의 설득력은 떨어진다(하지연, 2012, 「오다 쇼고의 한국근대사 연구와 식민사학」, 『한국근현대사연구』 63 참조).

182 신주백, 2016, 앞의 책, 140쪽.
183 1935, 「京城帝國大學法文學部講義題目」, 『青丘學叢』 20, 196쪽.
184 東方學會, 2000, 앞의 글, 48~49쪽.

에 대해서는 보다 면밀한 분석이 필요해 보인다. 후지타 료사쿠의 추천도 고려할 사안이나, 사실 오다가 퇴임 이후에도 여전히 식민지 조선 사학계에서 영향력을 행사했던 상황과 본인의 후임 자리임을 감안할 때 오다의 영향력이 작용했는지 여부에 대한 분석도 필요하다고 본다.

한편, 경성제국대학 사학과는 꾸준히 조선사학 전공자들을 배출해 냈다. 일본에서는 1914년 8월 도쿄제국대학에서 조선사강좌가 개설되었고, 1916년 이케우치 히로시가 담당 교원이 되어 1939년 퇴임 때까지 전근대사를 강의했다. 교토제국대학에서는 1916년부터 이마니시 류가 조선사를 1932년 사망 전까지 강의했다. 하타다 다카시 같은 연구자들이 바로 이런 강좌를 통해 성장했으나,[185] 사실 일본의 만주 및 대륙침략으로 일본에서는 만주사나 중국사 등의 동양사 쪽으로 관심이 쏠렸고, 조선사를 전공하려는 학생은 거의 없었다.[186] 일본 내 조선사에 대한 연구가 사라지면서 조선사 연구 및 교육의 중심은 자연스럽게 경성제국대

---

[185] 식민지기 일본 내 대학에서 조선사학 강좌에 대한 사항은 吉田光男, 2005, 「일본에서의 한국 중·근세사 연구교육기반」, 『한일역사 공동연구보고서』 3, 351~352쪽을 참고. 그런데 도쿄제국대학의 조선사강좌에 대한 요시다 미쓰오(吉田光男)의 설명은 불확실해 보인다. 1980년에 있었던 대담에서 나카무라 히데타카는 자신이 대학을 다닐 당시 이케우치가 진행한 강좌를 '만선사강좌(滿鮮史講座)'라고 회고하였다(中村榮孝, 1981, 앞의 글, 46쪽). 또 하타다 재학 당시 동양사학과 교수는 이케우치 히로시, 가토 시게루(加藤繁), 와다 기요시(和田淸) 3인으로 각각 만선사, 지나경제사, 몽고사 강좌를 담당했다고 한다(고길희, 2005, 『마산에서 태어난 일본인 조선사학자 - 하타다 다카시』, 지식산업사, 62쪽). 이러한 회고와 연구들을 보면 도쿄제국대학에서 개설한 것이 조선사가 아닌 만선사 강좌였으며, 그렇다면 그나마 강좌를 통해 유지되던 조선사에 대한 관심조차 조선사 자체가 아닌 만주와의 관련성, 만선사적 시각에 입각한 것이었다고 하겠다.

[186] 정상우, 2014, 앞의 글, 177~180쪽.

학이 되었고, 꾸준히 조선사 전공자들을 배출하였다.[187] 그것은 사료 확보의 용이성이나, 현장성, 수요, 홈그라운드라는 이점 면에서 볼 때 당연한 일이었다.

2) 교수진의 연구 활동과 관학 아카데미즘

(1) 조선총독부 자문 활동

경성제국대학 교수들은 총독부에 의해 설립된 식민지 대학교수로서 설립자인 대학 당국의 요구에 부합해야 했다. 동시에 이들은 제국 내 최고학부인 제국대학의 교수로서 거기에 부합하는 학문적 이상과 사회적 위상도 요구했다. 이들은 제국의 이해관계가 대학 이상과 충돌하는 경우도 있었고, 갈등의 소지도 있었으나,[188] 그러면서도 기본적으로 식민지 조선의 제국대학 교수로서, 그리고 그들의 시대적·사회적 한계로 인해 식민지 정책에 근본적으로는 협조적 위치에 설 수밖에 없었다. 경성제국대학 교수들은 그들의 전문성을 필요로 하는 자문에 적극적으로 응하고 정책의 방향을 제시하였다.

경성제국대학 사학과 교수들의 주요 활동은 시학위원(視學委員: 이마니시 류, 오다 쇼고, 다보하시 기요시, 오타니 가쓰마, 후지타 료사쿠), 박물관건설위원회(오다 쇼고, 후지타 료사쿠), 교육심의위원회(후지타 료사쿠), 조선문화공로자전형위원회(후지타 료사쿠), 금강산탐승시설조사위원회(후지타 료사쿠), 지도자연성소(마쓰모토 시게히코, 도리야마 기이치), 조선씨사편찬위

---

187 吉田光男, 2005, 앞의 글, 352~355쪽.
188 정근식·정진성·박명규·정준영·조정우·김미정, 2011, 앞의 책, 333쪽.

원회(朝鮮氏史編纂委員會: 마쓰모토 시게히코, 후지타 료사쿠), 교학연수원(마쓰모토 시게히코), 조선사편수회와 임시여가교과용도서조사위원회 등에서 주로 활동했다.[189]

이 중 특히 사학과 교수들의 전공과 일치하면서 사업에 직접적이고도 큰 영향을 미친 것은 조선사편수회였다. 조선사편수회의 위원 대다수는 조선총독부 관료였고, 학자들 중 최남선을 제외하고는 오다 쇼고, 이마니시 류, 오타니 가쓰마, 후지타 료사쿠 등 모두 경성제국대학 사학과의 교수였다. 이 중 오다 쇼고와 이마니시 류는 이미『조선반도사』편찬사업 때부터 관여하고 있었다. 도쿄제국대학과 교토제국대학 교수로 구성된 고문과 함께 위원은 편찬 형식과 구분 편찬 체제 강령 및 범례 사료 수집 범위와 방안 등 이후에 편찬될『조선사』에 대해 전권을 행사하는 권한을 가졌다.

이마니시는 촉탁을 겸하면서 1~3편까지의 편찬주임을 맡았다.[190] 이마니시는 1929년 12월 23일 제3차 위원회에서 발해를 비롯한 고대 한반도 영역 내에 있었던 제 민족의 조선사 수록 여부를 놓고, 최남선과 논쟁을 벌였는데, 조선사로서 박사학위를 받은 경성제국대학 교수로서의 권위가 작용하여 발해사는 "조선사와 관계없으므로, 생략하고, 사료(史料)와 사설(史說)을 구별해야 한다"는 논리로 최남선의 문제 제기를 일축해 버렸다.[191]

다보하시도 촉탁으로 영조부터 갑오개혁에 이르는 6편의 편찬주임

---

189 장신, 2011, 앞의 글, 56쪽.
190 조선사편수회에서 이마니시에 대한 구로이타 계열의 견제로 인해 이마니시가 크게 갈등을 겪은 일에 대해서는 정상우, 2014, 앞의 글 참조.
191 朝鮮總督府朝鮮史編修會, 1938,『朝鮮史編修會事業概要』, 45~47쪽.

을 맡았고, 1938년 3월에 6편 전 4권 간행을 완료했다. 그는 일주일 중 3일은 대학으로, 3일은 조선사편수회로 출근하였다고 한다.[192]

수사관(보)과 촉탁 중에도 경성제국대학 관련자가 많았다. 교수들은 사학과 1~3회 졸업생인 신석호와 윤용균, 다가와 고조 등을 촉탁으로 추천하였고, 신석호는 수사관보를 거쳐 1938년 수사관까지 승진했다.[193]

한편, 사학과 교수들은 조선총독부의 역사교육에 대해 전면적 개정을 시도하고, 교수요목 개편을 비롯한 학제 쇄신에 직접 나서기도 했다. 1934년 4월 경성제국대학 안에 설치된 '국사상 조선에 관한 사항을 조사하는 위원회'에는 사학과를 비롯한 경성제국대학 내의 역사전공 교수 10명이 소속되었다.[194] 같은 해 12월 경성제국대학 총장 야마다 사부로(山田三郎)는 조선 총독에게 「역사 교과서조사위원회 설치에 관한 건의서」(이하「건의서」)를 제출했다. 이「건의서」는 경성제국대학 역사교육 전공 교수와 강사들이 총장 명령으로 당시 조선에서 사용되던 초등학교용 국사교과서 6종 12권, 중등학교용 국사교과서 17종 22권, 중등학교용 동양사 교과서 5종 5권 등 총 28종 39권을 분석·검토하였다. 그 결과 당시 조선에서 사용되던 각급 학교 역사 교과서의 조선사 부분에 오류가 많고, 특히 국사체계를 흐리는 조선사의 무분별한 내용이 많으므로, 조선사뿐만 아닌 제국 전체의 시각에서 국사교과서의 편찬 문제를 다룰

---

192 東方學會, 2000, 앞의 글, 175쪽; 하지연, 2015, 앞의 글, 154~155쪽.

193 朝鮮總督府朝鮮史編修會, 1938, 앞의 책, 112, 128~135쪽.

194 다카하시 도루(조선문학), 도리야마 기이치(동양사학), 마쓰모토 시게히코(국사학), 오타니 가쓰마(동양사학), 후지타 료사쿠(조선사학), 다보하시 기요시(국사학), 다마이 제하쿠(玉井是博, 동양사학 조교수), 나카무라 히데타카(조선사학 강사), 스에마쓰 야스카즈(조선사학 강사), 기타 신로쿠(喜田新六, 사학 예과 교수). 『初等中等敎科書中日鮮關係事項摘要』. 이 자료는 다보하시가 편철해서 보관했었다.

것을 건의한 것이다.[195] 이 건의를 즉각 수용하여 조선총독부는 1935년 독립기관인 임시역사교과용도서조사위원회를 설치했고, 「건의서」를 제출한 교수와 강사 전원을 위원회에 참석시켰다. 이 위원회는 2년여의 활동 기간 동안 역사 교과서의 분석 외에 역사 교과서의 단일화, 4년제 보통학교의 국사지리과 설치 등을 제안하는 등 조선총독부의 역사교육정책을 크게 전환시켰다. 또한 이것은 1938년 「제3차 조선교육령」 실시와 함께 역사교육에 반영되고, 황국신민과 교육정책의 원천이 되었다.[196]

그러면 경성제국대학 사학과 교수의 대표적 사례로 오다 쇼고와 다보하시 기요시의 약력과 연구활동을 간단하게 살펴보도록 하겠다.

(2) 오다 쇼고의 약력과 한국사 연구 활동

오다 쇼고(1871~1953)[197]는 1896년 도쿄제국대학 문과에 진학하여[198] 쓰보이 구메조(坪井九馬三), 호시노 히사시(星野恒), 미가미 산지(三上參次), 나카 미치요(那珂通世), 하야시 다이스케(林泰輔), 루드비히 리스(Ludwig Riess) 등 제국대학 문과대학 초기 교수진으로부터 서양사·국사(일본사)·동양(조선)사 등 당시의 최신 사학 연구의 기초를 배운 세대이다.[199] 일본 최고 학부에서 정통 역사학 전공 코스를 밟은 것

---

195 『初等中等教科書中日鮮關係事項摘要』.
196 권오현, 2003, 「임시 역사교과용도서 조사위원회의 활동과 황국신민화 역사교육」, 『歷史教育論集』 30; 장신, 2011, 앞의 글, 58~59쪽.
197 하지연, 2012, 앞의 글을 기본으로 정리함.
198 小田省吾, 1934, 「小田省吾略歷自記」, 『辛未洪景來亂の硏究』, 小田先生頌壽記念會.
199 나가시마 히로키, 2010, 「朝鮮總督府 學務局의 역사 교과서 편찬과 '國史/朝鮮史' 교육 – 小田省吾에서 中村榮孝 그리고 申奭鎬로 –」, 교과서위원회 편, 『제2기 한일역사공동연구보고서』 6, 제2기 한일역사공동연구위원회, 204~205쪽.

이다.²⁰⁰

오다는 1899년 7월 대학 졸업 후 나가노현(長野縣) 사범학교·하기(萩)중학교(야마구치현)·도쿠시마현(德島縣) 사범학교·우네비(畝傍)중학교(나라현)를 거쳐 1908년 11월 제일고등학교 교수 전임이 되었고, 동시에 11월 17일 대한제국 학부 서기관으로 고빙되어 학부 편집국 사무관으로 발령받아 12월 5일 경성에 부임하였다. 그는 학무 관료로서 교과용 도서 편찬 및 편집 업무에 종사하였고,²⁰¹ 1910년 10월 1일 자로 조

---

200 나가시마는 식민지 시기 '조선사'학 계통(개념도)를 제시하면서 당시 일본 강단사학을 만선사계(滿鮮史系)와 국사학계로 나누었다. 그리고 만선사계에 나카 미치요, 하야시 다이스케, 리스 → 시라토리 구라키치, 나이토 도라지로, 이나바 이와키치 → 쓰다 소키치, 이케우치 히로시 → 이마니시 류, 오다 쇼고 → 다가와 고조, 신석호를 배치했다. 그리고 국사학계에 구메 구니타케 → 구로이타 가쓰미(역사학), 쓰지 젠노스케(汁善之助) → 후지타 료사쿠, 나카무라 히데타카, 스에마쓰 야스카즈를 설정했다(나가시마 히로키, 2010, 위의 글, 225쪽). 그런데 이러한 분류는 당시 일본 도쿄제국대학 사학과 내에서의 주도권 경쟁이나, 학파적 차이, 경성제국대학 교수진의 변화 등에는 그 의미가 클 것으로 보이나 식민사학의 정립과 왜곡 및 심화에 있어서는 그 차별성을 찾아보기는 힘들다. 나가시마는 본래 일본 동양사 연구의 큰 조류인 시라토리 이래의 근대 실증사학에 입학한 '만선사' 연구 계열이 초기 경성제국대학 사학과의 교수진이었는데, 동양사 연구에서 점차 조선사가 차지하는 비중이 상대적으로 낮아짐에 따라 '고등학교 → 제국대학'으로 가는 소위 엘리트 양성의 기존 노선을 걷는 나카무라 히데타카[제일고(第一高) → 도쿄제국대학]나 스에마쓰 야스카즈[사가고(佐賀高) → 도쿄제국대학] 등, 총독부 교학관이나 경성제대 교수진으로 채용되는 '국사학' 출신자들이 이어나가게 되었다고 설명하고 있다. 또 이마니시 류와 오다 쇼고 등의 훈도를 받은 다가와 고조 같은 '경성제대 예과 → 경성제대 법문학부 사학과'로의 '외지(外地)' 출신자 세대의 조선사 연구가 결과적으로는 전후 일본의 조선사 한일관계사 연구를 이어준 중요한 가교 역할을 했다고 평가하고 있다[나가시마 히로키(永島廣紀), 2005,「日本의 근현대 일한관계사연구」,『제1기 한일역사공동연구보고서』4, 제1기 한일역사공동연구위원회, 68~69쪽].

201 조선총독부 학무국에 관한 연구로는 다음이 참고가 된다. 이명화, 1992,「조선총독부 학무국의 기구 변천과 기능」,『한국독립운동사연구』6; 이명화, 2007,「조선 총독부 학무국 운영과 식민지 교육의 성격」,『향토서울』69, 서울특별시사편찬위원회.

선총독부 내무부학무국편집과장(內務部學務局編輯課長)으로 승진하였다. 오다는 조선총독부 교육행정 및 역사편수 관련 사업 전반에 걸쳐 오랜 기간 깊이 관여하였기 때문에 그의 연보를 짚어가는 것만으로도 거의 식민지 시기 일본의 해당 사업 전체를 검토하는 것과 같다.[202]

한편, 그는 1918년 중추원(中樞院) 편집과장을 겸하여 중추원의 『조선반도사(朝鮮半島史)』 편찬 실무에도 종사했다. 그리고 1921년부터는 학무국 고적조사과장을 겸하면서 세키노 다다시(關野貞, 건축사)나 구로이타 가쓰미, 그리고 도리이 류조(鳥居龍藏, 고고학) 등과 함께 낙랑군·고구려 유적 발굴을 비롯한 조선총독부의 고적조사사업의 배후 역할을 맡았다.

오다는 1924년 5월 경성제국대학 교수겸 예과부장(사무관 겸임)이 되었고, 1924년 10월에는 학무국 편집과장 겸임에서 물러났다. 1926년 4월 본과 개학에 따라 법문학부 사학과 조선사학 제2강좌의 담임교수가 되어 1932년 정년퇴임 때까지 다가와 고조 같은 차세대 식민사학자를 양성해 냈다. 오다는 식민주의 역사학이 정책적으로 집대성되기 시작한 초창기의 핵심 인물이었다고 할 것이다. 그는 1925년 7월에는 조선사편수회위원이 되었고, 1932년 3월 퇴임 후에도 각종 지방사인 『부산부사(釜山府史)』, 『경성부사(京城府史)』를 편찬하고, 『시정이십오년사(施政二十五年史)』, 『시정삼십년사(施政三十年史)』의 책임 편찬, 그리고 이왕직·중추원의 위탁에 의한 『고종실록』, 『순종실록』의 편찬까지 참여하였다.[203]

---

202 나가시마 히로키, 2010, 앞의 글, 203쪽.
203 오다 쇼고의 활동 연혁에 관해서는 다음의 연구 참조. 나가시마 히로키, 2010, 위의 글; 최혜주, 2010b, 「小田省吾의 교과서 편찬활동과 조선사 인식」, 『동북아역사논총』 27; 하지연, 2012, 앞의 글.

〈그림 3-2〉 1929년 신라 마운령 진흥왕 순수비 발굴 당시
오다 쇼고(小田省吾)의 모습

출전: 위키미디어(commons.wikimedia.org/).

  오다는 식민지 역사교육 분야에서 행정 관료로서뿐만 아니라 직접 한국사에 대한 연구와 각종 연구 단체에 깊이 관여했다. 그 대표적인 연구기관으로 '조선고서간행회(朝鮮古書刊行會)'나 '조선연구회'가 있다.[204]

---

[204] 조선고서간행회와 조선연구회에 관해서는 최혜주, 2009, 「한말 일제하 재조일본인의 조선고서 간행사업」, 『대동문화연구』 66; 최혜주, 2005, 「일제강점기 조선연구회의 활동과 조선인식」, 『한국민족운동사연구』 42 참조. 샤쿠오 슌조(釋尾春芿)가 주재

또 그는 '조선사학회'를 조직화하고 또 청구학회의 『청구학총』과 총독부 기관 간행물과 잡지에 사학 관련 논문을 빈번하게 집필을 하는 등 식민지 '조선사' 연구에서 인적인 네트워크를 활용한 식민주의 역사학의 체계적 구축에서 중추적 역할을 담당해 왔다.[205] 오다의 인적 교류망에 포함되는 인물들 중에는 기쿠치 겐조(菊池謙讓),[206] 아오야기 쓰나타로(靑柳綱太郎), 호소이 하지메(細井肇) 등 한말부터 식민지 시기 한국에서 장기간 거주했던 언론계 출신의 인사들이 있다. 그리고 경찰 출신으로 지방 관도 역임한 경력을 가진 이마무라 도모(今村鞆, 1870~1943)[207]도 포함된다. 오다는 이런 재야 인물들과의 교류를 통해 식민지 '조선사' 연구에 있어서 학문적 체계 이외에 자료 수집 등의 다양한 루트를 확보하려 했던 것으로 추정된다. 실제로 기쿠치는 오다와 함께 『고종실록』·『순종실록』 편찬에서도 큰 역할을 했다.

〈표 3-5〉에서 확인되듯이 오다는 조선사학회에서 편찬한 『조선사대계』 이후로는 홍경래의 난, 가토 기요마사(加藤淸正), 도자사, 덕수궁사 등 단편적 저술을 내놓고 있다. 이들 연구에 대한 본격적인 검토는 추후 연구 과제이나 오다의 경우 역사학자로서보다는 교과서 편찬 등의 행정업무, 조선사편수회, 각종 지방사 편찬 등 식민사학의 정립과 보급이라는 관료행정 분야에서 더 두드러진 능력을 보여주었다.

한 '조선고서간행회'에서 오다는 '조선군서체계(朝鮮群書體系)' 등의 간행에 참여하였다(1900~1917년, 전 83책).
[205] 나가시마 히로키, 2005, 앞의 글, 66~68쪽.
[206] 하지연, 2008, 「韓末·日帝강점기 菊池謙讓의 문화적 식민활동과 한국관」, 『동북아역사논총』 21 참조.
[207] 이마무라 도모에 관해서는 김혜숙, 2006, 「이마무라 도모의 조선풍속 연구와 재조일본인」, 『한국민족운동사연구』 48 참조.

<표 3-5> 오다 쇼고(小田省吾) 연보

연도		활동 내용	연도		활동 내용
1871년	5월 2일	三重縣志摩郡鳥羽 출생	1922년	9월	칙임으로 승진
1887년		神宮皇學館 입학 후 자퇴, 상경하여 國民英學會·東京英語學校에서 배움	1923년		송광사에서 大般涅槃經의 결본 발견
					朝鮮史學會 조직, 〈朝鮮史講座〉 발행
1891년	7월	第一高等中學校豫科에 입학		11월	朝鮮帝國大學 창립위원회 위원
1896년	7월	第一高等學校大學豫科第一部 졸업, 東京帝國大學文科大學史學科에 입학	1924년	1월	朝鮮帝國大學 附屬大學豫科 개교 준비위원회 사무 취급
1899년	7월	대학졸업 후 대학원 진학, 곧 퇴학. 같은 해 長野縣 師範學校에 봉직		5월 2일	경성제국대학 개설과 함께 豫科 교수 겸 예과부장(사무관겸임)
1900년	3월	荻中學校로 옮김		10월	학무국 편집과장 겸임을 물러남
1902년	9월	德島縣 師範學校 校長에 임명	1925년	7월	조선사편수회위원
1907년	7월	畝傍中學校長 임명		2월	釜山府史編纂顧問(1932년까지)
1908년	1월	第一高等學校 교수	1926년	4월 1일	경성제국대학법문학부교수 (조선사학 제2강좌 담임)
	11월 17일	한국 정부 초빙으로 조선에 건너옴, 學部 書記官에 임명		6월 23일	훈 3등에 서임, 瑞寶章 수여
	12월 5일	경성 부임, 편집국 근무, 교과용 도서 편찬 종사(三土忠造 후임)	1927년	7월	京城府史 편찬위원회 고문
				12월 16일	고등관 1등에 陞敍
1910년	10월 1일	조선총독부 사무관(內務部學務局編輯課長), 高等官 5등에 서임	1930년	4월 22일	李王職 實錄編纂委員에 촉탁
				5월	靑丘學會 설립
1913년	6월	京城專修學校長事務取扱 겸무 (1916년 3월까지)		3월 30일	정년퇴임
			1932년	4월 19일	경성제국대학 법문학부 강사에 촉탁
1915년	8월	施政五年記念朝鮮物産共進會 심사관		4월 25일	從 3位에 서임
1918년	1월	中樞院 編輯課長 대우촉탁 (朝鮮半島史編纂事業)		3월 31일	中樞院舊慣及制度調査事務 위촉
				4월 1일	李王職 실록편찬사업의 전임
1920년		朝鮮民事令及民籍法改正調査委員	1933년	12월	圖書館에 관한 사무를 촉탁받아 會計課 근무, 朝鮮總督府寶物古蹟 名勝天然記念物保存會 위원
1921년	6월	舊慣及制度調査委員			
	10월 1일	학무국 소속 古蹟調査課長을 겸함			
1922년	4월 7일	總督府視學官(사무관 겸임), 고등관 3등 서임, 학무국 근무	1935년	3월 26일	御用濟에 대해 實錄編纂委員을 解免, 殘務取扱
			1945년		三重縣 鳥羽로 은퇴
	4월 19일	조선총독부 사무관 고등관 2등에 서임. 학무국 편집과장 겸임	1953년	12월 12일	향리에서 사망, 향년 83세

출전: 小田省吾, 1934.9, 「小田省吾略歷自記」, 『辛未洪景來亂の研究』, 小田先生頌壽記念會; 나가시마 히로키, 「日本의 근현대 일한관계사연구」, 66~67쪽; 朝鮮人事興信錄編纂部, 1935, 『朝鮮人事興信錄』, 73쪽; 朝鮮功勞者銘鑑刊行會, 1936, 『朝鮮功勞者銘鑑』, 535쪽; 京城中央經濟會, 1922, 『京城市民銘鑑』, 88쪽; 하지연, 2012, 「오다 쇼고(小田省吾)의 한국근대사 연구와 식민사학」, 『한국근현대사연구』 63, 99~100쪽.

〈표 3-6〉 오다 쇼고의 저서 목록

연번	저서명	발행처	발행년	비고
1	朝鮮史要略	조선교육회	1915	小田省吾·魚允迪 공저
2	朝鮮總督府編纂 敎科書槪要	朝鮮總督府	1917	
3	朝鮮史講座 李朝政爭略史	조선사학회	1923	
4	朝鮮史講座 朝鮮敎育制度史	조선사학회	1924	
5	朝鮮史講座 上世史, 最近世史	조선사학회	1924	今西龍의 유학(1922~1925)으로 小田이 상세사 집필
6	朝鮮文廟及陞廡儒賢	조선사학회	1924	
7	京城帝國大學豫科開設に就て	경성인쇄소	1924	
8	朝鮮史大系 最近世史	조선사학회	1927	『朝鮮史大系』, 小田省吾·瀨野馬熊·杉本正介·大原利武 공저
9	朝鮮支那の文化研究	刀江書院	1929	
10	朝鮮半島の歷史	개조사	1930	
11	朝鮮小史	魯庵記念財團	1931	
12	朝鮮文化史上より見たる忠南	忠淸南道敎育會	1933	
13	辛未洪景來亂の研究	小田先生頌壽記念會	1934	
14	小田先生頌壽記念朝鮮論集	大阪屋號書店	1934	小田先生頌壽記念會 편
15	帶方郡及び其の遺蹟	朝鮮總督府	1935	
16	朝鮮役と加藤淸正	京城日報社	1935	
17	施政二十五年史	朝鮮總督府	1935	
18	朝鮮陶磁史文獻考 附釜山和館考	學藝書院	1936	
19	古代の內鮮關係	朝鮮總督府	1937	
20	增訂 朝鮮小史	大阪屋號書店	1937	
21	德壽宮史	近澤印刷所	1938	
22	施政三十年史	朝鮮總督府	1940	
23	昌德宮李王實記	朝鮮總督府	1943	
24	德壽宮李太王實記	朝鮮總督府	1943	

출전: 하지연, 2012, 「오다 쇼고(小田省吾)의 한국근대사 연구와 식민사학」, 『한국근현대사연구』 63, 100~101쪽.

〈표 3-7〉 오다 쇼고의 잡지 기고문 목록

연번	기사명	잡지명	연월
1	朝鮮に於ける小學校敎育と內地觀念の養成とにつきて	朝鮮敎育會雜誌	1913년 8월(제20호)
2	鄕土資料としての朝鮮都市村落を論ず	朝鮮敎育會雜誌	1914년 6월(제29호)
3	小學日本歷史敎授に於ける年代觀念の養成に就きて	朝鮮敎育會雜誌	1914년 11월(제34호)
4	朝鮮史要略	朝鮮敎育會雜誌	1915년 1월(제36호)
5	朝鮮史要略(續)	朝鮮敎育會雜誌	1915년 2월(제37호)
6	朝鮮史要略(完)	朝鮮敎育會雜誌	1915년 3월(제38호)
7	文祿の役に於ける加藤淸正進軍路の一部調査	朝鮮彙報	1916년 7월
8	半島時論發刊을 祝함	半島時論	1917년 4월(제1권 제1호)
9	朝鮮總督府に於ける敎科書編纂事業の槪要(一)	朝鮮敎育硏究會雜誌	1917년 6월(제21호)
10	朝鮮總督府に於ける敎科書編纂事業の槪要(二)	朝鮮敎育硏究會雜誌	1917년 7월(제22호)
11	朝鮮總督府に於ける敎科書編纂事業の槪要	朝鮮彙報	1917년 8월
12	朝鮮古書に見えたる日本の國體並に國情に關する記事	朝鮮敎育硏究會雜誌	1918년 4월(제31호)
13	朝鮮古書に見えたる日本の國體並に國情に關する記事(承前)	朝鮮敎育硏究會雜誌	1918년 5월(제32호)
14	京城邑城沿革考	朝鮮彙報	1918년 9월
15	己未の年と日鮮事實	朝鮮及滿洲	1919년 1월(제139호)
16	朝鮮半島に古昔して羊ありや	朝鮮敎育硏究會雜誌	1919년 2월(제41호)
17	平和克服後の敎育	朝鮮敎育硏究會雜誌	1919년 7월(제46호)
18	時勢民度と國度民情	朝鮮敎育硏究會雜誌	1919년 10월(제48호)
19	京城に於ける文祿役日本軍諸將の陣地の考證	朝鮮及滿洲	1920년 1월(제151호)
20	新敎科書は斯う云ふ方針で編纂した	朝鮮敎育	1922년 2월(제7권 5호)
21	新敎育令の公布と敎科書に就て	朝鮮	1922년 3월(제85호)
22	文廟に關する調査	朝鮮	1922년 6월(제87호)
23	李朝黨爭槪要	朝鮮	1923년 9월(제101호)
24	古代に於ける內鮮交通傳設について	朝鮮	1923년 10월 (交通發達號 – 제102호)
25	朝鮮敎育に就て	朝鮮	1924년 6월(제110호)

연번	기사명	잡지명	연월
26	平南龍岡郡石泉山のドルメンに就て	朝鮮	1924년 10월(제114호)
27	釜山の和館と設門とに就て	朝鮮	1925년 10월(始政十五周年記念號 - 제125호)
28	謂ゆる檀君傳説に就いて	文教の朝鮮	1926년 2월(제6호)
29	本大學の豫科に就て	文教の朝鮮	1926년 6월(제10호)
30	第一回汎太平洋會議要領	文教の朝鮮	1927년 8월(제24호)
31	第一回汎太平洋會議の要領	朝鮮	1927년 8월(제147호)
32	布哇より米大陸へ	朝鮮及滿洲	1927년 9월(제238호)
33	李氏朝鮮時代に於ける倭館の變遷	朝鮮及滿洲	1929년 11, 12월(제264~265호)
34	朝鮮の古蹟に就いて	警務彙報	1930년 4월, 5월(제288~289호)
35	李朝朋黨を略敍して天主教迫害に及ぶ	青丘學叢	1930년 8월(제1호)
36	朝鮮最近世上の天主教	青丘學叢	1931년 6월(제6호, 彙報)
37	全鮮柔道團體段外者優勝旗爭奪戰に就て	警務彙報	1931년 7월(제303호)
38	京城奠都の由來と其の城壁	朝鮮	1931년 10, 11월(제197~198호)
39	黃嗣永帛書に就いて	朝鮮の教育研究	1931년 12월
40	德壽宮略史	朝鮮	1934년 11월(제234호)
41	朝鮮に存在する孔夫子の子孫に就て	朝鮮及滿洲	1935년 5월(제330호)
42	併合前後の教科書編纂に就て	朝鮮及滿洲	1935년 10월(제335호)
43	施政二十五年史を編纂して	朝鮮	1935년 10월(제245호)
44	教育に關する勅語御下に就いての思出	文教の朝鮮	1936년 12월
45	朝鮮舊時の祭祀概要(1~5)	朝鮮及滿洲	1937년 5~8월(제354~357호)
46	朝鮮舊時の祭祀概要(1~4)	朝鮮及滿洲	1937년 6월(제355호)
47	半島の廟制概要	朝鮮	1937년 10월(제269호)
48	新刊紹介 - 小田省吾著 增訂朝鮮小史	朝鮮	1938년 2월(제273호)
49	我か國體の特異性と朝鮮學者の認識	朝鮮	1939년 5월(제288호)
50	我か國體の特異性と朝鮮學者の認識	朝鮮行政	1939년 5월
51	神武創業と明治維新	朝鮮及滿洲	1940년 2월(제387호)
52	施政三十年史の編纂に就て	朝鮮	1940년 10월(제305호)
53	內鮮血緣關係1	內鮮一體	1941년 2월
54		朝鮮公論	1944년 3월(제372호)

출전: 하지연, 2012, 「오다 쇼고(小田省吾)의 한국근대사 연구와 식민사학」, 『한국근현대사연구』 63, 101~103쪽.

(3) 다보하시 기요시의 연구 활동과 한국사 인식[208]

다보하시[209]는 1897년 10월 14일 홋카이도(北海道) 하코다테시(函館市)에서 태어났고, 1918년 9월에 가나자와(金澤) 제4고등학교를 졸업한 후 같은 해 도쿄제국대학 문학부 국사학과에 입학했다. 1921년 대학 졸업논문은 「주로 일미관계에서 본 일본의 개국에 관하여(主として日米關係より觀たる日本の開國に就いて)」였는데, 스에마쓰는 다보하시가 이 졸업논문을 발전시켜 이후 24년간의 연구를 진행할 수 있었다고 평가하였다.[210]

그는 졸업과 동시에 유신사료편찬관보(維新史料編纂官補)로 임용되었고, 1922년 5월 도쿄제국대학의 사료편찬관보로 전임되어 '대일본사료 제12편부'에 소속되었다. 또 사학회(史學會)의 서무편찬주임(庶務編纂主任)으로 1924년 4월까지 『사학잡지(史學雜誌)』의 편집을 주재하다가, 경성제국대학의 초빙을 받자 8월 15일 자로 사직했다.

당시 도쿄제국대학 문학부장 하토리 우노키치 교수가 경성제국대학 초대 총장을 겸임했는데, 다보하시는 도쿄제국대학 은사였던 구로이타 가쓰미와 쓰지 젠노스케(辻善之助)의 추천으로 법문학부에서 국사학(일본사) 강좌를 맡게 되었다. 그리하여 1924년 9월 1일, 경성제국대학

---

208 다보하시에 관해서는 하지연, 2015, 앞의 글을 기본으로 정리함.

209 다보하시의 약력에 관해서는 도쿄제대 문학부 국사학과 후배이자 경성제대 법문학부 후배 교수인 스에마쓰 야스카즈가 쓴 「田保橋潔 略傳」(田保橋 潔, 1951, 『日清戰役外交史の研究』, 刀江書院, 557~564쪽; 다보하시 기요시 지음, 2013, 김종학 옮김, 『근대 일선관계의 연구』 상, 일조각, 권말 번역 수록)과 田川孝三 外, 1983, 「座談會: 先學を語る - 田保橋潔先生」, 『東方學』 65, 192쪽의 「田保橋 潔 先生 略年譜」에 의함.

210 스에마쓰 야스카즈, 2013, 「田保橋 潔 略傳」, 다보하시 기요시 지음, 김종학 옮김, 『근대 일선관계의 연구』 상, 일조각, 권말 번역, 988쪽.

예과 강사에 촉탁되어 조선에 왔고, 10월 2일에는 국비로 만 1년 10개월의 구미 유학을 하게 되었다. 다보하시는 1927년 1월 10일 경성제국대학 법문학부 국사학과에 조교수로 임명되었고, 이듬해 4월 18일 자로 국사학 제1강좌 교수로 승진한 이래 1945년 사망할 때까지 경성제국대학에서 교편을 잡았다.[211]

다보하시는 1927년부터 국사학 강좌의 담임을 맡았고 1928년에는 국사학과 동양사학 강좌가 각각 제1·2강좌로 분리되면서는 국사학 제1강좌를 담당했다.[212] 다보하시가 주로 맡은 강의는 〈표 3-9〉에서 제시된 바와 같이 주로 국사학 개설과 근대 동아시아 외교사였다.[213]

앞서 언급한 바와 같이 당시 경성제국대학은 강좌제를 운영하고 있었고,[214] 1교수 1강좌의 형식으로 대학교수의 전공 책임이 명확했으며, 직무봉(강좌봉)에 식민지 근무에 주어지는 가봉을 더하여 전체 일본의 관료 사회에서도 최고 수준이었다.[215] 이렇게 볼 때 다보하시는 제국대학 교수로서 학문적 권위를 부여받았으며, 경제적 안정을 기반으로 최적의

---

211 『日本史大事典』 4, 平凡社, 775~776쪽; 『朝鮮人事興信錄』, 270쪽. 스에마쓰의 「다보하시 기요시 약전(田保橋潔略傳)」이나, 다가와 고조 외의 「다보하시 기요시 선생 약연보(田保橋潔先生略年譜)」 등에서는 다보하시의 조교수 임용 연도가 1927년인데 『조선인사흥신록』에서만 1926년 4월로 소개하고 있다. 1926년은 다보하시가 구미 유학 중이었으므로, 귀국 후 본격적으로 경성제대에서 수업을 시작하는 1927년 시기가 조교수 임용 시기인 것으로 보인다.

212 장신, 2011, 앞의 글, 50~51쪽.

213 장신, 2011, 위의 글, 53쪽.

214 강좌제에 관해서는 鄭圭永, 1995, 앞의 글, 82쪽; 정근식 외, 2011, 앞의 책; 정선이, 2007, 『경성제국대학의 성격 연구』; 장신, 2011, 앞의 글 등 참조.

215 정준영, 2009, 앞의 글, 142~144쪽; 정근식 외, 『식민지 권력과 근대 지식』, 309~311쪽.

〈표 3-8〉 다보하시 기요시의 주요 약력

연도		활동 내용
1897년	10월 14일	홋카이도(北海道) 하코다테(函館)에서 태어남. 본적은 이시카와현(石川縣) 스즈군(珠州郡) 미사키무라(三崎村)(스즈시)
1910년	3월	도쿄 도요타마군(豊多摩郡) 온바라(穩原) 소학교 졸업, 사립 아자부(麻布) 중학교 입학
1910년	9월	에히메(愛媛) 현립 오즈(大洲) 중학교로 옮김
1915년	3~9월	중학교 졸업, 9월 가나자와(金澤) 제4고등학교 제1부 을류(乙類)에 입학
1918년	7월	제4고등학교를 졸업하고, 도쿄제대 문학부 국사학과에 입학
1921년		도쿄제대 문학부 국사학과 졸업, 유신사료편찬관보(維新史料編纂官補)
1922년	4월	도쿄제대의 사료편찬관보(史料編纂官補)
1924년	9월	경성제대 예과 강사에 촉탁되어 조선에 건너옴
1924년 말		재외연구원(在外研究員)으로서 영국, 독일, 프랑스 등으로 유학
1927년	1월	귀국 후 경성제대 법문학부 조교수에 취임
1928년	4월	경성제대 법문학부 교수로 승임. 국사학 제1강좌를 담당
1933년		조선총독부 조선사편수회 편수주임으로 촉탁됨
1940년		『근대 일선관계의 연구』 편찬
1945년	2월 26일	49세, 식도암으로 사망

출전: 스에마쓰 야스카즈, 「田保橋 潔 先生 略年譜」;『日本史大事典』4, 775~776쪽;『朝鮮人事興信錄』 등.

〈표 3-9〉 경성제대 사학과 개설 강좌 중 다보하시 기요시의 담당 강좌(1931~1940)

담당 강좌명	개설 기간	비고
國史學槪說	1931~1933, 1935, 1937, 1939	1934년과 1938년은 마쓰모토(松本) 담당, 1936년은 개설 안 됨
近代日本外國關係史	1931, 1938	
近代日露關係의 研究	1932	
近代日鮮關係의 研究	1933, 1934	
江戶時代史	1938	
明治史	1937	
日淸戰役 硏究	1940	
國史研究法	1932	
國史學演習(2)	1931~1932, 1934, 1936~1940	
國史講讀	1935~1936	

출전: 하지연, 2015, 「다보하시 기요시의 『근대 일선관계의 연구』와 한국 근대사 인식」,『식민사학과 한국 근대사』, 지식산업사, 199쪽, 〈부록 2〉.

연구 여건을 확보하고 있었던 것으로 보인다.

또한 다보하시는 1933년 제국학사원(帝國學士院)에서 「일선관계(日鮮關係)에서 본 근대 조선사연구」로 연구비 500엔을 받았고, 『동문휘고(同文彙考)』 교정 및 출판 사업으로 일본학술진흥회에서 1934년에 2,400엔, 1935년에 2,300엔, 1936년에 2,200엔을 보조받았다.[216] 그의 가장 대표적 저술인 『근대 일선관계의 연구』도 총독부가 국비로 인쇄할 기회를 준 것이다. 이렇게 볼 때 다보하시는 순전히 학문적 실증주의에 충실한 학자라기보다는 국가권력의 일정한 보호와 육성을 통해 학문적 위상을 보장받은 관학자의 성격이 강했다고 할 것이다. 일본의 근대 역사학의 "국가권력에 폐가 되는 것은 언급하지도 말고, 연구하지도 말라"는 특징을 잘 보여주는 사례라고 할 수 있을 것이다.[217]

경성제국대학 교수들은 제국대학이라는 특성상 조선총독부의 시책에 부응할 수밖에 없는 관학자로서의 성격이 강했고, 그들은 학문적 전문성을 필요로 하는 곳에 자의든 타의든 적극적으로 자문하고, 정책 방향을 제시하였다. 다보하시는 1933년 3월 조선총독부 조선사편수회에서 『조선사』 6편[순종, 헌종, 철종, 고종의 4조(祖)의 사료]의 편수주임으로 촉탁되었고, 1938년 3월에 제6편 전 4권의 간행을 완료했다. 그는 일주일에 3일이나 조선사편수회로 출근하면서 사료편찬 작업에 심혈을 기울였다.[218]

또 다보하시는 1938년 새로이 조선사편수회 편찬주임이 되어 편수회의 차기 사업을 주재했다. 그는 이미 인쇄된 『조선사』가 갑오개혁까

---

216 정선이, 2007, 앞의 책, 200~201쪽.
217 이에 대해서는 나가하라 게이지(永原慶二) 지음, 하종문 옮김, 2011, 『20세기 일본의 역사학』, 삼천리, 50~54쪽 참조.
218 田川孝三 外, 앞의 글, 178~179쪽; 東方學會, 2000, 앞의 글, 175쪽.

지의 시기를 담았으므로, 그 뒤를 이은 시기, 특히 한국병합사 관련 사료를 수집하는 것을 첫 번째 과제로 삼았다. 이 사업은 다보하시가 죽은 1945년 2월까지 계속되었지만, 중일전쟁과 태평양전쟁으로 이어지는 시국에서 이 같은 대대적인 연구 사료 수집사업은 진척되기 어려웠다고 한다. 그럼에도 불구하고 이 사이에 그의 최대 저작인 『근대 일선관계의 연구』상·하 두 책이 중추원에서 출간되었고, 이어『조선통치사논고』와『근대 조선에 있어서 정치적 개혁(近代朝鮮に於ける政治的改革)』도 조선사편수회에서 출판되었다. 일련의 모든 연구 성과는 그가 조선사편수회 촉탁과 편찬주임으로서 일반 학자들은 접근하기 어려운 조선의 사료들을 손쉽게 접한 결과였다고 할 수 있다. 일례로 다보하시는『동문휘고』129권의 교정·출판을 하였는데, 『동문휘고』는 1643년(인조 21)부터 1881년(고종 18)까지의 대청·대일 외교문서를 유형별로 취합한 것으로 그 원본이 경성제국대학에 단 1부만 있었다. 이 사례를 보아서도 다보하시가 얼마나 최고의 일급 사료를 독점할 수 있는 학문적 특혜를 누렸는가를 알 수 있다.[219]

---

219 이외에도 다보하시의 조선총독부 시책에 부응한 관학자로서의 활동으로는 다음 사례가 있다. 다보하시는 1934년 4월 경성제대 안에 설치된 '국사상 조선에 관한 사항을 조사하는 위원회'에 참여하여 경성제대 사학과 교수 10명과 함께 「역사 교과서 조사위원회 설치에 관한 건의서」를 작성, 경성제대 총장 야마다 사부로(山田三郎) 이름으로 조선 총독에게 제출하였다. 건의 내용은 당시 조선에서 사용되던 초·중등 교과서를 분석하여 일본사의 시각에서 재구성하여 편찬하자는 것이었고, 조선총독부는 이 제안을 받아들여 1935년 2월 임시역사교과용도서조사위원회를 설치하였다. 관련 교수는 다음과 같다. 다카하시 도루(조선문학 담임교수), 도리야마 기이치(동양사학 담임교수), 마쓰모토 시게히코(국사학 담임교수), 오타니 가쓰마(동양사학 담임교수), 후지타 료사쿠(조선사학 담임교수), 다보하시 기요시(국사학 담임교수), 다마이 제하쿠(동양사학 조교수), 나카무라 히데타카(조선사학 강사), 스에마쓰 야스카즈(조선사학 강사), 기타 신로쿠(사학 예과 교수) 등.『初等中等敎科書中日鮮關係事項摘要』. 이

한편, 다보하시는 경성제국대학 교수로 부임한 이후 여러 잡지에 논문을 발표하고, 이를 정리하여 한일간 근대 외교사 관련의 많은 연구 성과를 내게 되는데 이는 〈표 3-10〉, 〈표 3-11〉과 같다. 이 가운데 1930년 4월 경성제국대학 법문학부 연구조사책자 제3집으로 간행된 『근대일지선관계의 연구(近代日支鮮關係の硏究－天津條約より日支開戰に至る)』는 초고가 도쿄제국대학 문학부 사료편찬소 편찬관보 시절에 쓴 것이다. 다보하시는 이를 수정, 증보한 후 『근대일지선관계의 연구』로 완성했다.[220]

1930년 9월 간행된 『근대일본외국관계사(近代日本外國關係史)』는 그의 대학 졸업논문 이후의 업적을 집대성하고 체계화한 것이다. 당시 다보하시는 근대 일본의 외국관계연구를 대략 다음의 3부로 구상하고 있었다. 제1부는 18세기 중기부터 19세기 중기까지의 100년 동안 개국에 이르는 일본 개항사를 다룬 『근대일본외국관계사』이다. 제2부는 일본 개항부터 메이지 유신까지의 역사로 『막말외국관계사(幕末外國關係史)』라는 가제의 저술이 있다. 제3부는 1868년 메이지 정부의 출범부터 1910년 한국병합까지를 설정한 『명치외국관계사(明治外國關係史)』를 구상하고 있었는데, 이 책의 대략은 1935년 『암파강좌 일본역사(岩波講座 日本歷史)』 제1편으로 발표된 『메이지 외교사(明治外交史)』이다. 그러나 다보하시는 경성제국대학 부임 후 조선의 사료를 직접 접하게 되면서 점차 조선사 연구에 천착하게 되었고, 이는 다른 한편으로 보자면 조선총독부 조선사편수회의 촉탁으로 참여하면서 그의 연구 방향은 근대 일

자료는 다보하시가 편철해 보관했던 것이다(이 부분에 대해서는 장신, 2011, 앞의 글, 58~59쪽).
220 다보하시 기요시, 2013, 「序言」, 김종학 옮김, 『근대 일선관계의 연구』 상, 5~6쪽.

<표 3-10> 다보하시 기요시의 주요 저서 목록

연번	저서명	발행처	발행년	비고
1	『近代日支鮮關係의 研究』	京城帝國大學	1930	경성제대 법문학부 연구조사책자 제3집
2	『近代日本外國關係史』	刀江書院(東京)	1930	
3	『明治外交史』	岩波書店 刊	1931	이와나미강좌 일본역사 (岩波講座日本歷史)
4	史料『朝鮮史』제1~4권 (李朝鮮純祖~高宗 31年)	朝鮮史編修會 編	1934~1938	
5	『近代日鮮關係의 研究』(上, 下)	朝鮮總督府 中樞院	1940	
6	『(增訂) 近代日本外國關係史』		1943	1930년 판의 증본, 개정본
7	『朝鮮統治史論稿』(校正本)		1945	인쇄 도중 해방으로 출판을 보지 못하고, 그 교본(校本)을 이선근(李瑄根)이 1972년 성진문화사(成進文化社)에서 간행
8	『日淸戰役 外交史의 研究』	東洋文庫	1950	

출전: 하지연, 2015, 「다보하시 기요시의 『근대 일선관계의 연구』와 한국 근대사 인식」, 『식민사학과 한국 근대사』, 지식산업사, 158쪽.

본의 외국관계사에서 점차 근대 조선사로 옮겨졌다고 볼 수 있다.[221] 그 성과물이 1944년 조선총독부에서 출간된 『근대조선사연구(近代朝鮮史硏究－朝鮮史編修會硏究彙纂 1輯)』에 실린 「근대조선에 있어서 정치적 개혁」이다. 이 책에는 다보하시의 글 이외에 시코쿠 주조(寺谷修三, 신석호의 일본식 이름)의 「조선성종시대의 신구대립(朝鮮成宗時代の新舊對立)」, 다가와 고조의 「근대북선농촌사회와 유민문제(近代北鮮農村社會と流民問題)」 등 조선시대 글도 포함되어 있다.

또 『조선통치사논고』는 1945년 만주대동학원연구소(滿洲大同學院硏

---

221 스에마쓰 야스카즈, 2013, 「田保橋潔 略傳」, 다보하시 기요시 지음, 김종학 옮김, 『근대 일선관계의 연구』 상, 일조각, 990~991쪽.

〈표 3-11〉 다보하시 기요시의 잡지 기고문 목록

연번	기사명	잡지명	연월
1	「明治 5년의 〈마리아 루스〉 사건」	『史學雜誌』	1929년 (제40편 제2·3·4호)
2	「국제관계사 상의 조선철도이권」	『歷史地理』	1931년(제57편 제4호)
3	「清 同治朝 外國公使의 觀見」	『靑丘學叢』	1931년(제6호)
4	「李太王 丙寅洋擾와 日本國의 調停」	『靑丘學叢』	1933년(제11호)
5	「琉球藩民 蕃害事件에 관한 일고찰」	『市村博士古稀紀念東洋史論叢』	1933년
6	「日支新關係의 成立」	『史學雜誌』	1933년(제44편 제2·3호)
7	「丙子修信使와 그 意義」	『靑丘學叢』	1933년(제13호)
8	「近代日鮮關係史의 一節(公使駐京 및 國書 奉呈에 대하여)」	『靑丘學叢』	1934년(제15호)
9	「明治維新期에 있어서의 對州藩財政 및 藩貰에 대하여」	『靑丘學叢』	1934년(제16호)
10	「近代朝鮮에 있어서의 개항의 연구」	『小田先生頌壽記念朝鮮論叢』	1934년
11	「壬午政變의 硏究」	『靑丘學叢』	1935년(제21호)
12	「日清講和의 序曲」	『京城帝國大學 創立紀念論文集 朝鮮論叢』	1936년
13	「朝鮮國 通信使 易地行聘考」	『東洋學報』	1937년, 1938년(제23권 제3·4호, 제24권 제2·3호)
14	「日清戰役에 보이는 정치, 외교 사정」	『歷史敎育』	1937년(제12권 제7호)
15	「근대조선에 있어서의 정치적 개혁」	朝鮮史編修會 編, 『近代朝鮮史硏究』, 京城, 朝鮮總督府	1944년

출전: 하지연, 2015, 「다보하시 기요시의 『근대 일선관계의 연구』와 한국 근대사 인식」, 『식민사학과 한국 근대사』, 지식산업사, 159쪽.

究所) 연구원들에게 한 강의안으로, 그 내용은 조선 총독정치의 개요(槪要)를 제도적으로 설명한 것이다. 이 책은 이선근이 해방 후 미간행 원고를 휴지처리장에서 찾아내 발간했다.[222]

222　田保橋 潔, 『朝鮮統治史論稿』, 이선근의 「復刊の辯」 참조.

다보하시의 유작으로 1950년에 출판된 동양문고논총(東洋文庫論叢) 제32편 『일청전역 외교사의 연구(日淸戰役外交史の研究)』는 초고가 1940년 3월에 완성되었고, 1944년 10월에 증보(增補)와 주석 보완작업이 마무리된 책이다. 따라서 시간적으로 보아 이 책은 그의 마지막 저술이다. 그리고 이 책은 기존 『근대일지선관계의 연구』나 『근대 일선관계의 연구』의 속편 성격으로 이전 저술들이 모두 청일전쟁 개전 단계까지만을 고찰한 것을 수정, 보완한 것에 주제를 청일전쟁에 맞추어 외교사로 구성한 글이다. 『일청전역 외교사의 연구』의 연구 표지에 「동아 국제정치사 연구 제2(東亞國際政治史研究第二)」로 되어 있는데, 제1은 기존 발표했던 「근대 조선의 정치적 개혁」이고, 청일전쟁을 제2로, 다시 러일전쟁 외교사와 한국 병합사 등을 제3, 4권으로 저술하려는 계획을 세웠던 것으로 보인다.[223]

한편, 다보하시는 1930년 『근대일지선관계의 연구』를 발표한 후 1933년 제국학사원(帝國學士院)으로부터 연구비를 보조받아 새로이 사료를 수집하여 연구를 보강하던 중 1936년에는 안영·천명기(安永·天明期, 1772~1788)로부터 1882년 임오군란에 이르는 대부분을 탈고하여 부분적으로 이를 『청구학총』, 『동양학보(東洋學報)』 등에 발표하였다(〈표 3-11〉 참조). 이후 개인적인 사유로 연구를 진행시키지 못했고, 중일전쟁 발발로 연구 여건이 어려워져 연구 중단의 위기에 이르렀다가 마침내 조선총독부의 지원을 받게 되었다.[224] 1938년 11월 당시 총독부 내무국장 오다케 주로(大竹十郞)는 다보하시의 연구가 조선통치상 참고자

---

223 스에마쓰 야스카즈, 2013, 앞의 글, 992쪽.
224 다보하시 기요시 지음, 김종학 옮김, 2013, 앞의 책, 10~12쪽.

료로서 중요하다고 판단하여 국비 지원을 통해 연구 성과를 인쇄해 줄 것을 약속하였다.[225] 이에 다보하시는 그간의 연구 성과들을 정리하여 2년만인 1940년 『근대 일선관계의 연구』 상·하로 출간하였다.

『근대 일선관계의 연구』는 분명 일본의 조선통치상의 참고자료로 간행된 것으로 기본적으로 중일전쟁을 일으키고 본격적인 대륙 침략이라는 군국주의의 길로 들어선 일본의 침략주의를 논리적으로 뒷받침하기 위해 후원받은 관찬 저술이다. 본래 오직 집무에만 참고할 뿐 대중에게는 공개하지 않는다는 전제로 출간되었는데, 이에 대해 다보하시의 학문적 위상 및 업적 평가에서는 그가 엄밀한 실증주의에 입각해서 역사가의 가치 판단을 최소화한 채 오로지 조선·일본·청의 문서기록에만 의거하여 근대 동아시아 외교사를 객관적으로 서술했다고 평가되기도 했다.[226] 책이 출간된 1940년 당시는 일본이 태평양전쟁을 목전에 두고 극도로 우경화한 상황에서 실증에 충실한 것조차도 불온시하던 분위기였다는 것이다.[227]

또한 다보하시를 객관적이고 실증에 충실한 양심적 학자였다고 평가하는 대표적 사례로 자주 거론되는 것이 다보하시의 박사학위논문 심사 탈락 건이다.[228] 다보하시는 『근대 일선관계의 연구』를 도쿄제국대학 박

---

225 다보하시 기요시 지음, 김종학 옮김, 2013, 위의 책, 1~3, 11쪽.
226 다보하시 기요시 지음, 김종학 옮김, 2013, 위의 책, 5쪽.
227 "…그가 제공한 방대한 사료와 사실과는 장래의 조선근대사 연구의 일대 초석일 것이다. 특히 조선 측 사료를 충분히 구사(驅使)하여 조선의 정세를 밝힌 공적은 크다. 이 실증적 연구도 객관적이었기 때문에 전쟁 중에는 위험시 되어 공간(公刊)이 금지되고 있었다."(平凡社編輯部 編, 1956, 『東洋史料集成』, 平凡社, 88쪽).
228 田川孝三 外, 앞의 글, 186쪽; 旗田巍 編, 1969, 『シンポジウム-日本と朝鮮』, 勁草書房, 85~86쪽; 坂野正高, 1973, 『近代中國政治外交史』, 東京大學出版部, 597쪽.

사학위논문으로 제출했는데, 그 내용 중 청일전쟁 관련 부분에서 '일본 해군의 도발에 의한 전쟁 발발'이라는 서술 때문에 심사위원 중 황국사관의 대표적 학자인 일본 중세사 전공자 히라이즈미 기요시(平泉澄) 등의 반대로 학위를 받지 못했다고 한다. 당시 히라이즈미는 "이 글은 본래 경성제국대학의 법문학부연구조사책자(法文學部研究調査冊子)로 기요(紀要) 같은 것이고 발매금지되어 있는 것"인데 이를 학위논문으로 청구하는 것은 적절치 못하며, 또 "이 글을 정부가 발매금지한다면 결국 도쿄제국대학에서 그 부담을 져야 한다"고 하여 그의 학위 수여를 거부했다. 심사위원 중 와다 제이(和田清)는 이에 대해 '그런 것은 정치적인 문제이고, 중요한 것은 학위 자격이 있느냐 없느냐이다'고 하면서 학위 수여를 반대했다. 결국 심사위원들의 투표 결과 2:1로 학위는 거부되었다.[229] 그런데 이 에피소드에 의하면 히라이즈미는 다보하시의 연구가 내용상 청일전쟁의 원인이 일본의 선제공격에 있었다는 양심적이고 객관적인 연구이기 때문에 탈락시킨 것이 아니라, 이미 경성제국대학에서 조선총독부 중추원 이름으로 발간된 책을 그대로 학위논문으로 청구한 것 때문에 학위심사에서 탈락시킨 것이다. 즉, 비공개를 원칙으로 한 관찬 자료적 성격의 자료를 학위논문으로 제출한다는 것은 부적절하다고 판단한 것이다. 또 와다의 발언을 보면 내용상으로도 학위 수여 자격을 문제 삼은 것으로 보인다. 그렇다면 양심적이고 실증적 연구라서 제국주의 일본의 우익 학자들이 다보하시에게 학위 수여를 하지 않았다고 하는 일본인 후학들의 해석은 다보하시를 미화하기 위한 추측성 평가이다. 그런데

---

229 田川孝三 外, 위의 글, 186쪽. 당시 심사위원은 와다 제이, 히라이즈미 기요시, 오구라 신페이(小倉新平)였다.

도 다보하시에 대한 긍정적 평가는 한국인 학자들에게도 이어졌다.

이선근은 『조선통치사논고』 서문에서 다보하시의 학위논문 탈락 사례를 거론하며 보기 드물게 정직하고 양심적인 학자였다고 극찬하였다.[230] 연갑수는 다보하시가 사료를 충실히 이용하여 가치판단이 들어간 '쇄국' 대신 '배외정책'이란 표현을 사용했다고 높이 평가했고, 왕현종은 다보하시가 갑오개혁의 타율성만을 강조했다고 비판하면서도 학문적 연구의 출발점이었다고 평가하고 있다.[231] 서민교도 청일전쟁 및 일본과 조선 관계에 관한 선행 연구에서 다보하시는 사료 구사와 서술의 객관성을 유지한 예외적인 연구였다고 평가했다.[232] 그런데 현재에 이르기까지 이러한 한일 양국 학자들의 다보하시에 대한 '양심적' 혹은 '실증적', '객관적'이라는 긍정적 평가는 사실 근대 실증사학이라는 아카데미즘의 보편성에 대한 인식에서 비롯된 것이다.[233] 그러나 『근대 일선관계의 연구』는 조선총독부의 조선통치상의 참고자료였고, 비공개자료였기 때문에 다보하시로서는 실증적 방법론에 충실하여 사실을 분명하게 썼을 뿐 그가 결코 양심적이고 객관적인 학자였기 때문은 아니었다.

한편, 한국 강제병합 이후 구한국 정부 기록이 조선총독부로 이관됨에 따라 다보하시는 조선 후기부터 대한제국까지의 1차 사료를 직접 정리하고, 분석했고, 그런 점에서 그는 당시 그 어떤 연구자보다 압도적으

---

230 李瑄根, 1972, 「復刊の辯」, 『朝鮮統治史論稿』, 成進文化社.
231 연갑수, 2001, 『대원군집권기 부국강병정책 연구』, 서울대학교출판부, 4~5쪽; 왕현종, 2003, 『한국 근대국가의 형성과 갑오개혁』, 역사비평사, 26쪽.
232 서민교, 2010, 「청일전쟁기 이토 히로부미(伊藤博文) 내각의 조선에 대한 군사·외교 정책」, 『일본역사연구』 32, 35쪽.
233 김종준, 2013, 「식민사학의 '한국근대사' 서술과 '한국병합' 인식」, 『역사학보』 217, 255쪽.

로 우월하고 독보적인 연구 환경을 제공받았다.[234]

이렇게 확보된 연구 여건 속에서 다보하시는『근대 일선관계의 연구』를 단순한 연구서가 아닌 사료집의 성격을 겸하여 저술하였다. 다보하시는 이 저술의 서문에서 제1차 세계대전 이후 유럽 각국이 '제왕·대통령·정치가·외교관·육해군 고급사령관 및 막료(幕僚)의 일기·기록' 등 종전에는 관계 당국 이외에 열람을 허하지 않았던 귀중한 사료를 개방함으로써 국제 정치사학의 발달에 공헌한 점을 크게 평가하고 있다. 또한 중화민국 국민 정부도 베이징고궁박물원(北京故宮博物院)을 중심으로 하여 구 청 왕조의 군기처(軍機處)·총리각국사무아문(總理各國事務衙門)·외무부(外務部)의 기록을 편찬 공간한 점과 일본 외무성이 세계적 정세에 따라서 1868년 이래 조약·외교문서를 공간하기로 결정하고, 1930년『구조약휘찬(舊條約彙纂)』과『대일본외교문서』를 연속 간행하고 있음을 들어 외교사가로 또 실증사학에 충실한 역사가로서 이러한 자료 공개의 추세를 크게 환영하고 있다.[235]

그는 이 책의 집필 방침을 한·중·일 삼국 정부 기록을 실증적 고증학적 방법으로 서술하되 기본 사료는 원문을 그대로 수록하여 사료서로서의 가치를 겸하도록 하는 데 있다고 하였다.[236] 특히 1868년부터 1894년에 이르는 한일 양국 기록문서 가운데 중요한 문서는 전문을 수록할 방침을 취하였다. 따라서 후학들의 연구에 큰 도움을 준 것이 그의 큰 공적으로 꼽히고 있다.

---

234 다보하시 기요시 지음, 김종학 옮김, 2013, 앞의 책, 6~7쪽.
235 다보하시 기요시 지음, 김종학 옮김, 2013, 위의 책, 8~10쪽.
236 다보하시 기요시 지음, 김종학 옮김, 2013, 위의 책, 14~15쪽.

그러나 충실한 실증성에 식민사학으로서의 독소적 요소가 있다. 조선사편수회의 『조선사』와 마찬가지로 『근대 일선관계의 연구』 역시 일본인에 의하여 그들의 침략과 식민통치의 목적에 부합하는 편향된 사료가 의도적이고 주관적으로 선별, 채택, 수록되었다는 점에 문제의 심각성이 있다. 사료 선별작업에서의 판단 기준, 주관성 및 목적의식 등을 면밀하게 살펴볼 때 결국 이 책은 식민통치에 필요한 자료로서의 목적에 충실하게 집필되었다.

『근대 일선관계의 연구』의 목차와 주요인용 사료는 〈부록 1〉과 같다. 총 4편으로 구성된 『근대 일선관계의 연구』의 주요 참고 사료에 대하여 다보하시는 서언에서 '제1·3·4편은 조선 정부 기록을 주 사료로 하고, 메이지 유신 이후의 조일 교섭, 운요호 사건, 강화도 조약 체결 등을 다룬 제2편은 일본 정부 기록 및 옛 쓰시마번(對馬藩)의 기록이 기본 사료이면서 조선 정부 기록은 『일성록(日省錄)』을 약간 인용하였다'고 밝히고 있다.[237] 그런데 제2편은 조선과 일본 간에 일어난 대립하는 모든 사건을 대부분 일본 측 사료로 결론을 내리기 때문에 결과적으로 개항 과정에서 자행된 일본의 불법 행위나 폭력성을 은폐하고, 조선 측에 모든 책임을 돌려 기록해 놓고 있어[238] 사료 선별의 편파성이 가장 두드러지는 부분이다.

다보하시는 '제3편에 있어서는 조선국 정부기록을 주로 하였고, 일청양국 정부기록을 종(從)으로 참조하였다'고 하였으나,[239] 실제로는 〈부록 1〉에

---

237 다보하시 기요시 지음, 김종학 옮김, 2013, 앞의 책, 12쪽.
238 金義煥, 1976, 앞의 글, 21쪽.
239 다보하시 기요시 지음, 김종학 옮김, 2013, 앞의 책, 12쪽.

서처럼 주로 일본 측 사료를 주 사료로 쓰고 있고 한국 측 사료로는 『승정원일기(承政院日記)』와 『동문휘고』를 약간 인용하고 있어 역시 사료의 편향성이 크다. 특히 다보하시는 『갑신일록』이 사료적 신빙성이 지극히 떨어지는 자료라 하여 주로 일본 측 자료에 근거하여 갑신정변 당시 상황을 정리하고 있다. 당연히 갑신정변에서의 일본 정부의 개입을 부정하고, 일본공사의 독단적 결정에 의한 개입으로 정황 설명을 하고 있다.

『근대 일선관계의 연구』는 실증이라는 겉옷을 걸치고, 실제 식민주의 역사학의 근거 제시, 그리고 그 역사적 검증의 작업을 통한 식민통치의 합리화라는 일제의 식민통치용 자료였다. 즉, 한국 근대사 입장에서는 '실증(實證)이 아니라 실증(失證)'의 역사라고 할 수 있다.[240]

3. 이왕직의 『고종실록』·『순종실록』 편찬사업

지금까지 한국 근대사 연구에서 『고종실록』·『순종실록』은 1차 사료로 활용되어 왔고, 한글 번역과 DB까지 구축되어 접근성도 편리해졌다. 다만, 그 편찬 과정을 보면 국왕 승하 직후 실록청이 설치되어 전대 국왕의 행적을 서술해야 하는 관례가 지켜지지 않고, 순종 승하 후 고종과 순종의 실록을 사초도 없이 짧은 기간에 그것도 왕실 사무를 관장하던 식민지 기구인 이왕직이 주체가 되어 일본인 학자들에 의해 편찬되었다는 점에서 과연 그 사료로서의 가치를 인정할 것인가를 두고, 논란의 여지

---

240 『근대 일선관계의 연구』의 자세한 내용과 분석은 하지연, 2013, 앞의 글 참조.

가 다분했다.²⁴¹

실록은 국왕 사망 직후에 실록청을 설치하고, 사관의 사초와 각 관청의 시정기 등을 토대로 엄격한 편수지침에 따라 편찬되며, 한 군주의 치세 전체를 역사적으로 평가하는 의의를 지닌다.²⁴² 그런데『고종실록』·『순종실록』은 사초도 없이 그 편찬 주체와 의도, 과정과 내용 면에서 다분히 일본의 의도가 반영되었을 것이었는데도 사실 그간 이를 구체적으로 분석한 연구는 많지 않았다.²⁴³

---

241 최영희, 1970,「해제」,『고종순종실록』, 탐구당; 최완기, 1994,「이른바 高·純宗實錄에 대하여」,『민족문화』17; 신명호, 2000,「일제하 高宗純宗實錄·高宗純宗國朝寶鑑의 편찬과 장서각 자료」,『정신문화연구』23-2; 김경수, 2006,「고종태황제실록·순종황제실록」,『王室圖書解題』1; 정진숙, 2009,「高宗實錄資料原簿의 법률관련 자료와 高宗實錄의 편찬」,『書誌學報』33 등 참고.

242 강문식, 2015,「조선왕조실록 연구의 현황」,『조선시대사학보』74; 이성무, 2002,『실록이란 무엇인가』, 동방미디어 참조.

243 최근의 연구 성과는 다음과 같다. 장영숙, 2014,「李王職의『高宗·純宗實錄』편찬사업과 그 실상」,『사학연구』116; 장신, 2016,「일제하 이왕직의 직제와 인사」,『장서각』35; 신명호, 1996,「일제하 李王職과 李王家 족보」,『한국학대학원논문집』11; 신명호, 2016,「『高宗純宗實錄』과『孝明天皇紀』의 편찬배경과 편찬체제 비교」,『장서각』35; 신명호, 2000,「일제하 高宗純宗實錄·高宗純宗國朝寶鑑의 편찬과 장서각 자료-實錄編纂參考書目錄과 國朝寶鑑編纂關係書類를 중심으로」,『정신문화연구』23; 이윤상, 2007,「일제하 '조선왕실'의 지위와 이왕직의 기능」,『한국문화』40; 이지선·야마모토 하나코, 2004,「『직원록』을 통해서 본 이왕직(李王職)의 직제(職制) 연구」,『동양음악』26; 나가시마 히로키(永島廣紀), 2015,「일본의 실록 편찬체제와 내용」, 한국학중앙연구원 장서각 편,『제36회 장서각 콜로키움 발표자료집』, 한국학중앙연구원; 정욱재, 2015,「궁내청 소장 '公族實錄'의 편찬 배경과 내용」,『근현대 구황실 관련 자료조사 집성 연구발표집』, 한국학중앙연구원 장서각 연구실; 정진숙, 2009,「『高宗實錄資料原簿』의 법률관련 자료와『高宗實錄』의 편찬」,『서지학보』33.

1) 이왕직 실록편찬위원회 설치와 인적 구성

(1) 이왕직 실록편찬위원회 설치 경위

1926년 4월 순종이 서거한 지 1년이 지난 1927년 4월, 이왕직 산하에 실록편찬위원회가 설치되고, 고종과 순종의 실록 편찬이 시작되었다. 그리고 1934년 6월 『고종태황제실록』 48권 48책과 목록 4권 4책, 『순종황제실록』 4권 4책, 병합 이후 기록인 『순종황제실록부록』 17권 3책과 목록 1권 1책이 완성되어 1935년 3월 31일에 간행되었다. 『고종실록』·『순종실록』은 총 200부가 인쇄되었는데, 40부는 원고 정·부본(正·副本)과 함께 이왕직 도서관에 소장되었고, 나머지는 관계기관에 배포되었다.[244]

그런데 고종 사망 직후 고종실록이 편찬된 것이 아니고, 순종 사망 이후에 가서야 『고종실록』·『순종실록』이 편찬되었다. 사실 고종 사망 직후 일본 궁내성(宮內省)의 의뢰로 아사미 린타로(淺見倫太郎, 1869~1943)가 1919년 6월부터 1923년 11월까지 『이태왕실록』 6책, 『이태왕실록자료』 24책과 함께 『이희공(李熹公)실록』 3책, 『이태왕실록자료』 6책, 『이준공(李埈公)실록』 2책, 『이준공실록자료』 5책, 총 46책을 편찬했다.[245] 이 편찬실록들은 공개되지 않고, 원고본 형태로 존재하였는데, 1926년 순종이 서거하자 다시 이왕직 주도로 실록 편찬 논의가 시작된 것이다.

---

244 서영희, 2022, 앞의 책, 221쪽.
245 정욱재, 2016, 「일본 궁내청 소장 '공족실록'의 편찬과 특징: 이희공실록·이희공실록자료·이준공실록·이준공실록자료를 중심으로」, 『한국사학보』 64; 정욱재, 2017, 「일본 궁내청 소장 『이태왕실록』·『이태왕실록자료』의 체제와 특징」, 『한국사학보』 69 참조.

먼저 일본 궁내성 도서료가 『이태왕실록』 편찬에 나선 이유는 대한제국 황실이 한일 강제병합으로 인해 일본 천황가의 일원으로서 이왕가가 되었기 때문이었다. 1910년 8월 29일 공포된 메이지 천황 조서(詔書)를 통해 "전(前) 한국황제를 왕으로 책봉하여 창덕궁 이왕(李王)이라고 하고, 태황제(太皇帝)를 덕수궁 이태왕(李太王)으로 칭하며…"[246]라고 규정하여 대한제국 황실의 구성원들은 일본 천황가의 황족에 준하는 예우를 받는 조선의 왕공족이 되었고,[247] 이들을 관리하는 「이왕직관제」가 공포된 것이다.[248]

따라서 고종이 사망하자 일본 궁내성 도서료는 천황과 황족의 실록 편수를 담당하는 업무규정에 따라 『이태왕실록』과 고종의 형 이희(李熹, 1912년 9월 사망), 이희의 아들인 이준(李埈, 본명 李埈鎔, 1917년 사망)의 일대기를 편찬하게 되었다.[249] 그런데 이때 황족과 별도로 조선의 왕공족 실록 편찬은 전통적인 조선왕조실록처럼 한 군주의 치세 전반에 대한 통치행위를 대상으로 한 것이 아니라, 왕공족의 일생을 기사본말체에 편년을 포함한 '실기(實紀)' 형식으로 편찬한 기록이다. 아사미 린타로는 군주가 아니면 실록을 가질 수 없다고 하여 '실기'가 타당하다고 주장했다고 한다. 따라서 『이태왕실록』은 제목은 실록이나, 내부 제목은 '실기'로 되어 있다.[250]

또한 이왕직이 『이태왕실록』이 있음에도 『순종실록』을 편찬하고, 아

---

246 통감부, 1910, 『한국병합전말서』, 11~12쪽.
247 이왕무, 2016, 「대한제국 황실의 분해와 왕공족의 탄생」, 『한국사학보』 64, 18쪽.
248 황실령 제34호 「이왕직관제」, 『조선총독부관보』, 1910.12.30.
249 신명호, 2016, 앞의 글 참조.
250 서영희, 2022, 앞의 책, 200~203쪽.

울러 『고종실록』까지 편찬하기로 결정한 것은 총독부의 1920년대 통치 방식의 전환 때문이기도 하다. 즉, 비슷한 시기에 마침 조선사편수회의 『조선사』 편찬사업이 진행되고 있었으므로, 민감한 부분이었던 대한제국기와 병합 전후 시기의 역사에 대해 『조선사』와 적절하게 역할 분담을 했다는 견해가 있다. 즉 일본은 불법적인 한국병합의 역사에 대해 『조선사』와 같이 사료를 제시하는 편찬방식이 아니라, '전통'의 형식을 빌려 '왕조의 역사'로 편찬하는 것이 더 유리하다고 판단했던 것이다. 그리고 그런 점에서 『고종실록』·『순종실록』의 편찬 책임자는 바로 오다 쇼고였다.[251]

(2) 실록편찬위원회의 인적 구성

이왕직은 한일 강제병합 이후 대한제국의 황실을 담당하던 궁내부가 해체되면서 조선 총독의 감독 아래 왕족과 공족에 관한 사무를 담당하는 기구로서 1911년 2월 1일 편제, 공포되었다.[252] 이왕직의 모든 사무는 일본 궁내성이 관할하였고, 반면 조선 현지에서는 조선 총독이 이왕직의 사무와 직원 및 재정문제에 대해 감독하였다. 이왕직의 주요 기능은 이왕가에 대한 근시(近侍), 궁궐 수리, 왕실 조상에 대한 제사, 왕릉 유지와 관리 등 왕실과 왕족에 관한 사무를 담당하였다. 장관으로는 초대

---

251 서영희, 2022, 위의 책, 222~223쪽.

252 『순종실록부록』 1, 1910.12.30. 이왕직에 대한 선행 연구로는 신명호, 1996, 앞의 글; 목수현, 2000, 「일제하 이왕가 박물관의 식민지적 성격」, 『미술사학연구』 227; 신명호, 2000, 앞의 글; 이지선, 2004, 「'직원록'을 통해서 본 이왕직의 직제 연구」, 『동양음악』 26; 이윤상, 2007, 앞의 글; 이왕무, 2014, 「李王職의 유래와 장서각 소장 이왕직 자료의 沿革」, 『장서각』 31; 장신, 2016, 「일제하 이왕직(李王職)의 직제와 인사」, 『장서각』 35 등이 있다.

장관 민병석(閔丙奭, 자작)을 비롯하여 이재극(李載克, 남작), 민영기(閔泳綺, 남작), 한창수(韓昌洙, 남작), 시노다 지사쿠(篠田治策), 이항구(李恒九, 남작)가 역임하였고, 차관으로는 1대 차관 고미야 미호마쓰(小宮三保松)를 비롯하여 고쿠분 쇼타로(國分象太郎), 우에바야시 게이지로(上林敬次郎), 시노다 지사쿠, 이마무라 다케시(今村武志), 이항구, 고지마 다카노부(兒嶋高信)가 역임하였다.[253]

이렇게 원래 이왕직 장관은 1911년 2월 이왕직 출범 이후 민병석, 이재극, 민영기 등 왕실과 밀접한 관련이 있던 친일 조선인 귀족들이 차관을 주로 일본인이 맡아왔다. 그런데 시노다가 1932년 이왕직 장관으로 승진함에 따라 부위원장직이 신설되었고, 신설 부위원장에는 이왕직 차관으로 승진한 이항구(이완용 아들)가 취임한 것이다. 이항구는 시노다가 1940년 경성제국대학 총장이 되자, 뒤이어 이왕직 장관으로 승진했다.[254]

이들 이왕직의 고위급 관리들을 보면 일본인 행정관료들이거나 작위를 받은 친일파들임을 알 수 있다. 그런 친일 어용적 성격의 기관인 이왕직에서 고종과 순종의 실록을 편찬하였기에 당연히 『고종실록』·『순종실록』의 사료적 성격이 문제가 될 수밖에 없었던 것이다.

게다가 후술할 바와 같이 실록편찬실에서 실록이 편찬되는 과정을 보면 사료 수집부, 편집부 등에서 원고가 끝나면, 감수부의 총책임자인 오다 쇼고가 감수를 거쳤고,[255] 편찬위원장인 이왕직 장관의 결재 후

---

253 장신, 2016, 위의 글, 82쪽, 〈표 7〉 이왕직 장관·차관과 그 이력 참조.
254 서영희, 2022, 앞의 책, 224쪽.
255 서영희, 2022, 위의 책, 257~258쪽.

에야 인쇄가 되었다. 이왕직 장관들은 친일 관료인데다가, 결국 자료수집부터 편집, 감수까지 모두 일본인 관료들에 의해 진행되었다고 볼 수 있다.

『고종실록』·『순종실록』 뒤에 실린 편찬위원 명단을 보면 〈표 3-12〉와 같다. 이왕직 장관인 위원장 1명, 차관인 부위원장 1명, 감수위원 6명, 편찬위원 6명, 사료모집위원 4명, 서무위원 2명, 회계위원 1명, 감수보조위원 4명, 편찬보조위원 7명, 사료모집보조위원 1명 등 모두 33명이 참여하였다. 이들 33인 가운데 편찬위원이 21명, 보조위원이 12명이고, 이 가운데 일본인들은 편찬위원이 7명, 편찬보조위원이 4명으로 11명이다. 조선인이 3분의 2를 점하고는 있고, 감수위원, 편찬위원, 사료모집위원의 대부분이 조선인이기는 하나 편찬의 총책임자라고 할 수 있는 감수위원을 오다 쇼고가 맡아 실질적인 영향력을 행사했다는 점에 주목해야 한다. 조선인들이 등사, 발췌한 사료를 바탕으로 초고를 작성하면, 오다 쇼고가 감수를 통해 기사를 취사선택하여 편찬 방향을 결정했던 것이다.[256]

한편, 조선인 편찬위원들은 편집 1~3반에 중복적으로 소속되어 고종 재위 45년간과 순종 재위 3년간 및 병합 이후 17년간을 담당했다.[257] 그리고 실제로는 〈표 3-12〉에 실린 명단 외에도 실록 편찬에 더 많은 인력이 참여하였던 것으로 보인다.

또 실록 편찬에 참여한 사람들은 대부분 이왕직과 궁내부, 중추원, 총

---

256 서영희, 2022, 위의 책, 231쪽; 장영숙, 2014, 「이왕직의『고종·순종실록』편찬사업과 그 실상」, 『사학연구』 116, 114~115쪽.

257 서영희, 2022, 위의 책, 231~234쪽, 〈표 8-2〉 참조.

〈표 3-12〉『고종실록』·『순종실록』 편찬위원회의 인물 편제

역할	이름	직위	비고
위원장	시노다 지사쿠 (篠田治策)	이왕직 장관 / 종3위 훈 1등 법학박사	조선사 편수위원
부위원장	이항구(李恒九, 남작)	이왕직 차관 / 종3위 훈 1등	
감수위원	오다 쇼고(小田省吾)	경성제대 교수 / 종3위 훈 3등	조선사 편수위원
	정만조(鄭萬朝)	경학원 대제학 / 종4위 훈 6등	취조국위원, 참사관실 도서해제위원, 경성제대 강사
	박승봉(朴勝鳳)	중추원 참의 / 정4위 훈 3등	
	나리타 세키나이 (成田碩內)	이왕직 촉탁	
	김명수(金明秀)	전 이왕직 사무관	
	서만순(徐晚淳)	전 궁내부 비서원 승(丞)	
감수 보조위원	김석빈(金碩彬)	전 조선총독부 군수 / 종5위 훈 6등	
	에하라 젠쓰이 (江原善槌)	전 조선총독부 이사관 / 정7위 훈 8등	
	김영진(金寧鎭)	전 궁내부 비서원 승(丞)	
	최규환(崔奎煥)	전 이왕직 속(屬) / 종7위 훈 8등	
편찬위원	서상훈(徐相勛)	중추원 참의 / 종4위 훈 3등	참사관실 실록 발췌
	남규희(南奎熙)	전 중추원 참의 / 종4위 훈 3등	『조선반도사』 사료조사주임
	이명상(李明翔)	전 궁내부 종정원경	
	조경구(趙經九)	전 궁내부 봉사사 제조	
	홍종한(洪鍾瀚)	전 조선총독부 군수 / 종7위	
	권순구(權純九)	전 조선총독부 군수 / 정8위	
편찬보조 위원	하마노 쇼타로 (濱野鐘太郎)	전 조선총독부 도경시(道警視) / 정7위 훈 7등	
	이병소(李秉韶)	전 궁내부 비서원 승	조선사 편수위원
	이풍용(李豐用)	전 이왕직 속	
	미즈바시 후쿠히코 (水橋復比古)	전 조선총독부 군서기	
	이준성(李準聖)	전 농상공부 주사	
	김병명(金炳明)	전 법부 주사	
	홍명기(洪明基)	전 궁내부 수륜과 주사	
사료모집 위원	박주빈(朴冑彬)	이왕직 사무관 / 종5위 훈 5등	
	이원승(李源昇)	전 이왕직 사무관 / 정5위 훈 6등	

역할	이름	직위	비고
사료모집 위원	이능화(李能和)	전 조선총독부 편수관 / 정5위 훈 6등	
	기쿠치 겐조(菊池謙讓)	전 대륙통신사 사장	
사료모집 보조위원	기타지마 고조 (北島耕造)	전 경성고등상업학교 촉탁	
서무위원	스에마쓰 구마히코 (末松熊彦)	이왕직 사무관 / 종4위 훈 4등	
	시가 노부미쓰(志賀信光)	이왕직 사무관 / 종4위 훈 5등	
회계위원	사토 아키미치(佐藤明道)	이왕직 사무관 / 정6위 훈 5등	

출전: 서영희, 2022, 『조선총독부의 조선사 자료수집과 역사편찬』, 사회평론아카데미, 232~233쪽, 〈표 8-1〉 『고종순종실록』 편찬위원 명단: 장영숙, 2014, 「이왕직의 『고종·순종실록』 편찬사업과 그 실상」, 『사학연구』 116, 115쪽, 〈표 1〉 『고종·순종실록』 편찬위원; 『고종순종실록』 하, 탐구당, 472쪽 참조.

독부에 속해 있던 사람들이었다. 이왕직 실록편찬위원회와 조선사편수회가 당시 조선의 역사와 문화를 총정리하는 대표적인 두 개의 기관이었던 때문인지, 이왕직 실록편찬실에 근무하던 사람들 중 조선사편수회의 위원직을 겸하고 있던 인물들이 많다. 위원장인 시노다 지사쿠, 감수부에 있던 오다 쇼고, 조선인 감수위원 정만조, 사료모집위원 이능화 등이 그 경우이다.[258]

시노다 지사쿠(1872~1946)는 1899년 도쿄제국대학 법학과를 졸업하고, 변호사 생활을 거쳐 1904년 러일전쟁 발발 때 육군성 국제법 위원회에 임명되어 제3군 국제법 담당 고문으로 관동도독부에 근무했다. 이후 1907년 6월부터 통감부 촉탁으로 대한제국 통감부 임시간도파출소 사무관을 역임했는데, 후일 이 경험을 바탕으로 『간도문제의 회고(間島問題の回顧)』(1930), 『백두산정계비(白頭山定界碑)』(1938)를 간행하기도 했다. 1910년 10월에는 평안남도 총무부와 내무성 국장을 역임한 후

---

[258] 신명호, 2000, 앞의 글, 155쪽.

1919~1923년까지 평안남도 도지사를 지냈다. 이 기간 동안 그는 러일 전쟁의 전쟁법 연구로 1922년 도쿄제국대학에서 국제법으로 법학박사 학위를 받았다. 1923년부터 이왕직 차관으로 재직하였고, 1932년 7월 장관으로 승진, 1940년까지 재직했다. 그는 오다 쇼고와 함께 1925년 7월 20일부터 조선사편수회가 끝나는 1945년까지 편수위원으로 활동 하였다. 1940년에는 경성제국대학 총장이 되었고, 1944년까지 재직 하다가 병으로 사직했다.[259]

그런데 시노다는 역사 전공자가 아니다. 법학을 전공한 행정관료 출신이었고, 게다가 시노다가 무려 9년이나 이왕직 차관으로 근무하던 중 세키야 데이자부로 일본 궁내성 차관에게 편지를 보내 이왕직 장관 한창수(韓昌洙)를 음해하고, 자신을 승진시킬 것을 간절히 요청한 끝에 승진했다고 한다.[260] 그렇다면 시노다 지사쿠가 이왕직 장관으로 실록 편찬의 전 과정을 행정적으로 주관했다고 볼 수 있고, 실질적으로 실록의 내용을 관장하는 것은 역시 총독부 관료 출신이면서 역사를 전공한 경성제국대학 교수 오다 쇼고였다. 오다 쇼고는 경성제국대학을 퇴직하기 직전인 1930년 4월부터 이왕직 실록편찬위원으로 임명되었다.[261] 시노다는 아사미 린타로가 편찬한 일본 궁내성의 『이태왕실록』을 비밀리

---

259 阿部薫 편, 1935, 『조선공로자명감』, 민중시론사, 33쪽; 장영숙, 2014, 앞의 글, 117~118쪽.

260 이승엽, 2014, 「일본 국회도서관 헌정자료실 및 공공도서관 소장 이왕가 관련 문서의 현황과 연구」, 『장서각』 31, 102~103쪽.

261 1922, 『朝鮮人事興信錄』, 조선신문사, 180쪽; 최혜주, 2010b, 앞의 글, 279~280쪽; 하지연, 2015, 「오다 쇼고의 한국 근대사 연구와 식민사학」, 『식민사학과 한국 근대사』, 지식산업사, 96~99, 136~137쪽.

에 등사하여 『고종실록』 편찬에 참고하게 하기도 했다.[262]

그런데 대한제국의 정부기록류와 황실 재산 관계 문서를 포함하여 규장각 자료들은 총독부 취조국, 참사관 분실에서 일차적으로 정리를 마친 후 1922년 다시 학무국 학무과 분실로 소관이 바뀌었고, 이후 한동안 방치되었다. 이것이 1924년 경성제국대학이 설립되면서 모두 경성제국대학 관리로 넘어가게 된 것이다. 이때 경성제국대학 법문학부 조선어조선문학과 교수인 다카하시 도루, 오다 쇼고, 이마니시 류 등이 참여했다.[263] 경성제국대학은 학술 연구를 명분으로 학무국 분실이 관리하던 규장각 자료의 이관을 요청했고, 정족산본과 태백산본 조선왕조실록 각각 1질을 포함한 규장각 자료들이 1928년부터 1930년까지 세 차례에 걸쳐 경성제국대학 부속도서관으로 이관되었다. 이때 『도서인계목록』이 작성되었는데, 제1차 때 조선본 도서 2,074부 9,551책, 제2차 때 중국본 도서 1,086부 1만 5,970책, 제3차 때 『비변사등록』을 비롯한 기록류와 미정리 도서 1만 3,471종 13만 6,638책으로 도합 16만 2,159책이었다.[264] 경성제국대학 부속도서관으로 이관된 규장각 자료들은 경성제국대학 법문학부 교수들이 독점적으로 사용하게 되었고, 조선사편수회의 경우만 특례에 따라 관외 대출이 가능했다.[265]

그런데 경성제국대학이 조선왕조실록 영인작업을 진행한 시기와 거의 동시에 이왕직에서 오다가 중심이 되어 『고종실록』·『순종실록』을

---

262 서영희, 2022, 앞의 책, 204, 225쪽.
263 김태웅, 2008, 「일제강점기 경성제국대학의 규장각 관리와 소장 자료 활용」, 『규장각』 33, 166쪽.
264 김태웅, 2008, 위의 글 169쪽; 서영희, 2022, 앞의 책, 80쪽.
265 하타다 다카시 지음, 주미애 옮김, 2020, 『심포지엄 일본과 조선』, 소명출판, 157쪽.

편찬하고 있었다. 이는 분명 조선왕조실록 영인과 『고종실록』·『순종실록』과의 연계성을 보여주는 것이고, 그것이 가능했던 것은 경성제국대학 조선사 강좌 교수인 오다 쇼고의 영향력이었다. 오다가 경성제국대학을 퇴직하면서 1년이나 더 조선사 강사를 지냈고, 퇴직 전에 이왕직 실록편찬위원에 임명된 것이 이를 뒷받침한다.

사료모집위원으로 활동한 기쿠치 겐조는 일본 우익 대륙낭인의 근거지였던 구마모토 출신으로 도쿄전문학교 영어과를 졸업하고, 일본 우익계 신문인 고쿠민신문(國民新聞)의 기자로 조선에 왔다. 기쿠치는 구마모토 국권당 당수 삿사 도모후사(佐々友房)의 후원으로 흥선대원군과 가깝게 지냈고, 1894년 동학농민운동과 청일전쟁이 발발했을 때도 궁내부 군부고문이었던 오카모토 류노스케(岡本柳之助)와 함께 자주 대원군을 방문하였다. 또 기쿠치는 1894년 6월, 일본군의 경복궁 점령과 1895년 을미사변 때 직접 가담하는 등 주요 역사적 사건의 현장에 있었던 인물이다. 또한 조선 정계에 주요 인사들과 교류하는 등 그의 현장성은 강단사학의 주요 학자들에 비하여 결코 뒤지지않는 '자료창고' 그 자체였다고 할 것이다. 기쿠치는 을미사변 관련으로 히로시마 감옥에 투옥되었다가 1898년 무죄로 방면되면서 을미사변의 정당성을 주장하기 위해『조선왕국』을 집필했고, 통감 이토 히로부미의 권유로『조선최근외교사 대원군전 부(附) 왕비의 일생』(이하『대원군전』)을 1910년 출간했다. 이『대원군전』은 조선의 망국의 책임을 조선 스스로에게 돌리기 위해 대원군과 명성황후의 극단적인 대립상황을 본인의 목격담과 직접 체험 등을 바탕으로 통속적이고 자극적으로 서술한 저술이었다.[266] 그런데『고종

---

266 기쿠치 겐조에 관해서는 하지연, 2008,「한말·일제강점기 菊池謙讓의 문화적 식민

실록』 편찬에 참고한 자료 목록인『실록편찬참고서목록』을 보면『고쿠민신문』 요약본인『고쿠민신문절발(國民新聞切拔)』을 기쿠치로부터 구입했다는 기록이 있다.[267] 이 자료는 기쿠치가 특파원 시절에 기고한 기사의 발췌본이다. 또 다른 자료 목록인『고종실록편찬자료원부』에는 기쿠치의 저작『조선왕국』과『대원군전』이 있다.[268] 기쿠치는 1930년 4월, 이왕직으로부터『고종·순종실록』의 편찬자료 모집위원으로 위촉받아 1935년 3월, 사무 종료 때까지 활동했는데 이 시기 방대한 자료를 직접 열람·조사가 가능했고, 이를 바탕으로 1936년『근대조선이면사』, 1937년과 1939년에『근대 조선사』(상·하)를 출간할 수 있었다.[269]

실록 편찬에 참여한 조선인으로서는 이왕직 차관과 장관까지 지낸 이항구와 감수위원 정만조, 이명상, 이능화, 박주빈, 남규희 등이 있다.

이항구(李恒九, 1881~1945)는 이완용의 아들로 1907년에 비서감승과 승녕부(承寧府) 시종(侍從, 칙3급, 종2 훈3)을 맡다가 1911년 2월에 이왕직 사무관으로 취임하였다. 이후 고등관 3등에 서임되었고, 덕수궁의 의식과장과 예식과장을 역임하였다. 1915년 11월에는 궁내부 주임관을 대표하여 다이쇼(大正) 천황 즉위식에 참석하기 위해 교토로 출장하였고, 이왕직 찬사(贊事)를 겸임하며 고등관 2등에 오른 인물이다.[270] 실록 편

활동과 한국관」,『동북아역사논총』21 참조.

267 『실록편찬참고사목록』(장서각 자료 K2-4652), 25쪽.

268 『고종실록편찬자료원부』(장서각 자료 K2-4633), 19쪽; 서영희, 2022, 앞의 책, 225~226쪽.

269 하지연, 2015, 「기쿠치 겐조의 식민활동과 한국 근대사 인식」,『식민사학과 한국 근대사』, 지식산업사, 41쪽.

270 『朝鮮人事興信錄』, 155쪽; 장영숙, 2014, 앞의 글, 121쪽.

찬에 실력을 갖춘 인물도 아니었고, 다만 상징적으로 친일 조선인을 대표로 앉힌 사례였다.

감수부에서 오다 쇼고 아래 있었던 정만조(鄭萬朝, 1858~1936)는 1883년 통리교섭통상사무아문 주사가 된 후 홍문관 부교리, 내무아문 참의, 궁내부 비서관 등을 지냈다. 1895년 을미사변에 관련되어 전라도 금갑도(진도)에서 12년간 유배 생활을 했다. 1907년 고종 강제퇴위 후 사면을 받아 1909년 규장각 부제학이 되어 헌종, 철종의 국조보감 편찬에 종사했고, 1910년에는 이왕직 전사관(典祀官, 칙임관 3등)과 중추원 촉탁을 지냈다. 1929년 친일 유림으로 경학원 대제학이 되었다.[271] 또한 그는 조선사편찬위원회와 조선사편수회 위원으로 활동했으며, 경성제국대학 강사도 역임했다. 이러한 이력으로 오다가 주관했던 실록편찬사업에 감수위원으로 참여하게 된 것으로 보인다. 을미사변 가담으로 무려 12년간을 유배형에 처해진 인물이 고종시대의 실록을 편찬할 때 과연 그 객관성이 유지될 수 있는지 의문이 아닐 수 없다.[272]

사료모집 위원 중 이능화(李能和, 1869~1943)는 전주 이씨 종친으로 정종(定宗)의 넷째 아들인 선성군(宣城君)의 후예이고, 아버지 이원긍(李源兢, 1849~1919)은 개화 정권에 참여하여 홍문관 교리와 이조 참의를 지냈다. 1889년 정동의 영어학당에 입학하여 2년 수학했고, 1894년에는 한성 한어(漢語, 중국어) 학교를 졸업했으며, 1895년에 관립 법어(法

---

271 『조선총독부시정25주년기념표창자명감』, 896쪽; 정만조의 이력에 관해서는 『고종실록』, 1884년 1월 5일, 1894년 7월 20일, 1896년 4월 18일; 『순종실록』, 1907년 11월 28일, 1908년 9월 11일, 1909년 4월 21일, 10월 23일과 『순종실록부록』, 1911년 2월 1일 참조.

272 서영희, 2022, 앞의 책, 227쪽.

語, 프랑스어) 학교에 입학하여 여러 외국어에 능통했다. 그는 법어학교를 졸업하기 전에 프랑스어 실력을 인정받아 1897년 한성법어학교 교관이 되어 프랑스어를 가르쳤다. 1905년부터 1906년까지는 사립 일어야학사(日語夜學舍)를 졸업하였으며 영어, 중국어, 불어, 일본어에 두루 능통했다. 1906년 10월에는 한성법어학교 교장이 되었고, 1907년에는 학부 산하 국문연구소에서 지석영, 어윤적, 주시경과 함께 한글 연구에 참여하였다.[273] 독실한 불교신자였던 그는 1918년에 『조선불교통사』를 출간했다. 이러한 이력으로 중추원 조사과 촉탁으로 근무하면서 조선의 구관제도를 조사했고, 1921년 총독부 학무국 편수관에 임명되었다. 그 인연으로 학무과장 오다 쇼고가 조직한 조선사학회의 『조선사강좌』에서 불교사를 집필했고, 조선사편찬위원회와 조선사편수회 위원에 임명되었다. 이능화는 뛰어난 프랑스어 실력으로 프랑스 신부 달레(Claude-Dallet, 1829~1878)의 『조선교회사』(1874)를 활용하여 『조선기독교급외교사(朝鮮基督教及外交史)』(1928)를 집필했는데, 이 책은 『고종·순종실록 자료원부』에도 참고도서로 등장한다.[274]

이능화는 1932년 5월 사료모집위원으로 임명되어 편집 1반 소속으로 1898년부터 1905년 초까지의 『황성신문』 등 신문 자료를 발췌하였다. 을사늑약을 전후한 시기부터 고종 강제퇴위까지의 사료는 발췌하지 않은 것으로 보이는데, 이에 대해서는 기본적으로 이 시기의 사료는 일본인이 한다는 원칙이 있었다고 추측하기도 한다.[275]

---

[273] 1972, 『대한제국관원이력서』, 국사편찬위원회, 1책 19쪽 및 18책 479쪽; 『朝鮮人事興信錄』, 151쪽.
[274] 서영희, 2022, 앞의 책, 229쪽.
[275] 서영희, 2022, 위의 책, 229~230쪽.

그 밖에 중추원 참의 서상훈은 구관조사 당시 참사관실에서 실록 발췌에 종사했던 인물이고, 남규희는 『조선반도사』 사료조사에 참여했었다. 이병소는 조선사편찬위원과 조선사 편수위원으로 활동했다. 그 외에 사료 수집이나 편찬, 감수에 참여한 조선인들은 대개 전현직 이왕직 사무관이거나 궁내부 출신 관료들로 비록 역사 서술이나 한국학 저술과는 관련이 없었다고 하더라도, 국왕을 가깝게 보필했던 경험을 갖고 있던 인물들로서 실록 편찬에 도움이 되었을 것으로 보인다.[276]

이상으로 볼 때, 실록 편찬을 주도한 일본인 학자나, 참여했던 조선인 관료 및 학자들은 결국 오다 쇼고의 감수와 영향력 아래, 조선총독부의 통치정책에 충실하여 편찬 작업에 참여했고, 그런 점에서 『고종실록』·『순종실록』은 근본적인 문제점을 갖고 있었다고 할 것이다.

2) 『고종실록』·『순종실록』 편찬 과정과 활용된 자료

(1) 『고종실록』·『순종실록』 편찬 과정

이왕직의 『고종실록』·『순종실록』 편찬 과정은 아직 충분히 규명되지 않았다. 실록 편찬 과정을 자세하게 기록한 의궤가 전해지지 않는다. 1970년 국사편찬위원회에서 『고종실록』·『순종실록』을 영인할 때 「해제」에서 편찬 체제와 방침은 『고종순종실록의궤초(抄)』와 『이왕직30년사자료』의 기술에 의거했다고 밝혔으나,[277] 두 자료는 현재 행방을 알 수 없다.

오다 쇼고는 고종실록 편찬에 대해 역대 조선왕조실록, 특히 『철종

---

276 장영숙, 2014, 앞의 글, 123쪽.
277 최영희, 1970, 앞의 글.

실록』의 예에 따라 편찬한다고 주장했으나 당초 이왕직에 의해 편찬된 『고종실록』·『순종실록』이 조선왕조시대의 실록과 비교의 대상은 아니다. 실록청의 설치도 없이, 사초와 각 관청의 시정기도 없이, 일본인들에 의해 선별된 사료로 편집한『고종실록』·『순종실록』을 조선왕조실록과 비교한다는 것 자체가 문제가 있다.[278] 갑오개혁 이후 춘추관이 폐지되었고, 시정기도 작성되지 않았다.『고종실록』·『순종실록』은 연대기 자료인『승정원일기』,『일성록』에 주로 의존하면서 그 밖의 여러 자료들을 참고하는 형식으로 편찬될 수밖에 없는 상황이었다.[279]

이왕직에서는 조선왕조 마지막 두 왕이 모두 서거하자 실록 편찬을 준비하면서 1차적으로 준비실을 조직하였다. 여기에 촉탁 2명, 임시 고원(雇員) 10명, 필생(筆生) 26명을 배치하였다. 이들 가운데 필생들이 중심이 되어 1927년 4월부터 1930년 3월까지 실록 편찬에 필요한 자료를 경성제국대학에서 빌려 등사작업을 진행하였다.[280] 이때 등사한 자료는 구(舊) 규장각자료로서 경성제대에서 관리하던『승정원일기』,『비서원일기』,『궁내부일기』,『일성록』등 총 2,678책이었다.[281]

사료 등사작업이 완료된 후 1930년 4월에는 본격적으로 창덕궁 구내에 실록편찬실을 설치하고, 편찬위원을 임명하였다. 실록편찬위원회의 구성은 편찬위원장 아래 부위원장, 사료 수집부, 편집부, 감수부의 3부서를 두었다.

---

[278] 서영희, 2022, 앞의 책, 238쪽.
[279] 小田省吾, 1933, 앞의 글, 187쪽.
[280] 최영희, 1970, 앞의 글, 2쪽.
[281] 신명호, 2000, 앞의 글, 154~156쪽; 신명호, 2016, 앞의 글, 48~49쪽; 이왕무, 2016, 앞의 글, 48~50쪽.

사료모집위원은 편찬에 필요한 공·사문서의 수집과 사적(史蹟) 조사, 관계자로부터 사실 '청취'에 종사하여 정확한 사료를 수집하고, 의견을 첨부하여 위원장에게 제출하는 업무를 맡았다. 여기서 '청취'라는 영역이 주목된다. 전통적으로는 사관의 사초와 각 관청의 시정기가 공식적으로 실록 편찬의 기초자료가 되고, 엄정한 객관성이 중요한데, 사건 관계자에게 청취하는 것을 사료의 범주에 포함시킨 것이 과연 객관성을 담보할 것인가 지극히 의문스러운 부분이다.[282]

편집위원은 "각 사료에 기초하고 역대 실록에 준하여 연차에 따라 실록을 편집하는 일"을 담당했는데, 주로 조선인 편찬위원들이 배정된 편집부에서는 연차별로 사료를 편집하는 일을 맡았다. 그러나 편집부의 초고는 감수부의 최종 감수를 거쳐서 실록 원고가 완성되는 체제였다. 감수위원들이 초고를 정정하는 경우 편집위원들과 협의하라는 조항도 있었다. 그런데 이 감수부는 오다 쇼고의 영향력이 결정적이었다. 조선인 위원들이 기초해 놓은 실록 성안을 오다 쇼고 등의 일본인들이 감수과정에서 수정하는 방식으로 편찬 과정이 진행되었던 것이다.[283] 그리고 최종적으로 위원장이 이왕직 장관에게 완성된 원고를 제출하고, 결재를 받아 간행되었다.[284]

(2) 『고종실록』·『순종실록』 편찬에 활용된 자료

오다 쇼고는 1932년 10월 2일 경성독사회(京城讀史會) 제30회 예회

---

282 서영희, 2022, 앞의 책, 244쪽.
283 서영희, 2022, 위의 책, 257~258쪽.
284 신명호, 2016, 앞의 글, 49~50쪽.

(例會)에서 실록 편찬에 대해 역대 조선왕조실록, 특히 『철종실록』에 예에 따라 편찬한다고 하면서 『승정원일기』, 『일성록』 등을 위주로 하고 각 관청의 등록, 일기, 의궤, 기타 기록과 중요한 문서, 편찬물 등을 참고할 것이라고 밝혔다.[285]

『고종실록』·『순종실록』 편찬에 참고한 자료 목록으로 『고종실록자료원부(高宗實錄資料原簿)』[286]가 있다. 이 책의 목록에 서술된 자료의 종류는 412종이다. 자료에는 국왕의 행적과 국정을 기록한 일기류, 국왕의 교지와 주본류, 법률과 관습에 관련된 예법서, 각종 등록과 인사관계 방목류, 서양 및 일본 관련 문물 견학자료, 수세자료 및 호적대장, 왕실 관련 의궤류 등이 총망라되어 있다.[287] 방대하고 다양한 자료를 참고하여 실록을 만들었음을 알 수 있는 자료이기는 하나, 『고종실록자료원부』의 자료들이 모두 『고종실록』·『순종실록』 편찬에 활용된 것은 아니라고 한다. 이 자료는 실록편찬사업에 필요해서 구입한 참고서적까지 모두 포함된 목록인 것이다.[288]

그런데 이왕직 관련 자료들을 소장하고 있는 장서각 도서 중 『고종실록』·『순종실록』 편찬을 위해 방대한 사료들을 등사하거나 신문을 발췌한 자료, 각종 관련 자료 및 도서들을 구입, 대출한 목록 등이 『사료등사일람표』로 남아 있다.[289]

285　小田省吾, 1933, 앞의 글, 187쪽.
286　이왕직 편, 『고종실록자료원부』(장서각 K2-4633).
287　장영숙, 2014, 앞의 글, 131~132쪽, 〈표 4〉 참조.
288　서영희, 2022, 앞의 책, 240쪽.
289　『史料謄寫一覽表』(장서각 자료 k2-4688) 내부 제목은 '소화 2년(1927) 이후 실록편찬 참고서목 등사일람표'이다(서영희, 2022, 위의 책, 241쪽).

이왕직은 실록 편찬의 사전 준비 작업으로 1927년 4월부터 1930년 3월까지 실록 편찬에 필요한 자료를 경성제국대학에서 빌려 등사작업을 진행하였다.[290] 이때 등사한 자료는 구 규장각자료로서 경성제국대학에서 관리하던 『승정원일기』, 『비서원일기』, 『궁내부일기』, 『일성록』 등 총 2,678책이었다.[291] 이 등사 자료의 목록을 보면 실록 편찬에 어떠한 자료들이 활용되었는지, 일본이 어떤 분야에 관심이 있었는지를 파악할 수 있다.

　『사료등사일람표』를 보면, 『승정원일기』와 『일성록』(철종~순종까지 각각 734책과 792책), 『윤발』(정조~대한제국 광무 5년까지 521책), 『정사책』과 『국조방목』 등의 인사 관련 기록, 각종 일기류, 『칙사일기(勅使日記)』, 『왜사일기(倭使日記)』, 『왜사문답(倭使問答)』, 『병자신사일기(丙子信使日記)』, 『동문휘고』, 『선린시말(善隣始末)』, 『조선교제시말(朝鮮交際始末)』 등 청 및 일본과의 교섭 관계 기록들을 등사하였다.

　구미 열강과의 관계를 보여주는 자료는 『영신(英信)』, 『절영도아함(俄艦)조차청의서』, 『지나 및 제국 간 조약규정』 외에 미국, 프랑스, 독일, 러시아 등 각국과의 외교문서는 별도로 등사하지 않았다. 청과 특히 일본과 관련된 자료만 집중적으로 참고했음을 알 수 있는 부분이다.

　그 밖에 『의주부계록』, 『함경감영계록』, 『황해감영계록』, 『황해병영계록』, 『황해수영계록』, 『강화유영계록』, 『북로기략(北路紀略)』 등을 등사한 걸 보면 국경 및 방위 문제에 관심이 많았음을 알 수 있다. 또 『전봉준공초』, 『갑오군공록』, 『동학당정토기』, 『찰이전존안(札移電存案)』, 『각

290　최영희, 1970, 앞의 글, 2쪽.
291　신명호, 2000, 앞의 글, 154~156쪽; 신명호, 2016, 앞의 글, 48~49쪽; 이왕무, 2016, 앞의 글, 48~50쪽.

도등본존안』 등 동학농민운동에 대한 관심도 컸다. 또한 『추안국안(推案鞫案)』, 『추국일기(推鞫日記)』, 『사변일기(事變日記)』, 『중범공초(重犯供招)』, 『이준용공초』 등의 정치적 사건과 관련된 옥안(獄案) 자료도 많다.[292]

편찬이 진행되는 중에도 사료모집부에서 사료 수집은 계속되었는데, 신문 자료와 경성제국대학 법문학부 소장 대외관계 자료의 수집이 이루어졌다. 이때 기타지마 고조(北島耕造) 사료모집보조위원이 경성제국대학 외교문서 전람회에 가서 목록을 가져왔고, 기쿠치 겐조가 이를 조사, 선별하여 경성제국대학과 교섭, 등사하기로 위원장에게 보고하는 식이었다. 기쿠치 겐조의 사료 선택이 결정적이었음을 보여준다.[293] 기쿠치는 자신의 저서 『대원군전』과 『조선왕국』뿐만 아니라, 일본인들의 수많은 왜곡된 저서들을 수집했다. 하야시 다이스케(林泰輔)의 『조선사』, 시노부 준페이(信夫淳平)의 『한반도』, 샤쿠오 슌조(釋尾春芿)의 『조선병합사』, 시데하라 다이라(幣原坦)의 『한국정쟁지』, 아오야기 쓰나타로의 『이조사대전』·『총독정치』·『조선사화와 사적』·『조선종교사』, 흑룡회의 『일한합방비사』, 호소이 하지메(細井肇)의 『조선문화사론』, 쓰네야 세이후쿠(恒屋盛服)의 『조선개화사』, 곤도 시로스케(權藤四郎介)의 『이왕궁비사(李王宮秘史)』, 야마지 조이치(山道襄一)의 『조선반도』, 야마나카 미데오(山中峰雄)의 『조선휘보』·『한국총람』, 가나야 히데오(金谷榮雄)의 『여명의 조선(黎明之朝鮮)』, 다루이 도키치(樽井藤吉)의 『대동합방론』과 정한론 관계 서적들 등이 있다.

무엇보다 조선사학회 편의 『조선사강좌』와 『조선사대계』 전 5권, 『조선사강좌 분류사』를 참고했으므로, 오다 쇼고가 저술한 『조선사대계

---

292 서영희, 2022, 앞의 책, 243쪽.
293 서영희, 2022, 위의 책, 246~247쪽.

『최근세사』가 곧 사료 선별과 실록 편찬의 기준이 되었을 것으로 보인다.

조선인의 역사서로는 어윤적의 『동사연표(東史年表)』, 현채의 『동국사력』과 『조선역대사력』, 김택영의 『한사계(韓史綮)』, 이병선(李炳善)의 『한사계변(韓史綮辨)』, 김명엽의 『대동기년(大東紀年)』, 강효석(姜斅錫)의 『대동기문(大東奇聞)』, 장도빈(張道斌)의 3부작 『대원군과 명성황후』·『임오군란과 갑신정변』·『갑오동학란과 전봉준』, 이각종(李覺鍾)의 『순종실기(純宗實記)』 등과 학무 편집국 발간의 『조선역사』(1895)도 있다.

서양인의 저술로는 미국 궁내부 고문관 샌즈(W.F.Sands)의 『극동회상사기(極東回想私記, The Far East Undiplomatic Memorial)』, 비숍(Isabella Bishop), 그리피스(W.E.Griffis) 등의 조선 관계 기록과 러시아 대장성의 『한국지』도 참조했다.

저서 외에 박정양, 홍영식, 어윤중 등의 일본시찰단이 남긴 일본견문기류는 모두 수집했고, 박규수의 『환재집』, 김윤식의 『운양집』과 『운양속집』, 어윤중의 『화동기행(華東紀行)』·『문의기행(問議紀行)』, 김옥균의 『갑신일록』 등도 참고했다.

법전류로는 『대전회통』, 『육전조례』, 『양전편고』, 『법규류편』, 『법규속편』, 『공법회통』 등을 참고했고, 각국과의 조약 관련 자료로는 『각국약장(各國約章)』, 『약장합편(約章合編)』, 『조일약장』, 『한청의약공독(韓淸議約公牘)』 등이 참고되었다.

주목되는 것은 기쿠치 겐조가 직접 중요 사건에 대해 조사, 수집하거나 작성한 자료들이 다수 나온다는 것이다. 이왕직 편집실 최근세사부에서 작성한 『최근세사료해제』를 보면,[294] 기쿠치 자신이 직접 보고 들은

---

294 『최근세사료해제』(장서각 자료 K2-4975) 참조.

사실을 기록했다고 하는 「을미사변과 러시아공사관 천어사료(乙未事變ト ロシア公使館遷御史料)」도 있다. 기쿠치 본인이 을미사변에 직접 가담한 장본인이라는 현장성을 무기로 쓴 글이나, 범죄자 자신이 과연 객관적 입장에서 글을 썼는지는 지극히 의심스러운 부분이다. 그 외에도 기쿠치는 고종시대의 수많은 사건에 대하여 직접 『승정원일기』와 『일성록』에서 러시아 관계 사료를 발췌하여 「고종 초년에 있어서 러시아와의 관계(高宗初年ニ於ケルロシアトノ關係)」를 작성하였다. 또 제너럴셔먼호 사건 자료, 강화도 관련 자료, 임오군란 자료 등도 작성했는데, 병인양요 관련 사료들을 모아 「프랑스 함대 강화포격사건(フランス艦隊江華砲擊事件)」이라는 자료를 작성했다. 조미수호통상조약과 관련해서는 「미국과의 통상조약체결 관련 사료(アメリカトノ通商條約締結關スル史料)」가 있고, 김옥균의 『갑신일록』에서 발췌하여 「김옥균에 관한 참고자료(金玉均ニ關スル參考資料)」도 작성했다. 또 기쿠치는 『갑신사변사료』, 『갑오개혁사료』도 작성했는데, 특히 「갑오년동학당변란지보고서」는 기쿠치가 직접 고부, 전주, 삼례, 옥천 등을 현지조사한 후 작성한 보고서이다.

기쿠치는 병합 이후 기록도 직접 발췌하였는데, 1911년 9월부터 1923년 12월까지 관보 및 기타 자료 발췌본과 1919년 고종황제 국장 관련 자료 등 5책이 이왕직 편집실에 있다. 기쿠치는 사료모집위원으로 고종·순종시대 사료 모집 전반에 걸쳐 막강한 영향력을 미쳤다.

이상 실록 편찬에 참고된 자료의 총수는 사료 159책, 인용서 5,842책이었다. 그런데 이 수많은 인용서목 중에서 대한제국기의 정부문서는 거의 없다. 즉, 실록 편찬 자료에서 제외된 것이다. 통감부 시기 통감부와 대한제국 내각 사이의 공문서인 통감부 거래안·왕복안도 제외되었다. 다만 대한제국기 조칙, 칙령과 의안, 법률, 관제개혁등은 거의 『관보』에

만 의거하여 편찬되었다.[295]

일본은 수천 책의 고종시대 자료를 수집했다고 하였으나, 실상은 고종시대의 근대적인 면모를 보여주는 사료들은 제외하였다. 실제로 실록 편찬 과정을 보여주는 자료인 『고종순종실록자료』를 보면 1863년 고종 즉위부터 1908년 12월 28일까지의 주요 사건을 간략히 기록한 요강에 따라 사료를 선별하고, 이를 발췌하는 방식으로 편찬이 진행되었다.[296] 그런데 최종 인쇄본인 『고종태황제실록』과 『순종황제실록』 이전의 초고 상태를 보여주는 『실록편찬성안』을 보면 표지에 장관, 위원장, 감수위원, 서무위원, 보조위원 등의 도장과 함께 감수부의 '감수열료(監修閱了)' 혹은 '재수열로(再修閱了)'라는 도장이 찍혀 있다. 감수부에서 초고를 감수 혹은 재감수하고 이왕직 장관의 결재를 받았음을 알 수 있다. 결국 감수부에서는 오다 쇼고의 영향력이 절대적이었고, 오다의 감수를 통해 수정, 보완되어 편찬되었던 것이다. 사료모집에서는 기쿠치가 주도하고, 감수에서는 오다가 주도하였던 『고종실록』·『순종실록』은 일부의 사료를 의도적으로 선별하여 편찬 과정에서도 일본의 감수를 거친 것으로 과연 '실증'이라고 할 수 있는가 하는 의문을 갖게 하는 사료이다.[297]

---

295 정진숙, 2009, 「『고종실록자료원부』의 법률 관련 자료와 『고종실록』의 편찬」, 『서지학보』 33 참조.
296 장영숙, 2014, 앞의 글, 125~128쪽.
297 『고종실록』·『순종실록』의 편찬 자료에 관해서는 서영희, 2022, 앞의 책, 237~260쪽을 참조하여 작성함.

제4장
식민주의 역사학의 확산과 심화

1. 관제 식민주의 역사학의 보조기관 '학회'

1) 조선사학회와 식민주의 역사학의 보급 및 확산

(1) 조선사학회의 조직과 운영

일본인이 조선 연구를 위해 조직한 최초의 학회는 관립중학교 교사로 초빙되어 온 시데하라 다이라(幣原坦)가 주도한 한국연구회(韓國硏究會, 1902~1905)였다.[1] 그러나 전문적이고 본격적으로 조선총독부의 직간접적 후원과 연계 속에 식민지 역사 연구와 교육의 보조기관으로서 활동한 학회는 1923년 조선사학회라고 할 수 있다.

조선사학회는 1923년 사이토 마코토(齋藤實) 총독의 문화통치의 산물로[2] '조선사 연구와 보급'을 위해 조직되었다. 1923년 4월 가시와바라 쇼조(栢原昌三)가 총독부에 학회 설립인가원을 제출했고, 그해 8월 30일 학제(學第) 365호를 통해 설립 허가가 완료되었다.[3] 그 인적 구성을 보면 정무총감을 총재로 하고 오다가 회장이었다. 그리고 이시즈카 에이조(石塚英藏), 가와무라 다케지(川村竹治), 미노베 슌키치(美濃部俊吉)와 총독부 각부 국장 등이 고문으로서 총독부의 입장을 대변하고 있었다.[4]

---

1 조동걸, 1990, 「植民史學의 성립과정과 근대사서술」, 『역사교육논집』 13·14, 764~765쪽.

2 朝鮮史學會, 1924, 「會員通信」, 『朝鮮史講座』, 2쪽.

3 朝鮮總督府學務局, 1923, 「조선사학회 설립인가에 관한 건」, 『학교설치관계서류』, 국가기록원.

4 이만열, 1981, 『한국근대 역사학의 이해』, 문학과지성사, 267~268쪽.

〈표 4-1〉 조선사학회 임원

직위	이름 및 소속 지위
총재	有吉忠一(정무총감)
회장	小田省吾(조선총독부 학무국 편집과장, 조선사편찬위원회)
고문	石塚英藏(동양척식회사 총재), 朴泳孝(중추원 및 조선사편찬위원회 고문), 李完用(중추원 부의장 및 조선사편찬위원회 고문), 川村竹治(남만주철도주식회사장, 귀족원 의원), 長野幹(조선총독부 학무국장, 조선사편찬위원), 大塚常三郞(조선총독부 내무국장), 黑板勝美(도쿄제국대학 교수), 丸山鶴吉(조선총독부 경무국장), 權重顯(조선사편찬위원회 고문), 有賀光豊(조선식산은행장), 安藏又三郞(남만주철도주식회사 경성철도국장), 三浦周行(교토제국대학교 교수), 美濃部俊吉(조선은행 총재), 條田治策(이왕직 차관, 조선사편찬위원), 關野貞(도쿄제국대학 교수)
평의원	稻葉岩吉(조선사편찬위원), 李能和(조선사편찬위원), 高橋亨(조선총독부 시학관), 荻山秀雄(조선총독부 학무국 겸 중추원 촉탁), 今西龍(조선사편찬위원), 栢原昌三(조선사편찬위원), 小倉進平(편수관), 大原利次(중추원 촉탁)
강사	渡邊彰(중추원 촉탁), 渡邊業志(조선총독부 촉탁), 葛城末治(중추원), 村山智順(중추원 촉탁), 藤田亮策(총독부 촉탁, 박물관 주임), 洪憙(조선사편찬위원), 鮎具房之進, 麻生竹龜, 瀨野馬熊(중추원 촉탁), 杉本正介(중추원 촉탁), 菅野銀八
서기	廣瀨武夫

출전: 조선사학회, 1923, 「本會任員」, 『朝鮮史講座 要項號』 참조.
* 평의원들은 강사를 대부분 겸함.

이 인적 구성으로 보아 조선총독부가 학회 설립을 주도하였으며, 또 조선사편찬위원회와 중추원 소속의 인물들이 대거 참여하였고, 학회가 총독부의 수사사업과 긴밀한 관계였음을 알 수 있다. 특히 고문으로 추대된 인물들의 면모를 보면 조선사편찬위원회를 넘어서는 것처럼 보일 정도였다. 실제 활동 상황을 보면 총재와 고문들은 명목상의 존재였고, 실제 운영은 회장인 오다 쇼고(小田省吾)를 중심으로, 오다의 네트워크에 속하는 평의원, 실무 간사들이 맡았다.[5]

---

5   정준영, 2016, 「식민사관의 차질(蹉跌) - 조선사학회와 1920년대 식민사학의 제도화 - 」, 『한국사학사학보』 34, 241쪽.

평의원 8명 중 다카하시 도루(高橋亨), 오구라 신페이(小倉進平) 등 2명은 당시 총독부 학무국에서 편집국장 오다 쇼고의 지시를 받았고, 나머지 오하라 도시타케(大原利武), 가시와바라 쇼조(栢原昌三), 오기야마 히데오(荻山秀雄), 이나바 이와키치(稻葉岩吉), 이능화, 이마니시 류(今西龍) 8명은 중추원 촉탁의 신분으로 당시 중추원 과장이었던 오다 쇼고와 함께 일했던 경력을 가지고 있었다.

또한 직책명 중 '강사'라는 것이 있는데, 이는 학회를 통해 전문 연구 성과를 발표, 토론하는 기본적 기능 외에 조선사학회가 조선사의 여러 분야를 각각 분담하여『조선사강좌』를 매월 1회 개최하고, 월간 발행의 '강의록'을 연재했는데, 학술적 연구보다는 '강사'를 통해 지식의 보급에 비중을 두었음을 알 수 있다.[6] 오다는 '조선상고사' 같은 강의를 강술했을 뿐만 아니라, 간혹 사정상 강의를 하지 못하게 된 강사들의 강의까지 대신 하는 등 실질적인 운영을 책임졌다. 이렇게 평의원, 강사 등을 보면 오다 쇼고의 '인적 네트워크'로『조선반도사』편찬사업 인물들과 중복된다. 오다가 1918년 중추원 편찬과장 대우 촉탁을 맡았었으므로,『조선반도사』편찬사업의 인물들이 대부분 오다와의 인적 교류로 조선사학회에 참여했다고 할 수 있고,[7] 사실 조선사 연구의 인력 풀이 넓지 못했기 때문에 결국 겹칠 수밖에 없는 구조였다.

한편, 조선사학회는 오늘날의 '학회'와 달리 지상 강좌의 출판과 보급, 식민지 역사의 교육과 보급을 위해 만들어진 단체였음을 확인할 수

---

6   조범성, 2015,「일제강점기 조선사학회의 활동과 근대사 인식」,『한국민족운동사연구』84, 97~98쪽.

7   정준영, 2016, 앞의 글, 242~243쪽.

있다. 이는 조선사학회의 회칙에서도 확인된다.[8]

제1조　본회는 조선사학회라고 칭함
제2조　본회는 조선역사의 연구 및 그 보급을 꾀하는 것을 목적으로 함
제3조　본회의 사무소를 경성부 長谷川町 76번지에 둠
제4조　본회는 그 목적을 달성시키기 위해 아래와 같은 사업을 실시함
　　　 1. 강의록『조선사강좌』의 발행
　　　 2. 조선역사에 관한 저작물의 간행
　　　 3. 강습회의 개최
제5조　본회 발행의 강의록『조선사강좌』는 매월 1회 발행하여 만 1개년으로 완료함
제6조　본회의 회원은 본회 발행의 강의록『조선사강좌』를 구매하는 사람으로 함
제7조　본회 발행의 강의록『조선사강좌』의 대금은 책마다 1원으로 함
제8조　회원이 되고자 하는 자는 입회원서에 3개월 이상의 구독료를 첨부해서 본회 사무소에 보낼 것
제9조　퇴회(退會)하고자 하는 자는 퇴회원서를 제출해야 함. 다만 이미 납부한 구독료는 반환하지 아니함
제11조 본회의 경비는 설립자의 출자 및 회원의 수강료로 충당함

즉, 조선사학회는 조선역사의 연구를 표방하기는 했지만, 실제로는 그 보급에 더 역점을 두었던 단체였다.

8　朝鮮史學會, 1923,「朝鮮史學會會則」,『朝鮮史講座, 要項號』.

(2) 『조선사강좌』

『조선반도사』의 편찬사업이 미완으로 중단되자, 조선사학회는 조선총독부의 전폭적인 지원을 받아 조선사편찬위원회 직원, 총독부 촉탁이나 편수관(編修官) 등을 총동원하여 1924년 『조선사강좌』를 일반사, 분류사, 특별강의, 부록으로 나누어 조선사 전반에 관한 정리작업을 했다.[9] 일반사는 조선사를 상고(세)사·중세사·근세사·최근세사로 구분한 시대사였고, 분류사는 민족·제도·재정·종교·대외관계 등의 주제를 서술했다.[10]

미완의 『조선반도사』의 집필진들을 그대로 『조선사강좌』의 강사로 참여시킨 특징을 두고 역사학계에서는 조선사학회의 관변적 성격을 보여주는 주요 논거로 삼아왔다.[11] 실제로도 당시 일본 학계에서조차 이를 '조선총독부 관찬의 역사'로 규정하고 있었다.[12] 기존의 『조선반도사』가 '통치의 정당성'을 확보하고자 하는 정치적 의도와 조선의 역사기술을 '과학적'·'실증적'으로 기술해 내겠다고 하는 의도가 충돌하는 상황에서 미완으로 그치자, 조선사학회는 '통치의 필요에 적극적으로 협력하는 역사'로 아예 그 분명한 역할을 선언한 것이라고 할 수 있겠다.

---

9 장신, 2009c, 「조선총독부의 朝鮮半島史 편찬사업 연구」, 『동북아역사논총』 23, 370쪽, 〈표 1〉 조선반도사 집필자 변천 참조.

10 조범성, 2015, 앞의 글, 102~104쪽의 〈표 4〉 참조.

11 이만열, 1981, 「일제관학자들의 식민주의사관」, 『한국근대 역사학의 이해』, 문학과지성사; 박걸순, 2004, 『식민지 시기의 역사학과 역사인식』, 경인문화사; 정준영, 2016, 앞의 글, 각주 8 참조.

12 『史學雜誌』 35-1, 82쪽. "… 조선사강좌는 조선총독부 관찬의 역사라 말할 수 있기 때문에 日鮮間의 관계를 여하히 설명할 것인가? …"(박걸순, 2004, 위의 책, 103쪽 재인용).

『조선사강좌 요항호(朝鮮史講座 要項號)』(이하『요항호』)에 실린「조선사강좌 발간의 사」[13]에 의하면 "내용의 정확함과 충실함을 담은" 역사서가 필요하고, "조선반도의 연력 및 조선민족의 과정을 가장 온건한 태도를 가지고 가능한 한 정확하게 연구"해야 함을 밝히고 있다. 그러면서 "심원한 연구를 발표하여 그 시비를 학계에 묻는 것이 아니다"라고 하여 조선사학회가 정확하고 객관적인 사실에 바탕을 둔 식민지 통사를 간행하는데, 반드시 엄밀한 학술적 검증을 거치지는 않겠다고 밝힌 것이다. 그리고 '지상강의(紙上講義)'라는 형식으로 "조선 역사의 보급"을 모색했다.

이렇게 일본(인)에 의한 식민지 조선의 역사를 저술하고, 보급하는 활동으로, 조선사학회는 매달 1회『조선사강좌』를 발행하여 3개월분 구독료를 미리 입금한 회원들에게 배포했다. 한마디로 조선사학회는『조선사강좌』를 발행하고 보급하기 위한 조직이라고 할 수 있다. 조선사학회는 1924년 당시 대략 4,060명의 회원을 확보하고 있었다고 한다.[14] 회원들은 대부분 조선총독부 등 중앙과 지방의 주요 관청, 관공립 학교, 경찰서, 주요 기업체 소속 인물들이 대부분이었는데, 지방으로 갈수록 경찰 관료와 학교 교사의 비중이 컸다. 직접적으로 현장에서 조선인을 '계도(啓導)'해야 하는 경찰과 교사 집단에게 관변 역사를 '제대로' 교육시키고 보급해야 했기 때문이다. 실제로 조선사학회 고문으로 위촉된 기관의 직원들이 대거 학회 회원으로 가입했던 것은 이러한 기관들이 학회 운영을 재정적으로 뒷받침했다고도 볼 수 있다.[15]

13　朝鮮史學會, 1923,「朝鮮史講座發刊の辭」,『朝鮮史講座, 要項號』.
14　朝鮮史學會, 1924,「會報」,『朝鮮史講座』10, 249~250쪽.
15　정준영, 2016, 앞의 글, 256쪽.

이 조선사학회 설립에 대해 일본인들이 크게 환영했다고 하는데, 당시 조선과 일본에서 시행된 보통 문관시험과목에 역사가 포함되어 있었고, 특히 한일관계사 관련 문제들이 종종 출제되던 관계로 관리지망 수험생들에게 『조선사강좌』는 중요한 참고서였다.[16] 특히 대중성과 전문성을 겸비한 조선사 교재로 매권 앞에는 도판을 삽입했고, 질의응답란을 두는 등 당시 일반에 조선사를 보급한다는 학회의 설립목적에 부합했다.[17] 다만, 조선사의 대중적 보급의 대상이 총독부의 관료나 지식인 등에 한정되어 사실 조선인들에게는 학회나 『조선사강좌』의 인식이 거의 없었던 것으로 보인다.[18] 그래서인지, 조선사학회는 10여 차례 개최된 강연회를 제외하고는 대체로 출판 활동에 국한되었다. 『조선사강좌』는 1923년 9월 15일 첫 호가 발행되어 매월 1권씩 발행되었고, 15회로 완료되었다.[19]

『조선사강좌 요항호』에 게재된 『조선사강좌』의 서술 방향과 목적[20]에 의하면, 『조선사강좌』가 공개적인 강연이며, 조선역사의 보급이 이 학회의 취지임을 설명하고 있다. 특히 조선과 일본을 순망치한(脣亡齒寒)의 관계로 설정하고, 만주와 조선이 불가분임을 강조하여 일본의 조선 침략의 정당성을 서술하려고 하였다. 또한 각 분야의 권위자들이 자기 분야의 저술을 담당했다는 점에서 "조선사 유일의 강의록"임을 강조하였다.[21]

16　朝鮮史學會, 1923, 「質疑應答, 會報, 雜報」, 『朝購史講座特別講義』.
17　史學研究會, 1924, 「彙報」, 『史林』 9-1.
18　조범성, 2015, 앞의 글, 108쪽.
19　朝鮮史學會, 1923, 앞의 글.
20　朝鮮史學會, 1923, 『朝鮮史講座 要項號』, 4쪽.
21　「조선사강좌광고」, 『동아일보』, 1923.11.25일 자 광고 참조.

(3) 『조선사대계』와 『조선사대계 최근세사』

조선사학회는 1923년 4월 28일 제1회 강연을 시작으로 1924년 10월 28일 제9회 강연까지 수차의 강연회를 개최하기도 했고, 『조선사강좌』의 〈일반사〉, 〈분류사〉, 〈특별강의〉 중의 〈일반사〉를 증보하여 시대별로 묶어 1927년 5권의 『조선사대계』를 간행했다. 그러나 그 외 별다른 활동은 찾아볼 수 없고, 다만, 경성독사회(京城讀史會)로 계승된 것으로 보인다.[22]

『조선사대계』는 『조선사강좌』의 시대구분법을 계승하여 상세사(원시~통일신라 말)는 오다 쇼고가, 중세사(고려)와 근세사(조선 초~철종)는 세노(瀨野馬熊)가, 최근세사(대원군의 섭정~한국 '합병')는 스기모토 쇼스케(杉本正介)와 오다가, 연표는 오하라 도시타케(大原利武)가 각각 저술했다. 상세사 부분은 특히 『조선사강좌』와 대동소이하나, 중세사와 근세사 부분이 대대적으로 수정, 보완되었고, 최근세사에는 그 부록으로 총독의 조선통치를 제1편 중요기사, 제2편 시정개요(施政槪要)로 나누어 서술했다.[23]

『조선사대계』의 총서(總序) 부분에서 조선사학회 회장인 오다 쇼고가 "역사는 사실의 기록"이라고 강조하면서 상세사 권말에 상세사 관련 자료목록[24]을 첨부하여 서술의 실증성과 객관성을 과시하려고 하였다. 그

---

22 이만열, 1981, 『한국근대 역사학의 이해』, 문학과지성사, 273~274쪽; 박걸순, 2004, 앞의 책, 104~106쪽; 최혜주, 2010b, 「小田省吾의 교과서 편찬활동과 조선사 인식」, 『동북아역사논총』 27, 294쪽.

23 朝鮮史學會, 1927, 「總序」, 『朝鮮史大系』, 近澤書店.

24 『山海經』, 『史記(宋微子世家)』, 『史記(朝鮮列傳)』, 『前漢書(地理志)』, 『前漢書(郡國志)』, 『三國志(魏志 濊韓)』, 『遼史(地理志)』 등.

<표 4-2> 『조선사대계』(1927)의 시기 구분과 집필자

시기	집필자
상세사 원시~통일신라	오다 쇼고(小田省吾)
중세사 고려	세노 우마쿠마(瀨野馬熊)
근세사 조선	세노 우마쿠마
최근세사 고종~한국의 병합(부록 총독의 조선통치)	오다 쇼고 스기모토 쇼스케(杉本正介)
연표	오하라 도시타케(大原利武)

출전: 서영희, 2022, 『조선총독부의 조선사 자료수집과 역사편찬』, 사회평론아카데미, 131쪽.

러나 '상세사'의 목차와 시대구분을 보면 '제2장 지나 통치 이전의 북선(北鮮)', '제3장 지나의 군현', '제5장 일본부 이전의 남선(南鮮)', '제6장 일본의 세력 수립'으로 전개되어 중국의 지배와 통치 그리고 일본의 임나일본부에 의한 한반도 남부 지배라는 타율적 식민주의 역사관을 노골적으로 드러내고 있다.[25] 그리고 이 『조선사대계』는 당시 중단된 조선총독부의 『조선반도사』의 통사 간행을 계승해 완성한 것이었다. 특히 당시 일간지에는 조선의 역사 참고서로 『조선사대계』를 권하는 기사들이 나오는데, 자연스럽게 조선인 일반에게도 조선사의 기본 참고서로 권장되었던 것 같다.[26]

---

25 이만열, 1981, 앞의 책, 273~274쪽.

26 1929년 11월 26일 자 "讀書顧問"란에서는 "精密한 우리 朝鮮 四千年歷史를 求할 수 잇습니까"라는 독자의 질문에 기자가 "出版된 것으로는 日本人의 編述이나마 『朝鮮史大系』(朝鮮史學會)라는 冊子가 잇습니다"라고 답하고 있다. 또한 1930년 1월 23일 자에서는 "우리의 歷史로 仔細한 것이 잇습니까"라는 질문에 "조선인으로 著作한 歷史 仔細한 것은 不幸이도 업습니다. 參考로 京城朝鮮史學會에서 발행한 『朝鮮史大系』를 구매홉하시오"라고 답변했다 「讀書顧問」, 『동아일보』, 1929.11.26, 4면; 「讀書顧問」, 『동아일보』, 1930.1.23, 6면; 「東亞살롱」, 『동아일보』, 1935.6.18, 3면; 「讀書顧問」, 『동아일보』, 1930.11.24, 6면.

한편, 『조선사대계』의 제4권 『최근세사』는 1864년부터 1910년까지를 다루고 있고, 스기모토가 대원군 하야(1873) 직전까지 서술하였고,[27] 그 이후부터는 오다가 단독 저술하였다. 『조선사대계 최근세사』는 서언(1~4쪽), 본문 총 9장(5~274쪽)과 부록(1~101쪽)으로 구성되어 있고, 목차를 소개하면 다음과 같다.

제1장 이태왕의 즉위와 대원군의 내정(5~28쪽)
제2장 대원군의 대외 분홍(紛訌)(29~79쪽)
제3장 민씨의 전권(專權)과 내홍(內訌)(79~140쪽)
제4장 대한독립과 노국(露國)(140~174쪽)
제5장 일한관계의 진전(174~197쪽)
제6장 보호정치와 한국(1)(197~208쪽)
제7장 보호정치와 한국(2)(209~246쪽)
제8장 보호정치와 한국(3)(246~254쪽)
제9장 한국의 병합(254~274쪽)

『조선사대계 최근세사』는 제4장까지는 대원군 정권과 개항 이후 러일전쟁 이전까지를 포함하고 있다. 이 부분까지는 서술 주체를 조선으로 하였는데, 러일전쟁을 본격적으로 다룬 5장부터는 조선의 근대사가 아닌 일본의 병합사라고 해야할 만큼 주체가 아예 일본으로 전환되었다. 오다는 이 책에서 대한제국 이전까지는 '조선'으로, 대한제국 시기부터

---

27 朝鮮史學會, 1927, 『朝鮮史大系 最近世史』, 73쪽. 본래 스기모토가 집필을 맡고 있었는데, 1924년 1월 그의 사망으로 오다가 계승하였다.

는 '한국' 혹은 '반도'라고 명명하고 있다. 반면 일본은 제5장부터는 아예 '일본' 이외에 '아방(我邦)', '아(我)'로 표현하는 등 주체를 일본으로 바꾸었다.

또한 『조선사대계 최근세사』는 대외관계사라고 볼 수 있을 만큼 거의 모든 내용이 조선, 청, 일본, 러시아 그리고 기타 국가로 영국, 미국, 프랑스 등을 추가한 외교관계에 초점을 맞추었다. 특히 제5장은 일본과 러시아의 극동 정책 문제를 세밀하게 설명하고 있고, 대부분은 한일의정서를 시작으로 하여 병합조약에 이르기까지 일본의 한국 국권피탈과정에 해당되는 일련의 조약문들을 일일이 나열하고, 분석하여 그 의의를 추가하는 식으로 채우고 있다.

「서언」에서는 최근세사를 3시기로 구분하였는데, 제1기를 '전시대의 연장인 청 복속시대', 제2기를 '국외(國外)의 자극으로부터 독립 자주를 바라고 시련을 거듭한 독립시대', 제3기를 '전시대의 시련을 뉘우치고, 민심이 권태하여 일본의 보호를 의뢰한 보호시대'라고 설정하고 있다.[28] 즉, 시기 구분 자체를 대외관계 기준을 적용하고 있다. 특히 제1기를 전시대의 연장으로 설정한 것은 조선이 본래 청의 속국이었으며, 종속국의 처지에 있던 조선이 제2기에 와서 자주적으로 독립을 시도하려고 했지만, 그것이 대한제국 정부의 능력 부족과 열강 특히, 청에 이은 러시아의 침략 야욕 속에 불가능했고, 마침내 일본에 보호를 의뢰하게 되었다는 서술로 일본의 침략을 합리화하는 전형적인 식민사학의 기본인식 체계를 반영하고 있다.[29]

28　朝鮮史學會, 1927, 위의 책, 3~4쪽.
29　『조선사대계 최근세사』의 상세한 분석은 하지연, 2012,「오다 쇼고(小田省吾)의 한

식민통치기관의 인적 네트워크를 총동원한 조선사학회의 『조선사대계』는, 특히 『최근세사』는 1940년 다보하시의 『근대 일선관계의 연구』 상·하(1940)가 나오기 전까지 한국근대사 부분의 가장 상징성있고, 대표적인 연구서로 군림했다. 비록 그 내용이 이전까지는 알 수 없었던 참신함이라든가 또는 실증적인 면을 갖춘 학술적 연구 성과라고도 할 수 없고, 심각하게 왜곡된 망국의 조선역사상을 담은 저술이었음에도, 조선사편찬위원회에 관련된 위원들의 대거 참여와 식민지 통치기구의 관료들이 고문을 맡은 권력의 후원으로 인해 조선사학회 편찬의 저술들은 학문적 권위가 주어졌다.

이와 관련하여 조선사학회는 1929년 총 114쪽 분량의 『조선사요(朝鮮史要)』[30]라는 것을 간행했는데, 『조선사강좌』 일반사와 『조선사대계』의 「조선역사지리(朝鮮歷史地理)」를 집필한 오하라 도시타케가 간략하게 조선사를 정리한 것이다. 오하라는 책의 서문에서 저술 목적에 대해 조선 병합이 20년이 되어가도록 아직 일본인들 사이에 조선사가 알려져있지 않고, 동양사도 일본사도 어디에도 포함되지 못하는 "의붓자식" 취급을 당하고 있는데, 내선융화를 강조하면서도 그 역사를 소홀히 하고 있기 때문에 "손쉽게 조선의 역사를 알기 위해" 저술을 하게 되었다고 밝히고 있다. 이로써 볼 때 일본인들에게는 조선사가 개인적인 관심사나, 수험서로서의 필요성 이외에는 큰 관심이 없었던 것으로 보인다.[31]

국근대사 연구와 식민사학」, 『한국근현대사연구』 63 참조.
30 「讀書顧問」, 『동아일보』, 1929.11.26, 4면; 「讀書顧問」, 『동아일보』, 1930.1.23, 6면.
31 조범성, 2021, 「1930년대 靑丘學會의 설립과 활동」, 『한국민족운동사연구』 107, 110쪽.

2) 청구학회와 식민주의 역사학 연구의 전문화

(1) 청구학회 설립과 인적 구성

청구학회(青丘學會)는 1930년 5월 경성제국대학 교수와 강사, 졸업생, 조선사편수회 회원 및 총독부 관리 등이 모여 조직하였다.[32] 학회의 활동기간은 1930년 5월부터 『청구학총』이 제30호로 종간되는 1939년 10월까지 약 9년 4개월 정도였고, 오늘날 '월례발표회'에 해당하는 '예회(例會)'는 1930년 11월부터 1937년 4월까지 8년 동안 50회가 열렸다.[33]

청구학회의 조직 배경과 목적에 대해서 나카무라 히데타카(中村榮孝)는 『청구학총』 창간호의 「휘보」에서 다음과 같이 밝혔다.

> 역사·고고·토속·사회·언어·문학·종교·미술 등 각 방면에 걸쳐 업적이 해마다 깊어졌으나, 그 연구 성과를 연찬탁마(研鑽琢磨)할 통일적 기관이 없었던 것은 큰 유감이었다. 또 일반에 그 성과를 보급하고 교육상 참고자료로 제공하는 일이 현재 가장 절실한 요구가 되었음에도 불구하고, 종래 이러한 기도는 시도되지 않았다. 이번에 경성제국대학·조선총독부 및 조선총독부 조선사편수회와 기타 동지들이 노력하여 '청구학회'를 조직한 것은 실제로 상술한 결함을 채우기 위한 것으로 조선과 만주를 중심으로 한 극동문화를 연구하고 보급

---

[32] 中村榮孝, 「『青丘學叢』을 紹介す」 上, 『京城日報』, 1930.9.12, 6면. 『青丘學叢』 제1호 「編輯後記」란에도 청구학회가 성립되고 3개월 뒤에 『青丘學叢』 창간호(1930년 8월 발행)의 편집이 완료되었다고 밝히고 있다.

[33] 박걸순, 2004, 앞의 책, 113~114쪽.

할 것을 목적으로 하였다. 청구(靑丘)라고 이름지은 것은, 대저 청구가 동방 나라의 범칭(汎稱)이며, 나아가 예부터 조선의 또 다른 이름이기도 했던 데에서 기인한다. 그리고 계간 『청구학총』을 간행하여 회원들에게 배포하고, 연구자료 및 저술을 출판하고, 강연 또는 강습회를 개최하고, 연구여행을 계획하며, 기타 학계의 전전에 동반하여 점차 사업을 확장함으로써 그 목적의 달성을 기할 것이다.[34]

나카무라는 조선의 역사 관련 연구가 상당히 진척되었음에도 불구하고, 이를 더 깊이, 부지런히 연구할 통일적 기관이 없었고, 일반에 보급하는 일도 시도되지 않았다고 지적하였다. 사실 일반에의 보급이라는 것은 조선사학회의 『조선사강좌』나 『조선사대계』의 역할이 있었음에도 불구하고, 나카무라 입장에서는 기존 학회들은 꾸준히 활동하지도 않았고, 또한 전문성 면에서는 미흡했다고 본 것이다.

학회 설립목적에 극동문화 연구를 설정한 것은 1930년대 일본의 만주 침략이란 정치적 상황과 연계된 것으로 보인다.[35] 실제로 『청구학총』에는 만선사 관련 저서가 자주 소개되었고, 관련 논문이 여러 차례 게재되었다. 1932년 8월 『청구학총』에서는 '시국'과 관련하여 "극동문화 연구 및 보급"이 급무라 주장하고, 만주 문화와 관련 문제에 대한 논문을 가능한 한 많이 게재하겠다고 밝히기도 했다.[36]

또한 나카무라는 학회의 명칭을 '청구'라고 한 것은 동방의 나라의

---

34 靑丘學會, 1930~1939, 『靑丘學叢』 1~30, 157~158쪽.
35 박걸순, 2004, 앞의 책, 106쪽; 조범성, 2021, 앞의 글, 90~92쪽.
36 靑丘學會, 1932.8, 「編輯後記」, 『靑丘學叢』 9, 176쪽.

조선의 오래된 또 다른 이름이기 때문이라고 밝혔다. '조선'이란 명칭보다는 '동방' 즉, 만주 지역까지 결부시킬 수 있는 장점이 있기 때문이라는 평가도 있다.[37] 그리고 계간으로 『청구학총』을 발간하여 연구자료 및 저술을 출판하고, 강연 또는 강습회를 개최하고, 연구 여행을 계획하며, 기타 학계의 진전에 동반하여 점차 사업을 확장하겠다는 포부도 밝혔다.[38]

청구학회의 임원진은 대체로 경성제국대학 총장과 법문학부장, 교수, 강사, 그리고 총독부 학무국과 도서관, 박물관, 이왕직, 경학원 등 『조선사』 편찬사업과 관계가 깊은 부서나 기관, 그리고 조선사편수회의 수사관(보), 촉탁 등으로 총 44명으로 구성되어 있었다.[39] 이 가운데 36명이 일본인이고, 8명이 조선인이다. 또 44명 중 34명이 대학졸업 학력이었고, 그 중 7명이 박사학위 소지자였으며, 27명은 도쿄제국대학 출신이었다. 청구학회 임원진은 고등교육을 받은 엘리트 집단들이었다. 특히 조선사편수회의 위원, 수사관(보), 촉탁 등 핵심 멤버들이 『청구학총』의 편집과 발행도 주도했다. 사학(조선사, 일본사, 동양사, 서양사 포함)을 전공한 인물이 20명이었고, 그 외 (일)문학, 철학, 법학, 의학 전공자들도 있었다.[40]

평의원, 회무감사, 위원, 서기로 구성되어 있었는데, 평의원은 청구학

37　박걸순, 1992, 「일제하 일인의 조선사연구학회와 역사(고려사) 왜곡」, 『한국독립운동사연구』 6, 8쪽.
38　靑丘學會, 1930~1939, 앞의 책, 157~158쪽.
39　청구학회 임원진에 대해서는 조범성, 2021, 앞의 글, 95~97쪽, 〈표 1〉 참조.
40　장신, 2011, 「경성제국대학 사학과의 자장」, 『역사문제연구』 26, 62쪽; 조범성, 2021, 위의 글, 100쪽.

회의 운영이나 실무에는 참여하지 않았고, 주로 원고 투고나 학회 참여의 방식으로 학회 활동을 했다. 회무감사를 맡은 오다 쇼고는 청구학회 설립과 운영에 초기부터 상당한 영향력을 행사한 것으로 보이는데, 그는 이미 1923년 조선사학회 회장, 1926년 조선사학동고회 평의원, 1927년 경성독사회 장로를 맡았고, 청구학회에서는 평의원 및 회무감사를 맡았다. 또 1931년에는 경성제국대학사학회 회장, 경성제국대학 퇴직 후에는 이왕직 촉탁으로 근무하는 등 여러 학회의 설립을 주도했던 당시 학계의 원로였다.[41]

학회의 실무는 위원들이 담당했다. 위원들은 정기적으로 '위원회의'를 열어 『청구학총』의 편집과 학회활동을 논의했고, 나카무라 히데타카와 스에마쓰 야스카즈(末松保和)가 실질적 학회 운영의 주체였다. 스에마쓰 야스카즈는 『청구학총』을 발행하는데 나카무라가 6할, 자신이 4할 정도로 기여했다고 회고하기도 했다.[42]

청구학회의 사무소는 설립 초기 경성부 효자동 152번지에 있었는데,[43] 1932년 이래 줄곧 나카무라 히데타카의 개인 집에 위치하였다.[44] 나카무라는 1902년 지바현(千葉縣) 출생으로, 도쿄의 부립 제1중학교와 제1고등학교를 거쳐 1923년 도쿄제국대학 문학부 국사학과에 입학하여 구로이타 가쓰미(黑板勝美)로부터 지도를 받았다. 나카무라는 조선사

---

41 青丘學會, 1930~1939, 앞의 책, 2쪽.
42 末松保和 等, 1969, 「朝鮮史編修會の事業」, 旗田巍 編, 『日本と朝鮮: シンポジウム』, 勁草書房, 77~82쪽; 田中健夫·平野邦雄·末松保和, 1995, 「朝鮮史の研究と私」, 『日本歷史』 560, 吉川弘文館, 25~33쪽.
43 青丘學會, 1930~1939, 앞의 책.
44 青丘學會, 1930~1939, 위의 책, 194쪽. 이듬해 나카무라가 大和町 三丁目 62번지로 이사하자 사무소도 따라서 이전하였다.

를 공부하기로 마음먹었던 때부터 자신의 주관심 분야는 '일조관계사(日朝關係史)'였으며, 이를 담당 교수였던 와타나베 요스케(渡邊世祐)에게 상담했을 때 조선으로 가서 구로이타를 만나라는 권유를 받아 조선에 오게 되었다고 회고하였다.[45] 1926년 졸업 후 조선에 와 조선사편수회 촉탁이 되었고, 1927년 수사관, 1937년 편수관이 되었다. 나카무라는 편수회 일을 하면서 청구학회의 설립을 주도하였는데,[46] 그는 자신의 연구결과를 주로 학회의 기관지인 『청구학총』에 발표하였고, 당시 발표한 글을 보면 그의 관심이 주로 조선시대 한일관계사였음을 알 수 있다.

나카무라는 청구학회의 평의원과 위원을 겸하고 있었고, 『청구학총』의 휘보, 회보, 편집후기 등을 전담했으며, 학회의 홍보도 본인이 직접 할 정도로 학회 운영에서 가장 중요한 인물 중 한 사람이었다.[47]

나카무라와 더불어 청구학회의 실질적 운영자였던 스에마쓰 야스카즈 역시 청구학회의 평의원과 위원을 겸직하면서 『청구학총』의 편집회의에 꾸준히 참여했고, 나카무라를 대신하여 편집업무를 도맡아 하면서[48] 나카무라 못지않게 학회의 유지에 큰 역할을 했다. 즉, 청구학회는 도쿄제국대학 출신의 당시로서는 비교적 신진학자들이 주축이 되어 운영되었다고 할 것이다.[49]

스에마쓰는 1904년 후쿠오카현(福岡縣) 출생으로 1927년 도쿄제

---

45 中村榮孝, 1981, 「朝鮮史と私」, 『日本歷史』 400, 46~48쪽.
46 中村榮孝, 1981, 위의 글, 41~62쪽.
47 中村榮孝, 「『靑丘學叢』を紹介す」 上, 『京城日報』, 1930.9.12, 6면; 中村榮孝, 「『靑丘學叢』を紹介す」 下, 『京城日報』, 1930.9.13, 6면.
48 靑丘學會, 1934.2, 「編輯後記」, 『靑丘學叢』 15, 210쪽.
49 조범성, 2021, 앞의 글, 102쪽.

국대학 문학부 국사학과를 졸업하여 나카무라의 1년 후배였다. 스에마쓰는 스승 구로이타가 "조선사의 나카무라 히데타카군 한 사람으로는 곤란하므로" 조선에 가서 도와주라며 '억지로' 등을 떠미는 바람에 1928년 3월 수사관보로 조선사편수회에 합류하게 되었다.[50] 그리고 1933년 경성제국대학 법문학부 강사가 된 후 1935년 조교수, 1939년에 교수로 승진했다. 1935년부터는 조선총독부 직속기관 교과용도서조사위원회 위원도 겸임했다.[51] 이렇듯 도쿄제국대학 출신의 엘리트 집단 중 오다, 이마니시 다음을 잇는 차세대 신진학자층이 학회를 주도했다고 할 것이다.

청구학회의 조직 및 출범에 대해 일본 학계에서는 긍정적인 반응을 내놓았다. 교토제국대학 사학과 내 사학연구회(史學研究會)의 『사림(史林)』을 비롯하여 일본역사지리학회의 『역사지리(歷史地理)』, 사학지리학동고회(史學地理學同攷會)의 『역사와 지리(歷史と地理)』, 도쿄제국대학 문리과대학 내 대총사학회(大塚史學會)의 『사조(史潮)』 등의 학회에서 청구학회의 창립 및 『청구학총』 발간에 대해 소개와 축하 및 기대의 말을 실었다.[52] 이 환영의 반응들은 공통적으로 "조선과 만주를 중심으로 한 극동문화의 연구와 보급"의 중요성을 강조하면서 '만선연구', '만선사'를

---

50 末松保和 等, 1969, 앞의 글, 77~82쪽; 田中健夫·平野邦雄·末松保和, 1995, 앞의 글, 25~33쪽; 신주백, 2016, 『한국 역사학의 기원』, 휴머니스트, 84쪽.

51 조선총독부 편, 1928·1933·1935·1939, 『조선총독부직속기관 조선사편수회 직원록』 참조.

52 史學研究會, 1930.4, 「昨年の史學考古學地理學界」, 『史林』 15-2; 日本歷史地理學會, 1930.6, 「彙報」, 『歷史地理』 55-6, 603쪽; 史學地理學同攷會, 1930.10, 「新刊紹介」, 『歷史と地理』 26-4, 355~356쪽; (東京文理科大學內)大塚史學會, 1931.2, 「史學界近事」, 『史潮』 1-1, 275쪽.

역설하였다.[53]

(2)『청구학총』 발간과 기타 학회 활동

청구학회는 1930년 5월 학회가 설립된 후『청구학총』이 제30호로 종간된 1939년 10월까지 약 9년 4개월 정도 활동을 이어갔다. 그리고 오늘날 '월례발표회'에 해당하는 '예회(例會)'는 1930년 11월부터 1937년 4월까지 8년 동안 50회가 열렸다.[54]

먼저『청구학총』의 발간과 내용 및 성격을 살펴보자. 앞서 언급한 대로『청구학총』은 나카무라 히데타카와 스에마쓰 야스카즈가 실질적 학회 운영의 주체였고,『청구학총』을 발행하는데 나카무라가 6할, 스에마쓰가 4할 정도로 기여했다고 할 만큼[55] 이 두 사람이 주축이 되어 발행된 조선역사 전문 학술지였다.

『청구학총』을 그 구성원과 관련하여 조선사편수회의 기관지 형태로 보는 견해가 당시에도 있었다. 1980년 4월, 말년의 나카무라는 당시 다카사키(高崎) 경제대학 교수이자 나카무라 이후 임진왜란을 중심으로 한일관계사를 연구하던 기타지마 만지(北島萬次)로부터『청구학총』이 조선사편수회의 기관지와 같은 형태인가라는 질문을 받았다.[56] 나카무라는 "우리들이 사적으로 제창한 것입니다"라고 대답하였는데, 청구학회나『청구학총』은 편수회와는 직접적 관계가 없는 전혀 별개의 단체였

---

53 조범성, 2021, 앞의 글, 102~103쪽.
54 박걸순, 2004, 앞의 책, 113~114쪽.
55 末松保和 等, 1969, 앞의 글, 77~82쪽; 田中健夫·平野邦雄·末松保和, 1995, 앞의 글, 25~33쪽.
56 中村榮孝, 1981, 앞의 글, 51쪽.

으나, 사람들은 편수회의 기관지로 오해했던 것이다. 사실 오해를 살 만큼 『청구학총』에 논문을 실은 사람들은 편수회 관계자들이 다수였다.[57] 〈부록 3〉은 『청구학총』에 게재된 주요 조선사편수회 관련 연구자들의 논문이다.

『청구학총』은 계간지로서 연 4회(2, 5, 8, 11월) 발행되었고, 1930년 8월 창간호부터 1939년 10월 제30호(최종호)까지 한 차례도 거르지 않고, 일본어로 발행되었다. 최종호의 「편집후기」에는 총 30호에 실린 215편의 글이 게재되었고, 분류별로는 연구 112편·첨재란(僉載欄) 103편 등으로 구성되었다.[58] 이 같은 연구·첨재·강좌·자료 체재는 1930년 5월 24일 제1회 위원회에서 결정된 것으로 '연구'란에는 연구논문을, '첨재'란에는 해설 및 기사를, '휘보'란에는 학회 기사, 학계 소식, 서평 등을, '자료'란에는 문헌류를 게재했다. 이 중 『청구학총』의 주요 지면은 바로 '연구'로 논문 112편에 전체 지면 5,814쪽 중 3,526쪽(60.6%), 첨재는 103편에 1,334쪽(22.9%), 서평은 398쪽(6.8%)의 비중이었다.[59] 『청구학총』에 수록된 112편 논문 가운데 시대사는 조선왕조, 주제사는 한일관계사에 관한 논문이 많았다.[60]

「연구」에 해당되는 것이 바로 전체 지면의 과반 이상을 차지하는 논문이다. 10년간 게재된 『청구학총』의 논문 총 215편 가운데 『조선사』 편

---

57 정상우, 2014, 「『朝鮮史(朝鮮史編修會 간행)』 편찬사업 전후 일본인 연구자들의 갈등 양상과 새로운 연구자의 등장」, 『사학연구』 116, 182~183쪽.
58 靑丘學會, 1939.10, 「編輯後記」, 『靑丘學叢』 30.
59 박걸순, 2004, 앞의 책, 117쪽.
60 112편의 논문이란 박걸순이 계산한 것을 따랐다. 박걸순, 2004, 위의 책, 136쪽.

찬사업에 관련된 연구자들의 글은 무려 73편에 달했다.[61] 실제로 1930년대 전후 일본 혹은 조선에서 제국대학의 역사학과를 졸업한『조선사』편찬 관련 연구자들이 본인들의 새로운 연구 성과를 처음 발표하는 데뷔 장소가 바로『청구학총』이었다고 할 것이다. 그런 점에서『청구학총』은『조선사』편찬 관련 연구자들의 연구 성과 발표의 장으로 기능했다고 평가되기도 한다.

「휘보」는 조선 사학계의 각종 소식을 소개하는 공간이었다. 휘보에는 조선사편수회의『조선사』편찬 및 부대사업 경성제국대학 법문학부의 졸업논문과 강의목록 경성독사회(京城讀史會), 정양회, 경성제국대학 사학회 등 여타 식민주의 사학 연구단체 및 학자들의 동향 등의 소식을 실어『청구학총』이 역사학계의 소식통 기능을 했음을 보여준다.

청구학회는 71명의 필자가 참가하여 112편의 논문을 발표한『청구학총』을 매개로 1930년대 조선역사 연구를 주도하였다. 1920년대 중반에 이르러 조선사편수회의 결성과 경성제국대학 사학과의 설치로 조선의 역사와 문화연구의 중심, 곧 식민주의 역사학의 중심성을 일본제국 내에서 경성으로 옮길 수 있는 제도와 기구가 성립되었다면, 사학과의『사학회보』와『사학회지』, 청구학회의『청구학총』은 식민주의 역사학의 내용을 확대 재생산하는 매개물이자 학술장이었다. 그 중에서도 조선사 연구에 있어서 만큼은 당연히『청구학총』을 발간한 청구학회가 가장 핵

---

61 정상우, 2014, 앞의 글, 183~186쪽. 정상우는 〈표 2〉에서 제시한『조선사』편찬 이후 새롭게 등장한 이들 외에 사업 이전부터 조선에 연고를 두고 사료의 채방(採訪)이나 해독 등 사업에 관여하다 사망 혹은 전직한 세노 우마쿠마(瀨野馬熊), 홍희(洪憙), 가쓰라기 스에하루(葛城末治) 등과 같이 편수회에 적을 두었던 이들의 게재 논문까지 포함하면 120편으로,『청구학총』에 실린 논문의 절반 이상은 편수회 관련자에 의해 작성되었다고 하였다.

심적이고, 특히 조선에서는 유일한 학술장이었다고 할 것이다.

즉, 『청구학총』은 체재와 분량을 통해서 확인할 수 있듯이 이전의 조선사학회, 그리고 조선사편수회 구성원을 중심으로 결성된 조선사학동고회와 차원을 달리하는 학회 조직이었다. 청구학회에는 편수회의 역사 전공자들도 참여했지만, 교육과 연구를 전담하는 사학과 교수진이 참여하여 조선사편찬위원회와 조선사학회와의 관계와는 달리 조선사편수회의 외곽기관이란 이미지를 탈색할 수 있었다.[62] 여기에 이병도와 신석호를 비롯한 조선인 연구자를 포함한 통치논리를 역사적으로 정당화하는 데 동조하는 재조선의 일본인 연구자까지 최대한 결집시켜 이전과 비교할 수 없을 정도로 인적 구성면에서 포괄적 조직이었다. 사실 시기적으로 청구학회가 존속한 시기는 이를 가능케 하는 여건이 충분히 조성되어 있었다. 경성제국대학 졸업생들이 배출되고, 사학과 교수진 또한 수년간의 조선사편수회 활동과 사학과 강의 등을 통해 전문성이 쌓인 상황이었기 때문에 이전 1920년대 초창기 식민주의 역사학의 출발 단계와는 상황 자체가 달랐다. 또한 기존 학회들의 간행물들에 비해 사료 인용과 분석적 접근 등이 상당히 체계화되고 내용 또한 풍부해져 상대적으로 발전된 모습을 보였다. 식민지 조선에서 재조일본인 중심의 조선사 관련 '학계', 곧 식민주의 역사학의 인적 재생산기구로서 학과, 학술토론 조직으로 학회, 역사에 관한 토론 공간으로서 학회지라는 3박자를 갖춘 식민주의 역사학의 학적 네트워크가 형성되었다고 볼 수 있다.[63] 나카무라가 후일 회고에서 '조선총독부 기관지 『조선(朝鮮)』과 함께 『청구

---

62 신주백, 2016, 앞의 책, 154쪽.
63 신주백, 2016, 위의 책, 156쪽.

학총』이 『조선사』 편찬사업의 취지를 이해시키고, 조선사 연구의 발달에 기여하는 바가 컸다'[64]고 한 것에는 이러한 점에 근거한 자평이었다고 할 것이다.

이렇게 총독부 및 조선사편수회 관계자와 경성제국대학 교수들을 중심으로 한 식민사학의 연구 성과를 집적하는 동시에 연구자들에게 정보를 공유하고 또 일반에 보급하는 통로의 기능을 수행해 온 청구학회는 중일전쟁 이후 시국 상황과 더불어 더 이상의 활동이 힘들어진다. 1939년 『청구학총』도 종간되는데, 1937년 8월 제29호에서 폐간의 이유를 다음과 같이 밝히고 있다.[65]

> 반도의 문화사적 연구는 결코 반도 그 자체를 위한 것만이 아니라 우리나라 전반의 문화사적 발전을 고찰한 뒤에야 중대한 의의와 역할을 가지는 것인데 대륙 발전의 기지로서 새로운 사명 앞에 선 반도로서는 이 방면에 대해서도 더욱 힘 있고 참신한 연구를 열심히 할 젊디 젊은 연구가들의 배출이 바람직하며 그것을 위해서도 다소 오래된 껍질을 가지기에 이른 청구학총이 휴식을 필요로 하는 것이다.

일단 표면적으로는 젊고 참신한 연구자를 배출하기 위해 휴식이 필요하다고 하였다. 그러나 전시체제하에서 1930년대 후반부에는 학회 운영과 학회지 발행에 상당히 어려움이 많았던 것으로 보인다. 『청구학

64　中村榮孝, 1969, 「朝鮮史の編修と朝鮮史料の募集」, 『日鮮關係史の研究』 下, 吉川弘文館, 690쪽.

65　靑丘學會, 1937.8, 「終刊の辭」, 『靑丘學叢』 29.

총』에 게재된 논문의 수가 21호(1935년 8월)부터 상당히 줄어들고, 학회지의 발송도 원활하지 못했다. 제29호는 1937년 8월에 발행되었지만 실제로 회원들에게 발송된 것은 이듬해 1~2월 무렵이었고, 원칙적으로 4개월 뒤에 나왔어야 할 제30호는 1939년 10월에 가서야 나왔다.[66] 1938년 국가총동원법에 의해 전시동원체제로 전환되면서 물자 통제가 강화되었고, 학회지의 간행은 어려웠다. 게다가 식민주의 역사학의 전문적인 연구보다는 '충량한 황국신민'의 육성을 위한 철저한 동화주의 교육에 초점을 맞춘 1938년 3월의 「제3차 조선교육령」이 발표되었다. 즉, 조선사의 전문적이고 학술적인 심화 연구보다는 '국체명징(國體明徵)'의 철저한 역사교육이 강조되는 시기였다. 여기에 조선사편수회 사업이 대체로 마무리되면서 조선사편수회와 인적 구성을 거의 공유했던 청구학회가 영향을 받게 되었다. 결국 1939년 마침내 활동 중단을 선언한 것이다.

제국대학 역사학 전공 출신으로 조선사편수회에 참여한 전문적인 신진 조선사 연구자들의 대거 참여와 『조선사』 편찬 과정에서의 수집된 방대한 원사료에 대한 수월한 접근성을 배경으로 한층 더 단계가 상승한 식민주의 역사학 학회인 1930년대 청구학회는 왕성한 전문학술 활동을 전개할 수 있었다. 그러나 그것은 결국 근대 역사학의 학문적 권위 아래 식민주의 역사학의 고착과 심화라는 결과를 낳았다고 할 것이다.

---

66   靑丘學會, 1939.10, 앞의 글; 박걸순, 2004, 앞의 책, 118쪽.

2. 재야 민간사학과 식민주의 역사학의 대중화

1) 쓰네야 세이후쿠의 『조선개화사』

쓰네야 세이후쿠(恒屋盛服)는 후쿠시마(福島) 출신으로 1871년 한가쿠슈우도칸(藩學修道館; 에도시대 이후 지방 정부에서 운영하는 학교)에서 공부하고 다음 해 이와사키현(磐前縣) 영어학교에 들어가 영어를 배웠다. 1880년 흥아회 부설 중국어학교(支那語學校)에서 중국어를 수학하였고, 1882년 오쿠마 시게노부(大畏重信)가 주도하는 입헌개진당(立憲改進党)에 입당하였다. 1884년 조야신문사(朝野新聞社)에 입사하여 청한관계 기사를 담당하면서 대륙문제에 관심을 가졌다. 그리고 강화도사건 이후 조약체결 과정을 보면서 조선어의 필요성을 느껴 학습하였다. 1887년 문관시험국(文官試驗局)의 촉탁이 되고 흥아회의 후신인 아세아협회(亞細亞協會) 사무도 관장하면서 동아 문제에 몰두하고 특히 조선 사정에 큰 관심을 가졌다. 1890년 이민조합을 설립하고 『해외식민편』, 『이민의 파도(移民の波濤)』, 『이주의 심득(移住の心得)』을 저술하는 한편, 일본인의 멕시코 이민을 추진하기 위해 식민협회(植民協會)를 조직하였다.

1894년 청일전쟁이 일어나자 박영효 등과 함께 내한하여 갑오개혁에 참여하였으며 1895년 이시즈카 에이조(石塚英藏)고문의 보좌관이 되어 일본인 최초의 관리가 되었고, 1900년 동아동문회의 상임이사가 되었다. 의화단 사변 후 러시아의 만주 진출이 노골화되자 고노에 아쓰마로(近衛篤麿), 이누카이 쓰요시(犬養毅), 도야마 미쓰루(頭山滿) 등과 함께 국민동맹회를 조직하고 전국적인 유세 활동을 통하여 대러강경책의 여론을 조성하였다. 이러한 중에 『백두산미래기(白頭山未來記)』, 『남한농사(南韓農事)』, 『식민지설치의견(植民地設置意見)』 등을 저술하여 조선에 대한 일본인의 관심을 유도하였고 1902년 동아동문회 간사, 조선협회(朝鮮協會) 평의원으로 다시 내한하였다. 조선협회의 활동은 조선에 관해 현안이 되고 있는 문제를 조사하고, 일본의 조선정책과 관련한 주요 사항을 정부 관계자에게 건의하는 것이었다. 1903년에는 대러개전론(對露開戰論)의 급선봉이 되어 대러동지회(對露同志會)와 합류하여 일본인의 여론을 개전론으로 유도하기에 분주하였다. 그는 러일전쟁이 끝나자 전후 이권 문제를 놓고 포츠머스조약 반대운동을 전개하여 국민대회를 여는 등 여론 선동에 활약하였다.[67]

쓰네야가 『조선개화사』(1901)를 저술하게 된 계기는 1874년 이래 줄곧 조선에 관심을 가지고 있으면서 박영효와 친분 관계를 가진 데서 비롯된다. 그리고 동아동문회가 설립된 이래 이에 가담하여 활동하면서, 1893년 식민사상 보급을 위해 결성된 식민협회(植民協會) 간사장으로 조선 식민지화의 필요성을 더욱 구체화시킨 데 있다. 『조선개화사』는 1899년 평의원 스기무라 후카시(杉村濬)의 서문을 붙여 1901년 동아동문회판으로 도쿄에서 간행하였다. 그리고 쓰네야는 다음 해 동아동문회 간사가 되면서 회장 고노에 아쓰마로(近衛篤麿)의 명으로 조선 교육을 시찰하여 조선에서 활약하기도 했다.[68]

이를 통해 보면 이 책의 출판 의도는 다음과 같이 한층 더 명확해

---

67 葛生能久, 1933, 『東亞先覺志士記傳』 下 列傳, 黑龍會出版社; 東亞同文會內對支功勞者傳記編纂會 編, 1936, 『對支回顧錄』 下, 對支功勞者傳記編纂會 참조.

68 최혜주, 2003, 「메이지 시대의 한일관계 인식과 일선동조론」, 『한국민족운동사학연구』 37, 14~15쪽.

진다고 할 수 있다. 첫째, 조선의 실정조사이다. 쓰네야는 일본이 조선을 침략하여 식민지로 만들기 위한 준비를 할 때 구체적으로 조선의 실정을 조사하여 일본 정부의 시책에 일조하고자 하였다. 둘째, 조선에 대한 멸시관 조성이다. 조선이 진구(神功) 황후의 정벌 이후 수없이 외침을 받아왔으며, 사대를 국시로 삼아 비굴하게 되어 당쟁을 일삼아 왔다는 멸시관을 드러내기 위해서였다. 셋째, 인종적으로 우수한 일본의 보호와 지배의 필요성을 부각시키려는 의도에서였다.

쓰네야는 1891년 멕시코에서 돌아와 식민사업을 수행하기 위한 계획을 세우던 중 망명객으로 일본에 있던 박영효와 함께 '조선의 독립'을 도모했다. 그 후 1894년 8월 박영효, 유혁노 등과 함께 도쿄를 떠나 부산을 거쳐 서울로 들어와 주한일본공사 이노우에 가오루(井上馨)의 권고로 내각보좌관이 되어 기록, 편찬, 관보사무를 감독하게 되었다. 다음 해 아관파천이 일어나자 사임하고 박영효의 집에 머물면서 『조선개화사』의 집필구상에 들어가 1898년부터 집필을 시작하여 다음 해에 탈고하였다. 그는 이 책 「자서(自序)」에서 조선의 역사에 대해 다음과 같은 기본적인 인식을 드러내고 있다.

> 역사를 살피건대 한 무제의 경략, 말갈의 내침(來侵), 진구 황후의 정벌, 임나일본부의 설치, 후한의 정복전쟁, 위(魏) 관구검(毌丘儉)의 약탈, 숙신 호연(胡燕)의 침질(侵軼), 수양제 당 태종의 친정, 일본병의 구원, 거란의 공략, 몽골의 합병, 왜구의 협략(脅掠), 도요토미 히데요시(豐臣秀吉)의 토벌, 명병(明兵)의 진경(進境), 청제(淸帝)의 공벌 등은 인심이 동요하도록 큰 변동을 줬다. 근세에 이르러 불미(佛米) 함대의 포격, 일본의 강박적 개국을 당해 일청 양국의 혈전장이 되었다.

조선의 역사를 고대부터 근대에 이르기까지 항상 외세로부터 침략을 당해 혼자서 독립할 수 없는 나약한 모습으로 그리고 있다.『조선개화사』는 지리 12장, 인종 9장, 문화 15장, 외교 13장의 네 부분으로 구성되어 있다. 각 편의 내용 가운데 중요한 것을 살펴보면 다음과 같다.

(1) 지리편

지리편에서는 조선반도의 위치와 8도의 구분, 지세, 기후 등을 소개하였고,「역대판도연혁」에서 단군 이래 삼한과 삼국의 역사와 고려, 조선의 강역, 위치를 서술하였다.

쓰네야는 단군이 평양에 도읍했다는 것은 황당하여 믿기 어려우나, 단군이 하늘에서 내려오기 전에 이미 사람들이 있었으며,[69] 신라는 일본인의 식민지인 사로(斯盧) 6촌에서 일어났다고 하였다. 또 임나의 위치는 김해로, 그 기능은 반란을 막고 조공을 감독하는 기관이었으며, 그곳의 각 속방들은 임나의 관부(官府)의 허락 아래 자치를 하였다고 하였다.[70] 한편, 백제를 부용국으로 설명하고 있다.

> 백제가 사실상 일본의 부용국이 된 것은 닌토쿠(仁德, 제16대, 313~399) 천황 41년이다. 그 국군(國郡), 강역(疆域), 물산 등이 모두 일본조정의 장부에 등록되어 내관가를 국도(國都)에 두고 내정을 감시하고, 또 항상 인질을 불러 천황의 곁에서 모시게 했다. 유랴쿠(雄略, 제21대, 456~479) 천황 때에 한층 힘을 써서 임나의 직예현을 나누어 문주왕

---

[69] 恒屋盛服, 1901,『朝鮮開化史』, 博文館, 110쪽.
[70] 恒屋盛服, 1901, 위의 책, 118쪽.

(文周王)에게도 주고, 그것을 보호해서 그 나라를 재흥시켰다. 이후 일본조정은 임나의 판도보다는 오히려 백제에 중점을 두고 국난에 이르러 병력을 아끼지 않고 보호했는데, 2만 이상의 병력을 썼다.[71]

쓰네야는 백제가 678년간 왕조를 유지할 수 있었던 것은 모두 일본의 은혜와 보호라고 설명하였다. 그런데 "반도가 다른 사람의 손에 떨어지면 일본의 해상권은 대마도 해협에서 중단되어 황해 및 일본해에서 다시는 그 힘을 떨칠 수 없게 될 것"을 강조하면서 지정학적 차원에서 일본이 조선을 군사적으로 침략할 필요가 있음을 역설하였다.[72]

(2) 인종편

쓰네야는 인종편에서 일본인과 조선인이 용모와 골격이 거의 같고, 언어와 문법이 동일하며, 고대 풍속이 서로 비슷한 동일인종이라고 주장하였다. 그에 의하면 '천강인종은 그 일부가 오키나와(沖繩)에 잔류하여 천손씨(天孫氏)가 되고, 또 가고시마(鹿兒島)만 또는 가세다(加世田)항에 상륙한 무리들은 천손족(天孫族, 大和族)이 되었으며, 규슈(九州)에서 왼쪽으로 북류하는 지파를 따르는 것은 대한해협을 지나 두 갈래로 나뉘어 산음도(山陰道)에 상륙한 것이 출운족(出雲族), 함경도에서 노령의 서쪽 만에 상륙한 것이 부여족(扶餘族)이 된다'라고 하였다.[73] 그리고 '출운족(出雲族)의 시조인 스사노오가 아들 이소타케루(五十猛神)를 데리고 조선반도

---

71 恒屋盛服, 1901, 위의 책, 125쪽.
72 恒屋盛服, 1901, 위의 책, 138쪽.
73 恒屋盛服, 1901, 위의 책, 138쪽.

에 들어가 소시모리를 다스리게 되었는데, 숙신, 말갈, 견융 등이 부여족을 공격했을 때 부여족과 동족(同族)인 출운족이 원조해 주어 나라를 지켰다'74고 설명했다. 즉, 쓰네야는 천손족의 우수성을 강조하고, 천손족의 도움으로 부여족 등이 나라를 지킬 수 있었다고 하여 일본의 조선 지배를 정당화하고 있다. 뒤이어 '천손족이 정통이고, 출운족 부여족은 방계인데, 천손족 다음가는 출운족이 일본열도에서 쫓겨나 반도의 동남지역에 식민지를 건설하여 예맥이나 마한 말갈의 저항을 구축하고, 한인종을 정복하여 신라왕국을 세우게 되었다. 그리하여 뒤에 고려와 조선에서 고위직에 오른 자 가운데는 대부분이 신라의 후예에서 나왔을 정도로 우수한 종족이었다'75고 주장하였다. 즉, 쓰네야에 의하면 신라는 일본 출운족이 세운 식민국가였고, 그 전통을 고려와 조선이 계승하였다는 것이다. 쓰네야는 그 근거로서 '박혁거세가 일본인이며76 호공과 석탈해도 일본인이다. 진구 황후가 신라 내물왕 5년에 친히 정벌에 나섰다'77라는 설명을 하였다.

인종편에서는 일본이 한반도 고대를 정복하고 지배하거나 주도권을 잡고 도와주었다는 식의 설명이다. 그리고 사로 6촌이 발달하여 점차 한반도를 통합해 나갔는데, 그 신라가 바로 일본의 출운족이며, 정통 천손족이 출운족을 지원하여 한반도에서 주도권을 쥐게 했다는 식의 논리였다. 결국 한반도는 이미 고대부터 일본의 도움과 영향력권이었음을 주장한 것이다.

74　恒屋盛服, 1901, 위의 책, 144~146쪽.
75　恒屋盛服, 1901, 위의 책, 147~148쪽.
76　恒屋盛服, 1901, 위의 책, 177~179쪽.
77　恒屋盛服, 1901, 위의 책, 179~181쪽; 恒屋盛服, 1901, 「天日槍と神功皇后の遠征」, 『朝鮮開化史』, 博文館, 181~182쪽.

(3) 문화편

문화편에서는 불교의 전래와 융성, 백제문화의 일본 전파, 신라와 고려의 문명, 태종·세종·세조의 업적, 도요토미 히데요시의 침략, 서양 문물의 전래, 신분사회와 교육, 종교, 정부 제도와 운수 교통 등을 소개하였다. 쓰네야는 반도의 문물이 진구 황후의 친정 전까지는 발달 정도가 미미하였으나, 친정의 결과 한반도 남단까지 일본조정의 세력이 미치면서 식민이 이루어졌고, 그것이 한반도 발달에 큰 도움이 되었다고 하였다.[78]

또한 일본은 남북조시대까지는 문명을 조선으로부터 전수받았으나, 수·당 이후 일본이 직접 중국에서 직수입했는데, 백제가 백마강 전투에서 패배한 후 결국 반도를 경유하여 중국 문명을 수입하는 우회로를 택하게 되었다고 주장하였다.[79] 그런데 사실 왜는 백제를 통해 대륙의 문물을 간접적으로 전달 받다가 결국 백제 멸망 이후로는 그 문물 전파의 중간자를 잃게 되었고, 국제정세의 변화에 따라 당에 직접 사신을 파견하거나, 통일신라와의 외교관계 개선으로 문물 수입의 통로를 새롭게 여는 등의 다각적 변화를 시도했던 것이 역사적 사실이다. 쓰네야가 기본적인 역사적 사실조차 왜곡하여 전혀 상반된 기술을 하고 있음을 알 수 있다.

한편, 당쟁을 서술하면서 쓰네야는 당쟁의 주목적이 정권쟁탈에 있었고, 왕위의 폐립, 잔혹한 살육, 의옥(疑獄; 죄상이 뚜렷하지도 않은데 정치적으로 일으킨 옥사) 등은 당쟁의 결과라고 하면서 조선시대 역사를 당쟁사로 설명했다.[80]

78　恒屋盛服, 1901, 위의 책, 218~222쪽.
79　恒屋盛服, 1901, 위의 책, 232~233쪽.
80　恒屋盛服, 1901, 위의 책, 297~298쪽.

1876년 강화도 조약에 대해서는 조선이 서양 선교사를 학살하는 등 여전히 꿈에서 깨어나지 못하는 상황에서 일본의 관용적 태도로 수백 년간의 꿈에서 깨어나 독립국의 위치에 서게 되었다고 주장하였다. 또 신문명을 수용하는데, 일본은 이미 서구 문명을 에도시대부터 일찌감치 수용하여 19세기에도 신문명을 받아들일 소양을 갖추고 있었던 반면, 조선은 갑자기 19세기에 가서야 받아들여 옛 정치와 사물이 근본부터 파괴되어 스스로 신문물을 만들 수 없게 되었다는 것이다. 그러면서 강화도 사건을 두고 조선을 독립국이 될 수 있게 해준 일본의 시혜로 주장하였다.[81]

문화편에서 쓰네야는 식민사업에서 문화가 물질이나 기술보다 중요한데, 일본의 문화가 반도에 세력을 부식할 수 없는 상황을 두고, 1900년 동아동문회가 교육사업을 일으켜 반도를 개도(開導)시켜야 함을 역설했다.[82]

(4) 외교편

외교편에서는 반도가 예부터 빈번하게 외침을 당한 사실과 진구 황후의 정벌, 임나일본부의 설치를 설명하고 있다. 일본과 신라와의 관계, 고려와 거란, 송, 금의 관계, 몽골의 침략과 왜구 문제, 도요토미 히데요시의 조선 침략과 청의 침략, 쇄국과 개국을 다루었다.

먼저 왜구는 원나라의 침략에 대한 복수를 위해 생긴 것이라고 주장하였다.[83] 또한 도요토미 히데요시의 조선 침략은 일본이 세계 정세를

81　恒屋盛服, 1901, 위의 책, 318~319쪽.
82　恒屋盛服, 1901, 위의 책, 320~321쪽.
83　恒屋盛服, 1901, 위의 책, 445~456쪽.

파악한 팽창주의로, 조선이 이를 깨닫지 못했다고 하면서, 일본군의 살육과 약탈은 언급하지 않은 채, 명군에 의해 조선인들이 고통받았다고만 설명하였다.[84]

또한 정한론은 사이고 다카모리(西鄕隆盛)가 조선에 화친을 제의해 보고, 그것이 통하지 않을 경우의 차선책이었을 뿐이라고 주장하였고,[85] 강화도사건도 일본 군함이 식수를 구하기 위해 접근했다가 조선 측의 공격을 받아 자위권을 발동한 일이었다고 억지 주장을 하고 있다. 또한 임오군란도 대원군이 세력 만회를 위해 구식 군인들을 선동해서 일어난 사건으로 설명하고 있다.[86] 다음으로 갑신정변은 청이 베트남 문제를 두고 프랑스와 전쟁을 벌이던 때 일본이 반도에서 청의 세력을 몰아낼 기회였으나, 다케조에 신이치로(竹添進一郞) 공사의 실책으로 실패로 돌아갔다고 하였고, 1894년의 일본군 출병은 조선의 독립을 위함이었다고 주장하였다.[87] 이러한 논리는 쓰네야 이전 기쿠치 겐조(菊池謙讓)의 『조선왕국』에서도 보이고, 당시 일본 정부의 기본 입장이기도 했으며, 이후 관제사학에서도 일관되게 관철되고 있는 주장이다.

이 외교편의 결론에서 쓰네야는 반도를 멸망하게 하는 것은 바로 반도적 성격과 정기도 없고, 염치가 없으며, 의기도 주장도 고집도 없는 사대성이라고 하면서[88] 결국 망국의 책임은 조선인 스스로에게 있다고 강조하였다.

---

84 恒屋盛服, 1901, 위의 책, 473~492쪽.
85 恒屋盛服, 1901, 위의 책, 516~517쪽.
86 恒屋盛服, 1901, 위의 책, 521~524쪽.
87 恒屋盛服, 1901, 위의 책, 530~536쪽.
88 恒屋盛服, 1901, 위의 책, 536~540쪽.

2) 기쿠치 겐조의 『대원군전』[89]

(1) 기쿠치 겐조의 재한 활동

① 구마모토 인맥

기쿠치 겐조(菊池謙讓)는 1870년 일본 구마모토현(熊本縣) 출신으로, 1893년 7월에 도쿄전문학교(東京專門學校: 현 와세다대학) 영어정치과를 졸업한 후 이듬해 같은 고향 출신인 도쿠토미 소호[德富蘇峰, 본명 도쿠토미 이이치로(德富猪一郞), 1863~1957]가 경영하는 민우사(民友社)에 입사하였다. 기쿠치는 민우사에 소속되어 있던 국민신문(國民新聞)의 기자로 활동했다.[90]

기쿠치는 1893년 11월 인천에 첫발을 디딘 후[91] 1945년 일본으로 돌아가기까지 그는 생애의 거의 대부분을 일본의 조선 침탈과 식민통치 정책의 수행, 한국사 왜곡에 전념하였던 극우 보수 언론인이었다.

구마모토 출신인 기쿠치의 인맥은 대략 다음과 같다. 메이지 시기 일본의 극우 보수 언론인이자, 역사학자였던 도쿠토미 소호, 한성신보사(漢

---

89 하지연, 2008, 「한말·일제강점기 菊池謙讓의 문화적 식민 활동과 한국관」, 『동북아역사논총』 21의 재수정.
90 『국민신문』은 1894년 동학농민운동 발발 당시 일본군의 한국 출병을 강력히 주장했고, 청일전쟁에서 "이 전쟁은 야만(청과 한국)에 대한 문명(일본)의 응징"이라고 호전적 어조로 일본 국민을 선동하면서 악으로서의 야만 퇴치에 모든 무력을 동원할 것을 주장하던 메이지 시기 일본 내 대표적 극우 보수언론기관이었다(이태진, 2007, 「역사 소설 속의 명성황후 이미지」, 『한국사시민강좌』 41, 일조각, 106~107쪽; 나가시마 히로키(永島廣紀), 2005, 「日本의 근현대 일한관계사연구」, 『한일역사공동연구보고서』 4, 한일역사공동연구위원회, 71쪽).
91 菊池謙讓, 1931, 『朝鮮雜記』 2, 鷄鳴社, 185쪽.

城新報社) 사장이며 을미사변의 실질적 행동대원의 총책이었던 아다치 겐조(安達謙藏), 을미사변 가담자 미우라 공사의 보좌관으로 와 있던 시바 시로(柴西朗), 국권당 수령인 삿사 도모후사(佐々友房) 등은 기쿠치의 조선 진출과 조선 내 활동을 지원했던 주요 인물들이다.[92]

도쿠토미는 민우사의 경영자로, 을미사변으로 히로시마(廣島) 감옥에 투옥된 기쿠치에게 일류 변호사를 선임해 주었고, 또한 기쿠치의『조선왕국(朝鮮王國)』을 자신이 경영하는 민우사에서 출판해 주었을 뿐만 아니라, 직접 책의 서문을 쓸 정도로 매우 각별한 관계였다.[93]

아다치 겐조는 국권당 기관지인 규슈니치니치신문(九州日日新聞)의 종군특파원으로 청일전쟁을 취재했고, 1894년 11월 국권당이 조선에서 처음으로 발행한 일본 신문인『조선시보(朝鮮時報)』를 창간하였다.[94] 또 1895년 2월 국권당이 중심이 되어 창간한『한성신보(漢城新報)』의 사장을 맡았다.[95] 아다치와 기쿠치 두 사람은 모두 구마모토 출신의 언론인이었고, 청일전쟁에 종군한 것도 같다. 또 후술할 바와 같이 두 사람은 삿사 도모후사를 매개로 연결되어 있었고, 기쿠치는 아다치가 주도하는 을미사변에까지 참여했을 뿐만 아니라 뒤에 한성신보사의 주필, 사장까지 하

---

92 강창일, 2002,『근대 일본의 조선침략과 대아시아주의』, 역사비평사, 322쪽. 이 가운데 시바 시로만이 후쿠시마현(福島縣) 출신이나 그 역시 동방협회 소속의 우익 낭인이며, 대륙 진출을 열렬히 주장했던 대외 강경노선의 정객이었다.

93 菊池謙讓, 1931,『朝鮮雜記』1, 鷄鳴社, 101~103쪽; 菊池謙讓, 1896,「서문」,『朝鮮王國』, 民友社.

94 國士館大學文學部人文學會 編, 1977,「熊本國權黨と朝鮮における新聞事業」,『國士館大學文學部人文學會紀要』, 28~29쪽; 安達謙藏, 1960,『安達謙藏自敍傳』, 新樹社, 45~47쪽.

95 安達謙藏, 1960, 위의 책, 45~52쪽.

게 된다.[96]

시바는 미국 하버드대학과 펜실베이니아대학에서 경제학을 전공한 뒤 1886년 농상무성대신 다니 간조(谷干城)의 비서관이 됐고, 1885년에서 1897년에 걸쳐 정치소설『가인지기우(佳人之奇遇)』를 써 작가로도 유명해졌다. 시바는 을미사변에서 조선인 주모자 이주회(李周會)와 빈번하게 접촉하면서 황후 시해 사건의 행동 책임자역을 맡았다.[97]

삿사는 구마모토 사족 집안 출신으로 세이세이코(濟濟黌)라는 학교의 교장으로 있었던 관계로 아다치 겐조와는 사제지간이었다. 아다치가『조선시보』를 발행한 것은 국권당의 수령이었던 삿사의 명을 받은 것이었다.[98]

1893년 11월 15일 기쿠치는 삿사 도모후사의 소개로 조선에 오게 되었고, 호즈미 도라쿠로(穗積寅九郞)가 경영하는 인천의 조선신보사(朝鮮新報社)에 입사하였다. 기쿠치는 경성에 주재하던 일본 언론인, 정치가, 경제인들과 만나 교분을 쌓았는데, 군부 겸 궁내부 고문관으로 와 있던 오카모토 류노스케(岡本柳之助), 시바 시로, 공사관 일등서기관 스기무라 후카시(杉村濬), 그리고 경제인 다케우치 쓰나(竹內綱), 오미와 조베(大三輪長兵衛) 등이었다. 그리고 기쿠치는 김익승(金益昇)이라는 조선인을 통

---

96 『한성신보』에 대한 기존의 연구로는 다음의 것들을 들 수 있다. 최준, 1961,「『한성신보』의 사명과 그 역할」,『신문연구』2-1(1961년 봄), 76~81쪽; 채백, 1990,「『한성신보』의 창간과 운용에 관한 연구」,『신문연구소학보』7, 109~129쪽; 박용규, 1998,「구한말 일본의 침략적 언론활동 -『한성신보』(1895~1906)를 중심으로 -」,『한국언론학보』43-1, 151~177쪽.
97 菊池謙讓, 1931, 앞의 글, 82쪽; 강창일, 2002, 앞의 책, 139~140쪽.
98 강창일, 2002, 위의 책, 140쪽.

〈표 4-3〉 기쿠치 겐조의 재한 활동 연혁(1893~1945)

시기		활동
1893년		도쿄전문학교(현 와세다대학) 영어정치과 졸업
	11월 15일	한국 인천에 도착
1894년	3월 28일	대원군과 면회. 일시 귀국. 『국민신문』 입사, 동신문 교토 특파원
1894년	6월	동학농민운동 발발하고, 청일전쟁이 발발하자 종군기자단 일원으로 다시 파견됨
	7월 23일	일본군의 경복궁 쿠데타를 직접 목격하고 취재함. 오카모토 류노스케와 함께 대원군을 내세움
1895년	10월 8일	을미사변 가담
	10월 17일	을미사변 가담자 48명 퇴한 조치
	11월	히로시마 감옥 미결(未決)감방으로 유치
1896년	1월	증거 불충분으로 전원 무죄 석방, 옥중 『조선왕국』 저술
1898년		『한성신보』 주필로 다시 한국에 옴. 일본 망명 중인 이준용(李埈鎔)과 운현궁 사이의 연락을 중개
1900년		『한성신보』 사장 취임
1901년		한일국방동맹 교섭 사무를 맡아 여러 차례 도쿄를 왕래
1902년		한국 황태자 위문 및 신변보호의 비밀 부탁받아 수행
1903년		『한성신보』 사장직 사퇴
1904년		『대동신보』 창간
1905년		엄비의 명을 받아 숙명여학교 창립에 간여함
1906년		통감부 촉탁받아 한반도 통치에 필요한 정보 및 자료 수집
1908년		『대동신보』를 통감부에 3,000원에 매각. 잡지 『조선』 주간. 이토 히로부미로부터 한국사 근대사 저술 명령받음. 조선고서간행회, 조선연구회 활동
1909년		조선통신사 설립. 샤쿠오 교쿠보와 함께 『조선급만주』 창간. 『조선신보』 발행에 관여
1910년		『조선최근외교사 – 대원군전 부(附) 왕비의 일생』 저술
1911년		경상북도 대구 민단장
1912년	8월	한국병합기념장 수상
1914년		경북 민단장 해임. 지방공공사업에 관한 공로로 조선 총독으로부터 은배(銀杯) 1조(組) 받음
1920년		조선총독으로부터 조선 사정의 조사 위촉을 받아 각종 조사에 착수 조선총독부 경무국 정보위원으로 유도진흥회(儒道振興會) 결성
1922년		조선사정조사 사무 종료와 함께 해임
	11월	다시 언론계 종사. 대륙통신사 설립, 사장 취임
1925년		『조선제국기』 저술, 『조선독본』 갑편 감수
1928년		내각상훈국으로부터 대례기념장 수상

시기		활동
1930년	4월	이왕직으로부터 실록편찬자료모집위원으로 위촉받아 자료 수집
1931년		『조선잡기』 1, 2 저술. 노령을 이유로 대륙통신사 사장 퇴임. 『경성일보』와 그 외 주요 신문잡지의 집필에 종사
1935년	3월	이왕직 실록편찬자료모집위원 사무 종료, 해임
1936년		『근대조선이면사 - 일명 근대조선의 횡안』 저술, 조선연구회 주재
1937년		『근대 조선사』 상 저술. 『서물동호회 회보』 창간 때부터 1943년까지 집필 담당
1939년		『근대 조선사』 하 저술. 『김옥균전』, 『이용구전』 등 편찬
1945년		일본으로 귀국

출전: 1935, 『朝鮮總督府始政二十五周年記念表彰者明鑑』; 『조선왕국』; 『근대조선이면사』; 『조선잡기』 1, 2 등에서 작성.

해 조선어를 습득할 수 있었다.[99] 이 무렵 기쿠치는 삿사의 주선으로 스즈키 준켄(鈴木順見, 후일 을미사변 가담자)과 함께 대원군을 알현하게 되었고,[100] 이후 대원군 측과의 지속적 교류를 하게 되었다. 그리고 1894년 3월 일본으로 돌아가 국민신문 교토 통신원으로 활동하다가 그 해 6월 동학농민운동과 청일전쟁의 발발을 계기로 재차 조선에 오게 되었다. 이때 그는 외무성 특별촉탁(特別囑託)을 겸직했다.[101]

기쿠치는 본업이 기자였으나 오히려 일본의 한일 강제병합 및 식민통치의 보좌 역할이라는 정치적 행각과 또 식민지 침략행위를 합리화 내지 정당화하기 위한 저술 활동이 두드러진다.

---

99 菊池謙讓, 1931, 『朝鮮雜記』 2, 鷄鳴社, 185~197쪽.
100 菊池謙讓, 1931, 위의 책, 185~186쪽.
101 菊池謙讓, 1936, 「田內蘇山의 서문」, 『近代朝鮮裏面史 - 一名 近代朝鮮の橫顔』(이하 『근대조선이면사』로 약칭), 朝鮮硏究會; 菊池謙讓, 1896, 「德富蘇峰의 서문」, 『朝鮮王國』, 民友社, 2쪽.

② 『국민신문』 특파원 활동기 – 을미사변 가담

기쿠치가 본격적으로 조선에서의 정치적 활동을 시작한 것은 바로 청일전쟁 당시 종군기자로서 조선에 파견되고, 1894년 7월 23일 일본군의 경복궁 쿠데타에 가담하면서부터였다. 기쿠치는 동학농민운동과 청일전쟁이 발생했을 때 오카모토와 함께 자주 대원군을 방문하여 조선의 현안을 의논했고, 대원군을 앞세우려 했다.[102]

한편, 청일전쟁에서 승리를 했음에도 불구하고, 1895년의 삼국간섭으로 인하여 랴오둥 반도를 다시 중국에 반환해야 했었던 일본은 조선 정부 내 친러 성향과 그 핵심에 있었던 명성황후의 제거를 계획하였다.[103] 이 무렵 기쿠치는 청일전쟁 취재 당시 국권당의 기관지인 규슈니치니치신문의 청일전쟁 종군특파원으로 조선에 파견된 아다치 겐조와 접촉이 있었을 것으로 추정된다.[104] 1895년 2월 17일에 창간된 『한성신보』는 외무성의 기밀비와 매월 지급되는 공사관의 보조금으로 만들어진 공사관의 기관지적 성격을 띠었다. 이 신문은 국권당 수령인 삿사 도모후사와 이노우에가 의논하여 만들었는데, 사장에는 아다치, 주필에는 구니토모 시게아키(國友重章), 편집장에는 고바야카와 히데오(小

---

102 菊池謙讓, 1910.11, 『朝鮮最近 外交史 大院君傳 附 王妃の一生』(이하 『대원군전』으로 약칭), 대원군전 편찬의 유래.

103 을미사변의 전개 과정과 그 사후 결과 및 사변 가담자에 관해서는 이미 기존의 연구에서 충분히 규명되어 있는 관계로 여기서는 사변 가담자 기쿠치와의 관련 부분만을 언급하는 선에서 소략하게 다루기로 하겠다. 관련 연구 성과로는 최문형, 1992, 『명성황후 시해사건』, 민음사; 최문형, 2006, 『명성황후 시해의 진실을 밝힌다』, 지식산업사; 한영우, 2001, 『명성황후와 대한제국』, 효형출판; 이민원, 2002, 『명성황후 시해와 아관파천』, 국학자료원 등 참조.

104 정진석, 2002, 「제2의 조선총독부 京城日報 연구」, 『관훈저널』, 226~227쪽.

早川秀雄), 편집원에는 사사키 다다시(佐々木正), 회계에는 우시지마 히데오(牛島英雄)가 담당하는 등 주로 구마모토 국권당 계열 낭인들이 운영했다.105

기쿠치는 "한성신보사에는 구마모토현 출신으로서 '일기당천(一騎當千)의 기개'를 가지고 일사보국(一死報國)하겠다는 청년들이 모여 있었다"고 주장했다.106 또한 기쿠치 스스로 당시의 한성신보사를 가리켜 "신문기자의 단체라기보다는 유지가(有志家) 낭인들의 구락부였다"107고 했던 것에서 구마모토 출신 기쿠치가 사변에 가담하게 된 경위가 잘 드러난다.

게다가 그는 이 사변을 대원군이 주도한 운동으로써 다만 일본 국민은 조선과의 국제적 신의를 실행하고, 이웃 나라의 예로서 이를 적극 후원했을 뿐이라고 사건의 배후와 책임소재에 대하여 대원군을 지목했고, 전혀 뉘우침이나 반성의 여지는 없었다.

을미사변 후 기쿠치는 가담자들과 함께 퇴한 조치 되었고, 히로시마 감옥에 투옥되었다. 민우사의 도쿠토미는 당시 일류 변호사를 섭외하여 기쿠치의 무죄방면에 힘썼는데, 1896년 1월 기쿠치는 물론 사변 가담자 전원은 증거 불충분으로 모두 석방되었다.108

석방된 기쿠치는 1898년 한성신보 주필로 조선에 돌아오게 되었다.109 그리고 을미사변으로 기쿠치와 함께 퇴한 조치 되었던 아다치

---

105 강창일, 2002, 앞의 책, 137쪽.
106 菊池謙讓, 1939, 『近代朝鮮史』 下, 鷄鳴社, 408쪽.
107 菊池謙讓, 1926, 「私ど朝鮮の言論」, 『朝鮮之事情』.
108 菊池謙讓, 1931, 앞의 책, 100~111쪽.
109 金容九 編, 1995, 「漢城新報明治三十一年報」, 『韓日外交未刊極秘史料叢書』 3, 亞細

도 돌아와 한성신보의 개량작업을 시작하게 되었다. 기쿠치는 1900년 마침내 한성신보 사장에 올라 1903년까지 경영에 종사하였다. 그런데 1903년 들어서서 외무성은 한성신보가 논조 면에서 충분히 제 역할을 하지 못하고, 운영 면에서 많은 문제점을 안고 있다고 하여 그 해 6월 기쿠치를 해임하였다.[110] 기쿠치는 해임 후 곧바로 1904년 4월 18일 『대동신보(大東新報)』라는 민간 신문을 창간하고, 이 신문을 통해 일제 당국의 시정에 더욱 협조하였다.[111] 그런데 통감부는 1906년 한성신보를 1만 원에, 대동신보를 3천 원에 각각 매수하고,[112] 기타 군소 신문 5개를 통폐합하여 결국 1906년 9월 1일 통감부 기관지 『경성일보(京城日報)』를 창간하였다.[113] 기쿠치가 주필을 맡거나 사장으로 경영하였던 두 신문이 통감부 기관지 『경성일보』의 모태가 된 것이다.

한편, 1906년에는 통감부 촉탁을 받아 조선 통치에 필요한 전국 각지의 사정을 면밀히 조사하여 통감시설(統監施設)에 참고가 되는 자료를 수집하였고, 또한 통감부로부터도 반도 통치를 위한 이면 활동에서의 활약이 대단하였음을 치하받았다.[114]

기쿠치는 1909년 조선통신사(朝鮮通信社)를 창립하여 사장에 취임하

亞文化社, 171~172쪽.

110 기밀 제77호, 「한성신보사의 개량 및 유지의 건(1903.5.2)」, 『韓日外交未刊極秘史料叢書』 3, 282~286쪽; 이해창, 1971, 「구한국시대의 일인경영신문」, 『한국신문사연구』, 성문각, 373~374쪽.

111 森川 淸人 編纂, 1935, 『朝鮮總督府始政二十五周年記念表彰者名鑑』, 表彰者名鑑刊行会, 1167쪽.

112 정진석, 「민족지와 일인경영신문의 대립」, 51쪽.

113 인천부, 1933, 『인천부사』, 1388쪽.

114 森川 淸人 編纂, 1935, 앞의 책, 1167쪽.

였고,[115] 샤쿠오 교쿠보(釋尾旭邦)와 함께 『조선급만주(朝鮮及滿洲)』를 창간했다고 하는데, 사실 잡지 『조선』이 1912년 1월(통권 47호)부터 『조선급만주』로 제목을 바꾸어 1941년 1월(통권 398호)까지 발간된 것이다.[116] 기쿠치는 1908년 무렵 아오야기 고타로(靑柳綱太郎) 등이 설립한 조선연구회에서 활동하면서 조선의 역사와 고서 연구 및 번역 작업 분야에서 지속적으로 활동하였다.[117] 기쿠치는 1911년에는 경상북도 대구 민단장(民團長)에 임명되어 지방 공공사업을 맡아 병합 직후 조선인들의 식민통치에 대한 저항을 무마시키기 위한 조선인과의 접촉융화사업을 담당했다. 그리고 그 공로를 인정받아서 그는 1912년 8월 한국병합기념장(韓國倂合記念章)을 수여했다. 그는 1920년 7월 다시 조선총독부로부터 조선 사정의 조사를 위촉받아 1922년 조사사무가 종료될 때까지 시정의 참고가 될 각종 자료를 수집하였다.

1922년 11월에는 다시 언론계에 돌아와 대륙통신사(大陸通信社)를 설립하고, 각종의 집필 업무에 주력하였다. 대륙통신사는 일본 외무성 당국과 조선 총독과의 협조로 설립된 언론사였다.[118] 또한 총독부 촉탁으로 조선 사정을 조사한 자료를 근거로 이후 『조선제국기(朝鮮諸國記)』 등

---

115 기쿠치는 경성일한전기통신사(京城日韓電氣通信社)와 조선일일신문사(朝鮮日日新聞社)를 경영하였고, 호소이 하지메(細井肇)가 여기에 고용되었다고 한다. 또한 호소이는 기쿠치와 함께 조선연구회를 만들었고, 그의 저서 『現代漢城の風雲と名士』(1910, 日韓書房)는 기쿠치가 감수한 것으로 양자의 관계는 매우 밀접하였다(高崎宗司, 2002, 『植民地朝鮮の日本人』, 岩波書店, 116~117쪽).
116 『조선』에 대해서는 단국대 동양학연구소 편, 2004, 『개화기 재한조선인 잡지자료집: 조선 1』, 동양학연구소, 해제 참고.
117 菊池謙讓, 1936, 「自序」, 『근대조선이면사』, 田內蘇山.
118 菊池謙讓, 1936, 「序文」, 『근대조선이면사』, 田內蘇山.

을 저술하였다.[119] 그리고 이렇게 식민통치의 이면에서의 보조 활동으로 다시 1928년 일본 내각상훈국(內閣賞勳局)으로부터 대례기념장(大禮記念章)도 수여했다.

1930년 4월에는 이왕직(李王職)으로부터 고종·순종 실록편찬자료 모집위원(實錄編纂資料募集委員)으로 위촉받아 1935년 3월 사무종료까지 활동했는데, 이때 그는 방대하고도 생생한 자료를 직접 열람, 조사할 수 있었고, 이를 바탕으로 하여 『근대 조선사』 상·하권을 출간하였다.[120]

기쿠치는 1939년의 『근대 조선사』 하권 저술 이후 1945년 일본으로 돌아갈 때까지 약 6년간의 시기는 주로 『김옥균전』, 『이용구전』, 우치다 료헤이(內田良平) 등 친일파 조선인이나 조선에서 활동한 일본인들에 대한 저술을 가끔씩 잡지에 싣는 정도의 활동을 한다.[121] 1870년생인 기쿠치의 나이가 1939년 무렵 거의 70세였으므로, 사실상 대외 정치 활동이나 집필 활동을 지속하기에는 무리가 있었을 것이다. 그런데도 제2선으로 물러나서도 호소이 하지메(細井肇)와 같은 식민지 어용 문필가들을 양성해 냈다. 그는 일본의 패망과 함께 일본으로 돌아가기 전까지는 성동구 신당정(新堂町) 432번지에 거주했었다.[122]

(2) 『조선최근외교사 대원군전 부 왕비의 일생』

① 『대원군전』의 역사적 사실 오류

---

119 菊池謙讓, 1925, 『朝鮮諸國記』, 大陸通信社.
120 菊池謙讓, 1937·1939, 『近代朝鮮史』 上·下, 雞鳴社.
121 國民總力朝鮮聯盟, 1944.8, 「韓國併合に登場した內田良平」, 『國民總力』 6-15.
122 和田八千穗, 1945.3, 「執筆者略歷」, 藤原喜藏 編, 『朝鮮の回顧』, 近澤書店.

〈표 4-4〉 기쿠치 겐조의 한국사 저술 목록

출판연도	책 제목	발행사	비고
1896	『朝鮮王國』	民友社	저술
1910	『朝鮮最近外交史 大院君傳 附 王妃の一生』	日韓書房	
1931	『朝鮮雜記』 1·2	鷄鳴社	저술, 지리·보부상 등 포함
1936	『近代朝鮮裏面史――一名 近代朝鮮の橫顔』	朝鮮研究會, 東亞拓植公論社	저술, 지리·보부상 등 포함, 田內蘇山 공저
1937	『近代朝鮮史』 上	鷄鳴社	
1939	『近代朝鮮史』 下	鷄鳴社	

* 기쿠치의 저술(단행본)만 기재함. 잡지 기고문 등은 생략함.
출전: 하지연, 2008, 「韓末·日帝강점기, 菊地謙讓의 문화적 식민활동과 한국관」, 『동북아역사논총』 21, 233쪽, 〈표 2〉.

    기쿠치의 첫 역사서는 『조선왕국』이다. 『조선왕국』은 을미사변의 합리화와 정당성 주장을 위해 히로시마 감옥에서 집필한 변명서였다. 그리고 두 번째 저서인 『조선최근외교사 대원군전 부 왕비의 일생(朝鮮最近外交史 大院君傳 附 王妃の一生)』(1910)(이하 『대원군전』)은 통감 이토 히로부미(伊藤博文)의 명령에 의해 쓰여진 것으로 병합을 목전에 두고, 조선 망국론의 입장에서 한국 근대사의 주역인 대원군, 고종, 명성황후의 정치적 무능력과 부패상에 초점을 두어 의도적으로 저술된 것이었다.

    기쿠치의 근대사 서술의 내용과 인식은 이후 나온 『근대조선이면사』나 『근대 조선사』 상·하에서도 크게 달라지지 않고, 기본적으로 이 『대원군전』을 바탕으로 하였다. 물론 『근대조선이면사』와 『근대 조선사』 상·하는 인물사 위주의 서술양식은 아니고, 근대 개설서이므로, 주요 사건 일지별로 설명되고 있으나, 궁극적으로 『대원군전』의 내용과 인식의 틀을 그대로 반영하였다. 따라서 『대원군전』은 기쿠치의 한국근대사에 대한 인식과 그의 역사 왜곡상을 가장 여실히 볼 수 있는 저술이라고 할 수 있다.

한편, 기쿠치의 한국사 저술은 『근대 조선사』 상·하에서 거의 마무리 되었다. 그는 1926년경부터 한국 근대사 저술에 뜻을 두고, 그 성과를 내기 위하여 사이토 마코토(齋藤實) 총독과 이마니시 류(今西龍)에게 도움을 청하였는데, 마침 『고종실록』·『순종실록』 편찬위원으로 1930년부터 1935년까지 사료 수집의 임무를 수행하면서 자료를 직접 접할 기회를 얻었고, 이를 바탕으로 1935년 3월, 사업종료 후 당초 자신이 계획하였던 근대사 집필작업에 들어갔다. 마침내 박문사(博文寺)에서 기거하며 원고를 정리한 결과 1937년 10월에 가서 총 669쪽에 달하는 상권을 탈고하였고, 다시 1939년에 가서 584쪽의 하권을 완성하였다.

그는 이 책의 자서에서 밝히기를 이미 자신이 너무 늙어서 이 책은 기존의 저술인 『근대조선이면사』를 재검토한 것에 불과하다고 했다.[123] 그러나 책의 내용과 분량 면에서 기존의 어떠한 한국 근대사 저술보다도 방대하다. 이는 도쿄제국대학 문학부 국사학과를 졸업하여 경성제국대학 교수가 된 다보하시 기요시(田保橋潔)의 『근대 일선관계의 연구(近代日鮮關係の研究)』(조선총독부 중추원, 1940)보다도 앞선 저술이었다. 물론 기쿠치는 근거가 되는 사료를 각주로 처리하지 않아 후일 다보하시 같은 관학자 계열에서 기쿠치 등과 같은 재야 학자들의 저술에 사료적 근거를 제시해야 하는 숙제를 떠안게 되었다.

기쿠치의 『근대 조선사』 상·하권에 이르기까지의 저술은 거의 『대원군전』과 『근대조선이면사』를 골간으로 한 것이다. 따라서 기쿠치의 역사서 저술에서 나타나는 한국사 왜곡의 실태와 의도적이거나 혹은 사료검증을 제대로 하지 못한 데에서 초래된 역사적 사실의 오류를 『대원

---

123 菊池謙讓, 1937, 「自序」, 『近代朝鮮史』 上, 鷄鳴社.

군전』의 분석을 통해 살펴보고자 한다.[124]

기쿠치는 신미양요 당시 전사한 어재연을 병인양요 때 사망한 것으로 잘못 표기하였고,[125] 1876년의 강화도조약을 1875년으로, 1876년 김기수가 1차 수신사로 파견된 것을 1878년으로, 1880년 하나부사(花房) 공사가 서울에 공사관을 설치한 것을 1879년으로 잘못 표기하였다.[126] 1874년 11월 28일의 민승호(閔升鎬) 일가의 폭사사건도 대원군이 일본과의 수교에 울분한 끝에 일으켰다고 잘못 서술하였다.[127] 강화도조약은 1876년이었다.

기쿠치는 최익현이 황후당으로 황후의 사주를 받아 대원군의 쇄국양이 정책을 비난하고, 일본과의 수교를 주장했다고 서술하고 있다. 또한 최익현의 뒤를 이어 홍재학이 그 아류가 되어 다시 대원군의 섭정을 비판하는 상소를 올림으로써, 서소문 밖에서 참형에 처해졌다고 하였다.[128] 그러나 최익현은 오히려 개국을 앞두고, '왜양일체론(倭洋一體論)'을 주장한 '지부복궐상소(持斧伏闕上疏)'를 올렸다가 유배형에 처해진 인물이었음은 잘 알려진 바이다.[129]

한편, 기쿠치는 궁인 이씨 소생 완화군을 대원군이 매우 총애하여 세자로 책봉하려 하자 명성황후가 갑자기 본색을 드러내었다고 거의 소설에 가까운 상황설명을 했다. 또 황후는 왕자를 낳자마자 자기 소생의 왕

---

124 기쿠치의 『대원군전』의 오류와 왜곡을 분석한 것은 이태진, 2007, 앞의 글, 참조.
125 菊池謙讓, 1910, 『대원군전』, 51쪽.
126 菊池謙讓, 1910, 위의 책, 96쪽.
127 菊池謙讓, 1910, 위의 책, 308~309쪽.
128 菊池謙讓, 1910, 위의 책, 73~75, 85~87쪽.
129 『承政院日記』, 고종 13년(1876) 1월 23일;『日省錄』, 동일 자.

자를 세자로 책봉하기 위하여 중국에 이유원을 파견하여 외교전을 펼쳤다고 했다. 그리고 새롭게 강대국으로 부상한 일본에 대해서도 수교관계를 수립하여 도움을 받으려 했다는 것이다.[130]

기쿠치는 한국 근대사를 대원군과 명성황후 양자의 갈등 구조로 이해하였고, 그들의 파행적이고 치열한 정쟁으로 결국 나라가 망하게 되었다는 식의 역사구도를 설명하기 위하여 대원군과 황후 사이의 갈등이 완화군 문제에서부터 시작되었다고 드라마틱하고 장황하게 설명한 것이다. 기쿠치는 당시 모든 것을 황후의 원자 출산과 연관지으려 했기 때문에, 이미 원자 출생 이전부터 진행되던 고종의 친청체제 수립을 위한 서양 문물 수입과 일본과의 관계 개선 계획 등, 당시 조선 정부의 독자적이고, 능동적인 개국의 움직임을 간과하였다.

기쿠치는 완화군과 그의 생모의 죽음을 두고, '세상에서 모두 (명성황후가 죽였다고 - 필자) 그 죽음을 의심했다', '가련한 궁녀와 왕자는 마침내 두 영웅의 희생이 되어 유명을 달리하였다'[131]고 전혀 근거 없는 이야기를 꾸며내기까지 했는데, 이 완화군 독살설은 이후 마치 정설처럼 굳어져 버려 명성황후를 폄하하는데 가장 전형적인 사례로 늘 회자되었다. 그러나 기쿠치는 기본적인 사실관계조차 틀렸다. 완화군의 죽음을 기쿠치는 신미년이라고 하였는데, 완화군이 죽은 것은 1880년 1월 12일로 이때는 음력설 이전이므로 기묘년(己卯年)이다.

다음은 임오군란 부분 오류이다. 기쿠치는 임오군란 당시 국망산에 피신한 황후가 밀사를 보내 고종으로 하여금 어윤중을 베이징에 보내

---

130 菊池謙讓, 1910, 앞의 책, 83·87~88·97~98쪽.
131 菊池謙讓, 1910, 위의 책, 83~84쪽.

보호를 요청할 것을 제안했고, 그 때문에 청군 4,000명이 파병되어 대원군을 잡아가게 되었다고 설명하였다.[132] 그러나 당시 어윤중은 1882년 4월 조미수호통상조약 체결 후 사후 논의를 위하여 이미 톈진에 파견되어 있었고, 6월 임오군란이 터졌을 때, 청은 종주국으로서의 정변 주모자 징벌의 의무가 있음을 주장하며 고종의 의사를 무시하고, 일방적으로 파병한 것이었다. 또한 기쿠치는 황후가 심상훈에게 업혀 피란 갔다고 하였으나,[133] 사실은 시어머니인 부대부인 민씨의 사인교를 타고 궁궐을 빠져나갔으며, 민태호는 임오군란 당시 살해된 것이 아니고, 1884년 갑신정변 당일 살해되었다.[134]

기쿠치는 임오군란 때 청의 보정부(保定府)에 연금되었던 대원군의 환국도 황후와의 대립 관계의 일환에서 설명하였다. 즉 황후가 러시아를 끌어들이자 이를 견제하기 위해 보정부에 연금되었던 대원군을 환국시켰다는 것이다.[135] 그러나 임오군란으로 빚어진 불리한 외교적 형세를 만회하려는 고종이 진주사(進奏使) 민종묵을 청에 보내 대원군의 환국을 요구하였던 것이다. 기쿠치는 대원군과 명성황후[136]의 갈등 구조에만 초점을 맞춰 군주 고종의 존재를 완전히 실종시켰다.[137]

이상은 『대원군전』에 나타난 역사적 사실의 오류 부분이다. 그 유형

---

132 菊池謙讓, 1910, 위의 책, 112~113쪽.
133 菊池謙讓, 1910, 위의 책, 315~321쪽.
134 菊池謙讓, 1910, 위의 책, 104쪽; 『日省錄』, 고종 21년(1884) 10월 17일; 『備邊司謄錄』, 동일 자.
135 菊池謙讓, 1910, 위의 책, 143~145쪽.
136 명성황후란 시호는 황후의 장례식(1897.10)이 정식으로 거행되고 추존된 호칭이지만, 이 책에서는 추존 이전까지도 소급하여 명성황후로 칭하는 것으로 한다.
137 이태진, 2007, 앞의 글, 120~122쪽.

을 보면 단순히 역사적 사실의 오류인 경우도 있고, 나머지의 사례는 한국 근대사를 대원군과 명성황후 양자의 대결 구도로 규정짓고[138] 서술을 하다 보니, 전혀 관련 없는 인물이나, 상소문, 사건의 시간 착오 등의 오류를 범한 경우이다.

② 대원군과 명성황후에 대한 왜곡과 폄하작업

기쿠치는 을미사변의 직접 가담자이다. 당연히 그의 명성황후에 대한 서술은 시해의 만행을 합리화하기 위한 변명과 그 근거로서 명성황후에 대한 부정적 평가로 일관되어 있다.

그에 의하여 형상화된 명성황후의 상은 시아버지와의 권력 쟁탈전에서 유혈의 정쟁을 일삼고, 끊임없는 권력욕으로 한말의 정치를 좌지우지하면서 내정에서는 사치와 낭비, 민씨 척족의 부패와 타락, 무능함으로 일관했고, 외교에서는 청, 러시아, 미국 등의 외세에 부합하여 사대 외교를 추진한 결과 결국 어느 나라로부터도 도움을 받지 못하고 몰락했다는 최악의 이미지로 만들어졌다.

특히 명성황후가 정치를 장악한 것은 "일반적인 조선 부녀자들의 전형"이고, "고종이 궁인 이씨에게 빠져 있는 동안 외로운 황후는 좌전(左傳)을 애독하였는데, 이를 바탕으로 후일 대원군과의 정쟁에서 기발하고, 민첩한 종횡책을 쓸 수 있었고, 고통을 참고, 세력을 집결, 인심을 교묘하게 이용할 수 있었으며, 피를 보는 것을 서슴지 않는 잔인한 성정(性情)을 타고났다"고 하였다. 게다가 "황후가 천성적으로 권력을 좋아한 것은 일찍이 조실부모하여 친척 집에서 자란 성장 과정으로 인하여 내면에

---

[138] 菊池謙讓, 1910, 앞의 책, 78쪽.

인심과 이해관계를 통찰하는 명민함을 지니게 되었다"[139]고 마치 소설 속의 등장인물의 심리를 묘사하듯이 자신의 주관적 판단하에 근거 없는 서술을 하고 있다. 또 명성황후를 러시아의 캐서린 대제에 비교하여 "참담한 사변의 연속이고, 냉혹한 성격과 권력에 대한 열정으로 황후의 왕궁에서 유혈, 참극이 빈발했으며, 그녀는 여성 특유의 신경과 약점을 유감없이 발휘하여 병란의 신과 같은 일생을 보냈다", "황후가 청신하게 보이는 것은 혈관의 피가 적은 탓이며, 침묵을 고수하는 것은 항상 모략에 잠겨있었기 때문이다", "그녀의 심혈은 실로 야심, 허영, 권세욕으로 가득 차 있었다"[140]라는 식의 실소를 금할 수 없는 저속한 인신 공격적 표현과 주관적이고 독자의 감정을 자극하는 표현을 책 전체에서 여러 번 반복하고 있다.

기쿠치의 명성황후에 대한 부정적 이미지 만들기는 이범진(李範晉)과 진령군(眞靈君) 혹은 신령군(神靈君)이라는 무당의 서술 부분에서 절정에 달하고 있다. 그는 황후가 점쟁이, 무녀, 승니 등을 궁중에 출입시키고, 왕자의 건강을 위해 전국 사찰과 산천에 기도를 올림으로써 빚어진 국고 낭비를 여러 차례 언급하였다.[141] 기쿠치는 진령군 휘하의 세력으로 이범진과 이유인(李裕寅), 홍계훈(洪啓勳), 고영근(高永根), 윤태준(尹泰駿) 등을 지목했고, 진령군이 청일전쟁이 일어나기까지 10년간 경복궁을 지배하여 온 나라에 가렴주구가 끊이지 않았다고 했다. 게다가 진령군과

---

139 菊池謙讓, 1910, 위의 책, 79~81·147·238~239·297쪽.
140 菊池謙讓, 1910, 위의 책, 295~296·302·308쪽.
141 菊池謙讓, 1945, 「韓末に登場した女性」, 和田八千穗·藤原喜藏 共編, 『朝鮮の回顧』, 近澤書店, 304~319쪽; 菊池謙讓, 1910, 위의 책, 103쪽.

명성황후를 "정신병에 걸린 이상한 조선부인의 대표자"라고까지 했다.[142]

또 기쿠치는 이범진과 명성황후를 치정 관계로 설정해서 황후를 부정한 여인으로 인식시켰다.[143] 이범진은 훈련대장 이경하의 아들로 1879년 문과에 급제하였고, 국왕 중심의 개화정책의 적극적 지지자였다. 아관파천에 참여한 친러파 인사로 후일 헤이그 특사로 파견된 이위종(李瑋鍾)의 아버지이기도 하다. 또한 1897년 미국, 1900년 러시아(독일, 오스트리아, 프랑스 공사 겸임)에서 주재 공사를 차례로 역임한 외교 분야 전문가였다. 이범진은 국권이 피탈된 후 1911년 러시아의 페테르부르크에서 순국 자결하였다. 일본인 입장에서 결코 바람직하지 않은 인물이었기에 기쿠치는 이런 인물을 불량한 잡인으로 소개하였다.

기쿠치는 을미사변의 정당성을 강조하기 위하여 『대원군전』에서 대원군의 국내 개혁정책에 관하여 비교적 긍정적 평가를 내리고 있다. 또한 이러한 대원군의 업적을 며느리 명성황후가 하루아침에 무너뜨리자 마침내 대원군이 며느리에게 복수를 했다는 것이다. 또한 기쿠치는 명성황후가 러시아 세력을 끌어들여 조선 정부가 급격하게 친러화되고 있으면서 일본 공사 미우라를 자극하여 사변이 터진 것처럼 설명하고 있다.[144]

기쿠치는 "예전 임오군란 때 난민들이 어차피 황후를 죽이려고 했었는데, 그녀를 살해한 것이 뭐가 그리 죄가 되냐"는 식의 논리까지 폈고, "조선 역사에서 정쟁 중 국왕 또는 그 가족이 살해당하는 것이 적지 않았으니, 이번 사건이 대원군과의 정권투쟁에서 터진 것으로 조금도 이상

---

142 菊池謙讓, 1910, 위의 책, 314·331~335쪽.
143 菊池謙讓, 1936, 앞의 책, 317쪽; 菊池謙讓, 1910, 위의 책, 154쪽.
144 菊池謙讓, 1910, 위의 책, 202쪽; 菊池謙讓, 1936, 위의 책, 332쪽.

할 것이 없다"고 강변하였다.¹⁴⁵

이렇게 기쿠치가 한국 근대사의 전개 과정에서 대원군과 명성황후의 정쟁에만 초점을 맞춘 끝에 결국 군주 고종은 '암약한 인물'로 전락하게 되었다. 그는 명성황후 생전의 고종을 "왕궁의 나무 인형 모양 침묵한 채 어떤 일에도 관여하지 않았다"라고 표현하기까지 했다.¹⁴⁶ 기쿠치는 명성황후 사후 고종에 대한 평가 부분에서 특히 광무개혁 부분을 두고 "고종은 외교에 능한 듯 보이나 실상 열강의 이권 요구에 대한 본질을 간파하지 못하여 결국 대한제국의 국민은 점차 시체와 같이 되었다"고까지 비판했다.¹⁴⁷

③ 동학농민운동과 청일전쟁 및 갑오개혁에 대한 왜곡 실태

기쿠치의 『대원군전』에 수록된 「일청전쟁과 대원군」은 일본인에 의하여 저술된 동학농민운동에 관한 글로는 효시에 속한다.¹⁴⁸ 기쿠치는

---

145 菊池謙讓, 1910, 위의 책, 193~200·202·205~207·211~212쪽; 菊池謙讓, 1936, 위의 책, 332쪽.
146 菊池謙讓, 1910, 위의 책, 314쪽.
147 이태진 교수는 기쿠치가 『근대 조선사』 상·하에서 당대의 일본인 저자들과는 상당히 다른 고종, 고종시대사 인식을 보여주었고 평가했다. 특히 하권 마지막 절을 「한말의 문화」라고 하여 광무 연간의 황제정이 근대화의 씨앗을 뿌린 것도 인정하였다고 하였다(『고종시대의 재조명』, 123~132쪽). 그러나 기쿠치는 다만 광무개혁의 내용을 소개하였을 뿐 그것의 결과 및 효과에 대하여 긍정적 평가를 내린 것은 결코 아니다. 오히려 기쿠치는 광무개혁에서 추진된 각종의 근대적 시설 및 개혁은 효과를 보지 못하고 사멸했다고 결론 내리고 있다(『근대 조선사』 하, 131쪽). 더군다나 기쿠치는 『대원군전』에서 이미 고종을 튀르키예의 전제 군주에 비교하며, 실패한 국왕임을 분명히 하였다. 따라서 기쿠치가 명성황후에 대한 폄하와 왜곡만큼 고종을 혹독하게 깎아 내린 것은 아니나, 결코 고종을 긍정적으로 평가한 것은 아니었다.
148 일본인들에 의하여 동학농민운동에 관한 역사 서술이 시도된 것은 하야시 다이스케

"동학의 변란은 정적의 선동에 의해 발생된 것이다"라고 보고 있고, "청군의 개입은 불법이다"[149]라고 하여 일본 개입의 정당성을 합리화하려 하였다. 또 9월의 2차 봉기를 기술치 않고, 1차 봉기만을 기술하면서 동학 중심으로 이루어진 반란으로 규정, 대원군과 명성황후의 암투에서 빚어졌다고 기술하였다. 따라서 그의 관점은 농민운동의 반봉건·반침략의 요소가 철저하게 배제되어 있다.

기쿠치의 동학농민운동 및 갑오개혁, 청일전쟁에 대한 서술은 대체로 다음의 주장을 골자로 하였다.

첫째, 동학농민운동은 대원군과 원세개의 사주를 받아 선동되었으며, 대원군과 명성황후의 권력 쟁탈전, 원세개의 한국 지배 전략에 농민군이 이용당했다는 것이다.[150] 즉, 동학농민운동을 단순히 권력에 놀아난 민란 수준으로 평가 절하시켜버린 것이다.

둘째, 동학농민운동이 청일전쟁의 원인을 제공했고, 나아가 일본에 의한 한국병합의 단서가 되었다고 하였다.[151] 또한 청이 동학농민운동을 기화로 조선을 속국으로 만들려 했기 때문에 일본이 이웃을 위하여 '의전(義戰)'을 감행한 것이었다는 것이다.[152] 이러한 논리는 현재 일본 교과서에서도 계속 이어지고 있다. 일본 우익의 기본적인 역사관으로 청일전

의 「근세사 조선기 하 – 구미 및 청일관계(近世史 朝鮮記 下 – 歐美及淸日關係)」(1892, 『조선사(朝鮮史)』)에서부터 시작되었다. 그리고 기쿠치의 「역사부 – 동방2제국(東方二帝國)」(1896, 『조선왕국』)과 시노부의 「제2장 경성 – 동학당」(1901, 『한반도』) 등으로 이어졌으며, 본격적 서술이 이루어진 것은 1930년대였다. 하야시의 경우 1892년 저작이므로 본격적인 동학농민운동을 서술한 것이 아니다.

149　菊池謙讓, 1910, 앞의 책, 166쪽.
150　菊池謙讓, 1910, 위의 책, 158~163쪽.
151　菊池謙讓, 1936, 앞의 책, 216쪽.
152　菊池謙讓, 1910, 앞의 책, 175~176쪽.

쟁이 이후 1945년 제2차 세계대전이 끝날 때까지 일본의 제국주의 침략전쟁의 시발점이었다는 역사적 사실 자체를 전면 부인하는 왜곡된 인식을 볼 수 있다.

셋째, 동학농민운동은 단지 청일전쟁의 단서였기 때문에 동학농민운동의 반봉건적 성격을 파악할 수 있는 전주화약 부분은 매우 소략하게 다루었다. 기쿠치는 '전주화약'을 맺었던 이유를 경기전(慶基殿)과 조경묘(肇慶廟)의 파괴와 청일전쟁의 촉진에 대한 동학군의 염려 때문이었다고 하여 농민운동의 반봉건적 성격을 희석하였고, 폐정개혁안과 집강소 부분은 전혀 설명하지 않았다.[153]

한편, 기쿠치는 농민군이 "일본은 쫓아내고 대원군을 추대하여 민씨 정부를 타도해야 한다"고 했음을 기술하여 동학당이 '2차 농민운동'을 일으킨 목적이 반일본·반민비 정권에 있었음을 분명히 서술하였다.[154] 그러면서 이 반일본적 부분에 대한 해명을 위하여 죽음을 앞둔 전봉준이 마지막으로 일본의 고상한 뜻을 알고, 일본의 충성과 용감무쌍함에 감탄하고, 그간의 자신의 행적을 후회하면서 일본에 대하여 칭찬을 아끼지 않았다는 얼토당토않은 사실무근의 역사 왜곡을 통해 동학의 반외세적 성격마저 희석해버렸다.[155]

기쿠치는 역사학 전공자가 아니다. 그러나 1893년부터 한국 근대사의 현장에서 직접 주요 사건을 경험하고, 대원군을 비롯한 조선 정계의 대신 및 주요 인물들과 직접 교류한 언론인으로서 저술 역사서의 내용

---

153 菊池謙讓, 1936, 앞의 책, 216~230쪽; 菊池謙讓, 1939, 앞의 책, 195~248쪽 참조.
154 菊池謙讓, 1936, 위의 책, 218~221쪽.
155 菊池謙讓, 1939, 앞의 책, 248쪽.

이나 분량 면에서 관학 계열의 역사학자 못지않은 한국 근대사 저술을 남겼다.

그는 통감부의 권유와 지원을 통해 한국사 저술작업에 착수했고, 저술서의 기본 체제 및 의도하는 방향은 일본의 한국 강제병합을 정당화 내지 합리화시키기 위한 한국사의 왜곡에 있었다. 어쩌면 관학 역사학자들이 직접 전면에 나서 '사료의 실증과 역사 서술에 대한 책임'이라는 문제를 감당하기보다는 일단 재야사학자들에 의하여 각주도 없고, 따라서 서술에 대한 사료 검증작업이 의도적으로 생략되고, 또한 왜곡된 서술에 대한 책임도 회피하면서 자의적 역사해석과 뒤틀린 인물 왜곡을 자행할 수 있었다고 본다. 또 기쿠치 같은 대중매체를 다루는 언론인들은 보다 쉽고, 통속적이며 극적으로 일반인들의 관심 대상이자, 알 수 없는 경외의 대상인 왕실의 이야기를 풀어내면서 조선인들에게 그 대중적 파급효과를 극대화시킬 수 있었던 것이다.

이러한 역사적 사실의 오류와 왜곡으로 점철된 삼류 소설같은 드라마틱한 기쿠치의 역사 왜곡은 일제의 식민통치를 필연적인 것으로 정당화시키고, 침략을 자멸론으로 자연스럽게 포장하는 데 매우 성공적이었다. 오늘날까지도 일반 한국인에게 왜곡되고 일그러진 무능한 통치자 대원군, 고종, 명성황후의 이미지가 강하게 잔존하여 그 역사적 평가가 아직 온전히 정립되지 못한 것에서도 그 폐해의 심각성이 여실히 드러난다.

제5장
식민주의 역사학의 현재성

1. 1945년 이후 일본의 조선사 연구와 식민주의 역사학

1945년 일본의 패망으로 공식적인 관제 식민주의 사학 시스템은 종식되었다. 경성제국대학 교수들이나 조선사편수회 관련 인물들, 그리고 식민지 역사교육에 깊숙이 관여했던 조선총독부 학무국 관료들은 일본으로 귀환했으나, 일본 교육계에서 여전히 왕성하게 활동했다. 즉, 제국 대학에서 양성된 구로이타 가쓰미(黑板勝美)와 오다 쇼고(小田省吾), 이케우치 히로시(池內宏) 등을 관제 식민주의 사학의 1세대라고 할 경우, 그들에 의해 배출된 2세대 스에마쓰 야스카즈(末松保和)나 나카무라 히데타카(中村榮孝), 신석호 등은 이 관제 아카데미즘이 종식되었음에도 불구하고, 그 학풍과 역사 인식을 이어 일본과 한국의 역사학계에서 중추적 역할을 했음은 잘 알려진 바이다.

이 중 한국 고대사 분야에서의 스에마쓰의 '임나일본부'와 근세사의 나카무라의 '조선통신사', '왜구' 연구는 한국과 일본에서, 역사 연구자들에 의해 비록 비판적으로 검토되기는 했었으나, 1980년대까지도 주요 연구 성과로 활용되었고, 오늘날 일본의 한국사 연구자들과 직간접적으로 연결되어 많은 영향을 미친 인물들이다. 한마디로 일본 근현대의 한국사 연구의 중추적 위치에 있었고, 그로 인해 식민주의 역사학의 긴 그림자가 일본의 한국 사학계에 깊숙이 스며드는데 가교의 역할을 했다고도 할 수 있다.

1) 스에마쓰 야스카즈의 한국고대사 연구

(1) 스에마쓰 야스카즈의 약력

1904년 일본 규슈(九州) 후쿠오카현(福岡縣) 다가와군(田川郡)에서 출생한 스에마쓰 야스카즈(末松保和)는 1924년 사가(佐賀) 고등학교를 졸업한 후 도쿄제국대학 문학부 국사학과에 진학해 구로이타 가쓰미로부터 지도를 받았다.[1] 졸업논문은 에도시대 일본과 러시아의 관계를 다룬 「근세 북방 문제의 진전(近世に於ける北方問題の進展)」으로, 1927년 3월 졸업 후 구로이타의 주선으로 조선총독부 조선사편수회에서 근무하게 되었다. 그는 처음에 이나바 이와키치(稻葉岩吉)를 보좌하기 위해 제5편(이씨조선 중기)에 배정되었다가, 1928년 수사관보에 임명되면서 이마니시 류(今西龍)가 주임을 맡았던 제1·2편부(신라 통일 이전 및 통일신라)로 이동했다. 이때부터 스에마쓰는 건강이 안 좋은 이마니시를 대신하여 실질적으로 신라 이전의 한국 고대사 관련 자료를 집성하고 『조선사』 1·2편을 편찬하였다.

한편, 1929년 〈마운령 진흥왕 순수비〉를 출장 답사한 후 「함남 이원군 만덕산에서 발견된 신라 진흥왕의 무자 순수비(咸南利原郡万德山に發見せられた新羅眞興王の戊子巡狩碑)」[『조선(朝鮮)』 176, 1930]를 썼는데, 이것이

---

1 스에마쓰의 약력에 대해서는 武田幸男·浜田耕策, 1997, 「末松保和博士略年譜·著作目錄·講義題目」, 『朝鮮史と史料: 末松保和朝鮮史著作集 6』, 吉川弘文館, 374~409쪽; 學習院大學東洋文化研究所, 1977, 「末松保和氏年譜」, 『學習院大學東洋文化研究所所藏資料紹介 - 末松保和資料』, 學習院大學東洋文化研究所; 신주백, 2018, 「末松保和(1904~1992)의 學術史와 식민주의 역사학 - 韓國史 學界의 엇박자의 원인을 찾아서」, 『동방학지』 183; 전진국, 2020, 「스에마츠 야스카즈(末松保和)의 『임나흥망사』 소개와 비판적 검토」, 『한국고대사탐구』 34 참조.

<표 5-1> 스에마쓰 야스카즈의 약력

연도		주요 활동
1904년		규슈 후쿠오카현 다가와군 출생
1924년		사가고등학교 졸업, 도쿄제국대학 문학부 국사학과 입학
1927년	3월	도쿄제국대학 졸업
	5월	조선총독부 조선사편수회 제5편부(이씨조선시대 중기) 배속
1928년		조선총독부 수사관보, 제1·2편부로 옮김
1929년		함경남도 마운령 진흥왕 순수비 출장 조사
1932년		이마니시 사후 『조선사』 1편 3권 마무리
1933년		경성제국대학 법문학부 강사, 이와나미서점 기획 '일본역사'의 고대 한일관계 부분 집필 시작
1935년	4월	조선총독부 조선사편수회 수사관
	6월	경성제국대학 조교수
1937년	3월	『조선사』 제5편 제10권(광해군~정조) 간행, 궁내성 정7위
1938년		만주 집안현(輯安縣) 답사, 大連·撫順·奉天·錦州·熱河·天津·北平 답사. 조선사학 제2강좌 담임, 조선사편수회 촉탁
1939년	5월	경성제국대학 교수(1945년까지)
1940년		궁내성 종6위
1941년		궁내성 정6위
1944년		상훈국 훈6등, 서보장(瑞寶章)
1945년	11월	일본으로 귀국, 시카타 히로시(四方博)와 함께 탁무성(拓務省) 소속 일선협회(日鮮協會) 촉탁(1년 근무)
1946년		궁내성 종5위
1947년	3월	가쿠슈인 교수
1949년		가쿠슈인 정교수 및 가쿠슈인대학 도서관장, 『임나흥망사』(1949)
1950년		도쿄대학 문학부 강사(1965년까지 강의)
1951년	4월	도요분코(東洋文庫) 연구원 위촉
	5월	도쿄대학 문학박사
1952년		가쿠슈인대학 동양문화연구소 주사(主事), 『이조실록』 56책 간행(1967년까지)
1960년		『고려사절요』 간행
1961년		가쿠슈인대학 사학과 교수(동양사 강의)
1964년		『삼국유사』 간행
1970년		일본대학설치심의회 전문위원 문화대신(1972까지)
1973년		가쿠슈인대학 교수 정년퇴임, 가쿠슈인대학 학술상 수상, 가쿠슈인대학 명예교수, 궁내청 훈3등 및 서보장 수여
1992년		사망

출전: 武田幸男·浜田耕策, 1997, 「末松保和博士略年譜·著作目錄·講義題目」, 『朝鮮史と史料: 末松保和朝鮮史著作集 6』, 吉川弘文館, 374~409쪽; 學習院大學東洋文化研究所, 1977, 「末松保和氏年譜」, 『學習院大學東洋文化研究所藏資料紹介 - 末松保和資料』, 學習院大學東洋文化研究所 참조.

그의 첫 번째 한국사 논문이다.

1932년 3월에 『조선사』 1편 1·2권과 2편이 간행되었고, 1932년 7월 1편 3권의 책임자였던 이마니시가 죽자 스에마쓰가 대신하여 마무리를 했고, 1933년 간행되었다. 이렇게 『조선사』의 간행 과정에서 스에마쓰는 "한국 고대사 시기에 대한 나름대로의 모습이 그려졌다"고 스스로 회고한 것처럼 사료를 접하고, 편수하는 훈련과정을 통해 한국 고대사 분야로 전공 분야를 잡아가게 되었다.

1933년에는 경성제국대학 법문학부 강사로 강의를 하게 되었고, 구로이타의 추천으로 이와나미쇼텐(岩波書店)에서 대대적으로 기획한 '일본역사' 중 임나일본부와 낙랑군 관련 고대한일관계사 부분 집필자로 선정되었다. 1935년 4월에는 조선총독부 수사관, 6월에는 경성제국대학 조교수가 되었고,[2] 1937년 3월에는 『조선사』 제5편 10권(광해군~정조)을 간행하였다. 1939년에는 경성제국대학 교수로 승진하여 1945년 일본으로 귀국할 때까지 식민지 관학 아카데미즘의 정점에서 안정적으로 최고의 학문적 권위를 누렸다. 또한 조선사편수회 활동을 통한 수월한 자료접근성 등을 바탕으로, 특히 1944년부터 45년까지의 '상대·임나사', '일선관계사' 강의를 통한 전문성의 확보로 『임나흥망사』(1949) 집필이 가능했다고 할 수 있다.

---

2 스에마쓰는 1933~1934년에 조선사학사와 조선역사지리 강의를 맡았다. 조교수로 임용된 1935년에는 조선시대사 강의를 맡았지만, 그가 조선사학 제2강좌 담임교수가 되기까지 3년간 매년 신라사개설, 고려사개설, 이조사개설을 강의한 뒤에야 4년차 되던 해에 제2강좌의 명칭에 걸맞는 이조사특수강의와 조선사학개설을 맡을 수 있었다. 이 조선사학개설은 1938년부터 후지타(藤田亮策)와 스에마쓰가 교대로 강의했다[東方學會, 2000, 「藤田亮策先生」, 『東方學回想 Ⅴ-先學을語る(4)』, 刀水書房, 48~49쪽].

1945년 일본의 패망으로 귀국한 후 1947년 그는 일본 황실이 설립한 가쿠슈인(學習院) 교수로 임명된다. 역시 최고의 연구 및 교수 환경에서 학문뿐만 아니라 사회적으로도 명망있고 존경받는 자리를 점하게 된 것이다. 이 가쿠슈인은 1949년 정식 대학으로 개편되는데 이때 스에마쓰는 정교수 겸 가쿠슈인대학 도서관장에 임명된다. 그리고 1950년에는 도쿄대 문학부 강사로 위촉되어 1965년까지 강의를 하였다. 1951년 4월에는 동양문고연구원에 위촉되었고, 5월에는 도쿄대학에서 「신라사의 신연구(新羅史の新硏究)」로 문학박사 학위를 받았다. 1952년에는 가쿠슈인대학에 동양문화연구소가 설립되자 주사(主事)를 맡았고, 이 연구소에서 『이조실록(李朝實錄)』 56책을 주관하여 1967년에 완결, 간행하였다.

　　1961년, 가쿠슈인대학에 사학과가 개설되자 교수가 되어 동양사 강의를 담당했고, 1970년에는 일본 대학설치심의회 전문위원 문화대신으로 위촉되어 1972년까지 활동했다. 그는 71세가 되는 1975년에 가서야 가쿠슈인대학에서 정년퇴임하여 궁내청으로부터 훈3등과 서보장을 수여받았고, 가쿠슈인대학 학술상을 수상하고 명예교수가 되었다. 스에마쓰는 그 외에도 여러 단체의 전문위원, 학회의 임원, 대학 강사 등을 겸임하여 퇴직 후에도 활발한 학술활동을 이어갔는데, 1979년 신장수술을 받고도 강의와 연구를 계속할 정도였고, 그만큼 전후 일본의 한국사 분야 연구에서만큼은 핵심적이고 중추적인 역할을 했다고 할 것이다.

(2) 스에마쓰 야스카즈의 '임나일본부' 연구

　　스에마쓰는 한국사 중에서도 주로 고대사와 고려시대에 집중하여 연구 성과를 내었다. 특히 북한의 김석형과 박시형이 광개토왕릉비 비문

해석과 고대 한일관계사에 대하여 박시형이 정인보의 학설을 전면 수용하고, 특히 김석형이 고대 일본에 있어서의 한국인 이주자의 정치적, 문화적 지배적 위치에 대한 새로운 학설을 내놓자 논쟁에 적극 참여하여 일본 학계의 반론 학설을 이끌었다. 이진희가 광개토왕릉비의 비문변조설을 제기했을 때도 마찬가지였다. 그는 조선왕조실록 간행과 같이 『삼국사기』·『삼국유사』·『고려사』·『속대전』·『신증동국여지승람』 등 한국사의 여러 기초사료를 해제·색인하여 영인출판하는 작업도 계속했다.[3]

이러한 스에마쓰의 이력을 보면, 식민지 시기는 물론 귀환 이후에도 국가적 후원과 최고의 관학 교육기관, 그것도 황실과 국가와 가장 긴밀한 관계에 있었던 가쿠슈인대학의 교수로서 당대 최고의 대우를 받고 평생을 안정적으로 연구에 전념할 수 있었던 혜택받은 삶이었다. 당연히 그의 학문적 성격은 국가와의 관계에서 분리할 수 없는 일체화된 그 자체였다고 하겠다. 패전 후 일본에서는 천황제 군국주의가 해체되었다고는 하나, 오늘날까지도 교과서를 비롯한 교육계에서의 국가주의적 연구 및 교육 경향은 면면히 이어지고 있다. 패전 이후 일본 내 한국사 연구의 가장 중심에 섰던 학자였으나, 그의 학문적 경향에서 과연 식민주의 역사학과 그의 국가주의적 연구의 경향에 큰 변화가 있었다고 볼 수 없다.

스에마쓰는 1944년 경성제국대학에서 '임나의 역사'를 강의했는데, 이를 계기로 『임나흥망사』를 집필하게 되었다. 이 책은 식민주의 역사학에서 주장하는 '임나일본부설'을 종합적이고도 체계적으로 정리한 학술서이다. 1949년 첫 출판 이래 1956년 요시카와코분칸(吉川弘文館)에서 재판을 냈고, 1977년 6쇄까지 간행될 만큼 일본 내 한국 고대사 분야에

---

3   전진국, 2020, 앞의 글, 626쪽.

서는 일종의 교과서처럼 인식될 만큼 대중성과 학술적 영향력이 독보적인 베스트셀러였다고 할 것이다.

『임나흥망사』의 주요 요지는 다음과 같다.[4]

1. 고대 일본은 낙랑, 대방군과 교류를 활발히 하는 서기 1세기경부터 김해 지역에 진출하여 정착하기 시작했다.
2. 고구려가 낙랑, 대방군을 멸망시키자 일본은 고구려에 대항하고, 교류를 원활하게 하기 위해 4세기 후반 한반도의 남부를 정벌하고, 직접 다스렸다. 백제와 신라는 이때 일본의 속국이 되었다.
3. 6세기 백제와 신라는 일본의 지배하에 있는 가야(임나) 지역을 잠식해 들어왔고, 562년 신라가 가야를 모두 멸망시켜 일본의 임나 지배가 끝나게 되었다.
4. 임나 지역을 얻은 신라와 백제는 그 대가로 일본에 조(調)를 바쳤고, 646년에는 조를 없애고, 대신 신라는 볼모를 일본을 보냈다.

스에마쓰는 『일본서기』의 '임나' 관련 기록 외에도 광개토왕릉비의 신묘년 기사와 영락 10년조, 『송서』 왜국전의 왜왕의 작호, 칠지도 명문 등을 임나일본부설을 실증하는 사료로 자의적으로 해석·활용했다. 문헌 고증이라는 이름으로 사료를 왜곡해 임나일본부설을 기정사실화했던 것이다. 이는 한국사의 역사적 전개가 고대부터 외세의 간섭 속에서 이루어졌다는 타율성론에 입각한 대표적인 연구 사례였다.

---

4   末松保和, 1949, 『任那興亡史』, 大八州出版株式會社(吉川弘文館, 1956판). 통치·지배기관으로서 '임나일본부'를 강조할 때는 '출선기관설(出先機關說)', 왜의 한반도 남부 지배에 강조를 둘 때에는 '남선경영설(南鮮經營說)'이라고도 불렀다.

스에마쓰의 임나일본부설은 일본의 당시 모든 역사 교과서와 개설서, 전문서적에 주요 학설로 소개되었는데, 1960년대 북한의 김석형이 '삼한 삼국의 일본열도 내 분국설'[5]을 제기한 이후 이 같은 『임나흥망사』의 학설에 대해서는 1960년대 이후 일본 내에서도 많은 비판이 제기되었다.

임나를 가야 지역에 이주하여 정착한 왜인집단으로 보거나, 혹은 가야를 야마토 정권의 조공국으로 보는 견해도 나왔고, 왜가 가야에 정치·군사적으로 영향력을 행사하였다거나, 가야를 거점으로 고구려나 신라에 대항했다고 파악하기도 했고, 임나일본부를 관청이 아닌 가야 지역에서 활동한 일본 사신단으로 보는 견해도 등장했다.[6] 그러나 스에마쓰의 학설, 즉 고대 일본이 한반도 남부의 가야(임나) 지역에 진출하여 '일본부'라는 관청을 설치하고 직접 다스렸다는 내용은 여전히 현재까지도 일본 내에서 큰 영향력을 발휘하고 있다.[7] 특히 한반도 서남부 일대에서

---

5 기원전 수세기부터 한반도인의 일본열도로의 이주가 행해져 일본열도 내에 한반도 계통의 분국(分國)이 성립되었고, 『일본서기』의 고구려·백제·신라·임나 등의 국명은 일본열도에 세운 분국을 가리킨다는 견해이다. '임나일본부'는 야마토 정권이 오카야마 지역을 지배하기 위해 설치하였던 기관으로 한반도의 가야와는 관계가 없다고 보았다. 김석형, 1963, 「삼한 삼국의 일본 렬도 내 분국(分國)들에 대하여」, 『력사과학』 1963-1; 『초기조일관계연구』, 사회과학원출판사, 1966.

6 井上秀雄, 1973, 『任那日本府と倭』, 東出版; 千寬宇, 1977, 「復元加耶史(中)」, 『文學과知性』 29; 千寬宇, 1991, 『加耶史研究』, 一潮閣; 김태식, 2010, 「임나일본부설의 흐름과 쟁점」, 『한일 역사의 쟁점 2010 (1) 하나의 역사, 두 가지 생각』, 경인문화사; 백승충, 2010, 「'任那日本府'의 파견 주체 재론—百濟 및 諸倭 파견설에 대한 비판적 검토를 중심으로」, 『한국민족문화』 37; 이연심, 2015, 「한일 양국의 '임나일본부'를 바라보는 시각 변화 추이」, 『한국민족문화』 57.

7 坂元義種, 1993, 「任那の調」, 『日本古代史事典』, 大和書房, 210~211쪽; 鈴木靖民, 2002, 「倭國と東アジア」, 『倭國と東アジア』(日本の時代史 2), 吉川弘文館, 13~16쪽; 仁藤敦史, 2013, 「日本書紀の「任那」観」, 『國立歴史民俗博物館研究報告』 179,

전방후원분이 발굴되면서 이런 연구 경향이 여전히 불식되지 않았다는 점은 우려할 일이다.[8] 일본부를 인정하고 지배기관으로 보는 시각에서 완전히 탈피하지 못한 채 2010년대 이후로는 그대로 고착된 상태이다.[9] 게다가 스에마쓰의 학설은 현재도 일본 각급 학교 교과서에 실려있는 것이 현실이다.[10]

스에마쓰의 임나일본부설은 현재 우리 학계에서는 거의 폐기된 학설이라고는 하지만, 일본에서의 경우는 그렇지 않다. 특히 교과서와 대중서를 통해 여전히 정설로 언급되는 경우가 많을 정도로 그의 학설은 여전히 현재 진행형의 식민주의 역사학이라고 할 수 있다.

2) 나카무라 히데타카의 근세 한일관계사 연구

(1) 나카무라 히데타카의 약력

나카무라 히데타카(中村榮孝)는 1902년 일본 지바현(千葉縣)에서 출생하였고, 도쿄부립 제1중학교와 제1고등학교를 거쳐 1923년 4월 도쿄제국대학 문학부 국사학과에 입학, 1926년 3월에 졸업했다. 당시 일본 최고의 엘리트 코스를 정통으로 밟은 인재였다. 졸업논문은 「중세의 일

442~443쪽.

8   신가영, 2016, 「'임나일본부' 연구와 식민주의 역사관」, 『역사비평』 통권 115, 234쪽.
9   김현구, 2009, 『고대한일교섭사의 諸問題』, 일지사, 12~15쪽; 이연심, 2015, 「한일 양국의 '임나일본부'를 바라보는 시각 변화 추이」, 『한국민족문화』 57, 123쪽.
10 서보경, 2016, 「일본 중학교 역사 교과서 고대 한일관계 기술에 대한 분석」, 『동북아역사논총』 51, 169~180쪽; 김기섭, 2018, 「일본 중등 역사 교과서의 임나일본부설」, 『백제문화』 58, 223~239쪽.

〈표 5-2〉 나카무라 히데타카의 주요 약력

연도		주요 활동
1902년		일본 지바현(千葉縣 山武郡 增穗村) 출생
1917년		東京府立第一中學校, 第一高等學校 졸업
1923년		東京帝國大學 문학부 사학과 입학
1926년	3월	東京帝國大學 文學部 史學科 졸업
	5월	조선사편수회 촉탁
	12월	조선총독부 수사관
1930년		청구학회 설립, 『청구학총』 발간
1933~1934년		경성제국대학 법문학부 강사
1935~1939년		조선총독부직속기관 교과용도서조사위원회 위원
1938년		조선총독부 학무국 편집과 편수관
1939년		조선총독부 학무국 교학연수소 강사
		조선총독부직속기관 전문학교입학자시험 검정위원
1940~1945년		조선총독부 학무국 교학관 겸 편수관
1940년		『東亞新秩序の建設と古代大陸經營の先蹤』(朝鮮總督府)
1945년	11월	일본으로 귀환
1948~1965년		나고야대학(名古屋大學) 문학부 국사학 교수
1966~1977년		덴리대학(天理大學)의 교수
1965~1969년		『日鮮關係史の研究』 3(吉川弘文館)
1966년		『日本と朝鮮』(1966, 至文堂 日本歷史新書)
1971년		『清洲城と名古屋城 織田·豊臣から德川へ』(1971, 吉川弘文館)
		『朝鮮 風土·民族·傳統』(1971, 吉川弘文館)
		『東海風土記』(1971, 吉川弘文館)
1984년	1월	사망

출전: 『조선인사흥신록』, 337쪽.

선관계(中世の日鮮關係)」[11]였다. 나카무라는 이 졸업논문을 작성할 때 사료를 구하기 위해 조선을 방문한 경험이 인연이 되어 조선사편수회의

---

11 名古屋大學文學部, 1966, 「中村榮孝教授略曆·著作目錄」, 『名古屋大學文學部 研究論集 史學: 中村榮孝教授 退官記念』 14, 名古屋大學文學部, 1쪽.

일원이 되었다고 하는데[12] 나카무라가 조선사편수회에 참여하게 된 경위는 앞서 살펴본 바와 같이 도쿄제국대학의 은사 구로이타 가쓰미에 의해서였다. 조선사편수회 사업은 기획부터 도쿄제국대학 교수인 구로이타와 교토제국대학 교수인 나이토 고난(內藤湖南)이 주도했는데,[13] 조선사편수회의 편수 업무는 나이토 고난의 '분신'으로 불리며 절대 충성을 했고, 구로이타의 기본 방침도 충실히 이행했던 이나바 이와키치가 중심이 되었고, 그 이나바를 도운 '참모'가 나카무라였다. 구로이타는 나카무라가 졸업하자마자 1926년 5월에 바로 조선사편수회 촉탁으로 보냈다. 나카무라는 1927년에는 『조선사』 제4편의 주임이 되었고, 12월에 총독부 수사관으로 합류하게 되었는데,[14] 갓 대학을 졸업한 어린 나이에, 이나바하고는 20년 정도의 나이 차이가 있었지만, 조력자로서 외교적 수완까지 탁월했다고 한다. 그리고 구로이타는 "조선사는 나카무라 히데타카 한 사람으로는 곤란하므로" 조선에 가서 나카무라를 도와주라며 스에마쓰를 '억지로' 등을 떠미는 바람에 1928년 3월, 스에마쓰까지 합류하게 되었다고 한다. '구로이타 가쓰미, 나이토 고난 – 이나바 이와키치 – 나카무라 히데타카 – 스에마쓰 야스카즈'로 이어지는 라인이 형성되어 1930년대 조선사편수회 사업을 주도했다.[15]

---

12 中村榮孝, 1965, 「序」, 『日鮮關係史の硏究』 上, 吉川弘文館, 1쪽; 김준배, 2020, 「문화통치기 조선사편수회 소속 일본인 연구자의 이순신 서술 – 나카무라 히데타카(中村榮孝)의 「충무공 이순신의 유보(忠武公李舜臣の遺寶)」(1928)를 중심으로」, 『한일관계사연구』 68, 153쪽.

13 정상우, 「『朝鮮史』(朝鮮史編修會 간행) 편찬사업 전후 일본인 연구자들의 갈등 양상과 새로운 연구자의 등장」, 『사학연구』 116, 149~155쪽.

14 『조선인사흥신록』, 337쪽.

15 신주백, 2016, 『한국 역사학의 기원』, 휴머니스트, 83~84쪽.

이렇게 나카무라가 1927년 수사관으로, 스에마쓰가 수사관보로 부임하게 되었다. 이들은 『조선사』 편찬을 위한 사료 수집부터 편수와 인쇄까지 편수회에서 중추적인 실질적 역할을 담당하게 되었고, 이러한 과정에서 점차 그들 스스로의 조선사에 대한 학자적 전문성이 향상되었다. 당시 이 두 사람에 대해서는 구로이타가 수족처럼 움직였던 '구로이타 문하의 준재'라고 평가되었다고 한다.[16]

한편, 나카무라가 조선사편수회에서 처음으로 담당한 부분이 제4편으로 임진왜란 부분이었다. 그는 1928년 5월, 이순신 장군의 종손가를 방문하여 사료를 수집하고, 이를 토대로 「이순신 유보」라는 논문을 발표하면서 조선시대, 특히 한일관계사 부분을 집중적으로 연구하기 시작한다.

나카무라는 1932년 오다 쇼고가 경성제국대학에서 정년퇴직을 하게 되자 잠시 경성제국대학 조선사학 제2강좌의 담당교수 물망에 오른 적도 있었다. 1932년에는 경성제국대학의 조선사학 강좌에 큰 변동이 생겼는데, 제1·2강좌를 담당하던 오다 쇼고가 정년퇴직을 하게 되었고, 이마니시가 사망하면서 교수 직위에 공백이 생겼다. 조선사학 제1강좌의 이마니시는 신라시대 연구 전공자였고, 따라서 그의 강의도 고려시대 이전이었다. 제2강좌의 오다 쇼고는 조선사학개설을 '이조시대'로 국한했다. 이때 조선사학 제1강좌의 후임으로는 고고학 전공의 후지타 료사쿠(藤田亮策)가 추천되었고, 제2강좌 후임에는 오다 쇼고가 퇴임했음에도 퇴직한 오다가 강사로 위촉되어 임시 강사로서 강좌를 운영했고,

---

16 旗田巍 지음, 주미애 옮김, 2020, 『심포지엄 일본과 조선 – 제국 일본, 조선을 말하다』, 소명출판, 238쪽.

1933~1934년까지 나카무라가 강사로 오다의 조선근세사를 강의하다가 1935년 해촉되었다. 그리고 나서야 스에마쓰가 제2강좌 담당 교수로 임용된 것이다. 사실 전공으로 볼 때 나카무라의 전공은 임진왜란 부분이었기 때문에 오다 쇼고의 후임으로는 나카무라가 더 적합했다. 그럼에도 불구하고 스에마쓰가 임용된 데에는 나카무라가 학자보다는 학무 관료에 더 적합한 자질이었다고 추측하기도 한다.[17] 그러나 나카무라의 저술 활동을 보면, 꼭 그가 학자 성향보다 실무행정 쪽으로 더 적합한 인물이었는지는 의문일 만큼 왕성한 연구활동을 했다. 나카무라는 조선사편수회 수사관이면서 1935년부터 1939년까지는 조선총독부직속기관 교과용도서조사위원회 위원으로, 1939년에는 간사로 활동하였고, 조선총독부 직속기관 전문학교입학자시험검정위원도 지냈다. 한편, 1938년에는 조선총독부 학무국 편집과 편수관, 1940년에는 조선총독부 학무국 교학관(敎學官)에 임명되어 1945년까지 학무관료로서 식민지교육의 실제 교육정책 입안자이자 실무 관료로서 활동했다.

이러한 학무 관료로서의 행정적 활동과 함께 그의 가장 비중 있는 활동은 앞서 살펴본 청구학회의 설립과 실질적 운영이라고 할 것이다. 스에마쓰의 회고대로 실제 『청구학총』을 발간하는데 나카무라가 6할, 스에마쓰가 4할 정도 기여했다고 한 것처럼[18] 나카무라가 청구학회의 운영과 학회지 발행에 쏟은 열정은 학문적 의욕이 충만했던 24~25세 정도의 한창 나이에 보다 넓은 연구 시각의 확보와 경성제국대학의 교수들

---

17 장신, 2011, 「경성제국대학 사학과의 자장(磁場)」, 『역사문제연구』 26, 53~54쪽.
18 末松保和 等, 1969, 「朝鮮史編修會の事業」, 旗田巍 編, 『日本と朝鮮: シンポジウム』, 勁草書房, 77~82쪽; 田中健夫·平野邦雄·末松保和, 1995, 「朝鮮史の研究と私」, 『日本歷史』 560, 吉川弘文館, 25~33쪽.

과의 학술 교류를 도모하기 위한 구상의 실현이었다고 할 것이다.[19] 남들이 잠자리에 드는 늦은 시간에서부터 새벽녘까지 나카무라의 서재에 불빛이 꺼지지 않았다고 스에마쓰가 회상할 만큼[20] 1930년대 나카무라의 조선사편수회 활동 및 청구학회에의 왕성한 논문 발표는 그가 일본으로 귀환 후 일본의 주류 학계에서 조선시대사 분야 최고 권위자로서의 명망을 쌓는 토양이 되었을 것이다.

일본의 패전 후 1945년 11월 일본으로 귀환하여 1948년부터는 나고야(名古屋)대학 문학부 국사학 교수로 활동했고, 1955년부터 나고야대학에서 '분로쿠·게이초의 역(文祿·慶長の役)' 강의를 개설하여 은퇴할 때까지 임진왜란 분야 강의를 계속하였다.[21] 한편, 1966년부터는 덴리(天理)대학의 교수를 맡아서 1977년에 퇴직하였고, 낙향하여 83세로 사망했다. 〈부록 4〉를 보면 그는 80세가 넘어서까지 연구 활동을 지속했음을 알 수 있다.

그의 귀환 후의 연구 활동으로는 1965년에는 『일선관계사의 연구(日鮮關係史の研究)』, 1966년에는 『일본과 조선(日本と朝鮮)』 같은 한일관계사에 관한 저서를 발간하였으며, 1966년 나고야대학에서 은퇴한 이후에도 『조선 – 풍토·민족·전통(朝鮮 – 風土·民族·傳統)』(1971), 「임진왜란의 발단과 일본의 '가도입명' 교섭(壬辰倭亂の發端と日本の'假道入明'交涉)」(1974) 등 한일관계사 연구에 매진했다.[22] 이 중 『일선관계사의 연구』(전

19　旗田巍 지음, 주미애 옮김, 2020, 앞의 책, 231쪽.
20　旗田巍 지음, 주미애 옮김, 2020, 위의 책, 230쪽.
21　名古屋大學文學部, 1966, 「中村榮孝教授略歷·著作目錄」, 『名古屋大學文學部 研究論集 史學: 中村榮孝教授 退官記念』 14, 名古屋大學文學部, 9쪽.
22　田中健夫, 1997, 「中村榮孝」, 『歷史學事典 5: 歷史家とその作品』, 弘文堂.

3권)는 일본학사원상(日本學士院賞) 및 은사상(恩賜賞)을 수상하는 등 전후 일본의 조선사 연구, 임진왜란 분야에 있어서는 단연 최고의 권위자였다고 할 것이다.

(2) 나카무라의 식민지 관료로서의 활동

나카무라가 조선사편수회 수사관으로 활동한 시기는 1926년부터 1937년 6월까지이며, 이후 학무국 편집과 촉탁에 위촉되었다가 1937년 10월에 국사 담당 편수관에 임명되었다. 따라서 나카무라가 학무국 관료로 활동한 시기는 전시체제 시기로 내선일체가 교육계의 최우선 과제였던 시기였다.

실제로 1937년 미나미 지로(南次郎, 1936~1942, 제7대 총독) 총독 부임 후 1938년「조선교육령」이 개정되고, 황국신민화 정책이 추진되면서 그 핵심과제로 내선일체가 부각되었고, 동근동조론이 내선일체를 뒷받침하는 역사적 논리로 부각되던 시기에 나카무라는 학무국 관료로 교과서 편찬의 최전선에서 활동했다. 미나미 총독 당시의 학무국장 시오바라 도키사부로(鹽原時三郎)는 미나미 총독의 절대적 신임 아래 황국신민화 정책의 실질적 책임자로, 당시 학무과장으로 같이 근무했던 야기 노부오(八木信雄)의 평가에 의하면 "극단적 동화주의자"였다고 한다.[23]

---

23 이형식, 2014,「미나미 지로 조선총독 시대의 중앙조선협회」,『동아시아, 인식과 역사적 실재 – 전시기(戰時期)에 대한 조명』, 아연출판부, 320~323쪽(원 출전은 2008,「南次郎總督時代における中央朝鮮協會」,『日本歷史』720); 임이랑, 2013,「전시체제기 鹽原時三郎의 황민화정책 구상과 추진(1937~1941)」,『역사문제연구』29; 八木信雄, 1980,『日本과 韓國』, 日韓文化協會(한글 번역판), 240·246쪽; 장신, 2014,「일제말기 동근동조론(同根同祖論)의 대두와 내선일체론의 균열」,『인문과학』54, 98~99쪽.

미나미 총독의 후임인 고이소 구니아키(小磯國昭, 1942~1944, 제8대 총독) 총독 또한 특히 동근동조를 강력하게 주장하였고, 고이소의 경우 "스사노오노미코토가 단군"이라고 강력하게 주장하였다.[24] 그러면서 고이소 총독 자신의 몸에도 '반도인의 피'가 흐른다 해도 틀림이 없다고 강조했다.[25] 이전의 일한동역론 때와는 다르게 동근동조론은 현재의 내선일체는 과거 본래부터 일체였던 시대로의 복고의 논리였다. 문제는 이러한 동조동근론에 경성제국대학 교수들은 비판적이었고, 나카무라 역시 신화를 역사적 사실로 해석하는 것을 경계했다.[26]

조선총독부 역사 교과서 편찬의 책임자로서 나카무라는 1940년 『초등국사 제5학년(初等國史 第五學年)』에 깊이 관여했다. 이 책에서는 이전부터 문제가 되어왔던 스사노오노미코토, 아마테라스오미카미 등으로부터 일본의 역사가 시작되었음을 기술했다. 스사노오노미코토는 "천상(天上)인 다카마가하라(高天原)에서 내려"왔을 뿐 아니라 신들에게 추방되어 조선에도 건너왔음을 명기했다.[27] 전시체제하에서 내선일체가 더욱더 강조되던 교육환경이었고, 당연히 스사노오노미코토가 조선에 내려왔다는 것에서 신대부터 내선관계가 밀접했음을 아동들에게 교육시켜야 했기 때문에, 평소의 나카무라의 학문적 소신에 반하여 관료로서의 나카무라는 "극단적 신화주의" 속에서 '신화 부정'이 불가능했다고 회고하

---

24 장신, 2014, 위의 글, 88쪽.
25 「內鮮人은 同根同祖 國家思想 啓發하라」, 『每日新報』, 1942.6.18, 석간 2면.
26 장신, 2013, 「1930년대 경성제국대학의 역사 교과서 비판과 조선총독부의 대응」, 『동북아역사논총』 42, 171~174쪽.
27 中村榮孝, 1938.10, 「時局下における朝鮮の歷史敎育」, 『歷史敎育』 13-7, 20쪽.

였다.[28] 다만 나카무라는 태고부터 일체였던 것이 아니라, "일체가 될 운명"이라고 서술하여 동근동조와 내선일체의 역사를 교묘하게 부정하였다. 관료이면서 역사학자였다고 평가되는 부분이다.[29]

1941년 3월, 시오바라 학무국장이 후생성으로 전임한 이후 나카무라는 1942년 춘천사범학교 초등학교 각 과목의 해설을 하면서 국사에서 "내선일체의 역사가 병합 이전에는 없지만, 내선일체가 유래한 사실은 병합 이전에 있음에 주의"하라고 강조했다.[30] 이렇게 보면, 나카무라가 도쿄제국대학에서 실증사학을 배운 역사학자로서의 자질이 강조될 수도 있다. 그렇기는 하지만 기본적으로 식민지 교육을 담당했던 학무국 관료로서 총독이나 학무국장 등의 정책적 방향을 완전하게 부정하지는 못했다.

그는 학무국 편수관으로서 1938년 「제3차 조선교육령」에 근거한 역사 교과서 편찬에 깊이 관여했을 뿐만 아니라 침략전쟁을 학문적·역사적으로 뒷받침하려는 의도로 『동아 신질서의 건설과 고대 대륙 경영의 선종(東亞新秩序の建設と古代大陸經營の先蹤)』(조선총독부, 1940)이라는 책을 집필하기도 했다. 또 1940년에는 「조선에 있어서의 국사 교육(朝鮮に於ける國史敎育)」이라는 논문을 발표하여 국사 교육의 목적을 다음과 같이 주장하였다.

> 흥아(興亞)의 교육은 환언하자면 우리 황국의 역사적 사명 달성을 위

28　中村榮孝 外, 1981, 「國史學界의 今夕 12 - 朝鮮史と私」, 『日本歷史』 400, 59쪽
29　장신, 2014, 앞의 글, 114쪽.
30　장신, 2014, 위의 글, 111쪽.

한 일단계로서 요구된다. 황국의 역사적 사명은 다름 아닌 인류강녕을 위해 전 세계를 일가일체의 사회로 건설함에 있다. 즉, 팔굉일우의 국가 이상을 구현하는 것이야말로 우리나라의 사명이라고 해야 한다.[31]

나카무라 스스로 밝히고 있듯 국사 교육의 목적은 황국의 역사적 사명을 달성하기 위함이며, 이 사명이란 팔굉일우(八紘一宇)의 국가 이상을 구현하는 것, 즉 대동아공영권의 달성이었다. 팔굉일우란 일본 제국주의 천황제 파시즘의 핵심 사상으로 태평양 전쟁 시기에 접어든 일본 제국이 세계 정복을 위한 제국주의 침략전쟁을 합리화하기 위해 내세운 구호였다. '전 세계(八紘)가 하나의 집(一宇)'이라는 뜻으로, "세계가 모두 천황의 지배하에 있다"는 이념이다. 고노에 후미마로(近衛文麿) 총리가 1940년 시정 방침 연설에서 "황국(일본 제국)의 국시는 팔굉을 일우하는 국가의 정신에 근거한다"고 말한 데서 유래되었다고 한다.

(3) 일본 귀환 후 연구 활동

〈표 5-2〉에서 보듯이 나카무라는 일본으로 귀환한 이후 왕성한 연구 활동을 이어갔다. 스에마쓰가 경성제국대학은 어디까지나 각 교수들의 개인적인 연구에 머물 뿐이었고, 총독부가 편수회를 따로 조직하여 편수관과 편수관보를 임명하여 이루어지는 그런 대규모 사업에 비하면 개별적인 소규모 연구일뿐이라고 평가할 만큼 조선사편수회가 조선사 연구

31　中村榮孝, 1940,「朝鮮に於ける國史敎育」,『朝鮮』304, 7쪽.

에 있어서는 가장 근본적인 기구이자 대규모 조직이었다.[32] 그렇기 때문에 스에마쓰도 나카무라도 조선사편수회 출신의 연구자들이 방대한 원사료의 섭렵과 활용, 그 사료를 분류하고 편집하는 과정에서의 고도의 전문적인 훈련과정을 거쳤기에 조선사 연구에서는 단연 압도적인 역량을 축적할 수 있었던 것이다. 문제는 이렇게 양성된 전문 연구자들의 역량이 아니라, 그들의 역사 인식과 사료 선별의 기준, 그리고 식민주의적 역사관에 따른 해석이었다.

나카무라의 1945년 이후 조선사 연구는 역시 그가 조선사편수회 편수관으로서 관여한 조선시대 한일관계, 특히 왜구와 임진왜란 부분에 집중되어 있다. 그의 연구는 현재의 일본 학계와 역사 교과서에서도 여전히 많이 인용되고 있다.

먼저 왜구에 관한 부분이다. 1945년 이후 일본의 한일관계사 연구, 특히 왜구 연구자들은 거의 다 일본 중세사 연구자들이었다. 그들은 대부분 고려시대사 및 조선시대사에 관한 전반적인 이해나 사료 해독 능력을 갖추지 못한 채 나카무라의 『일선관계사의 연구(日鮮關係史の硏究)』라는 프리즘을 통해 한일관계사 연구, 왜구 연구에 착수했다. 그러한 그들에게 있어서 거기에 게재된 「무로마치시대의 일선관계(室町時代の日鮮關係)」[33]는 "일조관계사(日朝關係史)의 개설로서는 연구자들로부터 30년 동안이나 의거되어 오늘날에는 고전적인 가치를 지니고 있다"고 평가되

---

32 旗田巍 지음, 주미애 옮김, 2020, 앞의 책, 234~235쪽.

33 무로마치(室町)시대는 무로마치 막부(幕府)가 일본을 통치하던 시기로, 아시카가 다카우지(足利尊氏)가 막부를 세운 1336년부터 1573년까지를 가리킨다. 아시카가 가문이 중앙 권력을 장악했기 때문에 아시카가시대라고도 한다.

었다.³⁴ 즉 제2차 세계대전 이후, 일본의 중세 대외관계사의 핵심적 연구 테마라고 할 수 있는 왜구는 나카무라가 「무로마치시대의 일선관계」에 서 제시한 왜구 패러다임에 절대적으로 의존해왔다.³⁵

나카무라는 왜구의 실체에 대하여서는 '쓰시마(對馬)·이키(壹岐) 지역의 경제적 빈곤설', '고려, 조선인 주체설', '고려, 조선인 연합설', '다민족 복합적 해적설' 등의 여러 학설들에 대하여 「무로마치시대의 일선관계」에서 이미 소개하였다.³⁶ 그러나 나카무라는 '남조(南朝)의 수군설' 에 대해서는 일절 언급하지 않았는데, 그것은 황국사관과 당시 일본에서 큰 파장을 일으켰던 남북조정윤(南北朝正閏) 문제에 있었다고 한다. 즉, 1911년에 일어난 남북조정윤 문제는 일본 남북조시대 때 교토(京都)에 막부를 세운 아시카가 다카우지(足利尊氏)가 옹립한 북조의 천황이 정통인가, 아니면 요시노(吉野)로 도주한 고다이고(後醍醐) 천황의 계통(남조)이 정통인가 하는 권력의 정통성 문제이다. 약 50여 년간이나 두 계통의 천황이 양립했던 이 시기를 남북조시대라고 한다. 1392년에 남조의 고카메야마(後龜山) 천황이 북조의 고코마쓰(後小松) 천황에게 천황 자리를 물려줌으로써 양자가 합체하지만, 둘로 나뉘어져 있었던 기간 동안 어느 쪽이 정통인가 하는 것이 정윤 문제이다. 혈통으로 따진다면, 그 뒤의 황위는 북조의 자손에게 계승되어져 지금의 천황 가문도 북조의 후예이다. 따라서 남조가 옳다고 하면 현재의 천황은 가짜가 되고 만다.³⁷ 이 남북

---

34 中村榮孝, 1965, 『日鮮關係史の研究』上, 吉川弘文館, 135쪽.
35 이영, 2014a, 「일본의 왜구 연구와 14~15세기 동아시아 국제관계 인식」, 『동양사학 연구』 127, 82~83쪽.
36 이영, 2014a, 위의 글, 58쪽.
37 이영, 2014a, 위의 글, 59쪽.

조정윤 문제는 쇼와(昭和, 1926~1989)시대에 들어와서도 일어났고, 따라서 역사 인식의 문제를 넘어 정치문제화될 위험이 컸던 주제였다. 그런데 왜구의 실체는 사실 『고려사』를 읽으면 왜구가 남조의 무사였던 부분이 나오고, 고려 말 왜구의 실체가 무로마치 막부에 반란을 일으킨 난신들로 쓰시마와 이키 등의 섬을 근거로 고려에 침략해 왔음이 잘 드러난다.[38] 그런데도 조선사편수회 편수관까지 지낸 나카무라는 왜구의 실체를 언급할 때 '남조 수군설'의 근거가 될 만한 사료는 전혀 인용하지 않고 고의적으로 은폐했다. 그 이유는 즉 '남조 무사=천황에 충성을 다한 군대'라는 사회적 통념(通念)이 확고한 가운데 왜구가 남조의 무사들이었다고 하면 천황의 군대가 바다 건너 고려와 중국에서 살인·약탈·강간·방화·납치 등을 저지른 패륜(悖倫) 집단이 되고 말기 때문이다. 나카무라는 고려 말 왜구를 설명하면서 그 실체를 일본 국내정세와는 무관한 단순한 무역과 경제의 문제로만 국한시켜 설명하였다. 그의 왜구 연구는 제2차 세계대전 후 일본인 연구자들에 계승되어 한동안 왜곡된 왜구 패러다임을 형성하게 되었다.[39]

한편, 그의 조선사편수회 편수관 시절의 임진왜란 연구를 보자. 나카무라는 「분로쿠·게이초의 역」에서 "분로쿠·게이초의 역은 도요토미 히데요시 만년의 일대 장거이다. 국내 통일을 성취한 히데요시는 마침내 대륙 경략의 웅지를 품고 조선반도에 병을 보내고 더욱 나아가 병을 명나라에까지 진격시키려 하였다."[40] 나카무라에 의하면 히데요시가 조

---

[38] 이에 대해서는 이영, 2006, 「경인년 이후의 왜구와 마쓰라토-우왕 2년(1376)의 왜구를 중심으로-」, 『일본역사연구』 24 참조.

[39] 이영, 2014a, 앞의 글, 83쪽.

[40] 中村榮孝, 1935, 「文祿·慶長の役」, 『岩波講座日本歷史』, 岩波書店, 3쪽.

선 정벌을 계획한 것은 1585년부터였는데, 1591년 도요토미 히데나가(豊臣秀長)와 아들 쓰루마쓰(鶴松)의 사망이 결정적이었다[41]고 하면서 히데요시의 '외정'의 동기는 "불후의 대사업을 이룩하여 명성을 드높이고, 그 명성을 후세에 전하려는 공명심" 때문이었고, 그 공명심은 마치 원의 세조(쿠빌라이)와 비슷했다고 설명했다.[42] 나카무라는 이후 1939년의 「분로쿠·게이초의 역」[『대일본전사(大日本戰史)』 3, 산쿄쇼인(三敎書院)]에서도 히데요시를 "불세출의 영걸"이며, 임진왜란은 "국내 통일 후 명을 정복하고, 마침내 동양을 일체로 하는 하나의 대평화권을 건설하여, 대륙에 황화(皇化)를 보급하려는 대이상(大理想)을 갖고 일으킨 전쟁"이라고 극찬을 했다. 또한 히데요시는 '무로마치시대와 전국시대의 시련을 거쳐 오다 노부나가(織田信長) 이래 추구해 온 황실존숭이라는 시대정신을 발양'한 인물이라고 추앙했다. 그러면서 "명을 비롯하여 필리핀, 류큐, 타이완, 조선을 하나로 만드는 것"을 궁극적 희망으로 한 히데요시를 영웅으로 평가했다.[43]

그의 이러한 견해는 1945년 이후에도 유지되었다. 그는 「도요토미 히데요시의 외정(豊臣秀吉の外征)」[『일선관계사의 연구(日鮮關係史の硏究)』 중권(中卷), 요시카와코분칸(吉川弘文館), 1969]에서 "이 대계획 대륙 침략 계획의 주안은 아시아 제지역을 통일하여 베이징 천도를 결행하고 정화(政化)의 보급을 도모, 남방 해상의 경영을 추진하는 것에 있다. 히데요시는 이 대사업을 성취하여 공명을 얻고 그 명예를 만대에 전하려 했던 것

---

41 中村榮孝, 1935, 위의 글, 8~12쪽.
42 中村榮孝, 1935, 위의 글, 13쪽.
43 中村榮孝, 1939, 「文祿·慶長の役」, 『大日本戰史』 3, 三敎書院, 253~263쪽.

이다"⁴⁴라고 하였다. 또「히데요시의 조선 출병의 의도는 어디에서 찾을 수 있는가(秀吉の朝鮮出兵の意圖はどこに求められるか)」[『해외외교사의 시점(海外外交史の視點)』2, 니혼쇼세키(日本書籍), 1976]에서도 "정권 확립을 위해 지배계급의 강화를 대외적 확대를 통해 구하고, 동아시아 정복을 통해 해결하려"⁴⁵했다고 하여 임진왜란의 최종 목표는 명까지의 영토확장이었고, 동아시아 국가들의 완전한 복종이었다고 하면서 히데요시를 영웅화하고, 침략전쟁을 극구 정당화하였다.

　나카무라는 임진왜란의 원인을 설명하면서 영웅주의에 입각한 '공명심설'과 '영토확장설'을 주장했다. 그러나 특히 단순한 "아시아 제지역을 통일하여 베이징 천도를 결행하고 정화의 보급을 도모, 남방 해상의 경영을 추진하는 것"이란 주장은 일본의 '대동아경영권'을 연상하게 하고, 황국사관의 전형적인 인식 체계를 보여준다고 할 것이다. 패전 이후 일본의 조선학 연구, 특히 한일관계사를 주도해 온 그의 연구가 실증성을 바탕으로 한 연구인 듯 하나,⁴⁶ 사실은 국가주의적 역사 인식의 논리가 그대로 투영되어 있었다고 할 것이다.⁴⁷

44　中村榮孝, 1969,「豊臣秀吉の外征」,『日鮮關係史の研究』中, 吉川弘文館, 72쪽.

45　1976,「秀吉の朝鮮出兵の意圖はどこに求められるか」,『海外外交史の視點』2, 日本書籍, 58쪽.

46　나카노 히토시(中野等), 2010,「文祿·慶長의 役 연구의 학설사적 검토」,『제2기 한일역사공동연구보고서』3, 248쪽.

47　이계황, 2010,「한국과 일본학계의 임진왜란 원인론에 대하여」,『제2기 한일역사공동연구보고서』2, 72, 84쪽.

2. 일본의 역사 교과서 왜곡 문제와 식민주의

1) 일본의 역사 교과서 왜곡 과정

한국과 일본은 서로의 역사에서 많은 부분을 공유해 왔고, 그만큼 상호 관계가 깊었다. 한일 양국은 그 공유된 역사적 사실에 대해 공통된 이해를 추구해야 하는 책임을 갖고 있다. 즉, 역사적 사실에 대한 인정을 공유해야 하고, 그 해석상의 다양성을 인정해야 할 것이나 실상은 역사적 사실에 대한 객관적 인정이나 해석에 있어서 적지 않은 차이를 드러내고 있다. 한일 간 역사분쟁은 기본적으로 식민지 시기 일본 제국주의에 의해 만들어진 식민주의 역사학에서 기인한다.[48]

제2차 세계대전 이후 일본의 역사교육은 전쟁 전의 황국신민의 양성을 위한 군국주의적 역사교육의 청산작업을 하기 시작했다. 1945년 9월 '먹칠 교과서'라고 하여 부당한 부분을 먹칠하여 삭제한 교과서를 사용하게 했다든지, 12월에는 연합군 사령부에서 국사와 함께 수신·지리 등 이른바 '국민과' 수업을 중단시키기까지 했다. 또한 1946년 2월 교과서 검열 기준을 마련하여 새로운 교과서를 만들게 했다.[49] 그러나 1949년 중화인민공화국의 성립과 1950년 한국전쟁을 계기로 일본의 우경화 경향이 강화되었고, 반공교육이 강화되면서 일부 극우세력들은 과거 일본

---

48 조동걸, 2004, 「한·일간의 역사분쟁과 전망」, 『역사교육논집』 32, 1쪽; 조광, 2010, 「한일간 역사분쟁의 발생과 한국의 대응」, 『한일역사의 쟁점 2010』 1, 경인문화사, 11~12쪽.

49 조동걸, 2004, 위의 글, 4쪽.

의 침략전쟁을 정당화하고, 국수주의적 역사 인식을 강조하려는 의도로 일본 중등학교 검정 역사 교과서의 서술내용에 문제를 제기하였다.

이 과정에서 일본에서는 1955년, 1982년, 2001년도에 세 차례에 걸쳐 이른바 '교과서 공격'이 일어났다. 정상적인 교과서를 집필한 저자들에게는 '교과서 공격'이고, 한국 학계 입장에서는 '역사 왜곡'인 것이다. 일본 중등 역사 교과서 왜곡의 시도는 '교과서 공격'뿐만 아니라 일본 문부성의 교과서 검정 과정에서도 계속되었고, 이 검정 과정에서 극우세력의 주장이 교과서에 반영될 때 한국은 이를 '역사 왜곡'으로 규정하고 역사분쟁이 지속적으로 반복되었다.[50] 그리고 21세기를 넘어선 현재에도 여전히 일본의 역사 교과서들은 과거 일본 제국주의의 군국주의적, 극우적인 역사이해를 반영한 역사 왜곡으로 역사분쟁을 지속하고 있다.

(1) 1954~1956년 제1차 교과서 공격

한일 양국 간의 역사분쟁이 일어나게 된 주요 원인은 일본의 교과서 검정제도에서 확인된다. 1948년 검정제도를 시행하고, 문부성 주관으로 교과서 검정기준을 제시했으나, 검정은 지방의 도도부현(都道府縣)의 교육위원회에 부여하여 민주적 관리를 하게 했다. 그러나 1953년 이후부터 문부대신이 교과서의 검정 권한까지 갖게 되었고[51] 일본 역사 교과서는 문부성이 제정한 검정기준에 따라 심사를 거치게 되었다. 따라서 교과서 왜곡의 최종 책임은 문부성, 즉 일본 정부가 져야 했다. 이러한 내막으로 역사분쟁이 일어나면, 한국 정부가 항의를 하는 대상은 일본 정

---

50   조광, 2010, 앞의 글, 13쪽.
51   조동걸, 2004, 앞의 글, 4~5쪽.

부기관인 외무성이 되어 왔다. 1955년 보수 우파를 대표한 자유당과 민주당이 합당하여 자유민주당이 출범하면서 '민족의식의 통일'이 강조되었고, 교과서를 통제하는 검정체제가 강화되었다. 1956년 교과서 검정심의회는 8종의 중등 교과서를 탈락시켰는데, '일본 역사는 일본 고전에 의거할 것, 태평양전쟁에 관해서 일본에 나쁜 말만 너무 쓰지 말고, 그것이 사실이라고 해도 로맨틱하게 표현하라'는 등의 강요를 하였다.[52] 이렇게 1954년부터 56년까지의 보수 우익에 의한 교과서 통제 사건을 '제1차 교과서 공격'이라고 한다.

이 공격의 여파로 1963년에 도쿄교육대학의 이에나가 사부로(家永三郎) 교수가 쓴 『신일본사(新日本史)』가 검정에서 탈락되었고, 이에나가 교수는 1965년 1차 소송, 1967년 2차 소송 그리고, 1984~1997년 3차 소송까지 13년간에 걸친 긴 소송전 끝에 마침내 승소하였다.[53]

사실 1차 교과서 공격과 파동의 시기, 한국 학계는 해방공간의 혼란과 한국전쟁의 참화 등으로 인해 제대로 항의할 수 있는 여력도 연구 능력도 갖추지 못한 상황이었고, 따라서 일본의 교과서 파동 및 왜곡에 대한 항의 제기를 할 수 없었던 상황이었다.

(2) 1982~1983년 제2차 교과서 공격

1980년 일본 자민당은 '교과서에 관한 소위원회'를 설치하고, '국책에 따른 교과서' 제창을 주장하면서 검정제도를 더욱 강화했다. 그리하여

---

52 김환, 1990, 「일본 역사 교과서의 한국사 관계서술에 관한 연구」, 국민대 박사학위논문, 42~43쪽.
53 정재정, 1998, 「이에나가 교과서 재판을 통해서 본 역사학과 역사교육」, 『일본의 논리: 전환기의 역사교육과 한국사인식』, 50~69쪽 참조.

3·1운동을 폭동으로 서술하는 등 군국주의적 침략을 정당화하는 식민지 시기 조선총독부 편찬의 교과서와 다를 바가 없는 교과서가 검정을 통과하게 되었다. 이번 교과서 왜곡은 한국과 중국을 비롯한 아시아 각국의 반발을 불러일으키면서 국제문제로 비화하였고, 한국에서는 독립기념관 건립까지 추진되는 등 한일 간의 역사분쟁이 본격화되었다. 또한 국사편찬위원회는 일본 역사 교과서의 한국사 왜곡의 내용을 구체적으로 분석하여 1983년 『일본 역사 교과서의 한국사 왜곡내용의 분석』을 출간했다.

아시아 이웃 여러 나라의 큰 반발과 공식적 항의에 부딪힌 일본 정부는 1982년 9월 문부대신 이름으로 '교과용도서 검정조사심의회 사회과 부회'에 한국 정부의 항의 내용에 대한 자문을 구했고, 그 결과 11월에 "인근 아시아 제국과의 관계에 관한 근현대의 역사적 사실에는 국제이해와 국제협조의 견지에서 필요한 배려가 있어야 한다"는 '근린제국조항'을 설정하고, 일본 제국주의의 침략 언급을 용인한다는 15개 항의 시정을 통보해 왔다.

이러한 분위기에서 한국과 일본은 양국 간 문화교류를 촉진한다는 목적으로 각각 '한일문화교류기금'과 '일한문화교류기금'을 발족하였다. 일한문화교류기금은 학술회의 개최와 함께 청소년, 교사, 연구자의 교류 등 다방면에 걸친 상호이해 사업을 진행하고 있다. 이 일한문화교류기금은 역사문제 분쟁 해결뿐만 아니라, 2002년 이후 한일역사공동연구위원회의 일본 측 사무국 기능도 담당하였다. 또한 한국에서는 일본의 역사교육을 특집으로 다루어 일본의 한국사 관계 왜곡 문제를 본격적으로 대응하기 위한 방안이 촉진되기도 했다.[54]

---

54 조광, 2010, 앞의 글, 21~23쪽.

(3) 2001년 제3차 교과서 공격

1990년대에도 역사분쟁은 계속되었고, 1990년대 후반에는 유네스코 한국위원회가 중심이 되어 교과서 분쟁 해결을 위해 노력을 전개하게 되었다. 한편, 한국 정부의 요청에 따라 일본 정부가 일본군'위안부' 문제를 1994년 9종의 고등학교 역사 교과서에 수록하였고, 1997년에는 중학교 역사 교과서에도 일부 그 내용을 수록하게 되었다. 그런데 이 같은 상황에 대해 일본 보수진영이 크게 반발하면서 이른바 제3차 교과서 공격이 시작되었다. 1995년 도쿄대학 교육학과 후지오카 노부카쓰(藤岡信勝)는 '자유주의사관연구회'를 창설하고, 일본의 침략을 인정하는 역사관을 자학사관으로 규정하였다. 그리고 보수적 성향이 강한 각계 인사들을 중심으로 1997년 1월에는 '새로운 역사 교과서를 만드는 모임(이하 새역모)'을 결성하게 되었다.[55]

새역모가 2001년 산케이(産經)신문 산하기관인 후소샤(扶桑社)에서

---

55 西尾幹二, 藤岡信勝 外, 1997, 『歷史敎科書との15年戰爭』, PHP硏究所, 44~45쪽. '새역모'에는 전전(戰前)부터 국책회사로서 발족하여 유수의 기업으로 성장한 우익 중소기업인들이 재정적으로 후원하면서 영향력을 발휘하고 있다. '새역모' 측이 밝히고 있는 임원들의 명단에는 가시마건설(鹿島建設), 스미토모(住友)계열 기업, 미쓰비시(三菱) 중공업, 가와사키(川崎) 중공업, 오사카상선(大阪商船), 니혼다바코(日本담배) 등의 기업 간부들이 참여하고 있다. 그리고 기업뿐 아니라 산케이신문으로 대변되는 우익성향의 언론사들도 적극적으로 참여하고 있었다. 산케이신문은 역사왜곡에 항의하는 주변국의 목소리를 내정간섭이라 비난하면서 '새역모' 측이 집필한 교과서를 출판하고 있는 후소샤의 최대 주주로서의 일정한 역할을 담당하고 있었다. 일간지뿐만 아니라 분게이슌주사(文藝春秋社)가 발행하는 『쇼쿤(諸君)』, 산케이신문의 계열사가 발행하는 『세이론(正論)』 등에도 '새역모'의 핵심 멤버와 우익성향의 평론가, 학자, 정치인들이 기존 교과서에 대한 비판의 글들을 게재하여 여론 형성에 영향을 미쳤다(일본교과서 바로잡기 운동본부 편, 2001, 「일본교과서 역사왜곡」, 역사비평사, 108쪽; 김인현, 2020, 「일본의 교과서 검정과 역사왜곡」, 『일본어교육』 93, 136쪽).

간행한 『새로운 역사 교과서(新しい歷史敎科書)』가 문무성 검정을 통과하였다. 이 교과서는 일본 정계와 언론의 지원을 받으며, 비록 교과서 채택률은 전에 0.039%에 불과하였으나, 일반시판용으로 무려 75만 부가 팔릴 정도로 일본 내에서 큰 반향을 불러일으켰다. 그리고 2001년 12월에는 일본 보수파 의원들로 구성된 '역사 교과서 문제를 생각하는 초당파 모임'까지 결성되어 새역모를 지원하였다.[56] 이미 역사적으로 사장되었어야 할 일본의 제국주의시대의 황국사관이 극단적 보수·우익의 역사관에 의해 부활함으로써 일본과 주변 이웃 국가 간의 외교 분쟁과 국민 감정의 비화로까지 이어진 셈이다.

남북한이 즉각적으로 이에 반발하여 2001년 남북 역사학자의 공동 선언문이 발표되었고, 8월에는 중국학자들까지 합류하여 국제 연대의 움직임까지 일어났다. 한국 정부는 35개 항에 달하는 시정 사항을 요구하였는데, 이 중 25개 항이 후소샤에, 10개 항이 7개 교과서에 해당되었다.[57] 일본 정부는 우리 정부의 수정 요구에 대해 외교문서로 공식 입장을 통보해 왔는데, 조선을 중국의 복속국으로 표현한 항목 2개를 자체 정정하겠으나, 그 외의 것은 "명백한 오류가 아니다"라고 하여 수정을 거부하였다.

2001년 '새역모' 측이 집필한 교재를 포함한 총 8종의 일본 중학교

---

56 새역모의 결성 및 성격, 『새로운 역사 교과서』의 핵심적 역사관 및 한국사관 등에 대해서는 정재정, 2002, 「일본 역사 교과서 문제와 그 전망」, 『한국사연구』 116 참조.

57 8개 교과서는 다음과 같다(교과서 채택률은 『아사히신문』 2001년 9월 12일 자). 1. 新しい歷史敎科書(扶桑社, 0.039%) 2. 新編 新しい社會歷史(東京書籍, 51.2%) 3. 中學社會歷史(敎育出版, 13.0%) 4. 中學社會 歷史的分野(大阪書籍, 14.0%) 5. 中學生의 社會科歷史(日本文敎出版 2.3%) 6. 社會科中學生의 歷史(帝國書院, 10.9%) 7. 中學校歷史(淸水書院, 2.5%) 8. 中學社會 – 歷史的分野(日本書籍, 5.9%)

역사 교과서가 3월 29일 검정을 통과했고, 4월 3일 일본 문부과학성이 이를 공식 발표하였다. 심지어 당시 일본 문부과학상 마치무라 노부타카(町村信高)는 "2002년도용 일본 중학교 역사 교과서 검정 과정은 소위 '근린제국 배려' 등의 검정 기준에 따라 충실히 검정하였다"고 하였다. 이렇게 검정을 통과하고, 우리 정부의 35개 항의 재수정 요구 중 2개 항목만이 자체 수정된 8종의 일본 중학교 역사 교과서는, 7월 중에 소위 '교과서 전시회'를 통해 지방교육위원회와 교장, 교사들에게 비교 검토하는 기회를 부여한 후 각 학교별로 채택하는 과정에 들어갔다. 8월 15일로 마감된 일본 전국 중학교 역사 교과서 채택의 결과를 보면, '새역모'가 제작한 후소샤 교과서는 일본 전국에서 겨우 12개교가 채택하는 데 그쳤다. '새역모'의 교과서를 채택한 학교는 도쿄 양호학교와 에히메(愛媛) 현립 양호학교 및 농아 학교 등 공립의 특수학교 6개교와 사립 6개교였다. 채택률은 일본 중학교 총 1만 2,209개교의 0.1%에 해당하였다. 결국, 일본의 보수 우익의 비호 아래 '새역모' 측이 주장한 채택률 10%는 그들만의 희망 사항으로 끝났다.

2001년의 교과서 검정 파동[58] 이후에 한국과 일본의 학계에서는 역사에 대한 공동연구의 필요성이 제기되어졌고, 그 결과 2002년에 한일 양국의 정상은 '한일역사공동연구위원회' 설치에 합의하여 그동안 제1기, 제2기 6년간 활동함으로써 소기의 성과는 있었다고 하지만 현재

---

[58] 2001년 교과서 분쟁에 관해서는 다음 연구들이 참고된다. 신주백, 2001, 「일본의 역사왜곡에 대한 한국사회의 대응」, 『한국근현대사연구』 17; 이신철·장신, 2001, 「2001년 한국의 교과서운동과 향후전망」, 『역사문제연구』 7; 하종문, 2001, 「일본 역사 교과서 왜곡의 바로보기」, 『한국근현대사연구』 18; 일본교과서 바로잡기 운동본부, 2001, 『문답으로 읽는 일본교과서 역사왜곡』, 역사비평사 등.

제3기 활동이 중단된 상태에 놓여있는 실정이다.

2) 『새로운 역사 교과서』와 식민주의 역사관

(1) 2001년 '새역모'의 『새로운 역사 교과서』

2001년 '새역모'의 교과서가 일본 문부성 검정을 통과하자, 한국 정부는 그 왜곡의 실태를 분석하여 수정요구안 35개 항을 일본 정부에 전달하였는데 이 중 '새역모'의 후소샤 교과서의 내용은 황국사관에 의한 역사 서술과 한국사 인식에서 다음과 같은 문제점이 있었다.[59]

첫째, 이른바 '임나일본부설'에 기초하고 있다. "이에 4세기 후반, 야마토조정은 바다를 건너 조선으로 출병하였다. 야마토조정은 반도 남부의 임나라는 곳에 거점을 둔 것으로 여겨진다"라고 하여 한반도 남부를 왜가 군사적으로 정복했다는 식민주의 역사학의 학설을 그대로 유지하고 있다. 이는 일본의 조선 침략과 식민지 지배를 정당화하는 근거로 설정하려는 것이다.

둘째, 일본의 역사를 미화하고, 주변국의 역사는 폄하하고 있다. 특히 한국에 대해서는 조공, 종속, 복속국, 속국, 종주권 등의 용어를 자주 사용하였다. "고구려가 돌연 야마토조정에 접근하였으며, 이어 신라와 백제가 일본에 조공을 하였다"라고 서술하고 있다. 삼국의 문화가 오히려 야마토 문화의 성립에 영향을 미쳤던 역사적 사실을 부정하고, 오히려 우수한 삼국이 일본에 조공을 바쳤다고 주장하고 있는 것이다.

---

59   외교통상부, 2001.5.8, 『일본 중학교 역사 교과서 한국관련 내용 수정요구 자료』; 정재정, 2002, 앞의 글, 182쪽.

셋째, 한일 양국 사이에 발생한 사건의 책임소재를 모호하게 하고 있다. 임진왜란, 강화도사건, 한국 강제병합 등에 대해 일본에게 불리하거나 부정적인 사건의 원인에 대해서는 기술하지 않고 있다.

넷째, 일본이 타국에 입힌 피해를 축소 내지 은폐하고 있다. 일본이 침략전쟁 중 저지른 만행이나 식민지 지배로 타국에 입힌 피해상을 서술하지 않거나 축소하였는데, 예를 들어 왜구 침탈, 임진왜란 피해, 제암리 학살 등을 누락시켰다. 그리고 오히려 왜구의 구성원 중 조선인이 다수를 차지하고 있다고 하여 식민지 시기 왜곡된 식민주의 역사학의 논리를 그대로 되살려 놓았다.

다섯째, 식민지 지배에 대한 반성이 없다. "한국병합 후 일본은 식민지화한 조선에 철도, 관개시설을 정비하는 등의 개발을 하고, 토지조사를 개시하였다"라고 하여 식민지 수탈을 식민지 개발로, 식민지 근대화에 기여한 것으로 왜곡하고 있다.

여섯째, 일본군에 의한 종군'위안부' 강제 동원 사실을 고의로 누락하여 태평양 전쟁 당시의 반인류적 전쟁범죄의 실체를 은폐하였다.

일곱째, 일본이 이웃 나라와 평화적 교류 협력을 해온 사실을 경시하였다. 이 교과서는 일본의 국가주의에 입각하여 외국과의 갈등 및 전쟁사를 중심으로 서술되었다. 따라서 다른 나라와의 우호 협력이나 상호이해에 대한 사실은 반영하지 않았다. 예를 들어 가야의 여러 나라와의 평화적 교역이나 조선시대 통신사의 왕래 등의 사실까지도 왜곡하고 있다.

여덟째, 인종주의적 시각이 강하게 나타나 있다. 예를 들어 러일전쟁을 동양의 일본이 황인종을 대표하여 서양의 백인종인 러시아와 싸운 것으로 서술하고 있다.

마지막으로 학술 연구 성과의 반영이 미흡하다. 한국의 역사 연구 성과는 물론 일본의 연구 성과조차도 제대로 수용하지 않았고, 일본에 불리하거나 부정적인 내용을 담은 연구 성과는 배제하였다. 따라서 이 교과서는 심각하게 역사적 사실의 서술과 해석에서의 객관성이 결여되었다고 볼 수 있다.

(2) 현재 일본 검정 교과서 내용과 식민주의 역사관

'새역모' 교과서의 채택률이 2005년 0.39% 선에 그치자 '새역모' 내부에서 분열이 일어났고, 그 일부가 나와 새로이 2006년 '일본교육재생기구'를 만들고, 다음 해에는 '교과서개선모임'을 만든다. 이 조직은 나중에 후소샤의 자회사로서 이쿠호샤(育鵬社)를 만들어 독자적인 교과서 제작을 시작하게 된다. 한편, 원래의 '새역모' 그룹은 2008년에 새로이 중학교 역사 교과서의 검정을 신청하게 되는데, 그 결과물이 바로 2009년 지유샤(自由社)에서 출간된 『신편 새로운 교과서』이다. 이 지유샤 교과서의 자매 편이며 시판본이 바로 『일본인의 역사 교과서』이다. 요컨대, 새역모가 분열하면서 원래 모임은 후소샤와 지유샤판 교과서로 이어지고, 분화된 그룹은 이쿠호샤판 교과서를 만들게 된 것이다. 현재는 후소샤와 이쿠호샤가 각각 중학교 역사 교과서를 만들어 오고 있다. 여기에 1997년 이후의 '새로운 역사 교과서'를 만드는 모임의 현재적 계승자로 부각된 것이 바로 2002년에 일본 문부과학성의 검정을 마치고 2012년에 메이세이샤(明成社)라는 출판사에서 인쇄, 발행된 고등학교 역사 교과서인 『최신일본사(最新日本史)』이다. 즉, 후소샤, 이쿠호샤, 메이세이샤의 역사 교과서는 그 궤를 같이하면서 후소샤와 이쿠호샤는 중학교 역사 교과서를 만드는 것이고 메이세이샤는 고등학교 역사 교과서를 만드는 것으로 역할 분담을 했다고 볼 수 있다. 이 시기 일본 고등학교 역사 교과서는 지리와 연계된 형태로 역사 교과서에는 『세계사』와 『일본사』 교과서가 각각 A(근현대, 2단위), B(고대~근현대, 4단위)로 나뉜다. 그리고 지리교과서는 A, B 외에 『지도교과서』가 있다. 이중 메이세이샤에서는 『일본사B』만 출판하고 있다.[60]

2011년 검정 결과 중학교 역사 교과서 7종이 검정을 통과하게 되는데,[61] 그 중 '새역모' 계열의 우익성향 교과서가 지유샤, 이쿠호샤의 2종이었다. 이들 교과서들의 한국 관련 내용은 2001년의 '새역모' 교과서와 왜곡·편향된 기술이 거의 대동소이하다.

식민주의 역사관에 기초하여 한국 고대사 부분에서 한반도가 한 군현 세력과 남방의 왜에 의하여 지배되었다는 타율성을 강조하고 있고, 중근세사 부분에서는 왜구, 무역 관계, 임진왜란, 통신사 및 왜관 문제 등에서 왜곡이 되풀이되고 있다. 근대 부분에서는 일본의 한국 강제병합을 서양 열강의 승인하에 합법적으로 이루어졌고, 식민지 지배를 통해 한국의 근대화가 이루어졌다고 기술하였다.[62] 또한 임진왜란, 청일전쟁, 러일전쟁, 중일전쟁, 태평양전쟁 등 침략전쟁을 미화했는데, 특히 근현대의 전쟁에 대하여서는 러일전쟁을 서구 열강으로부터 아시아를 지

---

60 송완범, 2020, 「명성사(明成社) 일본역사 교과서의 내력과 내용 분석」, 『한일관계사연구』 68, 38쪽.

61 2010년에 검정 신청하였던 출판사는 역사 교과서의 경우 총 8개사[이쿠호샤(育鵬社), 시미즈쇼인(清水書院), 도쿄쇼세키(東京書籍), 교이쿠슛판(教育出版), 데이고쿠쇼인(帝國書院), 니혼분쿄슛판(日本文教出版), 지유샤(自由社), 니혼분쿄슛판(日本文教出版), 구 오사카쇼세키(大阪書籍)]이며 이 중 검정을 통과한 것은 모두 7개사로 나타났다. 8개사 중 니혼분쿄슛판은 문부성의 수정 요구에 대해 "타사(他社)에 합병 흡수되었음"을 이유로 수정을 단념하였다고 전해지며, 따라서 최종 불합격으로 처리되었다.

62 이재석, 2011, 「총론 - 2011년도 일본 중학교 역사 교과서 검정의 특징과 문제점」, 『역사교육논집』 47, 198~201쪽.

키기 위한 전쟁이었다고 기술하고 있다. 또한 만주사변, 중일전쟁, 아시아·태평양전쟁으로 이어지면서 행한 온갖 수탈정책과 강제동원 문제를 최소화하여 기술하고 있다. 군 '위안부' 부분은 미국, 네덜란드, EU 의회 등 국제 사회가 교육을 통해 후세에 알리는 것이 필요하다고 공식적으로 요구했음에도 불구하고 전혀 기술하지 않고 있다.[63]

〈부록 5〉에서는 대강의 왜곡, 편향된 부분을 보더라도 현재 21세기의 일본 역사 교과서들이 식민주의 역사관을 그대로 계승하여 여전히 한일관계사를 서술하고 있음이 확인된다. 특히 한국사 전반에 걸쳐 외세에 의하여 타율적으로 전개된 역사임을 서술하고 있고, 기본적으로 한국이 동아시아 국제질서상 조공관계에 의하여 중국의 종속국이었다는 기술로 일관하고 있다. 또한 일본의 한국 강제병합과 식민지화에 대해서도 오히려 서구 열강의 승인에 의한 합법적 병합임을 주장하고, 식민지 지배에 대해서도 개발론을 거론하면서 침략을 합리화하고 있음이 확인된다. 특히 침략전쟁에 대해 일본 스스로의 자위권을 위한 방어의 개념으로 서술하거나 '위안부' 문제를 누락시켜 전쟁범죄를 은폐하는 등, 자국 중심의 편향된 역사관은 동아시아 국가들과의 교과서 왜곡 파동을 불러 일으키고, 역사문제를 국제적 외교 분쟁으로 악화시키는 등의 문제가 더더욱 심해지고 있는 경향이다. 게다가 이러한 역사왜곡 파동과 외교 분쟁은 일본과 한국, 그리고 중국에서 각각의 정치권이 민족주의적 감정을 이용한 지지율 확보로 이용하기까지 하면서 각 나라의 극단적 민족주의는 '적대적 공생관계'라는 비판까지도 국제 사회에서 받고 있는

---

63 김인현, 2020, 「일본의 교과서 검정과 역사 왜곡」, 『일본어교육』 93, 141~143쪽; 이재석, 2011, 위의 글, 203~207쪽, 〈표 3 한국 관련 왜곡/편향적 기술 부분〉 참조.

〈표 5-3〉『역사총합』 채택 수 일람표

순위	출판사	교과서명	책수	점유율
1	山川	歷史總合 近代から現代へ	167,257	21.2
2	帝國	明解 歷史總合	116,481	14.8
3	山川	現代の歷史總合 みる·讀みとく·考える	109,338	13.9
4	東京書籍	新選 歷史總合	93,532	11.9
5	實敎	詳述 歷史總合	92,199	11.7
6	山川	おたしたちの歷史　日本から世界へ	52,364	6.6
7	實敎	歷史總合	50,996	6.5
8	第一	高等學校 歷史總合	39,020	5.0
9	第一	高等學校 新歷史總合過去との討話, つなぐ未來	28,694	3.6
10	東京書籍	祥解 歷史總合	21,087	2.7
11	淸水	私たちの歷史總合	12,746	1.6
12	明成社	私たちの歷史總合	4,300	0.5
		합계	788,014	100.0

출전: 2022.2.15, 「22年度高校教科書採擇狀況 - 文科省まとめ」上, 『內外敎育』 6975.

실정이다.[64]

한편, 가장 최근이라고 할 수 있는 2021년 검정을 통과한 일본 고등학교 『역사총합』 교과서를 보면 현재 이 시점까지도 식민주의 역사관이 일본의 공교육 교과서에 그대로 생생하게 현재하고 있음이 확인된다.

2021년 3월 일본 문부과학성이 2022년 사용할 고등학교 교과서 검정 결과를 발표하였는데, 이 발표는 2018년 개정된 학습지도요령에 따

---

[64] 2015년 2월 웬디 셔먼(Wendy Sherman) 국무부 부장관이 "민족주의적 대중 정서는 악용될 수 있으며 정치 지도자가 과거의 적을 비난함으로써 값싼 박수를 받는 것은 어렵지 않다. 그러나 이 같은 도발은 '지역협력'에 진전이 아니라 마비를 초래한다"며 역사 문제의 국내 정치적 이용을 경고하는 사태가 발생했다. 국내 정치와 외교를 분리할 것을 우회적으로 촉구하는 발언이었다.

른 것이었다. 역사 교과서 『역사총합』은 세계사와 일본 근현대사를 접목한 것으로 전후 일본 역사교육 과정 개편 중 가장 큰 폭의 변화로 평가받는다.[65] 『역사총합』이 세계사의 흐름 속에서 일본사를 고찰하도록 설계된 교과서인데, 애초 세계사가 필수였고, 일본사는 선택이었다는 것을 고려하면, 결국 일본 근현대사를 추가적으로 모든 고등학교 학생들에게 교육하는 것이 『역사총합』 교과서의 목적이었다고 볼 수 있다. 검정을 통과한 『역사총합』 교과서는 데이코쿠쇼인(帝國書院), 메이세이샤(明成社), 다이이치가쿠슈(第一學習), 야마카와슛판(山川出版), 도쿄쇼세키(東京書籍), 시미즈쇼인(淸水書院), 짓쿄슛판(實敎出版) 등 7개 출판사에서 신청한 총 12종이었다.[66]

2018년에 고시된 「고등학교 학습지도요령 해설」에 따르면 『역사총합』의 내용은 '근대화', '국제질서의 변화와 대중화', '글로벌화' 등 세 가지 큰 변화에 따라 구성하도록 했다. 그리고 이에 따라 교과서 대항목이 「A. 역사의 문」, 「B. 근대화와 우리들」, 「C. 국제질서의 변화와 대중화, 그리고 우리들」, 「D. 글로벌화와 우리들」과 같이 네 부분으로 구분되었다.[67] 한국 근대사와 관련해서는 B의 '(3) 국민국가와 메이지 유신'과 C의 '(3) 경제위기와 제2차 세계대전' 항목에 관련 지침이 명시되었다.

이 「고등학교 학습지도요령 해설」에 따라 『역사총합』 12종 교과서

---

65 서종진, 2019, 「일본의 교육기본법 개정과 역사교육의 변화: 고등학교 역사과 개정 학습지도요령을 중심으로」, 『세계의 역사교육 어디로 가고 있는가』, 동북아역사재단, 103~105쪽.

66 조건, 2022, 「2021년 일본 고등학교 검정교과서의 한국 근대사(1890~1910) 서술과 특징」, 『한일관계사연구』 76, 4~5쪽.

67 「〈地理歷史編〉高等學校學習指導要領(平成30年告示)解說」 2-3, 歷史總合, 124쪽.

⟨표 5-4⟩ 2018년에 고시된 「고등학교 학습지도요령 해설」에 따른 『역사총합』의 한국사 관련 지침

B-(3)	'영토의 획정 등'에 대해서는 우리나라의 영토가 러시아 등과 사이에 국제적으로 확정된 것을 다룬다. 그때 북방 영토⋯가 일관되게 우리나라의 영토로서 국경 설정이 이루어진 것에 대해서도 다루는 동시에, 독도, 센카쿠 제도에 대해서는 우리나라가 국제법상 정당한 근거에 따라 정식으로 영토에 편입한 경위를 다루고, 이 영토에 관한 우리나라의 입장이 역사적으로도 국제법상으로도 정당한 것을 이해하도록 한다. 청일·러일전쟁에 대해서는 청일전쟁과 대만의 식민지화, 삼국간섭, 러시아의 중국 조선 진출, 러일전쟁과 한국병합 등을 다루고, 열강의 아시아 진출 움직임이나 중국과 조선의 동향을 관련지어 보면서 일본의 동향을 다룬다.⋯특히, 러일전쟁에서의 승리가 아시아 민족들의 독립이나 근대화 운동에 자극을 준 것을 알 수 있도록 한다.
C-(2)	내셔널리즘의 동향과 국제연맹의 성립에 대해서는 중국, 조선, 영국령 인도, 이집트 등에서 대전 중의 경제성장이나 민족 자결의 기운 고조 등을 배경으로 제1차 세계대전 후의 내셔널리즘 운동이 활발해지면서 열강에 의한 식민지 지배체제가 동요하게 된 것을 다룬다.
C-(3)	일본의 대외정책에 대해서는 만주사변부터 중일전쟁에 이르는 대륙으로의 일본 진출을 언급하여⋯만주사변 이후의 일본 군부 움직임이나 대륙으로의 진이 국제관계에 끼친 영향을 언급하는 동시에⋯제2차 세계대전의 전개에 대해서는 식민지 등을 포함하는 세계적 규모의 총력전으로써 제2차 세계대전을 파악하는 동시에, 이 전쟁이 자본주의 국가와 사회주의 국가, 제국주의 제국과 식민지의 관계 등 여러 가지 관계를 내포한 복합적인 성격을 가지게 된 것이나 전장의 광역화와 일반 시민의 막대한 희생 및 손해 등에 대해서 취급한다. 또, 제2차 세계대전에 대해서는 이 전쟁이 세계의 여러 국가·민족에게 사상 초유의 참화를 초래하고, 인류의 문화와 생활을 파괴한 것, 일본에서도 각지에 대한 공습, 오키나와 전투, 히로시마·나가사키에 대한 원자폭탄 투하를 비롯해 공전의 전쟁 피해를 입은 것에 주목하여 평화롭고 민주적인 국제 사회의 실현에 노력하는 것의 중요성을 자각토록 한다.

출전: 조건, 2022, 「2021년 일본 고등학교 검정교과서의 한국 근대사(1890~1910) 서술과 특징」, 『한일관계사연구』 76, ⟨표 4⟩ 10~11쪽.

들은 동학농민운동에 대해서는 '난' 또는 '봉기'로 표기하였고, 청일전쟁을 일본의 '방위'적 측면에서 서술하였다. 특히 러일전쟁 서술에 대하여 "러일전쟁에서의 승리가 아시아 민족들의 독립이나 근대화 운동에 자극을 준 것을 알 수 있도록 한다"라고 명시되어 있다. 또 한국 강제병합의 강제성이나 불법성은 전혀 언급하지 않고 있다. 이런 식의 논리는 이미 앞서 설명한 바와 같이 러일전쟁 당시와 식민지 시기 내내 지속되었던

식민주의 역사관이 장기지속성을 갖고 계속해서 일본의 역사관 저변에 자리 잡고 있음을 알 수 있다. 다행히 2021년 10월 발표된 도쿄도 교육위원회에서는 이 12종 교과서 중 가장 보수성향을 띠는 메이세이샤 교과서를 채택 대상에서 제외하였다.[68] 그럼에도 불구하고, 나머지 11종의 교과서가 「고등학교 학습지도요령 해설」을 충실히 반영하였음은 분명한 상황이다.

---

68   조건, 2022, 앞의 글, 9~30쪽.

맺음말

일본 제국주의는 한국을 강제병합하고, 식민통치를 하는 과정에서 조선이 식민지가 될 수밖에 없는 필연적인 이유를 조선인들이 수긍하고 받아들일 수 있도록 '신뢰할 만한 사실에 기초'한 역사적 서사구조를 만들어 냈고, 그것이 식민주의 역사학이었다. 그 구체적 구성 내용으로 조선이 사대주의적이고 반도적 성격에 치우쳐 단 한 번도 독립의 역사를 가져본 적이 없었다는 타율성론이나, 봉건제를 거치지 못하고 10세기 무렵 일본의 고대인 후지와라(藤原)시대 수준에 정체되어 있었기 때문에 일본이 개발과 진전을 도모해 주어야 한다는 정체성론, 이런 조선을 필연적으로 합병할 수밖에 없었던 것은 일본과 조선이 '동족'이기 때문이라는 일선동조론, 나아가 만주 침략에 조응한 만선일체론 등 다수의 유사 과학적인 담론 체계를 만들어냈다.

식민주의 역사학은 근대 역사학의 한 유형이었다. 식민주의는 다른 종류의 근대적 이데올로기와 결합하여 다양한 유형과 성격의 논리를 만들어냈다. 식민주의와 제국주의가 결합하여 일선동조론과 만선사관을, 식민주의와 국민주의(민족주의)가 결합하여 사대주의론이나 반도적 성격론(지리적 결정론) 등을 포괄하는 타율성론을, 식민주의와 근대주의가 결합하여 정체성론을 만들어냈다.[1] 이는 과학적이거나 객관적 실증을 거치지 않은 자의적 사료의 취사선택과 재해석을 통한 식민주의 역사관이었다. 그러나 과학과 실증이란 '근대 지식권위'로 무장한 식민주의 역사관은 식민통치 권력이 부여한 '진리'라는 학문적 권위로 경성제국대학과 조선사편수회 등 관제기관에 의해 강고하게 자리를 잡았다. 1945년 일본이 제2차 세계대전에서 패망한 후 동조론이나 일체론은 모습을 감

---

1 윤해동, 2015a, 「식민주의 역사학 연구 시론」, 『한국민족운동사연구』 85, 406~407쪽.

추었지만, 정체성론과 타율성론은 농도의 차이가 있기는 하나 여전히 그 명맥을 이어오고 있다. 특히 정체성론은 한반도 분단과도 얽힌 타율성론과 호응하면서 현대 일본인의 한국 인식 저류를 이루어왔다.[2]

20세기 후반, 대부분의 한국사 연구자에게 식민주의 역사학의 극복은 공통 화두였기에, 민족주의 사관을 바탕으로 객관적이고 합리적인 사실 고증을 통한 역사학 연구가 이루어졌다. 1961년 이기백이 『국사신론』의 서론[3]에서 반도적 성격론, 사대주의론, 당파성론, 문화적 독창성의 결여, 정체성론을 '식민주의적 한국사관'으로 규정하고 이에 대한 비판과 극복을 제기한 것이 그 시작이었다. 이후 김용섭, 홍이섭, 이만열 등이 일제의 식민주의 역사학을 본격적으로 비판, 정리하면서 식민사학의 유형화 작업이 이루어졌다.

이만열은 타율성론과 정체성론에 일선동조론과 임나일본부설을 추가하였고, 조동걸은 일선동조론, 정체성, 당파성론, 반도적 타율성론(지리적 결정론 포함), 사대주의론 등 보다 세부적으로 유형화를 시도했다. 이러한 지표는 민족사학을 확립하고, 식민주의 역사학을 비판하는 과정에서 매우 편리한 분류였고, 한국의 민족사학은 소위 식민사학(관)에 대항하는 반식민사학으로 자리매김하였다. 민족주의와 결합한 반식민사학은 매우 분명하고 간결하여 일본의 침략주의적인 속성을 명쾌하게 규정지었고, 1960년대 이후 한 세대 이상 한국 사학계의 식민주의 역사학에 대한 연구는 이 틀에서 벗어나지 못했다. 1960년대 이래 이 왜곡의 지표 자체가 다분히 흑백논리적이고 이분법적이며, 자의적이고 주관적이었다

---

[2] 강상중 지음, 이경덕·임성모 옮김, 1997, 『오리엔탈리즘을 넘어서』, 이산, 94쪽.
[3] 이기백, 1961, 「서론」, 『국사신론』, 태성사.

고 할지라도, 이를 준거로 실증적 연구를 진행하여 식민주의 역사학의 왜곡 실태와 논리를 상당 수준 규명하여 온 것은 큰 성과였다.

2000년대 들어서면서 식민주의 역사학은 근대 역사학을 토대로 구축된 '식민주의적 근대 역사학'이며, 근대주의와 국민주의(민족주의)가 식민주의와 결합한 양상이라는 전제하에 탈식민주의에 입각한 식민주의 역사학 연구가 학계의 새로운 동향으로 자리 잡기 시작했다. 19세기 말부터 역사학계를 풍미한 실증사학은 사료를 토대로 과거의 사실을 있는 그대로 역사로 재현할 수 있다고 본다. 그러나 포스트모더니즘의 도전과 함께 역사인식론의 근본 문제는 "역사학은 실제로 무엇이 일어났는지를 발견하여 전달하는 진리의 문제가 아니라, 우리가 과거에 대해서 아는 것, 곧 우리가 역사라고 지칭하는 지식을 생산하고 수용하는 것을 규제하는 규칙이나 관행이 무엇인지에 대한 문제"로 바뀌었다.[4]

최근에 탈식민주의 경향에 입각하여 식민주의 역사학에 대한 새롭고 괄목할 만한 연구 성과가 나오고 있다. 이러한 새로운 연구 경향에서는 근대주의가 사라져 가는 이 시대에 역사학 역시 근대 역사학에서 탈피해야 할 시점[5]이라는 탈식민주의 선언을 현재 우리 역사학계의 당면 과제이자 진행형 사업이라고 제시하고 있다. 탈근대, 탈식민, 탈민족의 입장에서는 당연히 민족주의적 시각의 역사 연구가 식민주의와 같은 얼굴이기에 제시한 문제이다. 그런데 그것이 식민주의 역사학을 극복하기 위해 노력해 온 1960~1970년대 초창기 역사학자의 논의에 비하여 분명

---

4 김기봉, 2009, 「민족과 진리는 하나일 수 있는가?」, 도면회·윤해동 엮음, 『역사학의 세기 - 20세기 한국과 일본의 역사학』, 휴머니스트, 287~289쪽.
5 윤해동, 2015a, 앞의 글, 420쪽.

하고도 새로운 연구 방법이 도입된 것인지는 여전히 생각해 볼 여지가 있다.

한편, 최근의 연구들 역시 식민주의 역사학이 "서구에서 도입된 근대 역사학의 연구 방법을 토대로 엄격한 사료 비판"을 했지만, "식민지배를 긍정하고 입증하려 했다"는 결론으로 귀결되고 있다.[6] 그렇다면 과연 초창기 한국 사학계의 식민주의 역사학 비판과 최근의 탈식민주의적 연구가 무엇이 다른지 의문이다. 또한 "미우라를 비롯한 일본인 학자는 조선의 역대 사서를 신뢰하지 않았다. 조선의 역사는 중국의 영향을 심하게 받아서 중국과 관련 없는 남부 조선의 역사도 모두 중국과 관련되거나 중국 계통으로 연결시켰다고 보았다"[7]는 일본인 식민주의 역사학자의 연구 방법을 두고도 과연 그러한 실증을 '근대적 역사학'으로 판단하는지,[8] 이러한 일본인 식민주의 역사학자들의 사료 취사선택의 기준은 어떻게 평가하는지도 의문이다. 물론 '근대'라는 개념이 '선'과 '긍정'의 이미지를 내건 '폭력'과 '부정'의 알맹이를 담은 양면적 속성을 지녔다는 면에서 보자면 식민주의 역사학은 분명 근대 역사학의 한 부분이다. 그리고 그 근대 역사학이 갖는 식민주의적 성격을 비판하는 것이 근대 역사학을 극복하는 방법일 것이다. 따라서 일본인 식민주의 역사학자들의 '사료 실증'의 자의성과 주관성을 어떻게 설명할 것인지도 최근 탈식민

---

6   박찬흥, 2015, 「이케우치 히로시의 한국 고대사 시기구분과 고조선·한사군 연구」, 『제국 일본의 역사학과 '조선': 식민주의 역사학과 제국 2』, 소명출판, 131쪽.

7   장신, 2018, 「미우라 히로유키의 조선사 인식과 『조선반도사』」, 『제국 일본의 역사학과 '조선': 식민주의 역사학과 제국 2』, 소명출판, 189쪽.

8   김종준, 2018, 「서평: 식민주의 역사학, 극복의 대상인가, 성찰의 대상인가? - 윤해동, 장신 엮음, 2018, 『제국 일본의 역사학과 '조선': 식민주의 역사학과 제국 2』, 소명출판. - 」, 『동북아역사논총』 61, 474쪽.

주의 역사학 연구의 숙제라고 본다. 식민주의 역사학은 일본의 식민통치를 정당화하기 위해 식민지인들의 정신적 동화를 달성한다는 노골적인 정치적 의도를 갖고 있었다는 점에서 본질적으로 '권력의 서사'였음을 최근 탈식민주의 연구에서도 부정하지 않는다. 그러면서 식민주의 역사학이 신뢰할 만한 사실과 엄밀한 방법론을 바탕으로 누구나 납득할 만한 역사 서술의 완성을 지향하였고, 실증사학 특유의 '객관주의와 리얼리즘'의 서사라고 평가했다.[9] 그런데 그 객관주의와 리얼리즘이 식민주의 역사학의 의도대로 재창조되고 재해석된 객관성을 내세운 근대 역사학의 폭력성을 갖고 있었다는 점은 분명히 해야 하지 않을까 싶다. 이런 지적에 대해서도 여전히 '의도'와 '왜곡'이라는 프레임에 갇힌 진부한 식민주의 역사학 비판이라고 한다면, 식민주의 역사학이 '의도'와 '왜곡'이 없었다는 것인지 되묻고 싶다. 그렇다면 우리 학계의 초기 이기백, 이만열 등의 연구 성과에 대하여 최근 연구가 과연 분석 대상 학자와 사료의 새로운 발견을 넘어 연구 방법상 차원이 다른 획기적인 전환을 이룬 것인지는 진지하게 고민할 부분이라고 생각한다.

---

9 정준영, 2022, 『경성제국대학 법문학부와 조선 연구』, 사회평론아카데미, 104쪽.

부록

부록 1 『근대 일선관계의 연구』 목차 및 주요 인용 사료

권	편	장	절	인용 사료	
				주요 사료	기타 사료
상권	제1편 근대 조선사 총설	제1장 근대 조선의 정세	제1절 척족세도정치의 발달 제2절 이태왕 즉위, 대원군의 집정 제3절 계유정변, 대원군 정권의 종말	朝鮮國政府記錄, 『日省錄』, 『華西集』, 『勉庵集』	기타
		제2장 대원군의 배외 정책과 열국	제4절 병인양요, 프랑스 함대의 강화 점령 제5절 병인양요, 제너럴셔먼호 격침사건, 미국 함대의 강화 공격 제6절 일본의 조정, 야도 마사요시의 정한설	『純祖實錄』, 『憲宗實錄』, 『日省錄』, 『近世朝鮮政鑑』, 『同文彙考』, 『右捕廳謄錄』, 『巡撫營謄錄』, 『黃海監營謄錄』	Ch. Dallet, Historie de l'Eglise de Coree, vol. II; Launay, Memorial, 2e partie., Abbe A.; Piacentini, 1890, Mgr. Ridel Eveque de Philippolis, Vicaire apostolique de Coree, d'apres sa Correspondence. Lyon: Korean Repository, 『宗重正家記』, 『宗重正履歷集』
	제2편 일한 신관계의 성립	제3장 메이지 신정부의 성립과 일한 국교의 조정	제7절 타이슈번의 일한 외교 관장 제8절 大修大差使의 파견 제9절 대수대차사의 거부	日本國政府記錄, 對州藩廳記錄, 『宗重正家記』, 『宗重正履歷集』, 『大藏省沿革志』, 『大修參判御用手續覺』, 『朝鮮交際始末』	朝鮮國政府記錄, 『東萊府啓錄』, 『日省錄』
		제4장 외무성의 일한외교 접수	제10절 版籍奉還과 일한외교 제11절 廢藩置縣과 일한외교의 접수 제12절 초량왜관의 접수	日本國政府記錄, 『宗重正家記』, 『朝鮮交際始末』, 『大日本外交文書』, 『太政官日誌』, 『花房外務大丞朝鮮行日涉』	
		제5장 일한 교섭의 정돈	제13절 외무성 시찰원의 파견, 통사 우라세 히로시의 시안 제14절 외무성 파견원의 직접 교섭 제15절 일한교섭의 정돈 제16절 일한교섭의 정돈, 차사 사가라 마사키의 동래부 난입	『宗重正家記』, 『朝鮮交際始末』, 『大日本外交文書』, 『征韓論の舊夢談』, 『浦瀨最助訓導之應對書取』, 『太政官日誌』, 『大修參判使往復書狀控』, 『明治五年壬申在朝鮮日記』	『日省錄』

				인용 사료	
권	편	장	절	주요 사료	기타 사료
상권	제2편 일한 신관계의 성립	제6장 정한론	제17절 정한론의 발생 제18절 정한론의 결렬	『方谷先生年譜』, 『征韓論の舊夢談』, 『朝鮮交際始末』, 『松菊木戶公傳』, 『岩倉公實記(昭和二年刊』, 『西鄕隆盛氏書翰』	
		제7장 일한 교섭의 재개	제19절 조선의 배외정책의 갱신, 외무성 출사 모리야마 시게루의 조선국 파견 제20절 모리야마 이사관의 조선 재파견, 일한 교섭의 재정돈 제21절 일한교섭의 재정돈	『朝鮮交際始末』	『日省錄』
		제8장 강화도 군함 운요 포격 사건	제22절 강화도 군함 운요 포격 사건	『朝鮮交際始末』, 『木戶孝允日記』	『日省錄』
		제9장 일한 신관계의 성립	제23절 전권변리대신의 파견 제24절 강화부에서의 예비교섭 제25절 강화부에서의 일한회담 제26절 일한수호조규의 체결 제27절 일한수호조규의 체결(속) 제28절 일한수호조규의 조인과 비준	『朝鮮交際始末』, 『木戶孝允日記』, 『松菊木戶公傳』, 『世外井上公傳』, 『使鮮日記』, 『倭使日記』	『日省錄』
		제10장 일한 수호조규 체결과 청국	제29절 모리 공사의 청국파견, 청 총리아문과의 교섭 제30절 청한종속관계론, 모리 공사와 이홍장의 회담 제31절 청한관계의 새 단계, 이홍장과 이유원	『森公使使淸日記』, 『淸光緖朝中日交涉史料』, 『李文忠公全集譯署函稿』	『日省錄』
	제3편 일한 국교의 갱신과 그 반동	제11장 병자 수신사의 파견	제32절 병자 수신사의 파견	『日省錄』	『善隣始末』, 『信使滯京日記』
		제12장 일한 수호조규 부록의 협정	제33절 미야모토 이사관의 파견, 일한수호조규부록안 제34절 일한수호조규부록의 체결 제35절 공사주차와 국서 봉정	『倭使日記』, 『朝鮮交際始末』, 『宮本大丞朝鮮理事始末』, 『善隣始末』	『承政院日記』

부록 415

권	편	장	절	인용 사료 주요 사료	인용 사료 기타 사료
상권	제3편 일한 국교의 갱신과 그 반동	제13장 일한통상장정의 체결	제36절 일한무역 잠정 약정 제37절 일한통상장정이 성립, 수출입세의 협정	『朝鮮交際始末』, 『花房公使朝鮮關係記錄』, 『善隣始末』	『同文彙考』
		제14장 원산 및 인천의 개항	제38절 개항연기론, 개항장 선정의 곤란 제39절 원산의 개항 제40절 인천의 개항	『倭使日記』, 『朝鮮交際始末』	
		제15장 신사 위정척사론, 국왕과 척족의 혁신 정책과 그 반동	제41절 신사위정척사론, 국왕과 척족의 혁신 정책과 그 반동	『善隣始末』, 『朝鮮交際始末』, 『倭使日記』, 『日省錄』	『嘉梧藁略』(李裕元), 『朝鮮策略』
		제16장 임오변란, 제물포조약의 체결	제42절 임오병란 제43절 일본 정부의 대한방침 제44절 하나부사 공사의 교섭 제45절 제물포조약의 성립 제46절 청의 간섭, 대원군의 구치	『日省錄』, 『花房公使朝鮮關係記錄』, 『善隣始末』, 『淸光緖朝中日交涉史料』	
		제17장 청한종속관계의 진전	제47절 청의 종주권 강화 제48절 조선조정의 동요	『李文忠公全集』, 『朝鮮史』, 『漢城之殘夢』, 『淸光緖朝中日交涉史料』	『統理交涉通商衙門日記』
		제18장 갑신변란, 한성조약의 체결	제49절 일본세력의 진출과 독립당 제50절 다케조에 공사의 적극정책 제51절 갑신변란 제52절 일청 양국군의 충돌, 다케조에 공사의 경성 철수 제53절 일한교섭의 정돈 제54절 이노우에 외무경의 조선 파견 제55절 한성조약의 체결, 김옥균 등의 인도 요구	『岩倉公實記』, 『福澤諭吉傳』, 『甲申日錄』, 『井上外務卿書翰』, 『善隣始末』, 『漢城之殘夢』, 「竹添公使朝鮮京城事變始末書」, 「井上外務卿京城事變査明事實書」	『日省錄』
		제19장 톈진 협약의 성립	제56절 이토 대사의 청국 파견 제57절 톈진 협약의 체결, 일청 양국군의 철수	『淸光緖朝中日交涉史料』, 『善隣始末』, 「伊藤大使復命書」, 『世外井上公傳』	

권	편	장	절	인용 사료	
				주요 사료	기타 사료
하권	제4편 조선에서의 일청의 항쟁	제20장 갑신변란 후의 정세	제58절 묄렌도르프와 제1차 한러비밀협정 제59절 대원군의 석방 귀국, 제2차 한러비밀협정	『光緖中日交涉史料』, 『李文忠公全集』, 『日省錄』, 『善隣始末』, 『統理衙門日記』	
		제21장 조선국 방곡배상사건	제60절 방곡사건의 연혁 제61절 방곡배상 안의 중지 제62절 오이시 공사의 최후통첩, 손해배상의 확정	『統理衙門日記』, 『李文忠公全集』	
		제22장 김옥균 암살사건	제63절 독립파 간부의 일본 망명 제64절 김옥균과 이일식 제65절 김옥균 암살, 박영효의 암살미수	『李文忠公全集』, 『統理衙門日記』, 「李逸植謀殺未遂被告事件 檢事廳取書」	
		제23장 동학변란	제66절 동학의 연혁, 계사동학변란 제67절 갑오동학변란	『日省錄』, 「全琫準供草」, 「全羅道東學匪亂調査報告」, 「兩湖招討謄錄」	
		제24장 일청 양국의 출병	제68절 청국의 출병 제69절 일본국의 출병 제70절 조선 출병 후의 정세 제71절 오토리 공사와 원세개	『明治二十八年在韓苦心錄』, 『中東戰紀本末卷一北洋大閱海軍記』, 『日淸戰史』	『光緖中日交涉史料』
		제25장 일청 출병과 텐진협약	제72절 일청출병과 텐진협약	『日淸韓交涉事件記事』, 『中日交涉史料』	
		제26장 조선국 내정개혁 문제	제73절 공동개혁과 단독개혁 제74절 내정개혁과 일청개전론 제75절 내정개혁의 중단	『日淸韓交涉事件記事』, 『明治二十八年在韓苦心錄』	『日省錄』
		제27장 조선국 내정개혁과 청국	제76절 조선국 내정개혁과 청국	『中日交涉史料』, 『蹇蹇錄』, 『日淸韓交涉事件記事』	
		제28장 갑오정변	제77절 오토리 공사의 최후통첩 제78절 대원군의 제3차 집정, 청한종속관계의 폐기	『明治二十八年在韓苦心錄』, 『日省錄』	

권	편	장	절	인용 사료	
				주요 사료	기타 사료
하권	제4편 조선에서의 일청의 항쟁	제29장 열강의 조정	제79절 러시아의 조정 제80절 러시아의 조정(속) 제81절 영국의 제1차 조정 제82절 영국의 제2차 조정 제83절 미국, 이탈리아 양국의 조정	Telegram of the Minister at Tokyo to the Minister of Foreign Affairs, June 25, 1894 외 각국 외교문서	『中日交涉史料』
		제30장 일청의 위기와 청의 정세	제84절 북양대신 이홍장과 그의 외교 제85절 청조정과 북양의 대립 제86절 북양의 전쟁준비	『李文忠公全集』, 『中日交涉史料』	『清史稿』 列傳
		제31장 일청개전	제87절 풍도와 성환의 전투 제88절 국교 단절과 선전	『中日交涉史料』, 『二十八年海戰史』	『日清戰史』
	별편		타이슈번을 중심으로 한 일한관계 별편 1 조선국통신사 역지해빙고 별편 2 메이지유신기의 타이슈번 재정 및 번채에 관하여		

출전: 하지연, 2015, 「다보하시 기요시의 『근대 일선관계의 연구』와 한국 근대사 인식」, 『식민사학과 한국 근대사』, 지식산업사, 200~203쪽, 〈부록 3〉.

부록 2 『조선사강좌 요항호』에 게재된 『조선사강좌』의 서술 방향과 목적[1]

1. 조선사강좌는 조선사의 공개적 강연이다.
2. 조선사강좌는 조선민족의 성립을 간명하게 설시(說示)하고자 한다.
3. 조선사강좌는 조선의 문호를 철저하게 강명(講明)하고자 한다.
4. 조선사강좌는 조선의 경제 조직을 종횡으로 설파하고자 한다.
5. 조선사강좌는 조선의 사회를 단적으로 설명하고자 한다.
6. 조선사강좌는 일본과 조선의 순망 관계를 고평하게 설명하고자 한다.
7. 조선사강좌는 조선·만주불가분의 원칙을 자유롭게 설명하고자 한다.
8. 조선사강좌는 조선인의 인정·풍속·미술·공예·교육·법제·고적·유물 등 일체의 완전히 묘사하는데 최선을 다하고자 한다.
9. 조선사강좌는 이러한 일대 사명을 내걸고 사회에 내놓는 것이다.
10. 조선사강좌의 강사는 각과 전공의 여러 대가가 망라되었으며, 각자 최선을 다해 학문적 역량을 발휘했으므로 그 내용은 가장 권위 있는 것이다.
11. 조선사강좌는 조선을 이해하기 위한 최대의 지름길이다.
12. 조선사강좌의 내용에 대한 대요를 알고자 하는 사람은 조선사강좌 요항을 일독하라.

---

1 朝鮮史學會, 1923, 『朝鮮史講座 要項號』, 4쪽.

부록 3 『조선사』 주요 편찬자가 『청구학총』에 게재한 논고

필자	논문명	발간 연도(호)	비고
稻葉岩吉 (22회)	北青城串山城女眞字磨厓考釋	1930(2)	연구
	元の開元路退毀昏鈔印の出土に就て	1931(3)	연구
	滿洲開國傳說の歷史的考察 (上), (下)	1931(3, 11)	연구
	古逸本杜工部詩史補遺に就て	1932(7)	연구
	高麗宣光版禪林寶訓書後	1932(8)	첨재
	吾妻鏡の女眞字の新研究	1932(9)	연구
	黃草嶺新羅眞興王斷碑の出現	1932(9)	첨재
	塗改本淸太祖實錄殘卷及び其年代	1932(10)	연구
	滿鮮史逮繫の再認識 (上), (中), (中の二), (下)	1933(11, 12, 13, 14)	연구
	朝鮮孝宗朝に於ける兩次の滿洲出兵に就いて (上), (下)	1934(15, 16)	연구
	鐵嶺衛の位置を疑ふ(和田敎授の明初の滿洲經略)	1934(18)	첨재
	近獲蒙古人の撰述2種 (上), (下)	1935(22), 1936(25)	첨재
	麗末鮮初に於ける家禮傳來及び其意義	1936(23)	연구
	金靜庵氏著渤海國志長篇を讀みて	1936(23)	첨재
	滿洲史研究の現狀	1937(27)	첨재
	申忠一書啓及び圖記	1937(29)	연구
中村榮孝 (13회)	朝鮮經濟史雜考 (1)	1930(1)	첨재
	滿鮮關係の新史料(淸太宗朝鮮征伐に關する古文書)	1930(1)	첨재
	歷史上の開城	1930(2)	첨재
	太平記に見えた高麗人來朝の記事に就いて	1931(4)	첨재
	鮮初受圖書人考 (上), (下)	1932(7, 8)	연구
	鮮初の文獻に見えた日本の地名に就いて (上)	1932(9)	첨재
	鮮初に於ける歲遣船定約 (上)	1932(10)	연구
	高麗史節要の印刷と傳存	1933(11)	첨재
	漢江と洛東江	1933(12)	연구
	慕夏堂金忠善に關する史料について	1933(12)	첨재
	所謂朝鮮王族金光の送還に就いて	1933(13)	첨재
	蘭船の朝鮮漂者と日鮮の交涉	1936(23)	첨재
末松保和 (13회)	太平御覽に引かれた倭國に關する魏志の文に就いて	1930(1)	첨재
	魏志倭人傳解釋の變遷(投馬國を中心として)	1930(2)	첨재
	高句麗攻守の形勢	1931(5)	연구
	高麗文獻小錄(三國史記) (1)	1931(6)	첨재

필자	논문명	발간 연도(호)	비고
末松保和 (13회)	高麗文獻小錄(三國遺事) (2)	1932(8)	첨재
	新羅王代考略	1932(9)	연구
	逸新羅竅興寺鐘銘釋文	1933(11)	첨재
	高麗文獻小錄(新編諸宗敎藏總錄) (3)	1933(12)	첨재
	日本上世紀年考批判	1933(13)	연구
	新羅諸王紀年存疑	1933(14)	연구
	新羅昌林寺無垢淨塔願記について	1934(5)	첨재
	百濟の故地に置かれた唐の州縣について	1935(19)	첨재
	梁書新羅傳の啄評について	1936(25)	연구
田保橋潔 (9회)	鬱陵島その發見と領有	1931(3)	연구
	鬱陵島の名稱に就いて(補)(坪井博士の示敎に答ふ)	1931(4)	첨재
	清同治朝外國公使の覲見	1931(6)	연구
	李太王丙寅洋擾と日本國の調停	1933(11)	연구
	丙子修信使とその意義	1933(13)	연구
	壬辰役雜考 (第1回)	1933(14)	연구
	近代日鮮關係史の一節(公使駐京及び國書捧呈に就いて)	1934(15)	연구
	明治維新期に就ける對州藩財政及び藩債について	1934(16)	첨재
	壬午政變の研究	1935(21)	연구
申奭鎬 (3회)	屛虎是非に就いて (上), (下)	1930(1), 1931(3)	연구
	己卯士禍の由來に關する一考察	1935(20)	연구
尹瑢均 (1회)	高麗毅宗朝に於ける鄭仲夫亂の素因とその影響	1930(2)	첨재
田川孝三 (2회)	辛未定州城攻圍圖に就いて	1934(16)	첨재
	藩獄問題に就いて (上)	1934(17)	연구
周藤吉之 (2회)	麗末鮮初に於ける農莊に就いて	1934(17)	연구
	鮮初に於ける奴婢の辨正と推刷とについて (上)	1935(22)	연구
丸龜金作 (4회)	元・高麗關係の一齣(瀋王に就いて)	1934(18)	연구
	高麗の十二漕倉に就いて (1), (2)	1935(21, 22)	연구
	鳥嶺小考	1936(25)	첨재
黑田省三 (4회)	所謂服部傳石衛門朝鮮陣覺書に就いて	1934(17)	첨재
	義順館迎詔圖に就いて	1934(18)	첨재
	封冊日本正使李宗成の奔還に就いて (上), (下)	1935(20), 1936(24)	첨재

출전: 정상우, 2014, 「『朝鮮史(朝鮮史編修會 간행)』 편찬사업 전후 일본인 연구자들의 갈등 양상과 새로운 연구자의 등장」, 『사학연구』 116, 183쪽의 〈표 2〉.

부록 4 나카무라 히데타카의 주요 저술

논저명	발행 정보	연도
文永·弘安兩役間に於ける日麗元の關係 1	『史學雜誌』 37-6, 東京: 東京大學 文學部 史學會	1926
文永·弘安兩役間に於ける日麗元の關係 2	『史學雜誌』 37-7, 東京: 東京大學 文學部 史學會	1926
文永·弘安兩役間に於ける日麗元の關係 3	『史學雜誌』 37-8, 東京: 東京大學 文學部 史學會	1926
後百濟及び高麗太祖朝の日本通聘	『史學雜誌』 38-8, 東京: 東京大學 文學部 史學會	1927
海東諸國紀の撰修と印刷	『史學雜誌』 39-8·9, 東京: 東京大學 文學部 史學會	1928
古蹟調査の近況	『靑丘學叢』 1, 京城: 靑丘學會	1930
朝鮮經濟史雜考 1	『靑丘學叢』 1, 京城: 靑丘學會	1930
滿鮮關係の新史料	『靑丘學叢』 1, 京城: 靑丘學會	1930
歷史上の開城	『靑丘學叢』 2, 京城: 靑丘學會	1930
倭人上京道路に就いて	『歷史地理』 56-2, 東京: 日本歷史地理學會	1930
文祿慶長の役と朝鮮の政情	『歷史教育』 5-8, 東京: 歷史教育研究會	1930
朝鮮曲馬上覽の起源	『朝鮮』 176, 京城: 조선총독부	1930
太平記に見いた高麗人來朝の記事に就いて	『靑丘學叢』 4, 京城: 靑丘學會	1931
朝鮮近代史の槪觀	『靑丘學叢』 4, 京城: 靑丘學會	1931
室町時代の日鮮交通と書契及び文引 1	『史學雜誌』 42-10, 東京大學 文學部 史學會	1931
朝鮮時代地方制度の歷史的考察	『朝鮮』 188, 京城: 朝鮮總督府	1931
受職倭人の告身に就いて	『歷史と地理』 28-1·2	1931
倭人上京道路に就いて	『歷史地理』 56-2	1931
室町時代の日鮮交通と書契及び文引 2	『史學雜誌』 43-11, 東京: 東京大學 文學部 史學會	1932
鮮初の對日關係と浦所の制限	『朝鮮』 202, 京城: 朝鮮總督府	1932
應永外寇を朝鮮から觀る (上)	『朝鮮』 210, 京城: 朝鮮總督府	1932
應永外寇を朝鮮から觀る (中)	『朝鮮』 211, 京城: 朝鮮總督府	1932
鮮初受圖書人考 (上)	『靑丘學叢』 7, 京城: 靑丘學會	1932
鮮初受圖書人考 (下)	『靑丘學叢』 8, 京城: 靑丘學會	1932
鮮初の文獻に見えた日本の地名に就いて (上)	『靑丘學叢』 9, 京城: 靑丘學會	1932
鮮初に於ける歲遣船定約 (上)	『靑丘學叢』 10, 京城: 靑丘學會	1932
所謂朝鮮王族金光の送還に就いて	『靑丘學叢』 13, 京城: 靑丘學會	1933
朝鮮時代地方制度の歷史的考察	『朝鮮總覽』, 京城: 朝鮮總督府	1933
李朝時代の耆老所に就いて	『市村博士古稀記念東洋史論叢』, 東京: 富山房	1933
室町時代の日鮮關係	『岩波講座日本歷史』, 東京: 岩波書店	1934
李朝太宗世宗父子の王位繼承	『朝鮮』 230, 京城: 朝鮮總督府	1934
江戶時代の日鮮關係	『岩波講座日本歷史』, 東京: 岩波書店	1934
文祿·慶長の役	『岩波講座日本歷史』, 東京: 岩波書店	1935

논저명	발행 정보	연도
漢陽定都と漢城府の開基	『朝鮮』253, 京城: 朝鮮總督府	1936
文祿役にわが軍は朝鮮で何をしたか	『朝鮮』271, 京城: 朝鮮總督府	1937
文祿慶長の役を中心とせる外交事情	『歷史敎育』12-8, 東京: 歷史敎育硏究會	1937
慶長役の意義	『史學雜誌』49-7, 東京: 東京大學 文學部 史學會	1938
文祿慶長の役	『大日本戰史』3, 三敎書院	1939
百濟文化と內鮮關係	『ラヂオ講演講座』15, 京城: 朝鮮放送協會	1940
朝鮮史 歷史敎育講座	『師範大學講座歷史敎育』, 東京: 建文館	1941
ツシマの歷史的位置	『日本歷史』19	1949
1510年朝鮮三浦における日本人の爭亂 －16世紀初年の日鮮關係 (1) －	『名古屋大學文學部硏究論集－史學－』1, 名古屋: 名古屋大學文學部	1952
朝鮮史の編修と朝鮮史料の蒐集 －朝鮮總督府朝鮮史編修會の事業	黑板博士記念會 編『古文化の保存と硏究』, 東京: 吉川弘文館	1953
朝鮮全州の史庫とその藏書 －壬辰丁酉の亂と典籍の保存－	『名古屋大學文學部硏究論集－史學－』2, 名古屋: 名古屋大學文學部	1953
蓬左文庫朝鮮本展觀書解說	『朝鮮學會』13, 奈良: 朝鮮學會	1958
「右武衛殿」の朝鮮遣使について	『朝鮮學報』14, 奈良: 朝鮮學會	1959
「磯竹島」鬱陵島についての覺書 －日韓兩國間の「竹島」問題に關連して－	『日本歷史』155, 東京: 日本歷史學會	1961
「磯竹島」鬱陵島についての覺書 －日韓兩國間の竹島に關聯して－	『日本歷史』158, 東京: 日本歷史學會	1961
『捷解新語』の成立・改修および『倭語類解』成立の時期について	『朝鮮學報』19, 奈良: 朝鮮學會	1961
朝鮮版古版印刷について	『ビブリア』23, 天理: 天理大學圖書館	1962
『月峯海上錄』について	『朝鮮學報』25, 奈良: 朝鮮學會	1962
朝鮮官版の內賜記と國王印について	『朝鮮學報』25, 奈良: 朝鮮學會	1962
尊海渡海日記について	『田山方南華甲記念論文集』, 東京: 田山方南先生華甲記念會	1963
文祿慶長役素描	『歷史敎育』11-10, 東京: 歷史敎育硏究會	1963
日鮮關係史の硏究 (上)	東京, 吉川弘文館	1965
朝鮮役の投降倭將金忠善 －その文集と傳記の成立－	『名古屋大學文學部硏究論集』13, 名古屋: 名古屋大學文學部	1965
日本と朝鮮 日本歷史新書	東京, 至文堂	1966
朝鮮の日本通信使と大坂	『朝鮮學報』39・40, 奈良: 朝鮮學會	1966
今西文庫本『亂中秘記』寫本について －18世紀朝鮮の首都防禦論－	『ビブリア』35, 天理: 天理大學圖書館	1967

논저명	발행 정보	연도
前近代アジア外交史上の德川政權 -「日本國大君」外交の成立とその終末-	『朝鮮學報』 45, 奈良: 朝鮮學會	1967
『老松堂日本行錄』(井上本)の景印によせて	『朝鮮學報』 45, 奈良: 朝鮮學會	1967
淸太宗の南漢山詔諭に見える日本關係の條件 -十七世紀における東アジア國際秩序の變革 と日本-	『朝鮮學報』 47, 奈良: 朝鮮學會	1968
明太祖家法に見える侵略戰爭抑制の規定 -『祖訓錄』と『皇明祖訓』の對外關係條文	『朝鮮學報』 48, 奈良: 朝鮮學會	1968
日光山德川家康廟社堂扁額の摸本について	『朝鮮學報』 49, 奈良: 朝鮮學會	1968
日鮮關係史の硏究 (中)·(下)	東京: 吉川弘文館	1969
15·6世紀の東アジア世界-西力東漸史の前 提としての槪觀-	『軍事史學』 18, 東京: 軍事史學會	1969
15世紀朝鮮の歷史敍述に關する覺書	『天理大學學報』 20-3, 天理: 天理大學學術硏究會	1969
朝鮮中宗の對日約條更定 -壬申約條の成立とその廢棄-	『朝鮮學報』 53, 奈良: 朝鮮學會	1969
朝鮮世祖の圜丘壇祭祀について (上)	『朝鮮學報』 54, 奈良: 朝鮮學會	1970
解說: 今西文庫本『亂中秘記』寫本について	『朝鮮學報』 55, 奈良: 朝鮮學會	1970
今西文庫本『亂中秘記』寫本について	『朝鮮學報』 55, 奈良: 朝鮮學會	1970
『蓬萊故事』について -十七世紀日鮮關係の一史料-	『朝鮮學報』 57, 奈良: 朝鮮學會	1970
朝鮮-風土·民族·傳統-	東京: 吉川弘文館	1971
豊臣秀吉の對外出兵について -その戰域に關する序說-	『日本歷史』 272, 東京: 日本歷史學會	1971
朝鮮における關羽の祠廟について -壬辰·丁酉倭亂と「關王廟」の創始-	『天理大學學報』 24-5, 天理: 天理大學學術硏究會	1973
壬辰倭亂の發端と日本の「假道入明」交涉	『朝鮮學報』 70, 奈良: 朝鮮學會	1974
蓬左文庫の『朝鮮征伐記』古寫本について	『名古屋大學日本史論叢』 (下), 東京: 吉川弘文館	1975
秀吉の朝鮮出兵の意圖はどこに求められるか	『海外外史の視點』 2, 日本書籍	1976
三國交流誌〈日本庶民生活史料集成27〉	中村榮孝, 島尻勝太郎 編, 東京: 三一書房	1981
己酉約條再考	『朝鮮學報』 101, 奈良: 朝鮮學會	1981
朝鮮通信使	中村榮孝 外 譯, 『東湖歷史選』 2, 서울: 東湖書館	1982

출전: 국사편찬위원회, 「한국사데이터베이스」; 1966, 「中村榮孝敎授略歷. 著作日錄」, 『名古屋大學文學部硏究論集』, 名古屋大學文學部.

부록 5   2011년 검정 통과 일본 중학교 역사 교과서 7종의 한국사 왜곡 내용

연번	주제	왜곡·편향 내용	출판사
1	한 군현	한사군 영역을 전남, 경북까지 표시	東京書籍, 帝國書院, 淸水書院, 育鵬社
		고대국가 형성 시기를 한 군현 설치 이후로 서술	日本文敎出版, 敎育出版
		대방군 위치를 서울 부근으로 표시	自由社
2	가야	백제, 신라 영역까지 가야 영역으로 표시	淸水書院, 育鵬社
3	왜의 왕	왜 오왕의 남조 조공을 한반도에서의 군사적 영향력 유지로 서술	帝國書院, 自由社
4	임나일본부	왜의 임나에 대한 영향력 서술	帝國書院, 自由社, 日本文敎出版, 敎育出版
		광개토왕릉비문 신묘년조 내용을 왜곡하여 역사적 사실로 설명	自由社, 育鵬社
5	도래인	고대 한반도에서 일본으로 이주해 간 사람들을 '귀화인'으로 호칭	自由社, 育鵬社
6	불교 전래	백제가 5세기 송에서 불교를 수용하였다고 서술 6세기 전반 백제를 '존망위기'로 서술 백제가 야마토(大和)조정에 불경과 경전을 '헌상'했다고 서술	自由社
7	백촌강전투	백제 멸망을 일본 안전에 위협되는 것으로 보고, 이를 백제 파병의 원인으로 서술	自由社, 育鵬社
8	율령, 연호	신라에 독자적 율령이 없었다고 서술 일본만 독자적 연호를 사용했다고 서술	自由社
9	발해	발해를 당 영역으로 표기	淸水書院
10	원구(元寇)	원의 일본 원정을 예로 들어 특정 국가가 한반도에 영향력을 갖게 되는 것은 일본 안전을 위협한다고 서술	自由社
		몽골이 고려를 '정복'했다고 서술	自由社, 帝國書院
11	왜구	왜구에 '조선인이 다수 포함되어 있었다', '조선인과 중국인이 포함되어 있었다'고 서술	自由社, 帝國書院, 敎育出版, 育鵬社, 日本文敎出版
12	조선 국호, 무역	'조선'을 '이씨 조선'으로 표기	自由社, 育鵬社
		조선과의 무역을 조선의 요청으로 일본이 응했다고 서술	自由社, 東京書籍, 日本文敎出版

연번	주제	왜곡·편향 내용	출판사
13	임진왜란	임진왜란 원인을 일본의 '정명가도'를 거부한 데서 기인한 것으로 서술하거나 명 정벌로 서술	東京書籍, 日本文教出版, 教育出版, 清水書院, 育鵬社
		침략전쟁 발단을 '히데요시의 장대한 구상'으로 미화	自由社
		침략전쟁을 조선 출병으로 표기	自由社, 育鵬社
14	통신사, 왜관	통신사 목적 및 일본의 초빙 이유를 서술하지 않고, 일본 입장만 서술	東京書籍
		왜관을 '소(宗)씨의 왜관'이라고 표현하여 일본이 소유한 것처럼 서술	自由社, 帝國書院, 清水書院, 育鵬社
15	정한론	정한론의 목적을 조선 개국을 위한 것으로 기술	東京書籍, 教育出版, 自由社, 育鵬社
16	탈아론	'일본이 청과 연계하여 서양 세력에 대항하고자 하였으나, 조선과 청이 수구적이어서 포기했다'고 하여 침략을 합리화	自由社
17	임오군란, 갑신정변	개항 후 조선에 대해 청·일의 세력다툼을 배경으로 한 정치세력 간 갈등을 '친일파', '친중파'의 대립으로 묘사(한국 역사가 외세에 의해 지배되고 있는 것처럼 서술)	東京書籍
		일본은 조선을 '독립국'으로 인정하고 근대화를 지원하였으나, 청은 이를 부정하고 방해하려 했다고 기술(일본의 조선 침략 의도를 은폐)	育鵬社
18	동학농민운동, 청일전쟁	동학농민운동을 '폭동'으로 표기	自由社, 育鵬社
		참여층을 '동학교도'로만 축소	教育出版
		청일전쟁 원인을 불분명하게 기술 혹은 조선의 청에 대한 출병 요구를 원인으로 기술하여 일본의 침략 의도 은폐	東京書籍, 教育出版, 自由社, 育鵬社
		청일전쟁에서 일본승리의 원인을 '일본인 전체의 의식이 국민으로서 하나로 단결'된 점을 강조	自由社
		청의 조선출병에 대해 '[속국을 보호한다]라는 이유로 출병을 했습니다만'이라고 표현하여 조선을 비하함	育鵬社
19	러일전쟁	러일전쟁 승리가 '아시아권 나라들의 근대화와 독립 움직임을 고조'시켰다고 하여 일본의 침략상 은폐	東京書籍, 教育出版, 自由社
		전쟁 원인을 러시아의 군사력 증강으로 서술	自由社, 育鵬社
20	강제병합	안중근의 이토 히로부미 사살을 한국 병합 단행의 직접적 인과관계로 기술	日本文教出版, 育鵬社
		통감부가 '근대화를 추진했다'로 서술	自由社
		일본의 한국 강제병합을 구미 열강의 보호국화 승인이라고 하여 병합의 합법성과 정당성 주장	自由社, 育鵬社

연번	주제	왜곡·편향 내용	출판사
21	식민지 개발론	식민지 시기의 개발론 주장	自由社
22	관동대지진	학살 주체 및 피해자 범위를 누락시키거나 불분명하게 기술	東京書籍, 日本文教出版, 自由社, 育鵬社
23	강제동원	'징용'을 언급하지 않아 강제성을 명확하게 하지 않음	教育出版, 東京書籍, 清水書院
23	강제동원	조선인, 대만인 강제동원 지역을 일본만으로 축소	教育出版, 東京書籍, 清水書院, 帝國書院, 日本文教出版, 自由社, 育鵬社
24	'일본군위안부'	기술 누락	東京書籍, 帝國書院, 日本文教出版, 教育出版, 清水書院, 自由社, 育鵬社
25	연표	연표에서 한국사의 시작을 한 군현의 설치 내지 고구려, 백제, 신라로 표시하고 그 이전의 국가(고조선)의 존재가 없음	東京書籍, 教育出版, 日本文教出版

출전: 이재석, 2011, 「총론 - 2011년도 일본 중학교 역사 교과서 검정의 특징과 문제점」, 『역사교육논집』 47, 203~207쪽, 〈표 3. 한국 관련 왜곡/편향적 기술 부분〉.

참고문헌

1. 자료

『京城法學專門學校一覽』, 水原高等農林學校一覽.

吉田東伍, 1893, 『日韓古史斷』, 富山房(1977 복간본).

稻葉岩吉, 1939, 『朝鮮史』, 平凡社.

末松保和, 1949, 『任那興亡史』, 大八州出版社會社(吉川弘文館, 1956판).

福田德三, 1925, 「韓國の經濟組織と經濟單位」, 『經濟學研究』(經濟學全集 4), 同文館.

林泰輔, 1892, 『朝鮮史』, 吉川半七.

池內宏, 1933, 『滿鮮史硏究』(中世 第一冊), 岡書院.

朝鮮總督府, 1916, 『朝鮮半島史編成ノ要旨及順序 朝鮮人名彙考編纂ノ要旨及順序』.

_____, 1935, 『朝鮮總督府施政二十五周年記念表彰者名鑑』.

朝鮮總督府朝鮮史編修會, 1938, 『朝鮮史編修會事業槪要』.

朝鮮總督府朝鮮史編修會 編, 1985, 『朝鮮史編修會事業槪要』, 시인사.

朝鮮總督府中樞院, 1938, 『朝鮮舊慣制度調査事業槪要』.

朝鮮總督府學務局, 1923, 「조선사학회 설립인가에 관한 건」, 『학교설치관계서류』, 국가기록원.

靑丘學會, 1930~1939, 『靑丘學叢』 1~30.

喜田貞吉, 1910, 『韓國の倂合と國史』, 三省堂.

2. 단행본

가노 마사나오 저, 이애숙·하종문 역, 2009, 『근대 일본의 사상가들』, 삼천리.

강상중 지음, 이경덕·임성모 옮김, 1997, 『오리엔탈리즘을 넘어서』, 이산.

강창일, 2002, 『근대 일본의 조선침략과 대아시아주의』, 역사비평사.

고길희, 2005, 『마산에서 태어난 일본인 조선사학자-하타다 다카시』, 지식산업사.

旗田巍, 2020, 『심포지엄 일본과 조선 – 제국 일본, 조선을 말하다』, 소명출판.

旗田巍 저, 이기동 역, 1983, 『일본인의 한국관』, 일조각.

김종준, 2013, 『식민사학과 민족사학의 관학 아카데미즘』, 소명출판.

_____, 2023, 『한국 근현대의 파시즘적 역사인식』, 소명출판.

김태식, 2014, 『사국시대의 한일관계사 연구』, 서경문화사.

김현구, 1993, 『任那日本府硏究; 韓半島南部經營論批判』, 일조각.

_____, 2009, 『고대한일교섭사의 諸問題』, 일지사.

나가하라 게이지 지음, 하종문 옮김, 2011, 『20세기 일본의 역사학』, 삼천리.

다보하시 기요시 지음, 김종학 옮김, 2013, 『근대 일선관계의 연구』 상, 일조각.

_____, 2016, 『근대 일선관계의 연구』 하, 일조각.

도면회·윤해동 엮음, 2009, 『역사학의 세기: 20세기 한국과 일본의 역사학』, 휴머니스트.

박걸순, 2004, 『식민지 시기의 역사학과 역사인식』, 경인문화사.

박준형, 2022, 『제국 일본의 동아시아 공간 재편과 만철조사부』(일제 식민사학 비판 총서 4), 사회평론아카데미.

서영희, 2022, 『조선총독부의 조선사 자료수집과 역사편찬』(일제 식민사학 비판 총서 5), 사회평론아카데미.

손인수, 2009, 『한국근대교육사』, 연세대학교출판부.

신종원 엮음, 동북아고대사연구소 편, 2005, 『일본인들의 단군연구』(동북아역사총서 6), 한국학중앙연구원.

신주백, 2016, 『한국 역사학의 기원』, 휴머니스트.

스테판 다나카 지음, 박영재·함동주 옮김, 2004, 『일본 동양학의 구조』, 문학과지성사.

阿部薰 편, 1935, 『조선공로자명감』, 민중시론사.

연갑수, 2001, 『대원군집권기 부국강병정책 연구』, 서울대학교출판부.

연민수, 1998, 『고대 한일관계사』, 혜안

오영찬, 2022, 『조선총독부박물관과 식민주의』(일제 식민사학 비판 총서 2), 사회평론아카데미.

왕현종, 2003, 『한국 근대국가의 형성과 갑오개혁』, 역사비평사.

왕현종·김경남·이승일·한동민, 2019, 『일제의 조선 구관 제도 조사와 기초자료』, 혜안.

윤해동·이성시 엮음, 한양대학교 비교역사문화연구소 기획, 2016, 『식민주의 역사학과

제국 1: 탈식민주의 역사학 연구를 위하여』, 책과함께.

윤해동·장신 외 지음, 한양대학교 비교역사문화연구소 기획, 2018, 『식민주의 역사학과 제국 2: 제국 일본의 역사학과 '조선'』, 소명출판.

윤해동·정준영 편, 2018, 『경성제국대학과 동양학 연구』, 선인.

이기백, 1961, 『국사신론』, 태성사.

이만열, 2007, 『한국근현대 역사학의 흐름』, 푸른역사.

이문영, 2018, 『유사역사학 비판-『환단고기』와 일그러진 고대사』, 역사비평사.

이민원, 2002, 『명성황후 시해와 아관파천』, 국학자료원.

이성무, 2002, 『실록이란 무엇인가』, 동방미디어.

이성시 지음, 박경희 옮김, 2001, 『만들어진 고대-근대국민 국가의 동아시아 이야기-』, 삼인.

이순자, 2009, 『일제강점기 조선고적조사사업 연구』, 경인문화사.

이영미 著, 김혜정 譯, 2011, 『한국사법제도와 우메겐지로』, 일조각.

李永植, 1993, 『加耶諸國と任那日本府』, 吉川弘文館.

이진희, 1972, 『廣開土王陵碑の硏究』(이기동 역, 1982, 『廣開土王陵碑の硏究』, 일조각)

이태진, 2022a, 『일본제국의 '동양사' 개발과 천황제 파시즘』(일제 식민사학 비판 총서 1), 사회평론아카데미.

_____, 2022b, 『일본제국의 대외 침략과 동방학 변천』(일제 식민사학 비판 총서 8), 사회평론아카데미.

이형구·박노희, 1986, 『광개토대왕릉비 신연구』, 동화출판공사.

이희진, 2008, 『식민사학과 한국고대사』, 소나무.

일본교과서 바로잡기 운동본부 편, 2001, 『문답으로 읽는 일본교과서 역사왜곡』, 역사비평사.

젊은역사학자모임, 2017, 『한국 고대사와 사이비역사학』, 역사비평사.

_____, 2018, 『욕망 너머의 한국 고대사-왜곡과 날조로 뒤엉킨 사이비 역사학의 욕망을 파헤치다』, 서해문집.

정근식 외, 2011, 『식민지 권력과 근대 지식: 경성제국대학 연구』, 서울대학교출판문화원.

정상우, 2018, 『조선총독부의 역사 편찬사업과 조선사편수회』, 아연출판부.

_____, 2022, 『만선사, 그 형성과 지속』(일제 식민사학 비판 총서 3), 사회평론아카데미.

정선이, 2002, 『경성제국대학 연구』, 문음사.

정준영, 2022, 『경성제국대학 법문학부와 조선 연구』(일제 식민사학 비판 총서 6), 사회평론아카데미.

정재철, 1985, 『일제의 대한국식민지교육정책사』, 일지사.

조동걸, 1998, 『현대한국사학사』, 나남출판.

조선사학회, 1927, 『조선사대계 최근세사』.

조인성 외, 2009, 『일제시기 만주사·조선사 인식』, 동북아역사재단.

최문형, 1992, 『명성황후 시해사건』, 민음사.

＿＿＿, 2006, 『명성황후 시해의 진실을 밝힌다』, 지식산업사.

崔在錫, 1990, 『日本古代史硏究批判』, 『정신문화연구』 38, 一志社.

＿＿＿, 2010a, 『고대한일관계사 연구 비판』, 경인문화사.

＿＿＿, 2000b, 『고대한국과 일본열도』, 일지사.

최혜주, 2010, 『근대 재조선일본인의 한국사 왜곡과 식민통치론』, 경인문화사.

친일반민족행위진상규명위원회 편, 2009, 『친일반민족행위진상규명보고서』 III‐4(친일반민족행위연구), 친일반민족행위진상규명위원회.

＿＿＿＿＿＿＿＿＿＿＿＿＿＿＿＿, 2008, 『친일반민족행위관계사료집』 V(일제의 조선사 편찬사업).

하지연, 2015a, 『식민사학과 한국근대사』, 지식산업사.

＿＿＿, 2015b, 『기쿠치 겐조, 한국사를 유린하다』, 지식산업사.

하타다 다카시 지음, 주미애 옮김, 2020, 『심포지엄 일본과 조선』, 소명출판.

한국역사연구회 편, 1989, 『한국사강의』, 한울아카데미.

한영우, 2001, 『명성황후와 대한제국』, 효형출판.

＿＿＿, 2002, 『역사학의 역사』, 지식산업.

허영란, 2022, 『남양과 식민주의』(일제 식민사학 비판 총서 7), 사회평론아카데미.

호사카 유우지, 2002, 『일본제국주의의 민족동화정책 분석』, 제이앤씨.

高崎宗司, 2002, 『植民地朝鮮の日本人』, 岩波書店.

菊池謙讓, 1896, 『朝鮮王國』, 民友社.

＿＿＿, 1910, 『朝鮮最近 外交史 大院君傳 附 王妃の一生』, 日韓書房.

_____, 1925, 『朝鮮諸國記』, 大陸通信社.

_____, 1931, 『朝鮮雜記』 1, 鷄鳴社.

_____, 1931, 『朝鮮雜記』 2, 鷄鳴社.

_____, 1936, 『近代朝鮮裏面史 – 一名 近代朝鮮の橫顔』, 朝鮮硏究會本部: 東亞拓殖公論社.

_____, 1937·1939, 『近代朝鮮史』 上·下, 鷄鳴社.

貴田忠衛 編, 1935, 『朝鮮人事興信錄』, 朝鮮新聞社.

旗田巍 編, 1969, 『シンポジウム日本と朝鮮』, 勁草書房.

武田幸男, 2007, 『廣開土王碑との對話』, 白帝社.

_____, 2009, 『廣開土王碑墨本の硏究』, 吉川弘文館.

三品彰英, 1962, 『日本書紀朝鮮關係記事考証』 上, 吉川弘文館.

小松綠, 1920, 『朝鮮倂合之裏面』, 中外新論社.

小田省 編, 1931, 『小田幹治郞遺稿』.

安達謙藏, 1960, 『安達謙藏自敍傳』, 新樹社.

鈴本武雄, 1946, 『朝鮮産業經濟の在鮮日本系事業』.

永原慶二, 1989, 『20世紀日本の歷史學』, 吉川弘文館.

_____, 2003, 『20世紀日本の歷史學』, 吉川弘文館.

田保橋潔, 1951, 『日淸戰役外交史の硏究』, 刀江書院.

井上秀雄, 1973, 『任那日本府と倭』, 東出版.

_____, 1985, 『好太王碑探訪記』, 日本放送出版協會.

井上直樹, 2013, 『帝國日本と'滿鮮史' – 大陸政策と朝鮮·滿洲認識』, 塙書房.

佐伯有淸, 1976, 『廣開土王碑と參謀本部』, 吉川弘文館.

中村榮孝, 1965, 『日鮮關係史の硏究』 上, 吉川弘文館.

朝鮮史學會, 1923, 『朝鮮史講座 要項號』.

恒屋盛服, 1901, 『朝鮮開化史』, 博文館.

黑龍會 編, 1936, 『東亞先覺志士記傳』 下 列傳, 『對支回顧錄』 下.

黑板博士記念會 編修, 1953, 『古文化の保存と硏究: 黑板博士の業績を中心として』, 吉川弘文館.

3. 논문

강문식, 2015, 「조선왕조실록 연구의 현황」, 『조선시대사학보』 74.

姜尙中, 1987, 「福田德三の「朝鮮停滯史觀」-停滯論の原像-」, 『季刊三千里』 49, 三千里社.

강진원, 2016, 「식민주의 역사학과 '우리' 안의 타율성론」, 『역사비평』 115.

강진철, 1986a, 「日帝 官學者가 본 韓國史의 停滯性과 그 理論; 특히 封建制度 缺如論과 關聯시켜」, 『韓國史學』 7.

_____, 1986b, 「일제 관학자가 본 한국사의 '정체성'과 그 이론」, 『한국사학』 7.

_____, 1987, 「정체성이론 비판」, 『한국사시민강좌』 1, 일조각.

_____, 1989, 「社會經濟史學의 導入과 展開」, 『국사관논총』 2.

宮嶋博史, 2001, 「일본 '국사'의 성립과 한국사에 대한 인식」, 김용덕·미야지마 히로시 공편, 『근대교류사와 상호인식』 I, 고려대학교 아세아문제연구소.

권오현, 2003, 「임시 역사교과용도서 조사위원회의 활동과 황국신민화 역사교육」, 『歷史敎育論集』 30.

권태억, 2001, 「동화정책론」, 『역사학보』 172.

기경량, 2016, 「사이비 역사학과 역사 파시즘」, 『역사비평』 114.

_____, 2017, 「최근 한국 상고사 논쟁의 현황과 문제점」, 『靑藍史學』 26.

吉田光男, 2005, 「일본에서의 한국 중·근세사 연구교육기반」, 『한일역사 공동연구보고서』 3.

김경수, 2006, 「고종태황제실록·순종황제실록」, 『王室圖書解題』 1.

金桂園, 2021, 「유리건판 사진으로 보는 고미술-세키노 타다시(關野貞)의 고적조사사업을 중심으로」, 『대동문화연구』 114.

金根洙, 1976, 「金澤박사의 한국학상의 공과검토」, 『韓國學』 11.

김기봉, 2004, 「랑케의 'wie es eigentlichgewesen' 본래 의미와 독일 역사주의」, 『역사와 담론』 39.

_____, 2009, 「민족과 진리는 하나일 수 있는가?」, 『역사학의 세기』, 휴머니스트.

김기섭, 2018, 「일본 중등 역사 교과서의 임나일본부설」, 『백제문화』 58.

김기승, 1996, 「식민사학과 반식민사학」, 『한국역사입문 ③-근대·현대편』, 풀빛.

김대환, 2017, 「일제강점기 조선고적조사사업과 한국고고학사」, 『한국상고사학보』 97.

金性旼, 1989, 「朝鮮史編修會의 組織과 運用」, 『한국민족운동사연구』 3.

김영남, 2003, 「자기동일성 형성 장소로서의 신화연구 – 미시나 아키히데(三品彰英)의 탈해신화연구 검토 – 」, 『인문과학』 33(2006, 『동일성 상상의 계보』, 제이앤씨).

김영만, 1980·1981, 「광개토왕비문의 신연구」, 『신라가야연구』 11·12.

김영하, 2012, 「광개토대왕릉비의 정복기사해석 – 신묘년기사의 재검토와 관련하여 – 」, 『한국고대사연구』 66.

김용섭, 1963a, 「일제 관학자들의 한국사관」, 『思想界』 2.

＿＿＿, 1963b, 「조선 후기에 있어서의 신분제의 동요와 농지소유」, 『史學研究』 15.

＿＿＿, 1966, 「일본·한국에 있어서의 한국사 서술」, 『역사학보』 31.

金義煥, 1970, 「田保橋潔敎授의 韓國學上의 功過檢討」, 『韓國學』 第11輯 – 外國人의 韓國學上의 功過檢討·特輯(3) – 』, 중앙대학교 영신아카데미 한국학연구소.

김인현, 2020, 「일본의 교과서 검정과 역사왜곡」, 『일본어교육』 93.

김종복, 2006, 「발해사 인식의 추이 – 남북국시대론을 중심으로 – 」, 『사림』 26.

김종준, 2013, 「식민사학의 '한국근대사'서술과 '한국병합'인식」, 『역사학보』 217.

＿＿＿, 2018, 「서평: 식민주의 역사학, 극복의 대상인가, 성찰의 대상인가? – 윤해동·장신 엮음, 2018, 『제국 일본의 역사학과 '조선': 식민주의 역사학과 제국2』, 소명출판 – 」, 『동북아역사논총』 61.

＿＿＿, 2022, 「일제 시기 주류 역사학과 비주류 역사학의 주고받음 – 다보하시 기요시와 기쿠치 겐조 역사학의 관계를 중심으로 – 」, 『한국학논집』 86.

김종학, 2018, 「일본의 근대 실증사학의 에토스(ethos)와 다보하시 기요시(田保橋潔)의 조선사 연구」, 『한국문화연구』 34.

김준배, 2020, 「문화통치기 조선사편수회 소속 일본인 연구자의 이순신 서술 – 나카무라 히데타카(中村榮孝)의 「충무공 이순신의 유보(忠武公李舜臣の遺寶)」(1928)를 중심으로 – 」, 『韓日關係史研究』 68.

김태식, 1990, 「任那日本府 問題의 研究現況과 展望」, 『가라문화』 8.

＿＿＿, 2002, 「임나일본부 논쟁사」, 『한국전근대사의 주요쟁점』, 역사비평사.

＿＿＿, 2005, 「4세기의 한일관계 개관」, 『광개토대왕비와 한일관계』, 경인문화사.

＿＿＿, 2010, 「임나일본부설의 흐름과 쟁점」, 조광·손승철 편, 『한일역사의 쟁점 2010』, 경인문화사.

김태웅, 1993, 「1910년대 前半 朝鮮總督府의 取調局·參事官室과 '舊慣制度調査事業'」,

『규장각』 16.

_____, 1995, 「日帝强占初期의 奎章閣圖書整理事業」, 『奎章閣』 18.

_____, 2008, 「일제강점기 경성제국대학의 규장각 관리와 소장자료 활용」, 『규장각』 33.

김현구, 1992, 「'任那日本府' 연구의 현황과 문제점」, 『한국사시민강좌』 11.

김혜숙, 2006, 「이마무라 도모의 조선풍속 연구와 재조일본인」, 『한국민족운동사연구』 48.

김환, 1990, 「일본 역사 교과서의 한국사 관계서술에 관한 연구」, 국민대 박사학위논문.

나가시마 히로키, 2004, 「日本 統治記の朝鮮における〈史學〉と〈史學〉の位相」, 『歷史學研究』 795.

_____, 2005, 「日本의 근현대 일한관계사연구」, 『제1기 한일역사공동연구보고서』 4, 제1기 한일역사공동연구위원회.

_____, 2010, 「朝鮮總督府 學務局의 역사 교과서 편찬과 '國史/朝鮮史' 교육 - 小田省吾에서 中村榮孝 그리고 申奭鎬로 -」, 교과서위원회 편, 『제2기 한일역사공동연구보고서』 6, 제2기 한일역사공동연구위원회.

_____, 2015, 「일본의 실록 편찬 체제와 내용」, 한국학중앙연구원 장서각 편, 『제36회 장서각 콜로키움 발표자료집』, 한국학중앙연구원.

_____, 2016, 「2개의 고종실록 편찬을 둘러싼 궁내성·이왕직의 갈등: 아사미 린타로와 오다 쇼고의 역사 서술을 중심으로」, 『한국사학보』 64.

나카노 히토시(中野等), 2010, 「文祿·慶長의 役 연구의 학설사적 검토」, 『제2기 한일역사공동연구보고서』 3, 한일역사공동위원회.

나행주, 2005, 「6세기 한일관계의 연구사적 검토」, 『임나 문제와 한일관계』, 경인문화사.

_____, 2018, 「고대한일관계사연구의 회고와 전망」, 『한일관계사연구』 62.

_____, 2019, 「근대일본에 있어서 신화와 전설의 역사화」, 『한일관계사연구』 63.

남재우, 2014, 「「廣開土王碑文」과 『宋書』로 본 倭의 가야인식과 '任那日本府'」, 『지역과 역사』 35.

노용필, 2010, 「森谷克己의 식민주의 사회경제사학 비판」, 『한국사학사학보』 22.

노태돈, 2007, 「광개토왕능비」, 『한국고대사연구의 새동향』, 서경문화사.

다케다 유키오, 2013, 「광개토왕비 연구의 제문제」, 『광개토왕비의 재조명』, 동북아역사재단.

다키자와 노리오키, 2003, 「이나바 이와키치와 '만선사'」, 『한일관계사연구』 19.

단국대 동양학연구소 편, 2004, 『개화기 재한조선인 잡지자료집 : 조선 1』, 동양학연구소, 해제.

도면회, 2008, 「한국 근대 역사학의 창출과 통사 체계의 확립」, 『역사와 현실』 70.

_____, 2014, 「조선총독부의 문화 정책과 한국사 구성체계 - 『조선반도사』와 『조선사의 길잡이』를 중심으로」, 『역사학보』 222.

류미나, 2020, 「조선총독부 고적조사사업에 대한 평가와 인식 - 패전 후 일본학계의 동향을 중심으로 - 」, 『韓日關係史研究』 68.

목수현, 2000, 「일제하 이왕가 박물관의 식민지적 성격」, 『미술사학연구』 227.

미쓰이 다카시, 2004, 「'日鮮同祖論'의 학문적 기반에 관한 시론 - 한국병합 전후를 중심으로」, 『韓國文化』 33.

_____, 2009, 「일본의 동양사학은 어떻게 형성되었는가 - 시라토리 구라키치(白鳥庫吉)의 역사학」, 도면회·윤해동 엮음, 『역사학의 세기 - 20세기 한국과 일본의 역사학』, 휴머니스트.

미야지마 히로시, 2000, 「일본 국사의 성립과 한국사에 대한 인식 - 봉건제에 대한 논의를 중심으로」, 『한일공동연구총서』 2.

박걸순, 1992, 「일제하 일인의 조선사연구학회와 역사(고려사) 왜곡」, 『한국독립운동사연구』 6.

_____, 2002, 「喜田貞吉의 한국관 비판」, 『국사관논총』 100.

朴光賢, 2002, 「京城帝國大學と'朝鮮學'」, 名古屋大學 博士學位論文.

_____, 2005, 「경성제국대학 안의 동양사학: 학문제도, 문화사적 측면에서」, 『한국사상과 문화』 31.

_____, 2007, 「다카하시 도오루와 경성제대 조선문학 강좌」, 『한국문화』 40.

_____, 2009a, 「식민지 '제국대학'의 설립을 둘러싼 경합의 양상과 교수진의 유형」, 『일본학』 28.

_____, 2009b, 「식민지 조선에서 동양사학은 어떻게 형성되었는가?」, 도면회·윤해동 엮음, 『역사학의 세기 - 20세기 한국과 일본의 역사학』, 휴머니스트.

박미경, 2008, 「미시나 쇼에(三品彰英)의 한국신화 연구고찰」, 『일본학연구』 25.

_____, 2019, 「미시나 쇼에(三品彰英)의 『日本書紀朝鮮關係記事考證』에 관한 一考」, 『일본문화학보』 81.

박선애, 2008, 「1910년대 총독부의 조선 문화재 조사 사업에 관하여」, 『역사와 경계』 69.

박성봉, 1976, 「今西龍의 한국고대사연구와 그 공과」, 『한국학』 12.

_____, 1979, 「광개토호태왕기 고구려남진의 성격」, 『한국사연구』 27.

박영재, 1984, 「근대 일본의 한국인식」, 『일본의 침략정책사연구』, 역사학회.

박용규, 1998, 「구한말 일본의 침략적 언론활동-『한성신보』(1895~1906)를 중심으로-」, 『한국언론학보』 43-1.

박재용, 2014, 「『일본서기』의 '任那'와 '任那日本府', 그리고 '任那의 調'」, 『지역과 역사』 35.

박준형, 2018, 「일본 동양사학의 계보와 '실증'주의의 스펙트럼 – 이케우치 히로시(池內宏)의 滿鮮史 연구를 중심으로」, 『한국문화』 34.

박찬승, 2013, 「다보하시 기요시(田保橋 潔)의 근대한일관계사 연구에 대한 검토」, 『한국근현대사연구』 67.

_____, 2014, 「스즈키 다케오(鈴本武雄)의 식민지조선근대화론」, 『한국사학사학보』 30.

박찬홍, 2014, 「'만선사'에서의 고대 만주 역사에 대한 인식」, 『韓國古代史研究』 76.

_____, 2005, 「滿鮮史觀에서의 고구려사 인식 연구」, 『북방사논총』 8.

_____, 2007a, 「일제 '만선사학'에서의 고구려사 인식」, 『내일을 여는 역사』 27.

_____, 2007b, 「滿鮮史觀에서의 한국고대사 인식 연구」, 『한국사학보』 29.

_____, 2009, 「白鳥庫吉과 '滿鮮史學'의 성립」, 『동북아역사논총』 26.

_____, 2010, 「『朝鮮史』(조선사편수회 편)의 편찬체제와 성격 – 제1편 제1권(조선사료)를 중심으로」, 『史學硏究』 99.

_____, 2015a, 「滿鮮歷史地理調査部와 고대 '滿鮮歷史地理' 연구」, 『역사와 담론』 75.

_____, 2015b, 「『조선사』(조선사편수회 편) 제2편 (신라통일시대)의 편찬 방식과 성격 – 『삼국사기』「신라본기」와의 비교를 중심으로 -」, 『先史와 古代』 45.

_____, 2018, 「이케우치 히로시의 한국 고대사 시기구분과 고조선·한사군 연구」, 『제국일본의 역사학과 '조선': 식민주의 역사학과 제국2』, 소명출판.

박현숙, 2009, 「津田左右吉의 단일민족설과 고대 한일 민족관계 인식」, 『동북아역사논총』 26.

백승옥, 2005, 「廣開土王陵碑文의 倭관계기사에 대한 연구사」, 『광개토왕릉비와 한일관계』, 경인문화사.

백승충, 2003, 「'임나일본부'와 '왜계백제관료'」, 『강좌 한국고대사』 4, 가락국사적개발연구원.
____, 2009, 「'임나일본부'의 용례와 범주」, 『지역과 역사』 24.
____, 2010, 「安羅·新羅의 '接境'과 '耕種' 문제 – '임나일본부' 출현 배경의 한 측면 –」, 『지역과 역사』 27.
____, 2010, 「'任那日本府'의 파견 주체 재론 – 百濟 및 諸倭 파견설에 대한 비판적 검토를 중심으로」, 『한국민족문화』 37.
____, 2014, 「안라국과 '임나일본부', 그리고 백제」, 『지역과 역사』 35.
四方博, 1947, 「舊來の朝鮮社會の歷史的性格について」, 『朝鮮學報』 2.
사쿠라자와 아이, 2009, 「이나바 이와키치의 '만선불가분론'」, 『일제시기 만주사·조선사 인식』, 동북아역사재단.
서민교, 2010, 「청일전쟁기 이토 히로부미(伊藤博文) 내각의 조선에 대한 군사·외교정책」, 『일본역사연구』 32.
서보경, 2016, 「일본 중학교 역사 교과서 고대 한일관계 기술에 대한 분석」, 『동북아역사논총』 51.
서영수, 1982, 「廣開土大王陵碑文의 征服記事 再檢討 上」, 『歷史學報』 96.
____, 1988, 「廣開土大王陵碑文의 征服記事 再檢討 下」, 『歷史學報』 119.
____, 1996, 「'辛卯年記事'의 변상과 원상」, 『고구려발해연구』 2.
서종진, 2019, 「일본의 교육기본법 개정과 역사교육의 변화: 고등학교 역사과 개정 학습지도요령을 중심으로」, 『세계의 역사교육 어디로 가고 있는가』, 동북아역사재단.
세키네 히데유키, 2006, 「한일합병 전에 제창된 일본인종의 한반도 도래설」, 『일본문화연구』 19.
손병규, 2013, 「시카타 히로시(四方博)의 조선시대 '인구·가족'연구에 대한 재검토」, 『한국사학보』 52.
송병권, 2002, 「1940년대 스즈키 다케오의 식민지조선 정치경제 인식」, 『민족문화연구』 37.
____, 2014, 「스즈키 타케오의 조선통치론, 전전과 전후적 맥락」, 『대구사학』 115.
송완범, 2009, 「식민지 조선의 黑板勝美와 修史사업의 실상과 허상」, 『동북아역사논총』 26.
____, 2020, 「명성사(明成社) 일본역사 교과서의 내력과 내용 분석」, 『한일관계사연구』 68.
송찬섭, 1994, 「일제의 식민사학」, 조동걸·한영우·박찬승 엮음, 『한국의 역사가와 역사학』하, 창작과비평사.

스에마쓰 야스카즈, 2013, 「부록: 田保橋潔 略傳」, 다보하시 기요시 지음, 김종학 옮김, 『근대 일선관계의 연구』상, 일조각.

신가영, 2016, 「'임나일본부' 연구와 식민주의 역사관」, 『역사비평』통권 115.

신명호, 1996, 「일제하 李王職과 李王家 족보」, 『한국학대학원논문집』11.

_____, 2000, 「일제하 高宗純宗實錄·高宗純宗國朝寶鑑의 편찬과 장서각 자료 - 實錄編纂參考書目錄과 國朝寶鑑編纂關係書類를 중심으로」, 『정신문화연구』23.

_____, 2016, 「『高宗純宗實錄』과 『孝明天皇紀』의 편찬배경과 편찬체제 비교」, 『장서각』35.

신민철, 2018, 「일제강점기 고적조사사업으로 본 익산의 문화유산 - 1900~1920년의 고적조사를 중심으로 -」, 『馬韓·百濟文化』31.

신주백, 2001, 「일본의 역사왜곡에 대한 한국사회의 대응」, 『한국근현대사연구』17.

_____, 2011, 「1930년대 초중반 朝鮮學學術場의 재구성과 관련한 시론적 탐색 - 경성제대 졸업자의 조선연구 태도 및 연구방법과 관련하여」, 『역사문제연구』26.

_____, 2018, 「末松保和(1904~1992)의 學術史와 식민주의 역사학 - 韓國史 學界의 엇박자의 원인을 찾아서」, 『동방학지』183.

심희찬, 2012, 「朝鮮史編修會の思想史的考察」, 立命館大學 박사학위논문.

_____, 2013, 「근대 역사학과 식민주의 역사학의 거리 - 이마니시 류(今西龍)가 구축한 조선의 歷史像 -」, 『한국사학사학보』28.

_____, 2016, 「미시나 쇼에(三品彰英)의 신화 연구와 근대 역사학 - 식민주의 역사학의 사상사적 재구성」, 『역사문제연구』36.

_____, 2019, 「일선동조론의 계보학적 검토를 위한 시론 - 일본사의 탄생과 타자로서의 조선 -」, 『한일관계사연구』6.

안정준, 2018, 「서평: '사이비역사학'과 '식민사학'에 대하여 - 테이 정, 「'사이비사학' 비판을 비판한다」에 대한 논평」, 『역사비평』125.

안춘배, 1990, 「考古學上에서 본 任那日本府說」, 『가라문화』8.

여박동, 1992, 「조선총독부 중추원의 조직과 조선사편찬사업에 관한 연구」, 『일본학연보』4.

연민수, 1990a, 「六世紀前半 加耶諸國을 둘러싼 百濟·新羅의 動向 - 소위 「任那日本府」說의 究明을 위한 序章」, 『新羅文化』7.

_____, 1990b, 「任那日本府論; 소위 日本府官人의 出自를 중심으로」, 『동국사학』 24.

_____, 2003, 「임나일본부재론」, 『고대한일교류사』, 혜안.

_____, 2005, 「일본 중학교 역사 교과서의 古代史 서술과 歷史認識」, 『韓國史研究』 129.

_____, 2016, 「임나일본부설의 역사학」, 『東北亞歷史論叢』 53.

_____, 2018, 「任那日本府 사료의 세계와 日本史學」, 『韓國古代史研究』 91.

연민수·金泰植, 1996, 「廣開土王碑 研究와 韓日關係史像」, 『高句麗研究』(현 『高句麗渤海研究』)2.

오경후, 2009, 「1910년대 今西龍의 三角山 名稱解釋에 대한 檢討」, 『한국사상과 문화』 47.

오영찬, 2011, 「조선고적연구회의 설립과 운영」, 『한국문화』 55.

오항녕, 2019, 「'사이비 역사학'의 평범성에 대하여 – 역사학의 전문성을 위한 단상 – 」, 『歷史學報』 241.

요시모토 하지메, 2016, 「가나자와 쇼자부로(金澤庄三郎)의 생애와 학문」, 『관악어문연구』 41, 서울대학교 국어국문학과.

위가야, 2014, 「이케우치 히로시(池內宏)의 대방군(帶方郡) 위치 비정과 그 성격」, 『인문과학』 54.

_____, 2016, 「〈기획1. 한국 고대사와 사이비 역사학 비판〉 '한사군 한반도설'은 식민사학의 산물인가」, 『역사비평』 114.

_____, 2019, 「'임나 대마도설'과 전도(顚倒)된 식민주의」, 『사림』 67.

위가야·이정빈, 2013, 「서평: 만선사의 비판적 재인식을 통한 동북아시아사 구상 – 井上直樹, 2013, 『帝國日本と'滿鮮史' – 大陸政策と朝鮮·滿洲認識 – 』, 塙書房」, 『만주연구』 16.

유우창, 2014, 「『일본서기』 신공기의 가야 인식과 '임나일본부'」, 『지역과 역사』 35.

유중현, 2017, 「일제강점기 후지타 료사쿠(藤田亮策)의 조선 고대문화 인식과 그 변화 – 『조선고고학연구』를 중심으로」, 『韓日關係史研究』 5.

윤선태, 2007, 「'통일신라'의 발명과 근대 역사학의 성립」, 『신라문화』 29.

윤소영, 2008, 「호소이 하지메의 조선인식과 '제국의 꿈'」, 『한국근현대사연구』 45.

윤해동, 2010, 「숨은 신을 비판할 수 있는가 – 김용섭의 '내재적 발전론'」, 『근대 역사학의 황혼』, 책과함께.

_____, 2015a, 「식민주의 역사학 연구 시론」, 『한국민족운동사연구』 85.

_____, 2015b, 「일본 육군 참모본부의 '군사조직' 활동과 식민주의 역사학」, 『대구사학』

119.

이계황, 2010, 「한국과 일본학계의 임진왜란 원인론에 대하여」, 『제2기 한일역사공동연구보고서』 2, 한일역사공동위원회.

李根雨, 1988, 「任那日本府說과 繼體天皇의 出自」, 『論文集』 2.

_____, 2003, 「일본학계의 한국고대사 연구 동향」, 『지역과 역사』 13.

이기백, 1969, 「사대주의론의 문제점」, 『亞細亞』 3.

_____, 1971, 「식민주의적 한국사관 비판」, 『민족과 역사』, 일조각.

_____, 1987, 「반도적 성격론 비판」, 『한국사시민강좌』 1, 일조각.

이노우에 나오키, 2015, 「일본학계에서의 광개토왕비 연구의 성과와 과제」, 『동북아역사논총』 49.

_____, 2017, 「고구려사와 만선사(滿鮮史)」, 『동서인문학』 53.

이대화, 2011, 「〈자료소개〉『朝鮮舊慣制度調査事業槪要』 - 경성: 조선총독부 중추원, 1938.2」, 『한국민족운동사연구』 66.

이도상, 2001, 「일본의 한국 침략 논리와 식민주의 사학」, 단국대학교 박사학위논문.

李萬烈, 1974, 「古代韓·日關係論의 檢討 - 〈任那問題〉와 〈日·鮮同祖論〉을 중심으로」, 『文學과 知性』 16(여름)(李萬烈, 1981, 『韓國近代歷史學의 理解 - 民族主義史學과 植民主義史學』, 文學과知性社 재수록).

_____, 1976, 「일제 관학자들의 식민사관」, 『독서생활』 1976-6(이우성·강만길 외, 1976, 『한국의 역사인식』 下, 창작과비평사 재수록).

_____, 1981, 「일제관학자들의 식민주의 사관」, 『한국근대 역사학의 이해』, 문학과지성사.

_____, 1985, 「19세기말 일본의 한국사연구」, 『청일전쟁과 한일관계』, 일조각.

_____, 2005, 「근현대 한일관계연구사」, 『제1기 한일역사공동연구보고서』 4, 제1기 한일역사공동연구위원회.

이명실, 2015, 「1890년대 일본의 학제개혁 연구: 이노우에 고와시의 교육구상을 중심으로」, 『한국일본교육학연구』 19-2.

이명화, 1992, 「조선총독부 학무국의 기구 변천과 기능」, 『한국독립운동사연구』 6.

_____, 2007, 「조선 총독부 학무국 운영과 식민지 교육의 성격」, 『향토서울』 69.

이병호, 2011, 「일제강점기 백제 고지에 대한 고적조사사업」, 『한국고대사연구』 61.

이복임, 2016, 「일본지식인층에 의한 조선정체론 연구」, 『일본문화학보』 68.

이석원, 2014, 「국민사상과 제국 – 1930년대 쓰다 소키치(津田左右吉)의 중국, 아시아론 – 」, 『인문과학』 54.

이성시, 1999, 「黑板勝美를 통해 본 식민지와 역사학」, 『한국문화』 23.

_____, 2001, 「日本歷史學の成り立ちと黑板勝美:『朝鮮史』編纂と古蹟調査事業を中心に(報告)(公開シンポジウム: 平成十二年度早稻田大學史學會)」, 『史觀』 144.

_____, 2004, 「조선왕조의 상징공간과 박물관」, 임지현·이성시 엮음, 『국사의 신화를 넘어서』, 휴머니스트.

_____, 2004, 「コロニアリズムと近代歷史學 – 植民地統治下の朝鮮史編修と古跡調査を中心に」, 『植民地主義と歷史學 – そのまなざしが殘したもの』, 刀水書房.

_____, 2011, 「한국고대사연구와 식민지주의 – 그 극복을 위한 과제 – 」, 『한국고대사연구』 61.

_____, 2016, 「구로이타 가쓰미(黑板勝美)의 역사학 연구와 식민주의」, 『식민주의 역사학과 제국 – 탈식민주의 역사학 연구를 위하여 – 』, 책과함께.

이순자, 2007, 「일제강점기 고적조사사업 연구」, 숙명여자대학교 박사학위논문.

_____, 2008, 「1930년대 부산고고회의 설립과 활동에 대한 고찰」, 『역사학연구』 33.

_____, 2009, 「일제강점기 지방고적보존회의 활동에 대한 일고찰 – 개성 보승회를 중심으로」, 『한국민족운동사연구』 58.

이승엽, 2014, 「일본 국회도서관 헌정자료실 및 공공도서관 소장 이왕가 관련 문서의 현황과 연구」, 『장서각』 31.

이승일, 2013, 「오다 미키지로(小田幹治郞)의 한국 관습조사와 관습법 정책」, 『한국민족문화』 46.

이시카와 료코(石川遼子), 2012, 「가나자와 쇼자부로(金澤庄三郎)와 조선어」, 『식민지시기 전후의 언어 문제』, 소명출판.

이신철·장신, 2001, 「2001년 한국의 교과서운동과 향후전망」, 『역사문제연구』 7.

이연심, 2004, 「임나일본부의 성격 재론」, 『지역과 역사』 14.

_____, 2014, 「'임나일본부'의 활동과 안라국」, 『지역과 역사』 35.

_____, 2015, 「한일 양국의 '임나일본부'를 바라보는 시각 변화 추이」, 『한국민족문화』 57.

_____, 2018, 「일본학계의 '임나일본부' 연구 동향」, 『역사와 세계』 53.

이영, 2006, 「경인년 이후의 왜구와 마쓰라토 - 우왕 2년(1376)의 왜구를 중심으로 - 」, 『일본역사연구』 24.

___, 2014a, 「일본의 왜구 연구와 14~15세기 동아시아 국제관계 인식」, 『동양사학연구』 127.

___, 2014b, 「조선사 편수관(朝鮮史編修官) 나카무라 히데타카(中村榮孝)의 왜구 패러다임과 일본의 왜구 연구」, 『일본학』 38.

___, 2014c, 「황국사관과 왜구 왜곡 - 조선사 편수관 나카무라 히데타카(中村榮孝)의 왜구 왜곡의 배경에 관한 한 고찰 - 」, 『한국중세사연구』 40.

___, 2015, 「일본의 조선사 연구의 권위 나카무라 히데타카(中村榮孝)의 왜구 서술의 논리적 전개와 문제점 - 『일본과 조선(日本と朝鮮)』을 중심으로 - 」, 『歷史敎育論集』 55.

이영식, 1994, 「'임나일본부'를 재해석한다」, 『역사비평』 통권 26.

이영학, 2018, 「일제의 '구관제도조사사업'과 그 주요 인물들」, 『역사문화연구』 68.

李龍範, 1963, 「韓國史의 他律性論 批判 - 所謂 滿鮮史觀의 克服을 위하여 - 」, 『亞細亞』 3.

이왕무, 2014, 「李王職의 유래와 장서각 소장 이왕직 자료의 沿革」, 『장서각』 31.

___, 2016, 「대한제국 황실의 분해와 왕공족의 탄생」, 『한국사학보』 64.

이윤상, 2007, 「일제하 '조선왕실'의 지위와 이왕직의 기능」, 『한국문화』 40.

이재석, 2004, 「소위 任那問題의 과거와 現在」, 『전남사학』 23.

___, 2011, 「총론 - 2011년도 일본 중학교 역사 교과서 검정의 특징과 문제점」, 『역사교육논집』 47.

___, 2013, 「日本書紀의 '日本府' 구상과 그 모티브에 관한 試論」, 『백제연구』 58.

이정빈, 2012, 「식민주의 사학의 한국 고대사 연구에 대한 최근의 비판적 검토」, 『역사와 현실』 83.

___, 2015, 「광개토왕릉비 탁본 연구 방법의 성과와 과제」, 『동북아역사논총』 49.

이종욱, 2009, 「津田左右吉의 망령이 만들어낸 민족」, 『新羅史學報』 17.

이주헌, 2014, 「가야지역 왜계고분의 피장자와 임나일본부」, 『지역과 역사』 35.

___, 2018, 「아라가야에 대한 연구 동향과 향후 전망」, 『지역과 역사』 42.

___, 2019, 「탈식민지고고학의 한계와 문화유산의 재인식」, 『新羅史學報』 47.

이지선, 2004, 「'직원록'을 통해서 본 이왕직의 직제 연구」, 『동양음악』 26.

이지선·야마모토 하나코, 2004, 「『직원록』을 통해서 본 이왕직(李王職)의 직제(職制) 연구」, 『동양음악』 26.

이지원, 2000, 「1920-30년대 일제의 조선문화 지배정책」, 『역사교육』 75.

이진희, 1992, 「廣開土大王陵碑를 둘러싼 근년의 論爭」, 『한국사학논총』 상, 수촌박영석교수화갑기념논총간행위원회.

_____, 1984, 「日本에서의 廣開土大王陵碑 硏究」, 『東方學志』 43.

이철성, 1994, 「식민지기 역사인식과 역사서술」, 『한국사의 이론과 방법(1) – 한국사 23』, 한길사.

이태진, 1987, 「당파성론비판」, 『한국사시민강좌』 1, 일조각.

_____, 2007, 「역사 소설 속의 명성황후 이미지」, 『한국사시민강좌』 41, 일조각.

李亨求·朴魯姬, 1981, 「廣開土大王陵碑文의 所謂辛卯年記事에 對하여 – 僞作「倭」字考 – 」, 『東方學志』 20.

임영진, 2014, 「영산강유역권 왜계고분의 피장자와 '임나일본부'」, 『지역과 역사』 35.

임이랑, 2013, 「전시체제기 鹽原時三郎의 황민화정책 구상과 추진(1937~1941)」, 『역사문제연구』 29.

임지현, 1994, 「한국사학계의 '민족' 이해에 대한 비판적 검토」, 『역사비평』 28.

_____, 2004, 「'국사'의 대연쇄와 오리엔탈리즘」, 『한국사학사학보』 10.

林直樹, 1999, 「今西龍と朝鮮考古學」, 『靑丘學術論集』 14.

장세윤, 1992, 「일제의 경성제국대학 설립과 운영」, 『한국독립운동사연구』 6.

장신, 2009a, 「3·1운동 직후 잡지 동원의 발간과 일선동원론(日鮮同源論)」, 『역사와 현실』 73.

____, 2009b, 「일제하 日鮮同祖論의 대중적 확산과 素戔嗚尊 신화」, 『역사문제연구』 21.

____, 2009c, 「조선총독부의 朝鮮半島史 편찬사업 연구」, 『동북아역사논총』 23.

____, 2011, 「경성제국대학 사학과의 자장(磁場)」, 『역사문제연구』 26.

____, 2013, 「1930년대 경성제국대학의 역사 교과서 비판과 조선총독부의 대응」, 『동북아역사논총』 42.

____, 2014, 「일제말기 동근동조론(同根同祖論)의 대두와 내선일체론의 균열」, 『인문과학』 54.

____, 2016, 「일제하 이왕직의 직제와 인사」, 『장서각』 35.

____, 2018, 「미우라 히로유키의 조선사 인식과 『조선반도사』」, 『제국 일본의 역사학과

'조선': 식민주의 역사학과 제국2』, 소명출판.

장영숙, 2014, 「이왕직의 『고종·순종실록』 편찬사업과 그 실상」, 『사학연구』 116.

전진국, 2019, 「『任那興亡史』의 논지와 학술적 영향에 대한 비판적 검토」, 『한일관계사연구』 64.

＿＿＿, 2020, 「스에마쓰 야스카즈(末松保和)의 『임나흥망사』 소개와 비판적 검토」, 『한국고대사탐구』 34.

鄭圭永, 1995, 「京城帝國大學に見る戰前日本の高等敎育と國家」, 도쿄대학 박사학위논문.

정동준, 2020, 「『任那興亡史』를 통해 본 스에마쓰 야스카즈의 역사관」, 『역사비평』 통권 132.

정두희, 1979, 「광개토왕릉비문 신묘년기사의 재검토」, 『역사학보』 82.

＿＿＿, 1998, 「朝鮮後期 戶籍硏究의 現況과 課題」, 『韓國史硏究』 101.

정상우, 2001, 「1910년대 일제의 지배 논리와 지식인층의 인식 - '日鮮同祖論'과 '文明化論'을 중심으로 -」, 『한국사론』 46.

＿＿＿, 2010, 「稻葉岩吉의 '滿鮮史' 체계와 '朝鮮'의 재구성」, 『역사교육』 116.

＿＿＿, 2011, 「조선총독부의 『조선사』 편찬사업」, 서울대학교 박사학위논문.

＿＿＿, 2012, 「『朝鮮史』(朝鮮史編修會 간행)의 편찬과 사건 선별 기준에 대하여 - 『조선사』 제4·5·6편을 중심으로 -」, 『사학연구』 107.

＿＿＿, 2013, 「滿鮮史와 日本史의 위상 - 稻葉岩吉의 연구를 중심으로 -」, 『한국사학사학보』 28.

＿＿＿, 2014, 「『朝鮮史(朝鮮史編修會 2014, 간행)』 편찬사업 전후 일본인 연구자들의 갈등 양상과 새로운 연구자의 등장」, 『사학연구』 116.

＿＿＿, 2016, 「'근대 역사학'으로서의 '만선사' - 이나바 이와키치(稻葉岩吉)의 연구 과정을 중심으로」, 『식민주의 역사학과 제국 - 탈식민주의 역사학 연구를 위하여』, 책과함께.

＿＿＿, 2017, 「일제 하 일본인 학자들의 한국사에 대한 通史的 이해 - 1930년대 중반의 저작들을 중심으로」, 『역사와 현실』 104.

＿＿＿, 2019, 「식민지기 일본인 연구자들의 고대 한일관계사 연구 경향 - 이마니시 류(今西龍)와 스에마쓰 야스카즈(末松保和)의 논의를 중심으로」, 『한국문화』 87.

정욱재, 2015, 「궁내청 소장 '公族實錄'의 편찬 배경과 내용」, 『근현대 구황실 관련 자료 조사 집성연구발표집』, 한국학중앙연구원 장서각 연구실.

_____, 2016, 「일본 궁내청 소장 '공족실록'의 편찬과 특징: 이희공실록·이희공실록자료·이준공실록·이준공실록자료를 중심으로」, 『한국사학보』 64.

_____, 2017, 「일본 궁내청 소장 『이태왕실록』·『이태왕실록자료』의 체제와 특징」, 『한국사학보』 69.

정재정, 1998, 「이에나가 교과서 재판을 통해서 본 역사학과 역사교육」, 『일본의 논리: 전환기의 역사교육과 한국사인식』.

_____, 2002, 「일본 역사 교과서 문제와 그 전망」, 『한국사연구』 116.

정준영, 2009, 「경성제국대학과 식민지 헤게모니」, 서울대학교 박사학위논문.

_____, 2011, 「식민지제국대학의 존재방식」, 『역사문제연구』 26.

_____, 2016, 「식민사관의 차질(蹉跌) – 조선사학회와 1920년대 식민사학의 제도화 – 」, 『韓國史學史學報』 34.

_____, 2017, 「이마니시류(今西龍)의 조선사, 혹은 식민지 고대사에서 종속성 발견하기」, 『사회와 역사』 115.

정진숙, 2009, 「『高宗實錄資料原簿』의 법률관련 자료와 『高宗實錄』의 편찬」, 『서지학보』 33.

조건, 2022, 「2021년 일본 고등학교 검정교과서의 한국 근대사(1890~1910) 서술과 특징」, 『한일관계사연구』 76.

조광, 2010, 「한일간 역사분쟁의 발생과 한국의 대응」, 『한일역사의 쟁점 2010』 1, 경인문화사.

조동걸, 1990, 「植民史學의 成立過程과 근대사 서술」, 『역사교육논집』 13·14.

_____, 2004, 「한·일간의 역사분쟁과 전망」, 『역사교육논집』 32.

조명철, 2004, 「러일전쟁기 일본 육군의 만주전략」, 『軍史』 51.

조범성, 2015, 「일제강점기 朝鮮史學會의 활동과 근대사 인식」, 『한국민족운동사연구』 84.

_____, 2018, 「朝鮮史學同攷會와 『朝鮮史學』의 식민사학적 성격」, 『한국독립운동사연구』 63.

_____, 2021, 「1930년대 靑丘學會의 설립과 활동」, 『한국민족운동사연구』 107.

조선사학회, 1924, 「會員通信」, 『조선사강좌』.

조인성, 2017, 「'고대사파동'과 식민주의 사학의 망령」, 『역사비평』 118.

조현설, 2000, 「동아시아 신화학의 여명과 근대적 심상지리의 형성 – 시라토리 쿠라키치(白鳥庫吉)·최남선(崔南善)·마오둔(茅盾)을 중심으로」, 『민족문학사연구』 16.

주보돈, 1999, 「《日本書紀》의 編纂 背景과 任那日本府說의 成立」, 『韓國古代史研究』 15.
中村榮孝, 1938, 「時局下における朝鮮の歴史教育」, 『歴史教育』 13-7.
_____, 1940, 「朝鮮に於ける國史教育」, 『朝鮮』 304.
_____, 1953, 「朝鮮史の編修と朝鮮史料の蒐集 - 朝鮮總督府朝鮮史編修會の事業」, 黒板博士記念會 編, 『古文化の保存と研究』, 吉川弘文館.
_____, 1969, 「朝鮮史の編修と朝鮮史料の蒐集 - 朝鮮總督府朝鮮史編修會の事業」, 『日鮮關係史の研究』 下.
_____, 1981, 「朝鮮史と私」, 『日本歴史』 400.
津田左右吉・金完基 번역, 1995, 「任那彊域考」, 『가야문화』 8, 가야문화연구원.
津田左右吉 저, 이부오・장익수 역, 2009a, 「新羅 征討 地理考」, 『新羅史學報』 17.
_____, 2009b, 「〈三國史記〉新羅本紀에 대하여」, 『新羅史學報』 15.
천관우, 1979, 「광개토왕비문재론」, 『전해종박사화갑기념사학논총』.
_____, 1984, 「『日本書紀』에 의한 加耶史復元試論」, 『사상과 정책』 1-4.
채백, 1990, 「『한성신보』의 창간과 운용에 관한 연구」, 『신문연구소학보』 7.
최석영, 2012, 「일제의 조선고적조사 및 발굴사업: 1910년대~1940년대」, 『일제의 조선 연구와 식민지적 지식 생산』, 민속원.
최영희, 1970, 「해제」, 『고종순종실록』, 탐구당.
최완기, 1994, 「이른바 高・純宗實錄에 대하여」, 『민족문화』 17.
최재석, 1986, 「末松保和의 신라상고사론 비판」, 『한국학보』 43.
_____, 1987, 「今西龍의 한국고대사론 비판」, 『한국학보』 46.
_____, 1990a, 「黑板勝美의 일본고대사연구 비판」, 『일본고대사연구비판』, 일지사.
_____, 1990b, 「津田左右吉의 日本古代史論批判」, 『민족문화연구』 23.
_____, 2003a, 「1892년 하야시 타이호(林泰輔)의 『조선사』 비판」, 『선사와 고대』 18.
_____, 2003b, 「井上秀雄의 古代 韓日 관계사 연구비판」, 『민족문화』 26.
_____, 2007, 「1880년의 일본 참모본부의 『皇朝兵史』 비판」, 『민족문화연구』 46.
_____, 2010b, 「미시나 아키히데의 『日本書紀朝鮮關係記事考證』 비판」, 『고대한일관계사 연구 비판』, 경인문화사.
최혜주, 2003, 「메이지 시대의 한일관계 인식과 일선동조론」, 『한국민족운동사연구』 37.
_____, 2005, 「일제강점기 조선연구회의 활동과 조선인식」, 『한국민족운동사연구』 42.

_____, 2006, 「일제강점기 아오야기(靑柳綱太郞)의 조선사 연구와 '內鮮一家'論」, 『한국민족운동사연구』 49.

_____, 2009, 「한말 일제하 재조일본인의 조선고서 간행사업」, 『대동문화연구』 66.

_____, 2010a, 「근대 일본의 한국사관과 역사왜곡」, 『한국독립운동사연구』 35.

_____, 2010b, 「小田省吾의 교과서 편찬활동과 조선사 인식」, 『동북아역사논총』 27.

타무라 토시유키(田村紀之) 저, 김기원 역, 1995, 「일본 대중작가 시바 료타로의 한국정체관을 비판한다.」, 『역사비평』 31.

하종문, 2001, 「일본 역사 교과서 왜곡의 바로보기」, 『한국근현대사연구』 18.

하지연, 2008, 「한말·일제강점기 菊池謙讓의 문화적 식민활동과 한국관」, 『동북아역사논총』 21.

_____, 2012, 「오다 쇼고(小田省吾)의 한국근대사 연구와 식민사학」, 『한국근현대사연구』 63.

_____, 2013, 「다보하시 기요시(田保橋 潔)의 『근대 일선관계의 연구』와 한국 근대사 인식」, 『숭실사학』 31.

_____, 2015, 「기쿠치 겐조의 식민활동과 한국 근대사 인식」, 『식민사학과 한국 근대사』, 지식산업사.

허영란, 2007, 「식민지 구관조사의 목적과 실태: 시장조사를 중심으로」, 『사학연구』 86.

현명철, 2015, 「田保橋潔의 『近代日鮮關係の硏究』 무엇이 잘못되었을까」, 『韓日關係史硏究』 5.

洪性和, 2020, 「'任那日本府'에 대한 고찰 – 『日本書紀』 任那日本府 관련 인물을 중심으로」, 『日本硏究』 33.

홍이섭, 1963, 「한국식민지 시대사의 이해방법」, 『동방학지』 7.

_____, 1969, 「식민지적 사관의 극복」, 『亞細亞』 3.

菊池謙讓, 1926, 「私と朝鮮の言論」, 『朝鮮之事情』.

_____, 1945, 「韓末に登場した女性」, 和田八千穗·藤原喜藏 共編, 『朝鮮の回顧』, 近澤書店.

菊頭淸明, 1992, 「所謂「任那日本府」の再檢討」, 『紀要 – 史學 –』 45.

今西龍, 1935, 「朝鮮史槪說」, 『朝鮮史の栞』, 近澤書店.

東方學會, 2000, 「藤田亮策先生」, 『東方學回想 V-先學を語る(4)』, 刀水書房.

藤田亮策, 1953, 「朝鮮古蹟調査」, 黑板博士紀念會 編, 『古文化の保存と研究:黒板博士の業績を中心として』, 吉川弘文館.

末松保和 等, 1969, 「朝鮮史編修會の事業」, 旗田巍 編, 『日本と朝鮮: シンポジウム』, 勁草書房.

名古屋大學文學部, 1966, 「中村榮孝教授略曆·著作目錄」, 『名古屋大學文學部 研究論集 史學: 中村榮孝教授 退官記念』14, 名古屋大學文學部.

武田幸男, 1978, 「高句麗好太王碑文にみえる歸王について」, 『古代東アジア史論集』上.

_____, 1979, 「廣開土王碑からみた高句麗の領域支配」, 『東京大學東洋學研究所紀要』78.

_____, 2000, 「「廣開土王碑」火難諸說の批判的檢討」, 『慶北史學』23(槐山文暻鉉教授停年紀念特輯號).

武田幸男·浜田耕策, 1997, 「末松保和博士略年譜·著作目錄·講義題目」, 『朝鮮史と史料:末松保和朝鮮史著作集 6』, 吉川弘文館.

山尾幸久, 1973, 「任那日本府と倭について-井上秀雄氏の近業によせて-」, 『史林』56-6.

三ツ井崇, 1999, 「「滿鮮史」と朝鮮語學-白鳥庫吉の朝鮮語系統論をめぐる言語系統論歷史觀の問題について-」, 『人民の歷史學』138.

_____, 2000, 「白鳥庫吉の歷史認識形成における言語論の位相-朝鮮語系統論と朝鮮史認識をめぐる言說から-」, 『史潮 新』48.

_____, 2004, 「日鮮同祖論의 학문적 기반에 관한 시론-한국병합 전후를 중심으로-」, 『한국문화』33.

三浦周行, 1910, 「日韓の同化と分化」, 『歷史地理』朝鮮號.

箱石大, 2002, 「史料探訪 52 大韓民國·國史編纂委員會所藏朝鮮總督府修史事業關係史料の調査」, 『東京大學史料編纂所報』37.

_____, 2007, 「近代日本史料學と朝鮮總督府の朝鮮史編纂事業」, 佐藤信·藤田覺 編, 『前近代の日本列島と朝鮮半島』(史學會シンポジウム叢書), 山川出版社.

石井進, 1999, 「黑板勝美」, 『20世紀の歷史家たち(2)』, 刀水書房.

星野恒, 1910, 「歷史上より觀たる日韓同域の復古と確定」, 『歷史地理』朝鮮號.

小田省吾, 1924, 「京城帝國大學豫科開設に就て」(팸플릿).

_____, 1932, 「故今西文學博士の學問と事業に就て」, 『京城帝大史學會報』 3.

_____, 1933, 「李王職の實錄編纂事業について」, 『청구학총』 13.

_____, 1934, 「小田省吾略歷自記」, 『辛未洪景來亂の研究』, 小田先生頌壽記念會.

松島榮一, 1976, 「黑板勝美」, 永原慶二·鹿野政直 編, 『日本の歷史家』, 日本經濟評論社.

松村松盛, 1936, 「變り行く朝鮮の姿」, 『朝鮮統治の回顧と批判』, 朝鮮新聞社.

岩崎信夫, 1996, 「津田左右吉の中國·アジア觀について-公共的國民論の成立事情の視点から-」, 『史潮 新』 39.

櫻澤亞伊, 2007, 「'滿鮮史觀'の再檢討-'滿鮮歷史地理調査部'と稻葉岩吉を中心に-」, 『現代社會文化研究』 37.

永島廣紀, 2004, 「日本統治期の朝鮮における〈史學〉と〈史料〉の位相」, 『歷史學研究』 795.

鈴木英夫, 1987, 「加耶·百濟と倭-「任那日本府」論-」, 『朝鮮史研究會論文集』 24.

有田潁右, 2009, 「白鳥庫吉博士と津田左右吉博士」, 『千里山文學論集』 79.

李瑄根, 1972, 「復刊の辯」, 『朝鮮統治史論稿』, 成進文化社.

李進熙, 1964, 「古代におけるいわゆる南鮮經營について」, 『朝鮮史研究會論文集』 1.

田中健夫, 1997, 「中村榮孝」, 『歷史學事典 5 歷史家とその作品』, 弘文堂.

田中健夫·平野邦雄·末松保和, 1995, 「朝鮮史の研究と私」, 『日本歷史』 560, 吉川弘文館.

田中秀臣, 2001, 「福田德三の朝鮮觀」, 『紀要』 12-2.

田川孝三 外, 1983, 「座談會: 先學を語る- 田保橋潔先生」, 『東方學』 65.

鄭上直樹, 2004, 「近代日本의 고구려사 연구-만선사, 만주사와 관련해서-」, 『고구려 연구』 18.

朝鮮史編修會 編, 1938, 「朝鮮史凡例」, 『朝鮮史』 卷首 總目錄.

朝鮮史學同人, 1926.1, 「發刊之辭」, 『朝鮮史學』 1, 朝鮮史學同攷會.

朝鮮史學會, 1923, 「朝鮮史講座一般史目次」, 『朝鮮一般史』.

_____, 1923, 「朝鮮史學會會則」, 『朝鮮史講座, 要項號』.

_____, 1923, 「質疑應答, 會報, 雜報」, 『朝購史講座特別講義』.

_____, 1927, 「總序」, 『朝鮮史大系』, 近澤書店.

佐伯有淸, 1972, 「高句麗廣開土王陵碑文再檢討のための序章-參謀本部と朝鮮研究-」, 『日本歷史』 287.

中野高行, 2007, 「《日本書紀》에 있어서의 「任那日本府」像」, 『新羅史學報』 10.

中村榮孝, 1930.9.12, 「『青丘學叢』を紹介す」上, 『京城日報』.

_____, 1930.9.13, 「『青丘學叢』を紹介す」下, 『京城日報』.

_____, 1953, 「朝鮮史の編修と朝鮮史料の蒐集 - 朝鮮總督府朝鮮史編修會の事業」, 黒板博士記念會 編, 『古文化の保存と研究 - 黒板博士の業績を中心として-』, 吉川弘文館.

_____, 1969, 「朝鮮史の編修と朝鮮史料の蒐集」, 『日鮮關係史の研究』下, 吉川弘文館.

中塚明, 1974, 「日本近代史の展開と「朝鮮史像」- とくに參謀本部と歷史研究のかかわりについて-」, 『朝鮮史研究會論文集』 11.

青柳純一, 2000, 「日本 東洋史學의 한국 인식」, 『釜大史學』 24.

幣原坦, 1910, 「日韓交通の概要」, 『歷史地理』 朝鮮號.

學習院大學東洋文化研究所, 1977, 「末松保和氏年譜」, 『學習院大學東洋文化研究所所藏資料紹介-末松保和資料』, 學習院大學東洋文化研究所.

喜田貞吉, 1920.12, 「日鮮兩民族同源論梗槪」, 『同源』 3.

_____, 1921.7, 「日鮮兩民族同源論」, 『民族と歷史』 6-1.

찾아보기

ㄱ

가나자와 쇼자부로(金澤庄三郎) 89, 118, 130
가네코 고스케(金子光介) 254
가라쿠니(韓國) 75
가와이 히로타미(河合弘民) 175
가쿠슈인(學習院) 146, 372, 373
간 마사토모(菅政友) 97, 110, 111
게이타이(繼體) 천황 82, 101
게이타이(繼體) 천황기 99
경성독사회(京城讀史會) 303, 332
경성제국대학 15, 133, 138, 178, 184, 230, 233, 235, 236, 242, 246~254, 259, 260, 262, 263, 265, 272, 273, 275~277, 282, 291, 295, 296, 299, 302, 305, 306, 324, 329, 332~334, 368, 371, 373, 379, 380, 383, 385
고노에 아쓰마로(近衛篤麿) 336, 337
고마쓰 미도리(小松綠) 203, 208
『고사기(古事記)』 52, 54, 61, 62, 65, 71, 72, 74, 94, 110, 117, 136
『고종실록』 232, 233, 267, 286, 288, 290~292, 296, 298, 301, 303, 304, 309

고쿠쇼 이와오(黑正巖) 181
고토 신페이(後藤新平) 148
관제사학 22, 49
광개토왕릉비 93, 105, 106, 108~111, 114, 374
광개토왕릉비문 87, 110, 112~114
교토제국대학 103, 225, 234, 253, 259, 261, 329
교토학파 동양사학 24
구관제도조사사업(舊慣制度調査事業) 33, 220, 221
구로이타 가쓰미(黑板勝美) 69, 112, 199, 201, 202, 208, 211, 213, 217, 224, 230, 234, 237, 244, 265, 272, 327, 368, 369, 378
구메 구니타케(久米邦武) 56, 60, 61, 63~65, 67, 77, 85, 89, 117, 121, 122
국민주의 23, 42
『국사신론(國史新論)』 14, 16
『국사안(國史眼)』 64, 70, 72, 73, 75~78, 89, 117, 122, 124, 130
근대 실증사학 48
『근대 일선관계의 연구(近代日鮮關係の

研究)』 242, 275, 276, 280, 281, 283~286, 323
『근대 조선사(近代朝鮮史)』 298, 354, 356
『근대일지선관계의 연구(近代日支鮮關係の 研究)』 242, 277, 280
『근대조선이면사(近代朝鮮裏面史)』 298
근대주의 23, 42
기자동래설(箕子東來說) 81
기쿠치 겐조(菊池謙讓) 78, 88, 267, 297, 306, 307, 344, 345
기타 사다키치(喜田貞吉) 89, 118, 121, 123, 125~127, 138, 175, 176
긴메이(欽明) 천황 82
긴메이천황기 99

ㄴ

나이토 고난(內藤湖南) 155, 158, 225, 230, 235, 378
나카 미치요(那珂通世) 61, 98, 99, 110, 111, 128, 140, 151, 263
나카무라 히데타카(中村榮孝) 49, 139, 214, 230, 241, 243, 256, 257, 324, 327, 329, 330, 368, 376, 378
남만주철도주식회사 143, 147, 148, 235

ㄷ

다가와 고조(田川孝三) 236, 243, 262, 278

다구치 우키치(田口卯吉) 56, 66, 77
다루이 도키치(樽井藤吉) 306
다보하시 기요시(田保橋潔) 133, 242, 254, 260, 263, 272
다카하시 도루(高橋亨) 248, 296, 314
『대일본고문서』 218
『대일본사(大日本史)』 57, 61, 97
『대일본사료(大日本史料)』 69, 218, 237
『대일본편년사(大日本編年史)』 58, 61, 72
도리야마 기이치(鳥山喜一) 254, 260
도리이 류조(鳥居龍藏) 198, 265
도쿄제국대학 62~65, 72~74, 130, 141, 146, 148, 150, 151, 153, 178, 184, 201, 211, 218, 224, 225, 235, 247, 254, 255, 259, 261, 263, 272, 277, 281, 282, 294, 295, 326~329, 356, 369, 376, 378
도쿠가와(에도) 막부 52
도쿠토미 소호(德富蘇峰) 53, 345
동근동조론(同根同祖論) 28, 120, 129, 137~139, 382~384
동문동종론(同文同種論) 197
동아동문회 336, 337
동양사학 19, 25
동조동근론(同祖同根論) 134, 137, 138, 186, 383
동조동문(同祖同文) 133
동조동원론(同祖同源論) 89

찾아보기　453

동화(同化) 38

ㄹ

랑케(Leopold von Ranke)　63, 69, 146, 217
리스(Ludwig Riess)　63, 64, 146, 217, 263

ㅁ

마쓰모토 시게히코(松本重彦)　254, 260, 261
마쓰이 히토시(松井等)　143, 149~151
만선불가분론(滿鮮不可分論)　142, 144, 154, 157, 161
만선사　25, 26, 49, 140~145, 147, 148, 153~155, 159, 162, 163, 329
만선사관　20, 44, 138, 144, 145, 150
만선사학　148
만선역사지리조사부(滿鮮歷史地理調査部)　143, 145, 151, 156, 158, 235
만선역사지리조사실(滿鮮歷史地理調査室)　148, 150
『만선지리역사연구보고(滿鮮地理歷史研究報告)』 153
만주건국대학　138, 158
『만주역사지리(滿洲歷史地理)』　143, 147, 149, 153, 156
메이세이샤(明成社)　400, 406
모리타니 가쓰미(森谷克己)　175, 176

모토다 나가자네(元田永孚)　53, 56
미가미 산지(三上參次)　263
미시나 쇼에(三品彰英)　98, 103
미야케 요네키치(三宅米吉)　110, 111
미우라 히로유키(三浦周行)　121, 201, 202, 211, 213
민족사학　15, 18, 39, 409

ㅂ

박은식　223
반도적 성격론　154
뷔허(Karl Bucher)　167, 168, 170, 172
브렌타노(Lujo Brentano)　167, 168, 173

ㅅ

사대주의　45
사이고 다카모리(西鄕隆盛)　344
사코 가게노부(酒句景信)　108, 109
삼한 정벌　74
삿사 도모후사(佐々友房)　297, 346, 347, 350
『새로운 역사 교과서(新しい歷史敎科書)』 396, 398, 400
새로운 역사 교과서를 만드는 모임　395, 398, 400, 401
세노 우마쿠마(瀨野馬熊)　149, 150, 152, 211, 212, 214, 215, 236
세키노 다다시(關野貞)　112, 198, 225, 265

세키야 데자부로(關屋貞三郞) 128
소나카시치(蘇那曷叱知) 81
소시모리(曾尸茂梨) 80, 121
『순종실록』 232, 233, 267, 286, 288, 290~292, 296, 298, 301, 303, 304, 309
스기모토 쇼스케(杉本正介) 211, 212, 215, 319
스기무라 후카시(杉村濬) 337, 347
스사노오노미코토(素盞嗚尊) 54, 70, 72, 75~77, 80, 86, 103, 120, 121, 131, 136, 137, 383
스에마쓰 야스카즈(末松保和) 49, 98, 239, 240, 243, 255, 257, 327, 328, 330, 368, 369, 378
스이닌(垂仁) 천황 76, 81, 99
스즈키 다케오(鈴本武雄) 184, 193
스진(崇神) 천황 81, 97, 98, 100
시게노 야스쓰구(重野安繹) 56, 59, 63, 65, 67, 77, 117
시노다 지사쿠(篠田治策) 231, 291, 294, 295
시노부 준페이(信夫淳平) 88
시데하라 다이라(幣原坦) 121, 312
시라토리 구라키치(白鳥庫吉) 98, 99, 128, 132, 140, 145, 147, 197, 247
시바 시로(柴西朗) 346, 347
시부에 게이조(澁江桂藏) 236
시오바라 도키사부로(鹽原時三郞) 134, 382
시카타 히로시(四方博) 175, 178
식민사관 22, 37, 40
식민사학 18, 38, 409
식민주의 23, 42, 104, 105, 145
식민주의 역사관 401~403, 406, 408
식민주의 역사학 14, 39, 42, 69, 100, 166, 265, 312, 333, 335, 368, 373, 391, 398, 399, 408, 410
신묘년조(辛卯年條) 105, 113~115, 116, 374
신석호(申奭鎬) 230, 236, 243, 262, 278, 368
신토(神道) 56, 59, 62, 65~67, 73
실증(實證) 70, 286, 366
실증사학 72, 283, 284, 412
실증주의 35, 36, 63, 65, 68, 69, 73, 281
쓰네야 세이후쿠(恒屋盛服) 78, 88, 89, 306, 336
쓰다 소키치(津田左右吉) 97, 128, 143, 146, 149, 150, 152, 197
쓰보이 구메조(坪井九馬三) 263
쓰지 젠노스케(辻善之助) 272

ㅇ

아다치 겐조(安達謙藏) 346, 347, 350
아라이 하쿠세키(新井白石) 54, 75, 95
아마테라스오미카미(天照大神) 71, 75,

136, 383
아메노히보코(天日槍) 70, 71, 76, 77, 80, 86, 131
아사미 린타로(淺見倫太郎) 288, 295
아오야기 쓰나타로(靑柳綱太郞) 267
아유카이 후사노신(鮎貝房之進) 97
야나이 와타리(箭內亙) 143, 149~151
야마다 사부로(山田三郞) 262
에도시대 52, 54
『역사총합』 403~405
오구라 신페이(小倉進平) 133, 314
오기야마 히데오(荻山秀雄) 211, 212, 215, 314
오다 미키지로(小田幹治郞) 201, 202, 204, 209, 211
오다 쇼고(小田省吾) 211, 212, 214, 215, 223, 225, 231, 235, 254~257, 260, 261, 263, 266, 291, 292, 294~297, 299~301, 303, 306, 309, 313, 314, 319, 327, 368, 379, 380
오진(應神) 천황 104
오카모토 류노스케(岡本柳之助) 347
오타니 가쓰마(大谷勝眞) 254, 260, 261
요시다 도고(吉田東伍) 77, 78, 84, 98, 99
요시다 쇼인(吉田松陰) 55, 95
우에다 가즈토시(上田萬年) 247
우치다 료헤이(內田良平) 127, 354
『유수록(幽囚錄)』 55, 95

육국사(六國史) 57, 60, 61
윤용균(尹瑢均) 236, 262
이기백(李基白) 14, 16
이나바 이와키치(稻葉岩吉) 98, 128, 138, 142, 143, 146, 149~151, 154, 155, 177, 198, 225, 234, 235, 241, 243, 314, 369, 378
이나히노미코토(稻飯命) 70, 71, 75~77, 80
이능화(李能和) 298~300, 314
이다케루노미코토(五十猛神) 80
이마니시 류(今西龍) 97, 112, 201, 202, 208, 209, 211, 212, 214, 215, 224, 226, 228, 235, 238, 254, 259~261, 296, 314, 356, 369
이마무라 도모(今村鞆) 267
이소타케루노미코토(五十猛命) 121
이소타케루(五十猛神) 340
이왕직(李王職) 232, 288, 290~292, 295, 297, 298, 301, 303, 304, 309, 326, 327, 354
「이왕직관제」 289
이자나기노미코토(伊弉諾尊) 80
이즈모(出雲) 75
이케우치 히로시(池內宏) 112, 128, 143, 146, 149, 150, 152, 197, 224, 259, 368
이쿠호샤(育鵬社) 400, 401
『이태왕실록』 288, 289, 295

이항구(李恒九) 298

이황(李滉) 53

『일본사략(日本史略)』 72

『일본서기(日本書紀)』 52, 54, 61, 62, 65, 71, 72, 74, 80, 83, 86, 92~94, 96, 97, 99, 103, 104, 110, 117, 122, 203, 374

일선동원론(日鮮同源論) 120, 125

일선동조론(日鮮同祖論) 20, 28, 47, 49, 52, 54, 64, 70~76, 85, 92, 94, 116~121, 123~125, 127~130, 133, 138, 146, 176, 197, 198, 207, 208, 214

『일선동조론(日鮮同祖論)』 118, 130, 132~134

『일한고사단(日韓古史斷)』 77, 78, 84, 85, 88

일한동역론(日韓同域論) 120~122, 125, 130, 137, 209

일한일역론(日韓一域論) 54, 120, 121, 124, 125, 130, 202, 203

임나일본부(任那日本府) 27, 44, 71, 76, 77, 81, 84, 89, 92, 93, 96, 97, 100, 102, 105, 106, 215, 368, 371, 372

임나일본부설 19, 92, 93, 99, 105, 108, 111, 116, 373, 374, 376, 398

『임나흥망사(任那興亡史)』 98, 101

임시편년사편찬괘 72

ㅈ

정만조(鄭萬朝) 298, 299

정체성론 21, 29, 38, 46, 49, 164, 166, 172, 175, 176, 178, 180, 182, 183, 189

정한론(征韓論) 48, 54, 64, 74, 97, 344

제국주의 42

젠쇼 에이스케(善生永助) 189

『조선개화사(朝鮮開化史)』 78, 88, 89, 336~339

조선고적조사사업 33

조선고적조사위원회 199

『조선급만주(朝鮮及滿洲)』 353

『조선반도사(朝鮮半島史)』 196, 199, 200, 202~204, 206~210, 212~216, 220, 221, 223~226, 231, 232, 261, 265, 301, 316, 320

『조선불교통사(朝鮮佛敎通史)』 300

『조선사(朝鮮史)』 78, 79, 83, 157, 158, 216, 220~237, 239~243, 245, 258, 261, 275, 285, 290, 306, 332, 334, 335, 371, 378, 379

『조선사강좌(朝鮮史講座)』 214, 215, 300, 306, 314, 316~319, 323, 325

『조선사대계(朝鮮史大系)』 267, 306, 319~321, 323, 325

『조선사대계 최근세사(朝鮮史大系 最近世史)』 232, 233, 306, 319, 321, 322

조선사편수회 15, 100, 158, 216, 217,

220, 227~232, 235~239, 241, 245, 246, 255, 257, 258, 261, 275~277, 285, 290, 295, 296, 299, 300, 324, 326, 328~335, 368, 369, 371, 377~382, 385, 386, 388

조선사편찬위원회 159, 216, 224, 225, 228, 231, 245, 299, 300, 313, 323, 333

조선사편찬위원회사업 225

조선사학동고회 245, 327, 333

조선사학회 15, 49, 214, 216, 233, 245, 267, 300, 306, 312, 314~319, 323, 327, 333

『조선역사지리(朝鮮歷史地理)』 153

『조선왕국(朝鮮王國)』 78, 88, 89, 297, 298, 306, 344, 346, 355

『조선제국기(朝鮮諸國記)』 353

조선총독부 31

『조선통치사논고(朝鮮統治史論稿)』 276, 278, 283

주아이(仲哀) 천황 92, 100

지유샤(自由社) 400, 401

진구(神功) 황후 70, 71, 74, 76, 78, 81, 83, 86, 92, 96~100, 104, 111, 117, 122, 124, 203, 338, 341, 342

ㅊ

『청구학총(青丘學叢)』 280, 324~334, 380

청구학회(青丘學會) 15, 49, 267, 324, 326~330, 333, 335, 380, 381

최남선 238

ㅌ

타율성론 38, 44, 144, 154, 164, 374

탈식민주의 23, 410

'탈식민주의' 선언 37

통신사 52

ㅍ

편년사편찬괘 64

ㅎ

하마다 고사쿠(浜田耕作) 112

하야시 다이스케(林泰輔) 78, 97, 98, 263, 306

하야시 라잔(林羅山) 52, 54

하야시 슌사이(林春齋) 54, 71

하야시 시헤이(林子平) 55, 94

하타다 다카시(旗田巍) 116, 127, 147, 259

하토리 우노키치(服部宇之吉) 247, 272

『한국통사(韓國痛史)』 204~206, 223

『한반도(韓半島)』 88, 89

한사군 84

한사군설(漢四郡說) 81

『한성신보(漢城新報)』 345, 346, 348,

350~352
한일역사공동연구위원회 397
현채(玄采) 83, 84
호소이 하지메(細井肇) 267, 306, 354
호시노 히사시(星野恒) 56, 60, 63~65, 68, 77, 85, 117, 121, 122, 131, 263
홍희(洪憙) 226, 236, 241, 244
화이트(Hayden White) 35

후소샤(扶桑社) 396, 398, 400
후지와라 세이카(藤原惺窩) 52
후지타 료사쿠(藤田亮策) 199, 257~261, 379
후쿠다 도쿠조(福田德三) 166, 172, 180, 189
후쿠자와 유키치(福澤諭吉) 56
히라이즈미 기요시(平泉澄) 282

동북아역사재단 일제침탈사 연구총서 46
일제의 식민주의 역사학

초판 1쇄 인쇄　2023년 12월 15일
초판 1쇄 발행　2023년 12월 27일

지은이　하지연
펴낸이　이영호
펴낸곳　동북아역사재단

등　록　제312-2004-050호(2004년 10월 18일)
주　소　서울시 서대문구 통일로 81 NH농협생명빌딩
전　화　02-2012-6065
팩　스　02-2012-6186
홈페이지　www.nahf.or.kr
제작·인쇄　역사공간

ISBN　979-11-7161-054-9　94910
　　　　978-89-6187-669-8　(세트)

- 이 책은 저작권법에 의해 보호를 받는 저작물이므로 어떤 형태나 어떤 방법으로도 무단전재와 무단복제를 금합니다.
- 책값은 뒤표지에 있습니다. 잘못된 책은 바꾸어 드립니다.